dtv

Endlich Urlaub! Gelegenheit, mit der Seele zu baumeln und mal was anderes zu sehen. Nehmen Sie ein paar amüsante, intelligente Leute mit, die Sie auch dann unterhalten, wenn's mal regnet oder die Sonne gar zu heiß sticht!

Neunundzwanzig kluge, witzige, erotische und anrührende Geschichten von Elisabeth Ambras, Jeffrey Archer, T. C. Boyle, Ilse Gräfin von Bredow, Elfriede Brüning, Catherine Clément, Bianca Döring, Umberto Eco, Jostein Gaarder, Daniel Goleman, Egyd Gstättner, Eveline Hasler, Elke Heidenreich, Tama Janowitz, Binnie Kirshenbaum, Michael Kleeberg, Savyon Liebrecht, Javier Marías, Margriet de Moor, Guntrun Müller-Enßlin, Sky Nonhoff, Herbert Rosendorfer, Asta Scheib, Lothar Schöne, Angelika Schrobsdorff, Klaus Schuker, Ingo Schulze, Burkhard Spinnen und Antonio Tabucchi.

Urlaubslesebuch

Versammelt von
Lutz-W. Wolff

Deutscher Taschenbuch Verlag

Originalausgabe
Mai 1999
Deutscher Taschenbuch Verlag GmbH & Co. KG,
München

(Siehe auch Quellenhinweise S. 371 ff.)
Umschlagkonzept: Balk & Brumshagen
Umschlagbild: Ausschnitt des Gemäldes
›Wind und Sonne‹ von Laura Knight
(Pyms Gallery, London/© Laura Knight/Reproduced
with permission of Curtis Brown Ltd., London,
on behalf of the Estate of Dame Laura Knight)
Gesetzt aus der Garamond 10/12˙ (3B2)
Gesamtherstellung: C. H. Beck'sche Buchdruckerei,
Nördlingen
Gedruckt auf säurefreiem, chlorfrei gebleichtem Papier
Printed in Germany · ISBN 3-423-20239-4

Inhalt

Umberto Eco

Wie man im Flugzeug speist

Auf einer Flugreise vor ein paar Jahren (Amsterdam hin und zurück) habe ich zwei Krawatten von Brooks Brothers, zwei Burberry-Hemden, zwei Bardelli-Hosen, ein Tweed-Jackett aus der Bond Street und eine Krizia-Weste eingebüßt.

Denn auf internationalen Flügen herrscht bekanntlich der schöne Brauch, ein Menü zu servieren. Man kennt das, die Sitze sind eng, die Klapptischchen ebenfalls, und das Flugzeug macht gelegentlich Sprünge. Überdies sind die Servietten in Flugzeugen winzig, sie lassen den Bauch unbedeckt, wenn man sie in den Kragen schiebt, und die Brust, wenn man sie auf den Schoß legt. Der gesunde Menschenverstand geböte, kompakte und nicht schmutzende Speisen zu servieren. Es müssen nicht unbedingt Enervit-Täfelchen sein. Kompakte Speisen sind Wiener bzw. Mailänder Schnitzel, Gegrilltes, Käse, Pommes frites und Brathähnchen. Schmutzende Speisen sind Spaghetti mit Tomatensoße, Melanzane alla Parmigiana, frisch aus dem Ofen kommende Pizzen und heiße Brühen in Tassen ohne Henkel.

Nun besteht jedoch das typische Menü in einem Flugzeug aus sehr durchgebratenem Fleisch in brauner Soße, großzügigen Portionen gekochter Tomaten, feingeschnittenem und in Wein ersäuftem Gemüse, Reis und Erbsen im eigenen Saft. Erbsen sind bekanntlich ungreifbare Objekte – weshalb selbst die besten Köche unfähig sind, gefüllte Erbsen zuzubereiten –, besonders wenn man sich darauf versteift, sie mit der Gabel zu essen, wie es die Etikette verlangt, und nicht mit dem Löffel. Sage hier keiner, die Chinesen seien noch schlimmer, ich versichere, es ist leichter, eine Erbse mit zwei Stäbchen zu fassen als mit einer Gabel. Es erübrigt sich auch der Hinweis, daß man die Erbsen mit der Gabel nicht aufpiekt, sondern aufliest, denn alle Gabeln sind, was ihr Design betrifft, immer nur zu dem einzigen Zweck gestaltet, die Erbsen, die sie vorgeblich auflesen, fallen zu lassen.

Hinzu kommt, daß die Erbsen im Flugzeug mit schöner Regelmäßigkeit immer nur dann serviert werden, wenn das Flugzeug gerade in eine Turbulenz gerät und der Kapitän empfiehlt, die Sicherheitsgurte anzulegen. Infolge dieser ergonomisch komplexen Operation bleibt den Erbsen mithin nur eine Wahl: Entweder sie landen im Kragen oder im Hosenlatz.

Wie die antiken Fabelerzähler lehrten, bedarf es, um einen Fuchs daran zu hindern, aus einem Becher zu trinken, eines hohen und schmalen Bechers. Die Trinkgefäße in Flugzeugen sind niedrig und breit, praktisch Schüsseln. Versteht sich, daß jedwede Flüssigkeit aufgrund physikalischer Gesetzmäßigkeiten über den Rand schwappt, auch ohne Turbulenz. Das Brot ist kein französisches Baguette, das man, auch wenn es frisch ist, mit den Zähnen zerreißen muß, sondern ein speziell angefertigtes Backwerk, das bei der geringsten Berührung in eine Wolke feinsten Pulvers zerstiebt. Gemäß dem Prinzip von Lavoisier verschwindet dieses Pulver nur scheinbar: Bei der Ankunft entdeckt man, daß es sich zur Gänze unter dem Allerwertesten versammelt hat, um einem die Hosen auch hinterrücks zu verkleben. Das Dessert ist entweder krümelig wie ein Baiser und zerstiebt mit dem Brot, oder es tropft einem sofort auf die Finger, wenn die Serviette längst voller Tomatensoße und folglich nicht mehr zu gebrauchen ist.

Bleibt das Erfrischungstüchlein, gewiß. Aber es ist nicht von den Salz- und Pfeffer- und Zuckertütchen zu unterscheiden, weshalb es, nachdem man den Zucker in den Salat gestreut hat, bereits im Kaffee gelandet ist, der kochendheiß serviert wird, in einer randvollen Tasse aus wärmeleitendem Material, die einem leicht aus den verbrühten Fingern gleitet, so daß er sich mit der nun schon geronnenen Soße rings um den Gürtel vereint. In der Business Class wird einem der Kaffee direkt in den Schoß gegossen, von einer Hostess, die sich auf Esperanto entschuldigt.

Sicher rekrutieren die Fluglinien ihre Restaurateure aus dem Kreis jener Hotelfachleute, die nur jenen Kannentyp dulden, der den Kaffee, statt ihn in die Tasse zu gießen, zu achtzig Prozent auf dem Tischtuch verschüttet. Aber warum? Höchstwahrscheinlich will man den Reisenden das Gefühl von Luxus geben und nimmt an, daß sie jene Hollywoodfilme gesehen haben, in denen Nero stets aus breitrandigen Kelchen trinkt, die ihm den Bart und die Tunika vollkleckern, und wo die Barockfürsten saftige Schenkel abnagen, von denen der Saft auf ihr Spitzenhemd trieft, während sie pralle Kurtisanen umarmen.

Doch warum werden dann in der Ersten Klasse, wo der Platz geräumig ist, kompakte Speisen serviert, wie cremiger russischer Kaviar auf gebuttertem Toast, geräucherter Lachs und Langustenscheiben in Öl und Zitrone? Vielleicht weil in den Filmen von Luchino Visconti die Nazi-Aristokraten »Erschießt ihn!« sagen, während sie sich genüßlich eine einzelne Weintraube in den Mund schieben?

TAMA JANOWITZ

Sonnenstich

Du hast überhaupt keinen Urlaub gewollt. Schon daheim zu bleiben erfordert all deine Kraft, und wenn du verreist, mußt du nicht bloß all die gewöhnlichen Sachen machen, die dich bereits zu Hause total fertigmachen, sondern auch noch Fahrkarten kaufen, das Reinigungsmittel für die Kontaktlinsen auftreiben, eine Wäscherei suchen und dergleichen. Viel lieber würdest du einfach im Bett liegen und darüber nachdenken, wie gut alle anderen sich amüsieren. Aber dein Freund hat eine Ausstellung seiner Gemälde und findet, ihr müßtet beide mal für ein paar Tage rauskommen.

Du brauchst tagelange Vorbereitungen für diesen Urlaub auf Haiti. Du entschließt dich, deine Beine endlich mal gründlich enthaaren zu lassen. Es ist das schrecklichste Unternehmen, auf das du dich je eingelassen hast. Wenn der Termin schließlich wirklich bevorsteht, bist du auf eine Operation vorbereitet, die noch schmerzhafter ist als eine Abtreibung. Du fragst dich, wer sich die Wachsbehandlung wohl ausgedacht hat. Unter anderem gehört dazu, daß eine kleine puertoricanische Kosmetikerin dich auf spanisch anschreit, während sie dir kochendheißes Wachs auf die Beine schüttet und dir damit die Haare herausreißt.

Du wünschst dir, die Mode würde sich ändern und haarige Beine bei Frauen wären der neueste Schrei. Irgend jemand hat einen Riesenfehler gemacht, als sie dir eine weibliche Rolle zugeteilt haben; du wirst das Gefühl nie überwinden, daß du als Frau eine Hochstaplerin bist.

Den ganzen Montag verbringst du damit, nach den richtigen, sündteuren Sonnenschutzmitteln und Hautcremes zu suchen. Der *Bronx Zoo* hat eine neue Serie herausgebracht, mit Cobra- und Schildkrötenfett. Du weißt eigentlich nicht recht, warum du die eine Hälfte deines Lebens damit verbringst, alle ätherischen Öle aus deiner Haut rauszuschrubben, und die andere damit, daß du das Zeug wieder draufschmierst.

Du kannst den Tag gar nicht erwarten, an dem die Evolution so weit fortgeschritten ist, daß die Menschen nur noch große, graue, schlaffe Gehirne in Plexiglasschüsseln und die Körper überflüssig sind. Vielleicht wirst du dann endlich um deiner selbst willen geliebt. So, wie es aussieht, ist die Evolution bei deinem Körper ohnehin schon viel weiter gediehen als bei den meisten anderen Menschen. Für körperliche Ertüchtigung hast du dich nie interessiert. Dein hochentwickelter Geist bewohnt einen Hirnkasten, der auf einem großen, larvenähnlichen Rumpf mit schwachen, fühlerähnlichen Gliedmaßen sitzt.

Das Essen im Flugzeug ist unglaublich gut. Hervorragend! Die Köche im hintern Teil der Maschine haben ganze Arbeit geleistet; man kriegt eine weiße, hühnerfleischähnliche Masse, die in einer delikaten, speichelfarbenen Sauce serviert wird, ein ungewöhnliches, in Röhrenform gepreßtes Gemüse und einen Salat mit richtigen Tomatenscheiben und echten Salatblättern. Das ist wahrscheinlich das letzte frische Essen, das du in den nächsten fünf Tagen zu Gesicht kriegen wirst.

Damit dein Freund sich ein bißchen beruhigt – er findet Fliegen ungeheuer erotisch –, fütterst du ihn mit deinem Stück Kuchen, das völlig unter seinem üppigen, gelben Zuckerguß verschwindet. Neben der Kaffeetasse liegt ein kleines Tütchen mit einem weißen Pulver, das zu einer sahneähnlichen Substanz wird, wenn man es mit dem Kaffee verrührt. Daß es möglich ist, kilometerhoch über dem Boden solches Essen aufzutischen, ist eine Spitzenleistung des modernen Menschen: Es muß sehr schwierig sein, so weit oben Salat und Hühner und dergleichen zu züchten.

Ihr wohnt auf einer Insel, die ungefähr eine Stunde von Port-au-Prince entfernt liegt. Auf den Prospekten im Reisebüro waren eigenartigerweise zahllose Palmen und Eingeborene mit prächtigen Gebissen zu sehen, aber zumindest die Palmen haben sie wohl nur gemietet, um die Reklamefotos machen zu können, denn die gesamte Insel zeigt keinerlei Vegetation.

Das einzige, was es auf der Insel überhaupt gibt, ist das Hotel. Gleich als erstes sagt der Empfangschef, man solle das Wasser nicht trinken und weder frisches Gemüse noch Obst zu sich nehmen. Ein mürrischer, hochnäsiger Page, der eine Thermosflasche mit Trinkwasser für euch dabeihat, führt euch zu eurer Hütte. Die Hütten sind alles spitzgieblige Schweizer Chalets; wer immer diese Feriensiedlung gebaut hat, muß ›Heidi‹ und ›Die Trapp-Familie‹ einmal zu oft angeschaut haben. Das Hotel sieht aus, als ob Walt Disney einen Nervenzusammenbruch gehabt und die Pläne für Bali H'ai und das Schweizer Dorf in Disneyland durcheinandergebracht hätte.

Ihr geht mal kurz schwimmen, und als ihr wieder herauskommt, teilt der mürrische Page euch mit, daß anstelle des Abendessens heute eine Grillparty am Swimmingpool stattfinden wird. Ihr könnt leider nicht duschen, weil das Wasser in eurer Hütte nicht funktioniert, aber man sagt euch, das sei ein vorübergehender Zustand.

Ihr zieht euch um und geht hinaus, um die Aussicht zu genießen. Ein dicker, rosiger Mann, den ihr schon zuvor gesehen habt, stellt sich direkt vor euren Picknick-Tisch, so daß kein Entkommen mehr ist. »Du hast recht, Linda«, sagt er, »Feuer kann ich keins sehen, bloß Rauch.«

Dein Freund fragt: »Was brennt denn? Ist das ein Feuer in Port-au-Prince?« Auf der anderen Seite der Bucht, ungefähr dort, wo die Lichter der Stadt sind, steigen vor dem weißen, mondhellen Nachthimmel schwarze, knisternde Rauchwolken auf.

»In Port-au-Prince ist es nicht«, sagt der Mann. »Das ist viel näher, ein Buschfeuer.«

Dein Freund fängt eine Unterhaltung mit dem übergewichtigen Mann an. Seine Freundin sitzt am nächsten Tisch und heißt Linda. Sie hat auch ein bißchen Übergewicht, aber es sieht so aus, als hätte sie bloß deshalb Speck angesetzt, um ihrem Freund Gesellschaft zu leisten. »Wir sind Berufsreisende«, sagt der Mann. Er winkt Linda an euren Tisch, an dessen Kante er bereits seinen Bauch gelehnt hat.

»Das stimmt doch gar nicht, Michael«, sagt Linda.

»Wie würdest du uns denn sonst nennen?«

»Nun, wir reisen eben«, sagt Linda.

»Wissen Sie, ob man in Port-au-Prince Gemälde kaufen kann?« fragt dein Freund.

»Die Bilder sind alle gleich«, sagt Michael. »Irgend jemand stellt sie serienmäßig her. Wofür wollen Sie die Dinger?«

Dein Freund setzt zu einer Erklärung an: »Ich bin Künstler ...«

»Ich auch«, sagt Michael.

»Nein, bist du nicht«, sagt Linda. »Du bist Computergrafik-Designer.«

»Ich kaufe solche Gemälde«, erklärt dein Freund weiter, »und übermale sie dann.«

»Warum?« fragt Michael.

»Das weiß ich nicht.«

»Kann man Ihre Bilder irgendwo sehen?« fragt Michael. »In New York?«

»Ich hatte gerade eine Vernissage«, sagt dein Freund. »Deshalb bin ich jetzt hier. Ich habe einfach ein paar Tage Urlaub gebraucht.«

»Oh, ja«, sagt Michael. »Letztes Jahr haben wir so etwas Ähnliches erlebt. Lindas Vater hat einen Oscar gekriegt ...«

An dieser Stelle gelingt es dir, das Gespräch zu unterbrechen, indem du erklärst, es wäre Zeit, sich beim Grill anzustellen und sich etwas zu essen zu holen. Du zerrst deinen Freund zu einem abseits liegenden Tisch und entrinnst auf diese Weise einer weiteren Unterhaltung mit den Berufsreisenden.

Nachdem du eine schlaflose Nacht lang Moskitos gejagt hast, stehst du früh morgens auf und läßt dich den ganzen Tag lang am Strand rösten. Der Oberkellner kommt zu euren Liegestühlen herüber und fragt, welches der beiden Menüs ihr zum Abendessen wollt: *Bœuf bourguignon* oder *Churkey.*

»Jerky?« fragst du und stellst dir dabei eine haitianische Spezialität aus getrocknetem Fleisch vor.

Es zeigt sich, daß der Oberkellner kein Englisch versteht. Du versuchst ihn auf französisch zu fragen, ob ihr vielleicht zwei schöne Hummer haben könnt. Als du ausgeredet hast, wirft dir der Kellner einen erstaunten Blick zu. »Sie wählen. *Bœuf bourguignon* oder *Churkey.*«

Es wird dir klar, daß du etwas gesagt hast, was ungefähr bedeutet: »Wir wünschen das Bedürfnis, daß die Hummer für das Imbißereignis gekocht werden.« Du bist wütend über dich selbst. Da hast du nun jahrelang Französisch gelernt – auf der Grundschule, auf der High-School, an der Universität –, aber offensichtlich ist kaum etwas hängengeblieben.

Bei jeder Mahlzeit spielt eine dreiköpfige Band. Sie kennt nur zwei Lieder. Ihr nennt sie das *Royal Haitian Zombie Trio.* Du sitzt auf der Veranda eurer Sennhütte, aber dein Freund hockt unter einem Baum am Strand und lauscht seinem Walkman von Sony, als die Combo sich nähert. Das Trio geht von Baum zu Baum und spielt – in der Hoffnung auf Trinkgelder – jeder Gruppe von Sonnenanbetern seine beiden Repertoirestücke ›Yellow Bird‹ und ›Que Sera‹ vor. Der eine Musiker beginnt direkt neben deinem Freund auf die Bongotrommeln zu dreschen, aber der scheint ihn gar nicht zu hören. Er dreht sich nicht einmal um. Erst nach einer Minute oder so spürt er die Vibrationen der Trommel und dreht sich doch um. Er zeigt auf seine Ohren, die von den Kopfhörern bedeckt sind.

Du fängst an zu lachen. Einer nach dem anderen hören die Musiker auf zu spielen. Jetzt merken sie, daß du lachst, und schleichen sich davon. Während eures gesamten Aufenthalts auf der Insel ist dies das einzige Mal, daß die Band ein Stück nicht beendet.

In der zweiten Nacht sucht dein Freund nach einer Methode, die Moskitos daran zu hindern, ihn in die Ohren zu stechen. Schließlich kommt ihm die Idee, sich dein Bikini-Unterteil über den Kopf zu ziehen. Nur sein Gesicht ist noch frei. »Die kriegen mich nicht heute nacht«, sagt er.

Der Anblick eines Mannes mit einem Bikini-Unterteil auf dem Kopf ist etwas merkwürdig, aber du sagst lieber nichts. Ehe ihr einschlaft, seht ihr noch ein bißchen mit eurem kleinen Watchman-Fernseher fern. Ihr könnt euch beide nicht vorstellen, daß ihr irgendwo ohne ihn hinfahrt.

Es gibt nur einen Kanal, auf dem der Film über den Jim-Jones-Massenselbstmord in Guayana in französischer Sprache gezeigt wird. Dann singt ein dicker alter Mann, der ein bißchen wie Liberace aussieht, französischen Rock 'n' Roll, während hinter ihm drei Mädchen tanzen, die Entenmasken vor dem Gesicht haben.

Dein Freund sagt: »Komisch. Ich habe mir gerade überlegt, für junge Leute, die kein Englisch gelernt haben, muß es doch komisch sein, ständig amerikanische Schlager zu hören. Ich meine, sie wissen doch gar nicht, was sie bedeuten.«

Du freust dich, daß ihr, wenn ihr mal aus dem New Yorker Streß raus seid, so richtig intim miteinander reden könnt, du und dein Freund. Jetzt bist du froh, daß du deinem Freund nicht verboten hast, sich dein Bikini-Unterteil über die Ohren zu ziehen, auch wenn er es wahrscheinlich ausweitet.

Am nächsten Tag kann dein Freund nicht mehr aufstehen. Du sagst ihm, er wäre gestern zuviel in der Sonne gewesen, aber er behauptet, er hätte eine Tropenkrankheit, und schläft einfach weiter. Er wacht den ganzen Tag nicht mehr auf.

Du bist schon immer ein schüchternes Mädchen gewesen, aber gegen Abend fühlst du dich etwas einsam. Du gehst über den Strand zur Bar, bestellst dir einen schauderhaften Drink, der in einem Elektromixer gemacht wird, und wünschst, du wärst mutig genug, um mit jemand zu reden. Du beschließt, daß du sauer auf deinen Freund bist. Es ist schon eine Zumutung, dich hier in die Wüste zu schleppen und sich dann irgendeine Dschungelkrankheit zu fangen.

Neben dir sitzen zwei braungebrannte, blonde Glamourboys aus USA. Sie sind sich ihrer sehr sicher. Sie verrenken sich die Hälse nach einer hübschen kleinen Französin, die mit ihren Eltern da ist. »Was denkst du, wie alt ist sie?« fragt der eine.

»Alt genug!« erwidert der andere.

Diese Typen trifft man überall auf der Welt, und sie sind immer gleich. Sie reisen mit einem lebenslänglichen Studentenwohnheim über dem Kopf. Du würdest alles geben, wenn du auch so selbstsicher wärst, so amerikanisch. Du redest dir ein, daß sie dich nur deshalb nicht ansprechen, weil deine Nase inzwischen von der Sonne knallrot ist.

Am nächsten Tag wacht dein Freund auf. Ihr verbringt einen weiteren Tag am Strand. Das Essen im Restaurant wird immer schlechter. Zum Abendessen wird eine glühendheiße Bohnen-Kohl-Suppe serviert; als Hauptgang gibt es gewürfeltes Rindfleisch in brauner Soße und einen Haufen Kartoffeln. In einem Skihotel wäre das genau richtig. Die Temperatur ist am Abend auf neunundzwanzig Grad gefallen. Die Leute essen mit dumpfer Verzweiflung. Sie scheinen alle zuviel in der Sonne gewesen zu sein. Sie sehen hektisch und krank aus – so als wäre dies ein ganz spezielles Sanatorium, wo man zwar gesund ankommt, aber schon nach kurzer Zeit krank wird. Wo sind bloß all die köstlichen Kokosnuß-Curries, die Gumbo-Suppen und Hummer? Der Küchenchef muß verrückt sein. Das Essen schmeckt, als würde es direkt aus irgendeiner gräßlichen High-School-Mensa geholt.

Plötzlich fällt dir auf, daß die Stühle im Restaurant die unbequemsten sind, auf denen du je gesessen hast. Du würdest viel lieber auf der Couch in der Empfangshalle sitzen. Du mußt sofort von diesem schrecklichen Stuhl runter, wenigstens für eine Minute. »Ich muß mich mal raussetzen«, sagst du zu deinem Freund. Dir ist plötzlich speiübel.

Dein Freund sieht verblüfft aus. Du gehst hinaus und setzt dich auf die Couch, merkst aber schon nach einer Minute, daß du auch da nicht sitzen kannst. Du kommst zurück an den Tisch. »Was ist los?« fragt dein Freund. »Du bist ja ganz käsig.«

»Ich kann hier nicht bleiben«, sagst du. »Ich geh' mal auf unser Zimmer.«

Dein Freund hilft dir zurück in die Sennhütte. Auf dem Weg dahin werden die Dinge an den Rändern plötzlich alle ein bißchen schwarz. »Willst du denn gar nichts mehr essen?« fragt dich dein Freund.

»Ich möchte mich hinlegen«, sagst du.

Als du in deinem Zimmer bist, wirfst du einen Blick in den Spiegel. Deine Bräune ist völlig verschwunden. Einfach weg. Deine Haut tut so weh, vor allem hinten auf deinen Beinen, daß du gar nicht mehr geradestehen kannst. Du legst dich aufs Bett und verlierst das Bewußtsein.

Nach einer Weile kommt dein Freund wieder und bringt dir ein Brötchen mit Butter, aber dir ist viel zu übel, du kannst es nicht essen.

Am nächsten Tag schläfst du bis zum frühen Nachmittag. Dann endlich läßt dein Freund dich wieder zum Strand runter, allerdings nur mit einem T-Shirt, einer langen Hose, seiner Baseball-Mütze und der Sonnenbrille. Du fühlst dich außerordentlich zerbrechlich und schwach. Deine Haut ist so übel verbrannt, daß du nur mühsam herumhumpeln kannst, aber dein Freund besorgt dir eine bequeme Liege im Schatten eines Baumes.

Du wolltest so gern schön und strahlend aussehen, in einem verführerischen Bikini und tiefgebräunt. Aber du bist nun mal nicht dieser Typ. Du hast jetzt eine Haut wie ein gebratenes Huhn, äußerst knusprig.

»Weißt du was?« sagst du zu deinem Freund. Er streichelt einen großen, glatten, phallusförmigen Korallenstamm, wie sie zu Hunderten am Strand herumliegen. »Ich bin zu dem Schluß gekommen, daß ich keine Frau mehr sein will. Ich habe es satt.«

»Wieso?« fragt dein Freund.

»Ach, ich fühle mich als Frau wie eine Hochstaplerin. Diese ganzen Hormone, die da herumwirbeln, haben mit mir überhaupt nichts zu tun. Es ist wie eine Fassade. Ich wäre viel lieber ein Mann. Würdest du trotzdem weiter mit mir ausgehen?«

»Du halluzinierst ja«, sagt dein Freund. »Du mußt einen Sonnenstich haben.«

Während die Sonne untergeht, fällt dir auf, daß sich gerade jede Menge tropischer Beschreibungen anbieten. Der Himmel ist violett, der Mond ist wie eine Orange, die Sterne sind gelb, und die Blätter glänzen wie Silber. Eine Kitschpostkarte, komplett mit balsamischen Düften und frischem Seewind. Die Band spielt wieder mal ›Yellow Bird‹.

Ingo Schulze

Schulden

Nach fünf Tagen in der Stadt haben wir außer der Freiheitsstatue, dem World Trade Center und dem Museum of Natural History noch nichts besichtigt. Vormittags um elf, zeigt das Fernsehen, liegt die Temperatur bereits bei 101 Grad Fahrenheit, nach der Umrechnungsformel im Baedeker entspricht das 38,33 Periode Grad Celsius. Alles ist warm und feucht, sogar die Klobrille, und die Bücher wellen sich.

Die Klimaanlage funktioniert nicht. Sie steckt im linken Fenster, genau über unserem Doppelbett. Sie sieht aus wie die Rückseite eines alten Fernsehers, bringt uns aber 25 Prozent Nachlaß für dieses Apartment ein, das Alberto, einem spanischen Architekten, gehört. Die linke Wand ist bis zur Decke mit Spiegeln verkleidet. Deshalb können wir uns auf dem Weg ins Bad oder zur Wohnungstür, um den großen Tisch herum und an der Kochnische vorbei, ständig beobachten.

Hanni liegt auf dem Bauch, den Kopf abgewandt. Mit der rechten Hand hält sie ihr Haar über dem Nacken fest. Ihr Po und ein dünner Streifen unter den Schulterblättern sind weiß. Beide Kopfkissen im Rücken, habe ich aus dem ›Geo‹-Heft vorgelesen – über die Juden in Crown Heights.

»Schläfst du?« frage ich.

Hannis Kopf bewegt sich, und dann sagt sie: »Nein.«

Wir träumen beide komisches Zeug. Letzte Nacht war es mehr ein Gefühl, eine Situation: Die Unterlage, mein Bett, ist eine asiatische Hafenstadt am Abend oder in der Nacht, mit vielen Lichtern. Alles unter mir ist lebendig, egal, wohin ich meinen Kopf lege, immer ist darunter wieder Leben, es wimmelt von Stimmen und Mitteilungen, die zum Teil an mich gerichtet sind. Ich wurde den Traum nicht mal los, als ich aufs Klo ging. Ich beruhigte mich erst morgens, als wäre auch das Bett unter mir endlich eingeschlafen.

»Soll ich das Fenster öffnen?« frage ich. Hannis Kopf bewegt sich. »Heißt das nein?«

»Nein«, sagt sie, den Mund halb auf dem Laken. Nacht für Nacht, wenn die Kehrmaschine vorbeikommt, geht die Alarmanlage irgendeines Wagens los. Ich kenne die Abfolge der Signale und die knapp zwei Sekunden Ruhe, bevor alles wieder von vorn beginnt. Außerdem scheppert manchmal die Feuerleiter. Der Wasserbehälter auf dem Dach gegenüber ist undicht. Das hört sich wie Schritte an. Morgens prasseln Tropfen auf die Klimaanlage. Wahrscheinlich gießt jemand über uns Blumen. Wegen der Fliegengaze vor dem Fenster kann man sich nicht hinauslehnen.

»Möchtest du was trinken?« frage ich.

»Lies weiter«, sagt sie.

»Ich bin fertig«, sage ich. »Soll ich Tee kochen?«

»Ich will keinen Tee. Gestern hast du alles weggekippt.«

»Nicht alles«, sage ich.

»Dann eben nicht alles«, sagt Hanni, wendet den Kopf und sieht mich an. »Warum hast du nichts gesagt, als es passiert ist?«

»Mir ist das ziemlich unangenehm«, sage ich und blättere im ›Geo‹-Heft. »Irgendwie fühlt man sich unvollständig, wie amputiert.«

»Mein Gott! Man könnte ja sonstwas denken!« ruft sie, dreht sich auf den Rücken und setzt sich auf. »Ist es so schlimm für dich? Eine Woche mal keinen Streß, und du willst von Wasser und Brot leben!«

»Ja«, sage ich. »Man fühlt sich preisgegeben.«

»Das ist dein Problem«, sagt Hanni. Sie wickelt ihr Haar um eine Hand und angelt mit der anderen neben dem Bett nach der Spange. Die untere Hälfte ihrer Brust ist weiß. »Entschuldige«, sagt sie. »Das ist wirklich dein Problem. Mir jedenfalls haben sie nicht die Kreditkarte gesperrt! Ich habe noch ein paar Ersparnisse. Und so lange möchte ich mit dir schön ausgehen und mit so einer langgezogenen Limousine vorfahren. Und ich möchte im Restaurant Kellner, die einem die Speisekarte erklären, und Kerzen auf dem Tisch. Und Aussicht. Und außerdem will ich Helikopter fliegen und in die Met. Und dich leiste ich mir auch noch. Und italienisches Mineralwasser.«

Hanni ist aufgestanden. Sie kauert vor dem Kühlschrank, hält die Tür mit dem Ellbogen auf und trinkt. Sie trinkt in einem Zug und hebt die Flasche immer höher, bis ich das hellblaue Etikett sehen kann. Sie läßt die Tür zufallen und stellt die leere Flasche auf den Boden zu den anderen. »Und dann ...« Hannis Blick streift mich. »Ich will mal wieder glücklich sein. Sag nichts, bitte. Ich weiß, du bist keine Maschine. Ich wollts nur mal sagen. Sagen darf ichs doch.« Sie nimmt ihren Strohhut vom Tisch und betrachtet sich in der Spiegelwand. »Außerdem ists hier gar nicht so teuer, wie es aussieht. Dafür ist es Manhattan!« Mit beiden Händen zieht sie an der Krempe. »Und?« Sie fährt in ihre Sandalen und schaut mich an. »Noch Einwände, Mister Universum?«

»Du hast doch auch kein Geld«, sage ich.

»Ich werde dir eine Fliege kaufen. Eine Fliege und vielleicht noch einen Smoking. Das war doch spottbillig und echtes Designerzeug.« Sie zieht Albertos Baseballschläger unter dem Fernsehtisch hervor, stellt ihn auf ihren rechten Fuß und drückt den Handrücken der Linken gegen die Hüfte. »Wie hieß der Knabe? Donatello?«

»Komm her«, sage ich. Wo sie gelegen hat, ist ein feuchter Abdruck von ihrem Bauch.

»Donatello«, sagt sie und wechselt das Standbein. »Fehlen nur noch die Socken.«

»Wir gehen überallhin, wohin du willst«, sage ich, »wenn du ...«

»Er hatte lange Haare und so einen süßen *belly* ...« Hanni drückt den Bauch vor. »So. Nicht wie du, aber so.«

Als ich aufstehe, schüttelt sie den Kopf. »Ich muß mal«, sagt sie und gibt mir den Baseballschläger. »Rein geschäftlich, Pipi.«

Sie schlappt in ihren Sandalen eilig zur Toilette. Den Hut behält sie auf. In dem hohen Fenster gegenüber steht ein weißer Plastestuhl mit fächerartiger Lehne und einer Staude grüner Bananen auf dem Sitz. Ich schiebe den Schläger wieder unter den Fernseher und lege mich quer übers Bett. Ich höre, wie ihr Strahl auf das Wasser im Klobecken trifft. Die Tür ist angelehnt.

Vor eins oder zwei kommen wir selten los. Wenn es zu schlimm wird, verziehen wir uns in ein Geschäft. Abends kühlt es nicht ab. Die Hitze steckt im Asphalt, im Stein. Die Subway-Stationen sind die Hölle. Und überall riecht es. Ich höre die Klospülung und nach einer Pause die Dusche.

Kennengelernt habe ich Hanni, als wir jemanden für Tips im Umgang mit Haustieren suchten und überhaupt mit Kenntnissen über alles Staunenswerte aus der Fauna. Wöchentlich schreibt uns Hanni einen Zweispalter. Mal über Katzen, mal über Regenwürmer, mal über Zugvögel oder Spinnen. Ich sagte ihr, daß ich nach New York will, und sie sagte: »Ich auch.«

Als es klopft, stellt sie die Dusche ab. Einen Moment lang ist es überall still. Beim zweiten Klopfen ziehe ich meine Turnhose an, gehe nach vorn und sehe ins Bad. Hanni steht eingeseift in der kleinen Wanne und kneift die

Augen zusammen. »Mach zu«, flüstert sie. Ich behalte die Klinke der Badezimmertür in der Hand, als wollte ich Hanni nicht herauslassen, und warte.

»Sir? Excuse me, Sir?« Eine hohe klare Männerstimme. »I'm Robert Vanderbilt from Palmer Real Estate, Sir, would you please open the door, please?« Der Spion ist verschraubt. »Mister«, ruft er, »Mister ... Beyer. I have to take some photos of Mr. Sullivans apartment, Sir. I'll pass my card under the door, okay, Sir?«

Die Visitenkarte von Robert D. Vanderbilt erscheint vor meinen Zehen.

»Sir, would you please open the door, please?«

Ich bekomme die Kette an der Wohnungstür nicht los, weil sich die kleine Metallspule auf der Schiene verkantet. Man muß sie langsam und gleichmäßig bewegen. Bei dem geringsten Fehler sitzt sie fest und muß zurückgeschoben werden. Ich versuche es wieder und schließlich ein drittes Mal. Ich denke, daß nur ich dieses Geräusch hören kann, das durch die Reibung von Metall auf Metall entsteht. Dann lasse ich Robert D. Vanderbilt herein.

»Was zum Teufel habt ihr gemacht?« Hanni blinzelt. Sie reißt ein T-Shirt aus dem Koffer. Das Handtuch hält sie um die Hüfte gespannt, Daumen und Zeigefinger als Spange. Ein kleineres hat sie wie einen Turban um den Kopf geschlungen. »Was war denn los?«

»Robert D. Vanderbilt«, sage ich. »Er verkauft das Zimmer für Alberto.«

»Was macht der?« Sie setzt sich aufs Bett. Ihre Augen sind gerötet.

»Er versucht, das Apartment zu verkaufen«, sage ich.

»Und das glaubst du?« Ihr fällt das Handtuch vom Schoß. Sie zieht es wieder über die Schenkel.

»Er hat seine Visitenkarte unter der Tür durchgeschoben«, sage ich. Ich spüre den Schweiß auf meinem Rücken und unter den Armen, selbst an den Füßen.

»Warum hast du nicht angerufen und gefragt, ob er das darf, ob du das darfst? Was weißt du denn, was Alberto mit seiner Wohnung macht und was das für ein Kerl war!«

»Was ist denn los?« sage ich und setze mich. »Das war ein freundlicher Mann, der sich um das Apartment kümmert. Nichts weiter.«

»Wir sind hier in New York, und du machst einem wildfremden Menschen die Tür auf – und mich läßt du da drin stehen, als würde es mich überhaupt nicht geben. Ihr unterhaltet euch und ...« Sie schließt die Augen und drückt sich mit den Fingerkuppen auf die Lider.

»Hanni«, sage ich.

»... oder mal fragen, ob ich was brauche.« Sie zieht das Handtuch vom Kopf und wirft es hinter sich. »Nur mal fragen ...« Sie streift ihr T-Shirt über und sieht sich suchend um. Ihr Schlüpfer liegt vor dem Fußende des Betts. »Du hättest wenigstens mal klopfen können und fragen, ob alles okay ist.«

»Was sollte denn sein?«

»Was wohl! Alles liegt hier rum, Geld, Wäsche, deine Socken ... Wenigstens bis ich angezogen bin, hättest du warten können.«

»Mr. Vanderbilt ist weg«, sage ich.

»Bei dir ist immer gleich alles weg und vorbei. Und wenn er wiederkommt? Wenn er spioniert hat? Wenn er nur deshalb hier gewesen ist?«

»Dann hat er nichts gefunden«, sage ich.

»Mein Gott«, sagt sie und blickt kurz zur Decke auf. Dann starrt sie mich an. »Wenigstens jetzt könntest du mal anrufen.«

»Alberto hat ihn geschickt. Woher soll er sonst meinen Namen wissen? Das hast du doch gehört!«

»Woher weißt du immer alles so genau – ›Alberto hat ihn geschickt‹? Und wenn nicht? Warum hat er das Bad nicht fotografiert? Wenn mich eine Wohnung interessiert, will ich wissen, wie das Bad aussieht.« Sie stopft sich beide Kopfkissen hinter den Rücken und zieht die Knie an. »Du könntest ihn ja nicht mal beschreiben! Diese Frage stellt sich jedes Kind. Nur der Herr Geschäftsführer nicht.«

Vom Tisch bringe ich ihr die Visitenkarte und das Polaroid. Sie rubbelt sich das Haar mit dem Handtuch ab.

»Schau ihn dir nur an«, sage ich und wähle Albertos Nummer.

»Was denn«, ruft sie.

»Das hat er vergessen. Oder er konnts nicht gebrauchen«, sage ich. »Mit den Spiegeln ist er nicht klargekommen.«

»Wie? Du hast einen Chinesen hier rumknipsen lassen? Nein, is nich wahr?«

»Das hat er gleich gesagt, noch als er draußen stand, daß er das machen will. Das muß er doch! Wenn er verkaufen will, muß er doch was zeigen können!« Hanni hält das Polaroid jetzt mit beiden Händen. Bei Alberto ist besetzt. Ich gehe zum Kühlschrank. Ich stelle eine neue Flasche Pellegrino auf den Tisch, hole zwei Gläser und eine Flasche Apfelsaft. »Außer daß er ein Chinese ist, wenn er einer ist, fällt dir nichts auf?« frage ich.

»Du hast vergessen, den Bauch einzuziehen.«

»Er trägt einen dunklen Anzug mit weißem Hemd und blauer Krawatte«, sage ich und reiche ihr ein volles Glas.

»Aber klar. Ihr habt euch gut unterhalten, seid einander nähergekommen. Danke. Nur schade, daß er wieder weg is, nich?«

Ich stelle die Flaschen in den Kühlschrank. Im Gehen trinke ich einen Schluck und setze mich vors Telefon.

»Er ist zwei Jahre in Texas gewesen. Jetzt wird dort das Wasser knapp.«

»In Texas? Was macht ein Chinese in Texas?«

»Warum nicht«, sage ich und wähle wieder die Nummer. »Dort brennen sie sogar die Kakteen ab, damit die Tiere was zu fressen haben. Die Leute borgen sich die Heiligen in der Kirche aus und tragen sie über ihre Felder, um ihnen zu zeigen, wie schlimm es steht. Die Viecher haben schon Totenschädel, und alle Farmer sind ruiniert.«

»Hör mal«, sagt sie. »Glaubst du, daß ein Chinese in Texas Farmer wird?«

»Das habe ich nicht behauptet. Ich sage nur, daß er aus Texas weg ist und daß er zwei Jahre dort war und daß die Dürre die Farmer ruiniert. Wenn das Land vertrocknet, verkaufen sich auch Immobilien schlechter. So eine Dürre ist wenigstens eine klare Sache.«

»Was für eine Sache?«

»Eine klare Sache«, sage ich. »Dafür kann keiner was. Dir kann keiner Vorwürfe machen. Es trifft dich, oder es trifft dich nicht. Da wirft dir keiner vor, daß du keine Ahnung hast oder ein Versager bist. Alle Wut entlädt sich auf den lieben Gott, wenn überhaupt, oder auf eine Madonna oder was die da haben. Aber irgendwie ist das doch eine saubere Sache.«

»Hat er das gesagt?«

»Er hat fotografiert und die ganze Zeit erzählt. Es war schwer, wegen der Spiegel. Man bekommt ein völlig falsches Bild von dem Raum, von den Maßen. Ich wußte gar nicht, wohin ich mich verdrücken sollte. Überall war ich im Bild.«

Hanni und ich trinken gleichzeitig die Gläser aus. Meine Schenkel kleben am Stuhl, meine Unterarme am Wachstuch.

»Hat er dich herumgescheucht?«

»Ach, nichts hat er. Nur gewartet. Dann wußte ich, ich bin fehl am Platz. Die sind höflicher als wir. Ich glaube, er ist wegen Schulden abgehauen.«

»Wegen Schulden?«

»Es klang so.« Den Hörer zwischen Ohr und Schulter geklemmt, wähle ich zum dritten Mal. Hanni hat auf einem Knie das Polaroid liegen, auf dem anderen die Visitenkarte.

»Was heißt eigentlich das D vor Vanderbilt? Ding oder Dong oder Dung? Nicht Dung. Vielleicht Dschin?«

»Oder Detlef«, sage ich. Wir sehen uns an. »Wahrscheinlich verkauft Alberto nur, weil er Schulden hat. Sie gehen nicht unter 220 000 Dollar. Sicher wirds mehr. Damit sanieren sie sich.«

»Hast du nicht gesagt, der Chinese hat Schulden?«

»Erst hat er wohl geglaubt, mit den Schulden leben zu können, hat er jedenfalls gesagt. Wenn mal eine Mahnung ins Haus flatterte, hat er sie einfach zerrissen. Aber plötzlich, eines schönen Tages, hat er schon beim Aufwachen an alle Mahnungen denken müssen. Und am nächsten Morgen wieder und am dritten Tag auch. Er konnte sich nicht mehr dagegen wehren. Sein erster Gedanke waren immer die Schulden. Vor allem, wenn er allein war. Er bekam einfach das Geld nicht zusammen. Und da ist er getürmt.«

»Von wem sprichst du eigentlich? Von dem Chinesen?«

»Jeder Betriebsprüfer kostet den Steuerzahler im Jahr sechzigtausend Mark. Und weißt du, wieviel so ein Bursche reinbringt? Eins Komma vier Millionen Mark. Das mußt du dir mal vorstellen. Einskommaviermillionen!«

Hanni fächelt sich mit dem Polaroid Luft zu. Ich warte, bis die Frauenstimme von Albertos Anrufbeantworter zu Ende gesprochen hat, und lege auf.

»Heh! Sag doch was«, ruft Hanni. »Er nimmt sowieso nie ab.«

Ich sehe aus dem Fenster zu den grünen Bananen hinüber und wähle noch mal.

»Der Chinese hat erzählt, daß er wegen der Trockenheit aus Texas weg ist und jetzt hier in New York für Alberto das Apartment verkauft? Ist das so richtig?« fragt Hanni. »Und damit sanieren sich beide? Ich glaube, du hast da was falsch verstanden oder durcheinandergebracht. Oder der Typ war wirklich ein Gangster mit einer ganz blöden Story.« Sie blickt kurz auf das Bild und fächelt dann weiter. »Oder er meinte mit Wasser einfach nur Geld.«

»Wieso Geld?«

»Ja, vielleicht. Vielleicht gibts hier dieselbe Redensart wie bei uns, daß einem das Wasser bis zum Hals steht. Oder man hat ihm den Hahn abgedreht, deinem Mister Ding Dang Dong?«

»Wir können ihn ja mal anrufen.« Ich warte auf den Piepton nach der Frauenstimme. Dann sage ich, daß Robert Vanderbilt hier gewesen ist und die ganze Wohnung fotografiert hat und daß wir hoffen, daß das okay war.

»Bist du jetzt zufrieden?« Ich greife nach dem Glas, aber es ist leer.

»Das war ja wohl das mindeste«, sagt sie. »Wirklich.«

»Vanderbilt ist ein sehr freundlicher, nett aussehender Mann«, sage ich und gehe wieder zum Kühlschrank. »Er hat uns nichts getan, nicht das geringste.«

»Wenn du meinst«, sagt Hanni.

»Wenn ich eine Frau wäre«, sage ich, »hätte er bei mir echte Chancen.«

»Aber du nicht bei ihm«, sagt Hanni, ohne den Blick von dem Polaroid auf ihrem Knie zu lassen. »Donatello vielleicht, wäre doch möglich? D wie Donatello.«

Aus den Augenwinkeln sehe ich mein Spiegelbild. Ich sollte Hanni fragen, warum sie gesagt hat, daß ich die Badezimmertür zumachen soll, wenn sie nicht wollte, daß jemand hereinkommt. Schließlich hätte sie auch sagen können, mach nicht auf. Aber vielleicht ist es ja eine Art Luxus, sich über solche Lappalien zu streiten.

Hanni hat die Kissen aufgeschüttelt und sich ausgestreckt. Das Polaroid liegt jetzt neben ihr. Sie zieht ihr T-Shirt straff. Es reicht ihr bis an die Schenkel. Einen Arm über dem Kopf, fährt sie mit der anderen Hand in den kurzen Ärmel und wischt sich den Schweiß von der Stirn. Dabei rutscht ihr das T-Shirt wieder nach oben.

»Christian?« sagt sie.

»Ja«, sage ich.

»Schon gut«, sagt sie. »Ich wollte nur hören, ob du da bist.«

»Gleich«, sage ich, stelle mein Glas in die Spüle und gehe ins Bad. Ihr Hut liegt auf dem Klodeckel. Ich weiß nicht, wohin mit ihm, und setze ihn auf. Ich drücke die Spülung, damit Hanni nicht hört, wie es plätschert.

Dann drehe ich mit beiden Händen an der Duscharmatur und halte den Kopf schräg zur Seite, damit der Hut nicht naß wird. Das Wasser kommt hier immer noch warm und kalt aus der Brause, ganz wie man will. Ich trinke es sogar.

JAVIER MARÍAS

Auf der Hochzeitsreise

Meine Frau hatte sich unwohl gefühlt, und wir waren in aller Eile in das Hotelzimmer zurückgekehrt, wo sie sich mit Schüttelfrost und leichter Übelkeit und leichtem Fieber hingelegt hatte. Wir wollten nicht gleich einen Arzt rufen, sondern abwarten, ob es vorbeigehen würde, auch weil wir uns auf der Hochzeitsreise befanden, und auf dieser Reise will man keine Einmischung eines Fremden, auch wenn es sich um eine Untersuchung handelt. Bestimmt war es eine leichte Magenverstimmung, eine Kolik, irgend etwas. Wir befanden uns in Sevilla, in einem Hotel, das durch eine Esplanade, die es von der Straße trennte, vor dem Verkehrslärm geschützt war. Während meine Frau einschlief (sie schien einzuschlafen, kaum daß ich sie ins Bett gelegt und zugedeckt hatte), beschloß ich, mich still zu verhalten, und die beste Art, das zu erreichen und nicht in Versuchung zu geraten, Lärm zu machen oder aus Langeweile mit ihr zu sprechen, war, auf den Balkon hinauszutreten und mir anzusehen, wie die Leute, die Sevillaner, vorbeigingen, wie sie liefen und wie sie gekleidet waren, wie sie sprachen, obwohl ich aufgrund der relativen Entfernung zur Straße nur ein Gemurmel hörte. Ich schaute, ohne zu sehen, wie jemand schaut, der zu einem Fest kommt und weiß, daß die einzige Person, die ihn interessiert, nicht dort sein wird, weil sie zu Hause bei ihrem Mann geblieben ist. Diese einzige Person war bei mir, in meinem Rücken, bewacht von ihrem Ehemann. Ich schaute nach draußen und dachte an drinnen, aber plötzlich machte ich eine einzelne Person aus, und ich machte sie deshalb aus, weil diese Person sich im Unterschied zu den anderen, die einen Augenblick auftauchten und verschwanden, nicht von ihrem Platz rührte. Es war eine Frau von etwa dreißig Jahren, aus der Ferne gesehen, bekleidet mit einer blauen, fast ärmellosen Bluse und einem weißen Rock und hohen, ebenfalls weißen Schuhen. Sie wartete, ihre Haltung drückte eindeutig Warten aus, denn ab und zu tat sie zwei oder drei Schritte nach rechts oder nach links und ließ beim letzten Schritt leicht den spitzen Absatz über den Boden schleifen, eine Bewegung verhaltener Ungeduld. Über dem Arm trug sie eine große Tasche, wie sie in meiner Kindheit die Mütter trugen, meine Mutter, eine große schwarze Tasche, die altmodisch am Arm hing, nicht über der Schulter, wie sie heute getragen werden. Sie hatte kräftige Beine, die sich fest in den Boden rammten, jedesmal wenn sie nach der winzigen Entfernung von zwei oder drei Schritten und dem über den Boden schleifenden Absatz des letzten Schritts wieder an dem für das Warten erwählten Punkt stehenblieben. Sie waren so kräftig, daß sie von diesen Absätzen absehen konnten oder sie gleichsam assimilierten, sie waren es, die sich in das Pflaster bohrten, wie ein Messer in nasses Holz. Ab und zu winkelte sie ein Bein an, um hinten an sich herunter zu blicken und den Rock glattzustreichen, als fürchtete sie eine Falte, die ihren Hintern entstellen könnte, oder vielleicht zupfte sie durch den Stoff hindurch, der ihn bedeckte, ihren rebellischen Slip zurecht.

Die Dämmerung brach herein, und im allmählich schwindenden Licht erschien sie mir immer einsamer, immer isolierter, immer mehr dazu verurteilt, vergeblich zu warten. Ihre Verabredung würde nicht kommen. Sie blieb in der Mitte des Bürgersteigs, sie lehnte sich nicht an die Hausmauer, wie es Wartende gewöhnlich tun, um die nicht

Wartenden und Vorbeigehenden nicht beim Vorbeigehen zu stören, und deshalb hatte sie Schwierigkeiten, den Passanten auszuweichen, jemand sagte etwas zu ihr, sie antwortete zornig und drohte mit der riesigen Tasche.

Plötzlich hob sie den Blick zum dritten Stock, in dem ich mich befand, und mir schien, daß sie zum ersten Mal die Augen auf mich heftete. Sie blickte angestrengt, als wäre sie kurzsichtig oder trüge schmutzige Kontaktlinsen, sie blinzelte ein wenig mit den Augen, um besser sehen zu können, mir schien, daß ich es war, den sie anschaute. Aber ich kannte niemanden in Sevilla, mehr noch, es war das erste Mal, daß ich in Sevilla war, auf meiner Hochzeitsreise mit der, die erst so kurze Zeit meine Frau war, krank in meinem Rücken, hoffentlich war es nichts Ernstes. Ich vernahm ein Murmeln, das vom Bett kam, aber ich wandte den Kopf nicht, denn es war ein Klagen, das aus dem Schlaf kam, man lernt sofort, den Schlafton der Person zu erkennen, mit der man das Bett teilt. Die Frau hatte ein paar Schritte getan, jetzt in meine Richtung, sie überquerte die Straße, den Autos ausweichend, ohne eine Ampel zu suchen, als wollte sie rasch näher kommen, um sich zu vergewissern, um mich besser auf meinem Balkon zu sehen. Sie ging jedoch mühsam und langsam, als wäre sie nicht an die Absätze gewöhnt oder als wären ihre so auffallenden Beine nicht für sie gemacht oder als brächte die Tasche sie aus dem Gleichgewicht oder als wäre ihr schwindlig. Sie ging, wie meine Frau gegangen war, als sie sich unwohl gefühlt hatte, als sie ins Zimmer getreten war, ich hatte ihr geholfen, sich auszuziehen und ins Bett zu legen, ich hatte sie zugedeckt. Die Frau auf der Straße war auf die andere Seite gelangt, jetzt war sie näher, aber noch immer in einiger Entfernung, vom Hotel durch die weite Esplanade getrennt, die es vor dem Verkehrslärm schützte. Sie hatte den Blick noch immer erhoben und schaute zu mir oder in meine Höhe, die Höhe des Gebäudes, in der ich mich befand. Und dann machte sie eine Bewegung mit dem Arm, eine Gebärde, die weder Gruß noch Annäherung war, ich meine, Annäherung an einen Fremden, sondern Aneignung und Erkennen, als wäre ich die Person, auf die sie gewartet und mit der sie sich verabredet hatte. Es war, als wollte sie mich packen mit dieser Armbewegung und dem Geflatter der schnellen Finger, und als würde sie sagen: »Du, komm her« oder »Du gehörst mir«. Gleichzeitig rief sie etwas, das ich nicht verstehen konnte, anhand der Bewegung ihrer Lippen verstand ich nur das erste Wort, das »He!« lautete, mit Empörung ausgesprochen, wie der Rest des Satzes, der mich nicht erreichte. Sie kam weiter auf mich zu, jetzt faßte sie sich mit mehr Grund hinten an den Rock, denn es schien, daß derjenige, der ihre Gestalt bewerten sollte, endlich vor ihr war, der Erwartete konnte jetzt den Fall jenes Rockes würdigen. Und in diesem Augenblick konnte ich hören, was sie sagte: »He! Was machst du denn da?« Der Ruf war deutlich vernehmbar jetzt, und ich konnte die Frau besser sehen. Vielleicht war sie älter als dreißig, die noch immer blinzelnden Augen erschienen mir hell, grau oder pflaumenfarben, die Lippen dick, die Nase etwas breit, die Nasenflügel bebten heftig vor Unmut, sie mußte lange Zeit gewartet haben, sehr viel mehr Zeit als vergangen war, seit ich sie ausgemacht hatte. Dann taumelte sie, stolperte und fiel auf den Boden der Esplanade und machte sich sogleich den weißen Rock schmutzig und verlor einen ihrer Schuhe. Mühsam richtete sie sich auf, darum bemüht, nicht mit dem schuhlosen Fuß auf das Pflaster zu treten, als fürchtete sie, sich auch noch die Fußsohle zu beschmutzen, jetzt, da ihre Verabredung da war, jetzt, da ihre Füße sauber sein mußten für den Fall, daß der Mann sie sah, mit dem sie sich verabredet hatte. Es gelang ihr, den Schuh anzuziehen, ohne den Fuß auf den

Boden zu stützen, sie klopfte sich den Rock ab und rief: »Was machst du denn da! Warum hast du mir nicht gesagt, daß du schon raufgegangen bist? Siehst du nicht, daß ich schon seit einer Stunde auf dich warte?« (Sie sagte es mit deutlichem sevillanischem Akzent, lispelnd.) Und während sie dies sagte, machte sie abermals die Gebärde des Pakkens, ein heftiger Stoß mit dem nackten Arm in die Luft und das Geflatter der raschen Finger, das ihn begleitete. Es war, als würde sie zu mir sagen »Du gehörst mir« oder »Ich bring dich um«, und als könnte sie mich mit dieser Bewegung ergreifen und fortschleppen, eine Klaue. Dieses Mal rief sie so laut und war so nah, daß ich fürchtete, sie könnte meine Frau im Bett wecken.

»Was ist?« sagte meine Frau schwach.

Ich wandte mich um, sie hatte sich im Bett aufgerichtet, mit erschreckten Augen, wie die einer Kranken, die aufwacht und noch nichts sieht und nicht weiß, wo sie ist, noch, warum sie sich so verwirrt fühlt. Das Licht war gelöscht. In diesen Augenblicken war sie eine Kranke.

»Nichts, schlaf weiter«, antwortete ich.

Aber ich ging nicht zu ihr hin, um ihr über das Haar zu streichen oder sie zu beruhigen, wie ich es in jeder anderen Situation getan hätte, denn ich konnte mich nicht vom Balkon entfernen und kaum den Blick von jener Frau wenden, die überzeugt war, mit mir verabredet zu sein. Jetzt sah sie mich deutlich, und es gab keinen Zweifel, daß ich die Person war, mit der sie eine wichtige Verabredung vereinbart hatte, die Person, die sie hatte warten und leiden lassen, die sie mit ihrer langen Abwesenheit beleidigt hatte. »Hast du nicht gesehen, daß ich seit einer Stunde hier auf dich warte? Warum hast du mir nichts gesagt!« kreischte sie jetzt wütend, vor meinem Hotel und unter meinem Balkon stehend. »Du kriegst was von mir zu hören! Ich bring dich um«, rief sie. Und abermals machte sie die

Bewegung mit dem Arm und den Fingern, die Bewegung, die mich packte.

»Aber was ist denn los?« fragte meine Frau erneut betäubt vom Bett her.

In diesem Augenblick trat ich zurück und lehnte die Balkontüren an, aber bevor ich das tat, konnte ich sehen, wie die Frau auf der Straße mit ihrer riesigen altmodischen Tasche und ihren Stöckelschuhen und ihren kräftigen Beinen und ihrem wiegenden Gang aus meinem Gesichtsfeld verschwand, weil sie bereits das Hotel betrat, entschlossen, zu mir heraufzukommen und die Verabredung stattfinden zu lassen. Ich spürte Leere beim Gedanken daran, was ich meiner kranken Frau sagen könnte, um die Einmischung zu erklären, die stattfinden würde. Wir befanden uns auf unserer Hochzeitsreise, und auf dieser Reise will man keine Einmischung eines Fremden, obwohl ich, glaube ich, kein Fremder war für die Person, die bereits die Treppen heraufkam. Ich spürte Leere und schloß die Balkontür. Dann schickte ich mich an, die Zimmertür zu öffnen.

Binnie Kirshenbaum

Geschichte persönlich betrachtet

Ein legendäres Jahr: 1984
Was immer geschieht, wir sollten es kommen sehen

Obwohl Lorraine theoretisch wußte, daß Geschichte sich wiederholt, war sie von Ronald Reagans zweitem triumphalen Sieg niedergeschmettert. Im Gegenzug erklärte sie sich zur Kommunistin, als ob das irgend etwas oder irgend jemanden retten könnte. Lorraine versprach sich vom Kommunismus, daß Donald Trump jeder Frau in New York ein Tennisarmband aus Gold und Diamanten kaufen mußte.

Ich für meinen Teil hatte Reagans zweite Amtsperiode kommen sehen. Nicht, daß das Ganze deshalb leichter zu verdauen gewesen wäre. Ich war nur einfach auf das Desaster vorbereitet.

Eine andere Sache, die Lorraine nicht kommen sah, war ihre Verliebtheit in Peter. Lorraine arbeitete für einen großen Reiseveranstalter, eine Karriere, die sie gewisser Vorzüge wegen gewählt hatte. Lorraine flog gern und wohnte ebensogern in kostenlosen Hotelzimmern. Peter war einer ihrer Kunden, ein Zwischenhändler, der Pauschalarrangements für deutsche Touristen zu den Niagara-Fällen und den Busch Gardens organisierte. Peter war auch Deutscher, und Lorraine nannte ihn »diesen nervenden Kraut, der immer auf Prozente und Sonderleistungen aus ist«. Lorraine quittierte seine Anfragen häufig mit der Bemerkung »He, vergessen Sie nicht, wer den Krieg gewonnen hat«. Eines Tages rief sie mich jedoch an und sagte: »Kannst du dir vorstellen, daß ich mich in den nervenden Kraut verliebt habe?«

Lorraine und Peter waren total verrückt nacheinander, aber wie Goethe schon meinte, sind die Deutschen sich selbst ein Problem und allen anderen auch. Diese Liebesaffäre hatte ihre Schwierigkeiten. Peters Aufenthalt in New York war temporär. Er konnte jederzeit in ein anderes Land versetzt werden. Er betete, daß es nicht Rumänien sein würde, wo er zuletzt gewesen war, oder irgendwo in Afrika, weil er sich vor Schlangen fürchtete. Ein anderer Stein auf dem Weg zum Glück war das schielende Mädchen mit dem Fuchspelzmantel. Obwohl er auf dem Papier nicht mit ihr verheiratet war, hatten Peter und sie doch die letzten siebzehn Jahre zusammengelebt. Ihre Familien waren seit langem befreundet und lebten in demselben idyllischen deutschen Fachwerkstädtchen, und das Billig-Reise-Unternehmen, für das Peter arbeitete, schickte die beiden zusammen in fremde Länder, als wären sie verheiratet.

Lorraine, die aus dem Süden und ein Sproß der Mason-Dixon-Familie war, wollte über diese Dinge morgen nachdenken. Heute war sie verliebt, und sie sagte zu mir – obwohl sie sonst nie ein solches Wort benutzte –, daß sie und Peter seelenverwandt seien. »Südstaatler und Deutsche sind ein und dasselbe«, sagte sie. »Beide waren wild darauf, andere Völker zu versklaven. Wir verloren die Kriege, die wir begonnen haben. Als Gruppe gesehen sind wir Vollidioten. Und wo immer wir auch hingehen, unsere Bindung an unseren Boden, unser Land, ist stark.«

Ich als Jüdin hatte von solchen Dingen keine Ahnung. Mein Volk war wie Flöhe von einem Ort zum anderen gehüpft und durfte niemals lange genug bleiben, um heimisch zu werden. Selbst später, als die Geschichte meinen Leuten freundlicher gesinnt war und uns in Amerika einen sicheren Hafen versprach, zogen wir – Aufsteiger, die wir waren – oft um, bis wir uns schließlich in einem nagelneuen, eigens für uns erbauten Haus in einer gerade entstehenden Vorstadt niederließen. Es war ein Fertighaus, also nicht die Sorte Haus, das Geister beherbergt. Es hatte keine Vergangenheit, keine Wurzeln. Es war vielmehr so, daß wir heute dort und morgen spurlos verschwunden sein konnten. Mein Haus hätte in dieser Stadt sein können, die der Führer den Juden baute.

Lorraine versuchte Flamm-Torte zu backen, aber sie kriegte den Dreh nicht raus, und Peter gelang es nicht, an Erdnußbutter-Pie Geschmack zu finden. Jedoch, die Liebe gedieh, weil, wie Lorraine erklärte, »das schielende Mädchen sich schlicht und einfach weigert, es ihm von Anfang bis Ende mit dem Mund zu besorgen. Sie weigert sich, es zu schlucken. Was glaubst du, warum?« fragte mich Lorraine.

Wie sollte ich mir ein Volk erklären, das es für unmoralisch und ekelhaft hält, einen Schwapp Glibber zu schlukken, es aber erklärtermaßen sauber fand, sich mit Seife zu waschen, die aus Juden, Zigeunern und Priestern hergestellt worden war? Ich zuckte die Achseln, und Lorraine vermutete: »Muß wohl eine dieser deutschen Eigentümlichkeiten sein, oder?«

Willkommen: 1985–86
Reagan ehrte die SS-Toten in Bitburg
Peter zurück nach Frankfurt versetzt

Lorraine und Peter schrieben einander lange Briefe. Lorraine beschwerte sich, daß es mit seinem Englisch rapide bergab ging. »Schnallen, schreibt er«, erzählte sie mir. »Er schreibt, daß es in Frankfurt wenigstens keine Schnallen gebe. Er meint Schlangen.« Im Büro brachte Lorraine ihre Tage vornehmlich damit zu, sich Freitickets nach Frankfurt zu organisieren. Im Dezember 1986 schlug sie zwei Tickets bei der Lufthansa raus, und so reiste ich mit ihr nach Deutschland.

Während Peter und Lorraine in unserem Gratis-Hotelzimmer im Interconti verlorene Zeit aufholten, ging ich auf Besichtigungstour. Ich ging nicht in Museen und Kirchen. Ich unternahm eine Nazi-Besichtigungstour. Ich hockte in Cafés herum und musterte jeden, der alt genug war, um einer gewesen zu sein, und versuchte mir vorzustellen, an welcher Scheußlichkeit er beteiligt war. Später, nachdem Peter nach Hause zu dem schielenden Mädchen zurückgekehrt war, gingen Lorraine und ich zum Essen. »Wie die dort drüben«, ich wies auf einen Tisch vis-à-vis von unserem und zeigte auf eine alte Frau, die einen dieser bizarren Trachtenhüte trug. »Entweder hat sie in einem Lager Kleider sortiert und alles, was sie kriegen konnte, in ihren eigenen Taschen verschwinden lassen, oder aber sie hat Kinder indoktriniert, indem sie ihnen die Hänsel-und-Gretel-Version vorlas, in der die Juden versuchen, aus deutschen Kindern Matzen zu backen.«

Lorraine nickte und bemerkte: »Und wo bleibt die Gerechtigkeit in dieser Welt, daß sie jetzt hier sitzen und Wurst essen kann, als wäre nie etwas geschehen?«

Der folgende Tag, 1986
Man gibt dir eine Nummer und nimmt dir deinen Namen

Selbst nachdem wir am Geisener Ring steckengeblieben und immer wieder im Kreis gefahren waren, als ginge es rund um einen Maibaum, und obwohl wir noch an der letzten Tankstelle vor der Grenze tankten, wo der Tankwart nach Bier stank und aussah wie ein Massenmörder, erreichten wir die Grenze, bevor die Nacht hereinbrach.

Lorraine, die sich mit den Einzelheiten der Reisebeschränkungen auskannte, übernahm das Kommando. »Wir dürfen nach West-Berlin«, skizzierte sie den Plan. »Also werden wir das sagen. Wenn sie uns fragen, wohin wir wollen, sagen wir, Berlin. West-Berlin.«

Nach Berlin waren es von der Grenze gut acht Stunden Fahrt. Wir hatten weder irgendwelches Gepäck noch genug Geld für diese Reise. Außerdem war Lorraine am nächsten Morgen um zehn mit Peter verabredet. Dennoch zeigten wir an jedem der drei Checkpoints unsere Pässe vor und sagten: »West-Berlin, ja?«

Der Grenzpolizist in der dritten Kontrollkabine wies uns zur äußersten rechten Spur der Autobahn. *»You must stay on sis road. Sis is se road to West-Berlin. Do not get off sis road.«*

Lorraine und ich wechselten einen Blick. Dann sah sie in den Rückspiegel und schwenkte schnell nach links. Ich drehte am Senderknopf des Radios und erwischte Radio Free Europe oder die Armed Service Station oder so was. Wie auch immer, wir stahlen uns nach Ost-Deutschland hinein zu den Klängen des ›Secret Agent Man‹, der dir eine Nummer gibt und dir deinen Namen nimmt. *Secret Agent Man.* Wir sangen mit.

In einer Stadt namens Eisenach hielten wir an einer windigen Vorort-Kirmes, deren Hauptattraktion ein Riesenrad mit Handkurbel war. Mit einer Westmark kauften wir zwei karamelglasierte Äpfel, die sich als wurmstichig erwiesen, so daß wir uns woanders auf die Suche nach etwas zu essen machen mußten.

Das Restaurant war rustikal, überall Hirschköpfe an den

Steinwänden. »Ich wette, das war ein Freizeitlager von der Hitlerjugend«, sagte ich.

»Das«, stimmte Lorraine mir zu, »oder ein Jagdrefugium der SS.«

Wir bestellten Gulasch. Es war nicht ganz schlecht. Zwei polnische Jungs, die ständig aufsprangen, um uns Feuer zu geben, aßen ebenfalls Gulasch. Nach dem Essen fanden wir sie bei leichtem Schneefall neben unserem Opel Kadett stehen, dem einzigen Wagen weit und breit. Sie wollten, daß wir sie mitnehmen, aber Lorraine sagte: »Nein. Wenn man uns hier schnappt, ist das eine Sache. Wenn man uns mit zwei Polen auf dem Rücksitz schnappt, eine ganz andere.«

Weimar, der Sitz einer früheren deutschen Regierung, war ein sehr hübscher Ort, wenngleich etwas heruntergekommen, etwa wie ein altes seidenes Sofa, das an den Ecken ausfranst. Wir gingen auf der kopfsteingepflasterten Straße zu Goethes Haus, aber es war bereits geschlossen. Während wir vor der Tür standen, sagte Lorraine: »Er kannte sein Volk. Nichts als Probleme, stimmt genau.«

Die Straßen, die aus Weimar hinausführten, waren von Kiefern gesäumt und sehr dunkel. Es gab keine Straßenbeleuchtung, etwas Unheimliches lag wie Nebel über uns. »Dieser Ort kommt mir gespenstig vor«, sagte Lorraine. Gespenstig. So sagen Südstaatler, wenn sie gespenstisch meinen.

Ich nahm die Karte aus dem Handschuhfach und breitete sie aus. »Wir sind in Buchenwald«, sagte ich.

Lorraine fragte, ob ich das Lager besuchen und das Krematorium besichtigen wolle. »Ich meine, jetzt, wo wir schon mal da sind.«

Es war mitten in der Nacht, und selbst wenn es uns gelungen wäre, in Buchenwald einzubrechen, hätte ich das nicht gewollt. »Abgesehen davon«, erinnerte ich sie, »hast du deine Verabredung mit Peter. Wir sollten uns jetzt besser auf den Rückweg machen.«

»Wenn wir hier wieder rauskommen.« Lorraine gab zu bedenken, daß die Ausreise womöglich weniger einfach war als die Einreise. »Dir ist ja wohl klar, daß wir keinen Berlin-Stempel in unseren Pässen haben.«

Wahrscheinlich hätte mich das beunruhigt, wenn nicht gerade ›Snoopy and the Red Baron‹ im Radio gekommen wäre, was meine Aufmerksamkeit auf den Hundekampf-Cartoon zwischen einem Beagle und von Richthofen lenkte, aus dem der Beagle siegreich hervorging.

Am ersten Checkpoint zeigten wir unsere Pässe vor und bekamen sie so prompt zurück, als handelte es sich um Wechselgeld am Zahlautomaten einer Mautkabine. »Den ersten hätten wir«, sagte Lorraine.

Der zweite Grenzpolizist blätterte die Pässe durch, dann begann er von neuem und blätterte sie noch einmal langsam durch. Wir sahen, wie er nach einem Telefonhörer griff, und Lorraine schlug vor: »Wir sollten unser Make-up auffrischen. Vermutlich wird man uns gleich verhören. Kann nicht schaden, wenn wir gut aussehen.«

Wir holten unsere Puderdosen aus unseren Schminktäschchen, drängten uns unter die kleine Lampe an der Decke des Autos, trugen Lippenstift auf und wischten verschmierte Wimperntusche unter den Augen weg. Vielleicht ganz umsonst. Man gab uns unsere Pässe zurück. Der Grenzbeamte winkte uns weiter zu dem dritten Checkpoint, wo vier uniformierte Grenzsoldaten heraustraten und unseren Opel Kadett umstellten. »Sieht nicht gut aus«, sagte Lorraine zu mir.

Man geleitete uns in ein Büro, das bis auf einen Schreibtisch und drei Stühle leer war. Lorraine und ich saßen da, als würden wir einen Höflichkeitsbesuch machen. An einer

Wand hing ein Kalender, auf dem eine deutsche Landschaft zu sehen war, eine Landschaft, die so aussah, als wäre diese Nation niemals etwas anderes gewesen als märchenhaft gemütlich.

Der einzige Grenzsoldat, der Englisch sprach und der uns daher verhörte, war jung. Höchstens achtzehn. Ein pausbäckiges Baby. Begeistert, die Verantwortung für ein solches Verhör tragen zu dürfen, fragte er: »Wo sind Sie hingefahren? Mit wem haben Sie gesprochen?« Er wollte tough wirken, aber die Röte in seinem Gesicht verriet ihn. »Wo sind Sie hingefahren?« fragte er immer wieder. Und immer wieder antworteten wir, daß wir bei Goethes Haus gewesen seien, daß wir mit niemandem gesprochen hätten (es gab keinen Grund, die Polen zu erwähnen). »Weimar ist wunderhübsch«, sagte Lorraine. »Einfach entzükkend.«

Kurz bevor es hell wurde, kamen die Nazi-Kommunisten überein, daß wir nichts weiter als ein Paar amerikanischer Touristinnen und *Dummköpfe* waren, die eine falsche Abzweigung erwischt hatten. Man eskortierte uns zur Grenze, und die vier Grenzsoldaten winkten uns Goodbye. »Waren sie nicht süß?« fragte Lorraine. »Ich meine, alles in allem.«

Als wir zurück ins Intercontinental kamen, blieb Lorraine gerade genug Zeit, um sich schnell zu duschen, bevor sie Peter in der Lobby traf. Ich stieß zu ihnen, als Lorraine unserer Grenz-Überschreitungsstory gerade die letzten Glanzlichter aufsetzte.

»Aber Lorraine, *se four powers have agreed, you must stay on se Berlin-Autobahn«*, grinste Peter – er war bezaubert von ihr, seiner Geliebten, die das System ausgetrickst hatte. Peter verabscheute nicht die Ostdeutschen, sondern ihr System und alle Kommunisten, die er dafür verantwortlich machte, daß seine Heimat geteilt war.

Vom Politischen zum Persönlichen:
9. November 1989
Wie in Jericho stürzten die Mauern hernieder

Ich hab ihn mir im Fernsehen angesehen, den Fall der Berliner Mauer, und damit den Fall von allem, wofür sie stand. Anders als die Fernsehkommentatoren freute ich mich keineswegs. Im Gegensatz zu dem bis zum Erbrechen wiederholten Spruch – Ich bin ein Berliner – war ich kein Berliner. Mir war die Mauer gerade recht. Für mich sprach die Mauer Bände. Soll heißen: »Jeder bekommt, was er verdient.«

Als Lorraine und ich in Frankfurt waren, fand ich den deutschen Überfluß unerträglich. Ich litt unter den Fuchspelzmänteln, den vielen Mercedes auf den Straßen, den Wurstketten, die in den Schaufenstern der Metzgereien hingen, dem Geruch frischer Strudel, der aus den Bäkkereien wehte. Daß sie im Wohlstand lebten, daß da nichts war, nicht einmal irgendein Denkmal in einem Park, das sie an ihr Fiasko in der jüngsten Geschichte erinnerte, erweckte den Anschein, Deutschland wäre die Schweiz.

Im Osten war die vergleichsweise Trostlosigkeit stimmig. Es paßte als Vergeltung für ehemalige Nazis, hinter Stacheldrahtzäunen in einem Land zu leben, in dem Elektrizität ein Luxusgut war.

Persönlicher betrachtet: obwohl wir nicht am Checkpoint Charlie die Ost-Westberliner Grenze überschritten hatten – uns über die Grenze stehlen war etwas, was wir nun nie wieder tun konnten. Eine Ära war vorüber.

Eine andere Sache, die vorüber war, war die Liebesaffäre zwischen Peter und Lorraine. Infolge einer Reihe von unglücklichen Zufällen, die sich über den gesamten Globus verteilt ereigneten, hatte das schielende Mädchen herausgefunden, daß Peter nicht mit seinem Cousin Werner beim

Skifahren in Österreich war, sondern mit Lorraine beim Vögeln in einem Hotel am Comer See. Eine Familienkonferenz wurde einberufen, und man beschloß einstimmig, daß Peter ein guter, ein ehrenhafter Deutscher zu sein habe.

»I cannot sii you again«, sagte Peter zu Lorraine und brach ihr Herz für immer.

Ich drehte den Ton des Fernsehers weg, wählte Lorraines Nummer und fragte: »Schaust du dir das gerade an?«

»Mir ist schon ganz schlecht davon«, sagte sie. »Einfach schlecht. Wie um alles in der Welt soll ich eine gute Kommunistin sein, wenn die Kommunisten keine guten Kommunisten sein können? Peter ist wahrscheinlich ganz glücklich. Er träumte von diesem Tag. Er haßte die Mauer.« Dann kam ihr ein Gedanke. »Vielleicht erscheint ihm dieses Niederreißen der Mauern als etwas Symbolisches, als inspirierend. Vielleicht spürt er die Freude, Regeln zu brechen, die Konventionen zunichte zu machen.« Lorraine hoffte, daß dieses Stückchen Anarchie vom Politischen ins Persönliche reichen würde.

Ich ging zurück zum Fernseher und schaute zu, wie die Deutschen auf ihren Straßen tanzten.

Wiedervereinigung: 3. Oktober 1990
Jede Handlung erfährt Zustimmung und Ablehnung

»Ein großer Tag für die Freiheit«, der Nachrichtensprecher im Fernsehen sah die Wiedervereinigung der beiden Deutschland als Anlaß, die Freiheitsglocken zu läuten. Offensichtlich hatte er es nicht der Mühe wert gefunden, sich daran zu erinnern, daß Deutschland bereits früher zweimal vereinigt worden war; arische Streitkräfte verbündeten sich mit arischen Streitkräften, und was passierte: Weltkriege, Entrechtung, Zerstörung, Buchenwald. Schon blickten die Deutschen wieder gen Polen und leckten sich die Finger.

Ich durchforstete die Zeitungen, die Leserbriefe auf der Suche nach wenigstens noch einer protestierenden Stimme, einem, der sagte: »He, wacht auf. Riecht den Braten. Ein vereintes Deutschland ist vielleicht nicht gerade ein Strauß Rosen. Wir sprechen hier über ein gesellschaftliches Klima, in dem Befehlsgehorsam das Äquivalent für ein gottgefälliges Leben ist. Freie Wahlen bedeuten noch lange keine Demokratie nach Jeffersons Vorbild. Das letzte Mal, als ein vereintes Deutschland zu den Wahlurnen schritt, wählte es die Nationalsozialisten, vergessen?«

Obwohl Lorraine und ich jetzt frei wie die Vögel nach Weimar fahren konnten, wer wollte das? Wie traurig wäre es, das, was einst eine Grenze war, zu überqueren, und ›Secret Agent Man‹ wäre einfach nur noch irgendein Golden Oldie. Nein, Lorraine und ich würden Goethes Haus wegen des Dreiklangs der Wiedervereinigungen nie wieder besuchen.

Als Peter schließlich das schielende Mädchen mit dem Fuchspelzmantel heiratete, gab auch Lorraine – wie General Lee in Appomattox – auf. »Meine Leute trachten danach, mit Würde unterzugehen«, sagte sie, »aber untergehen ist immer pathetisch. Wir sind ein pathetischer Haufen. Wenn Juden Südstaatler wären, wärt ihr inzwischen allesamt *Holy Rollers.*«

Still, allzu still sagte Lorraine, sie verstehe, warum Peter seine deutsche Freundin geheiratet habe. »Sie sprechen dieselbe Sprache«, sagte sie, »sie teilen eine Kultur, eine Kollektivschuld«, und mit diesem Gedanken im Kopf vereinigte Lorraine sich wieder mit ihrer Heimat. Sie zog in den Süden, in eine Stadt namens Dillwyn, und heiratete einen gewehrschwingenden Burschen mit Baseball-Cap auf dem Kopf. Sie zogen in einen Trailer und hielten sich Hühner auf ihrem Grund. Als Lorraine im siebenten Monat schwanger war, kam eine Kuh dazu.

Nichts von alledem hätte ich kommen sehen können. Jetzt, post festum, konnte ich sagen: »Es gab Anzeichen.«

1991: Alles verändert sich
Alles bleibt gleich

Den ganzen Sommer über beklagten sich die Franzosen über die Deutschen. Über die Ostdeutschen, die armen Verwandten, die nicht einen Franc übrig hatten, um ihn auszugeben, die Bustouren unternahmen, Tagesausflüge durch Paris, und die die ganze Stadt aufmischten, ohne daß etwas in die Kassen kam.

In der ›Times‹ las ich über den deutschen Immobilienmakler, der ein Gelände kaufte, auf dem sich früher das Konzentrationslager Ravensbrück befunden hatte. Er hatte die Absicht, dort ein Einkaufszentrum zu bauen. Wo einst Köpfe geschoren und Goldzähne gezogen wurden, sollte man jetzt das deutsche Äquivalent eines GAP-T-Shirts und Caswell-Massey-Badesalz kaufen können.

Im ehemaligen Jugoslawien brach der Bürgerkrieg aus, und es gab Gerüchte über Völkermord. Ein Alkoholiker regierte Rußland. Die Rumänen betrieben einen schwunghaften Babyhandel, und Kardinal Glemp aus Polen belebte die lang gepflegte Tradition des Juden-Schlagens wieder. Das ist das Beunruhigende an der Sache mit der Freiheit: Wenn man die Wahl hat, läuft man Gefahr, die falsche zu treffen.

Lorraine bekam einen Sohn. Sie gab ihm den Namen Rüdiger, aber er wurde Rudy genannt. Lorraine sang sowjetische Hymnen anstelle von Schlafliedern, während ihr Mann sich mit einem Krug Brandy-Wein-Gemisch in den Geräteschuppen davonmachte.

Peter und seine schielende Frau wurden nach Brasilien geschickt, wo es eine Menge Schlangen und ein Klima gab, das nicht gerade zum Tragen eines Fuchspelzmantels einlud.

Einige Politik- und Wirtschaftswissenschaftler sagten, daß die Westdeutschen die Wiedervereinigung bereuen würden. Die Ostdeutschen in die Wirtschaft zu integrieren, würde sich als finanzielle Extrembelastung erweisen. Aber die Experten vergaßen den menschlichen Faktor. Einmal, es war ein paar Jahre her, hatte Peter Lorraine und mir die Geschichte erzählt, wie seine Mutter ihn als Kind nach dem Krieg in einem Waschzuber durch die Tschechoslowakei getragen hatte. Ein Deutscher muß mit anderen Deutschen vereint sein, egal was es kostet, genauso, wie eine Südstaatlerin einer Brieftaube gleich um jeden Preis zur Erde des Südens zurückkehrt. Aber ein Jude, der ewig wachsame Jude, lebt in einem Apartmenthaus, wo es keine Erde unter den Füßen gibt.

Jostein Gaarder

Der Katalog

Was soll uns denn das ewig Schaffen
Geschaffenes zu nichts wegraffen?

Goethe, ›Faust II‹

I.

Der Katalog umfaßt die ganze Welt. Er überzieht den Erdball wie ein engmaschiges Netz, und dieses Netz wird mit der Zeit immer dichter. Die gesamte Menschheit arbeitet daran mit. Nicht eine einzige unbegabte Seele wird ausgeschlossen. Und doch ist die ganze Mühe vergebens.

Schon mit siebzehn Jahren habe ich damals die Arbeit am Katalog aufgenommen. Und zwar als Laufbursche, in dem kleinen Hafenort, in dem ich noch immer wohne. Jetzt bin ich dreiundsiebzig und seit einem Menschenalter Chefredakteur meines Landes. Ich verfüge also über einiges Hintergrundwissen, wenn ich nun den Versuch unternehme, die Bedeutung dieses Werkes zu bewerten.

Der Katalog ist das Tagebuch der gesamten Menschheit. Er erscheint alle vier Jahre (in jedem Schaltjahr), und alle volljährigen Menschen auf der ganzen Welt sind verpflichtet, jedesmal einen Beitrag von sieben bis vierzehn Zeilen dafür zu schreiben.

Wenn ein Bürger 18 Jahre alt ist, muß er also wissen, was er der Welt erzählen möchte. Und es sollte gut überlegt sein, denn der Katalog wird in Schulen und Familien mit größtem Respekt studiert und für alle Zukunft aufbewahrt.

Natürlich kann ein Beitrag in die Neuausgabe unverändert übernommen werden, doch jeder ist berechtigt, alle vier Jahre einen neuen einzureichen. Das ist zweifellos die übliche Lösung. Zahlreiche Menschen aber lassen ihren Text viele Jahre stehen, manchmal ein Leben lang – sei es aus Trägheit, sei es aus Monomanie oder Phantasielosigkeit.

Ich habe schon erwähnt, daß der Katalog den ganzen Erdball umfaßt. Jeweils am selben Tag (dem 29. Februar) wird in jeder Region ein Katalog veröffentlicht. In diesem Katalog sind die Einwohner und Einwohnerinnen dieser Region (etwa 100 000 und 500 000) alphabetisch aufgeführt. Und jedem Haushalt wird unmittelbar nach Erscheinen ein Exemplar des Katalogs zugestellt. Daher ist es sehr einfach, im Katalog nachzuschlagen, was Verwandte und Bekannte auf dieser Welt für wichtig halten. In jeder Region müssen die Kataloge des ganzen Landes der Öffentlichkeit zugänglich sein. Ein nationales Register teilt mit, in welcher Region welcher Bürger des Landes wohnhaft ist. An mehreren Orten gibt es außerdem große Bibliotheken, die alle Kataloge der Welt enthalten. Diese Bibliotheken gleichen sich wie ein Ei dem anderen, wo immer auf der Welt man sich auch befindet. Wenn man durch eine solche Bibliothek wandert, kann man in Kontakt zur gesamten Weltbevölkerung treten. Denn alle Kataloge liegen zusätzlich zur Ausgabe in der Originalsprache auch als Übersetzung in einer Weltsprache vor. Auf diese Weise läßt sich innerhalb weniger Minuten die Sentenz jedes einzelnen Menschen auf der ganzen Welt ermitteln.

Aus meinen bisherigen Ausführungen geht vermutlich hervor, daß der Katalog hundertprozentig demokratisch aufgebaut ist. Jeder hat dem Katalog gegenüber dieselben Rechte und Pflichten, egal, wo auf der Welt er sich befindet. Und alle regionalen Kataloge sehen gleich aus. Es gibt keinen Metakatalog, keine Anthologie und keinen ›Katalog der Kataloge‹, in dem die »besten« Zitate gesammelt wären. Zu einem sehr frühen Zeitpunkt in der Geschichte des Katalogs wurde zwar bereits der Vorschlag gemacht, große Männer und Frauen wie Staatsoberhäupter, Dichterinnen und Philosophen zu bevorzugen und ihnen im Katalog mehr Platz zuzubilligen als den schlichteren und weniger bedeutenden Gemütern. Doch dieser Vorschlag wurde von einer nicht unbedeutenden Mehrheit des Volkes abgelehnt. Auch der etwas bescheidenere Vorschlag, einer besonderen Elite die Möglichkeit zu geben, ihre Sentenzen typographisch hervorzuheben, wurde verworfen. Denn, wie heißt es doch: »Vor dem Katalog sind wir alle gleich.«

Daß alle Menschen gleich sind, bedeutet jedoch nicht, daß es den Katalogangestellten leichtfiele, von allen Bürgern und Bürgerinnen eine Sentenz zu bekommen. Das kann ich bezeugen, schließlich arbeite ich seit über fünfundfünfzig Jahren für den Katalog. Viele, ja, die allermeisten, liefern ihre Beiträge rechtzeitig ab. Der Durchschnittsbürger tut nicht nur freudig seine Bürgerpflicht, nein, er ist geradezu versessen darauf, sich zu manifestieren. Oft genug jedoch müssen wir Sentenzen durch Zwangsmaßnahmen herbeischaffen. Wenn sich das als unmöglich erweist, dann erscheint der betreffende Name ohne Sentenz im Katalog – und das gilt als allergrößte Schande. Denn ist es nicht fast schon ein Verbrechen, wenn ein Mensch von einem Schaltjahr zum anderen sein Leben fristet, ohne etwas Wesentliches zu sagen zu haben? Solche nichtssagenden Gemüter werden auch als Schmarotzer bezeichnet. In regelmäßigen Abständen wird der Vorschlag laut, ihnen Wohnung und Lebensmittel zu entziehen.

Wenn man sich die Sache richtig überlegt, ist es doch wirklich nicht zuviel verlangt. Alle vier Jahre zwischen sieben und vierzehn Zeilen, mehr wollen wir doch gar nicht – schließlich vertreten wir die Meinung, daß ein Menschenleben sich nicht allein durch physische Prozesse legitimiert. Ein Leben zu leben, von der Empfängnis bis zum Tod, gelingt auch Tieren und Pflanzen sehr gut. Viele aber betrachten die physische Existenz nur als Werkzeug oder Organ für das Innenleben – das, wie gesagt, der Katalog widerspiegelt. Wenigstens einmal in vier Jahren sollten die Menschen sich zusammenreißen und sich fragen, wie sie ihr Leben auf dieser Erde beurteilen. Sie müssen gewissermaßen den Löffel aus dem Mund nehmen und sich fragen, wozu sie denn überhaupt essen.

Obwohl im Grunde alle Menschen hinreichend Zeit haben, sich zu überlegen, welche Ansichten sie zu vermitteln wünschen, bestehen zwischen den Millionen von Katalogeinträgen auffällige Qualitätsunterschiede. Dennoch werden alle auf dieselbe schlichte Weise plaziert – ob es sich nun um überaus tiefsinnige Reflexionen handelt oder um platteste Banalitäten. Auf einer einzigen Seite können wir einen spitzfindigen logischen Widerspruch lesen, ein subtiles Paradoxon, politische Satire, den krampfhaften Vorstoß, das Rätsel des Lebens zu lösen, einen verbissenen Versuch, die Quintessenz des Katalogs in Worte zu kleiden, die Viehzuchterfahrung eines Bauern und die Kochrezepte einer Hausfrau. In dieser Hinsicht bezeugt der Katalog auch den Sieg der Demokratie. Es werden keinerlei Ansprüche an Stil oder Inhalt gestellt. Alle Beiträge sind gleichwertig. Philosophie und Pferdeäpfel sind ein und dasselbe.

Niemand lebt vergebens. Jeder wird namentlich im Katalog erwähnt, jeder darf etwas sagen und meinen, was dann für alle Zeiten aufbewahrt wird.

II.

Im Katalog zu lesen bedeutet, den Rahm der Geschichte abzuschöpfen.

Wie viele tiefsinnige Reflexionen, wieviel Kopfzerbrechen, wie viele Menschenseelen sich doch hinter einer Ausgabe des Katalogs verbergen! In unserer Zeit ist das Wort »Kultur« zum Synonym für »Katalog« geworden. Die Kultur in der archaischen Bedeutung dieses Begriffs ist zu Beginn des 21. Jahrhunderts ausgestorben. Zwar gibt es noch immer Menschen, die sich mit dieser Kultur beschäftigen, das jedoch nur noch aus historischem Interesse.

Im Gegensatz zur präkatalogären Kultur ist der Katalog vor allem von unschätzbar praktischer Bedeutung. Überall können wir feststellen, was ein beliebiger Mensch irgendwo auf der Welt für wesentlich hält. Der praktische Nutzen, den die Menschheit aus einem solchen Forum zieht, liegt auf der Hand. So läßt sich der Katalog zum Beispiel bei der Suche nach einem Freund oder Ehepartner nutzen. Denn sobald wir einem Menschen vorgestellt werden, kann es vorkommen, daß wir uns zufällig daran erinnern, was dieser Mensch im Katalog geschrieben hat. Und schon haben wir ein Gesprächsthema und können die neue Bekanntschaft beginnen.

Auch suchen viele Menschen im Katalog nach der WAHRHEIT. Es gibt Beispiele von Menschen, die um die ganze Welt gereist sind, um einen bestimmten Menschen kennenzulernen, der im Katalog ihr Interesse geweckt hat. Immer wieder nehmen Menschen Kontakt auf, um intensiv ihre Sentenz zu diskutieren. Studienkreise und philosophische Schulen schießen wie Pilze aus der Erde. Die ganze Welt ist eine einzige Geschwisterschar.

Immer schon war der Katalog Objekt eifriger Spekulationen. Zahllose Abhandlungen wurden darüber verfaßt, wie er gelesen und gedeutet werden sollte. Derzeit gilt die »arithmetische« Methode als interessanteste Lesart. Ihr zufolge kann der Katalog aufgrund von bestimmten arithmetischen Prinzipien als zusammenhängende Darstellung gelesen werden. Diese Darstellung spiegelt die Geschichte der Wirklichkeit wider, sie zeichnet ein Bild von der Entwicklung des Lebens auf der Erde, sie paraphrasiert verschiedene philosophische Systeme, und so weiter. Vor allem jedoch vereint sie die Millionen von Sentenzen und faßt die gesamte Menschheit zu einer einzigen Seele, ja, zu einer einzigen Erzählerstimme zusammen.

Indische Mystiker erkennen in dieser Schule ihre alte Lehre des Brahman oder die der Weltseele. Wir alle sind Bruchstücke desselben Bewußtseins, Impulse in ein und derselben Seele, Facetten desselben Auges. Dieses Auge ist der Katalog. Und der Katalog ist das Auge Gottes.

Auch im Westen ist auf präkatalogäre Vorläufer der arithmetischen Methode hingewiesen worden. Ein Philosoph wie Hegel gelangt auf rein spekulativer Grundlage in die unmittelbare Nähe der arithmetischen Methode. Er hat diese Methode so auf die Geschichte angewendet, wie wir sie heute auf den Katalog anwenden können. Auch Hegel betrachtet das Willkürliche, das Einzelindividuum, aus zusammengekniffenen Augen. Er liest die Geschichte als Bericht darüber, wie der Weltgeist zum Bewußtsein seiner selbst gelangt. Die arithmetische Schule glaubt heute, diese Sichtweise in concreto verifizieren zu können. Der Katalog ist – um eine Anleihe bei H. G. Wells zu machen – *the world brain.*

Inwieweit die arithmetische Methode in die Irre führt oder nicht, ist natürlich eine Frage von höchstem Interesse. Und gerade in diesen Tagen soll der Sache auf den Grund gegangen werden. Doch noch ist es zu früh für ein endgültiges Urteil. Dieses Urteil werden unsere Kinder und Kindeskinder fällen.

III.

Es sollte also alles in schönster Ordnung sein. Alle sind stolz auf den gemeinsamen Besitz der Menschheit. Doch welchen Nutzen bringt der Katalog denn nun wirklich? Welche Bedeutung hat Kultur unter dem Blickwinkel der Ewigkeit? Als alternder Mann (mein Leben ist ja eine einmalige Unternehmung) muß ich in tiefster Trauer eine negative Antwort erteilen.

Der Katalog ist ganz und gar wertlos. Es ist nichts als das monströse Manifest der menschlichen Eitelkeit. Daß er eine gewisse praktische Bedeutung hat, habe ich bereits eingeräumt. Er ist ein Forum für die Menschen, ein Marktplatz der Seelen, eine Adressenliste im Reich des Geistes. In dieser Hinsicht ist er wertvoller als die alte Kultur. Aber das Sterben hat er uns nicht leichter gemacht.

Der Katalog ist entwickelt worden, um allen Menschen die Möglichkeit zu geben, ihre Namen und ihre Überlegungen in eine unvergängliche Tafel einzuritzen, in ein Medium, das über Zeit und Raum erhaben ist. So, wie frühere Generationen die Namen von Buddha und Aristoteles bewahrt haben, so soll der Katalog die Erinnerung an sämtliche Exemplare der Spezies Mensch bewahren.

Ich selbst habe mich mit größter Begeisterung für dieses

Projekt eingesetzt. Doch die Wahrheit ist, daß der Katalog gerade in bezug auf seine grundlegende Idee versagt. Denn auch das, was wir im Katalog schreiben, sind Zeichen im Sand. Ich will das genauer erklären.

Vor drei Milliarden Jahren sind in unserem Sonnensystem die ersten Anzeichen von primitivem Leben entstanden. Und in unseren Tagen, während wir dabei sind, uns ein zusammenhängendes Bild von der Entwicklung des Lebens auf der Erde zu machen, erleben wir eine Serie von warnenden Hinweisen auf den Untergang dieses Lebens. Nach drei Milliarden Jahren, in denen es im Dunkeln getappt ist, hat das Leben ein Bewußtsein von seiner eigenen Entwicklung erlangt. Damit hat diese Entwicklung gewissermaßen ihren Zweck erfüllt. Wir sind am Ziel. Und dieses Ziel ist das Bewußtsein der Entwicklung zum Ziel hin.

Was also bleibt? Soll das Leben einfach immer weitergehen? Ist das möglich? Ist das nötig? Stehen wir nicht am Ende des Weges?

Die rein technische Abwicklung des Lebens ist eine Sache für sich. Darüber sollten wir uns keine Sorgen machen. Die läuft inzwischen ganz von selbst. Mit mathematischer Gründlichkeit haben die Menschen sich angeschickt, der Biosphäre ein Ende zu bereiten. Die letzte Strecke liegt vor uns. Wir müssen nur noch diese allerletzte Aufgabe erfüllen, nur noch den kollektiven Selbstmord auf der Bühne des Lebens begehen, dann kann sich der Vorhang senken, zum blinden und stummen Applaus des Weltalls.

Wir sind Virtuosen in der Ars moriendi. Sollte der eine oder andere Selbstmordversuch fehlschlagen, so wird es doch immer eine Reihe anderer Menschen geben, die unabhängig von den Versagern arbeiten. Wenn wir nicht die letzte Silvesternacht der Welt mit einem atomaren Feuerwerk begehen, dann werden wir uns gegenseitig ersticken, wie eine Bakterienkultur in einer Zuckerlösung. Und wenn es zu lange dauert, bis auf diese Weise alles Leben ausgerottet ist, dann werden wir früher oder später die Vorhänge der Ozonschicht öffnen, damit die ultravioletten Strahlen endlich ins Wohnzimmer des Lebens auf der Erde fallen.

Die Methoden also sind eine Sache für sich. *Wie* wir dem Leben ein Ende setzen, ist in diesem Zusammenhang nicht von Interesse. Weitaus wichtiger sind die mentalen Voraussetzungen. Der Kreis hat sich geschlossen. Die Entwicklung hat ihr Ende erreicht. Es gibt keinen Bedarf an mehr Geschichte, es gibt keinen Platz für noch mehr Geschichte.

Noch gibt es den Katalog. Er wird von Mal zu Mal umfangreicher. Die Magazine werden größer und größer, bald werden sie große Teile der Erdoberfläche bedecken. Mit jeder Ausgabe wird es für das lebendige Leben schwieriger, Freiräume zu finden. Der Katalog geht vor. Die Geschichte geht vor. Aber haben wir Platz für noch mehr Geschichte, haben wir Platz für noch mehr Kultur? Sind wir imstande, noch mehr Gedanken und Ideen zu verkraften? Nähern wir uns nicht einem Punkt der Sättigung? Ist die Geschichte nicht inzwischen ziemlich lebenssatt?

Und selbst wenn wir uns eine Zivilisation hätten vorstellen können, die kein Ende nähme, wäre der Katalog ein hoffnungsloses Projekt gewesen. Bestenfalls wären wir in Kultur ertrunken. Das Problem ist, daß wir mehr Geschichte produzieren, als wir verdauen können. Am Ende stehen wir bis zu den Knien im Papier. Wir gehen in den Exkrementen unserer eigenen Vergangenheit zugrunde. Die Zeiten, in denen die Menschen ihr Leben auf der Erde lebten, ohne mehr zu hinterlassen als ihre Skelette und ein paar Tonscherben, sind längst vergangen. Allein in den letzten fünfzig Jahren sind mehr Bücher geschrieben worden als während der gesamten Geschichte der Menschheit zuvor.

Vielleicht wird der Katalog noch hundert oder tausend Jahre existieren. Aber was sind tausend Jahre? In diesen letzten Tagen, die mir noch auf der Erde bleiben, werde ich die Perspektive doch wohl ein wenig erweitern dürfen. Die Zivilisation, dieses dünne Eis, auf dem wir herumtrampeln, ist ohnehin nur eine Insel im Meer des Chaos. Im Zweifelsfall dauert es nur eine endliche Anzahl von Jahren (wie groß die Anzahl ist, spielt im Prinzip keine Rolle), bis alles Leben in unserem Sonnensystem erlischt, weil unser Stern im Weltraum verbrennt. Und für mich, dem bestenfalls noch fünfzehn oder zwanzig Jahre bleiben, gibt es keinen Unterschied zwischen Tausend und einer Milliarde.

Es gibt keine Ewigkeit. Das ist des Pudels Kern. Es gibt keine rettende Planke in diesem Ozean, in dem wir umhertreiben.

Ich habe keine Angst mehr vor dem Sterben. Ich habe akzeptiert, daß meine Besuchszeit ihre Grenzen hat. Aber ich kann mich nicht mit der Tatsache versöhnen, daß alles – also wirklich alles – aufhören wird. Ich habe nichts, woran ich mich klammern könnte, nichts Ewiges, nichts, was über unseren vergänglichen Tand und Trödel erhaben wäre.

Vielleicht wird der Katalog mich überleben. Aber generell überleben wird er nicht. Auch er ist ein Prozeß in Zeit und Raum.

Noch weiß dieses Universum, in dem wir auf einem Staubkörnchen leben, daß es existiert. Doch dieses Bewußtsein ist ein ausgesprochen vergängliches Phänomen. Und selbst, wenn die arithmetische Schule recht haben sollte mit ihrer Behauptung, der Katalog sei das Auge

Gottes, dann ist das ein schwacher Trost, solange dieses Auge eine Insel im Nichts ist.

Vor der Zeit können wir uns nirgendwo verstecken. Die Zeit entdeckt uns überall. Die ganze Wirklichkeit ist in diesem rastlosen Element versunken, in dem sich unser Leben abspielt.

Warum ich das alles schreibe? Vielleicht ist es ein letzter Versuch, Kontrolle zu erlangen. Ich weiß es nicht. Ich will auch nicht andere mit meinem Lebensüberdruß behelligen. Ob diese Zeilen nach meinem Tod gefunden und gelesen werden oder nicht, ist mir gleichgültig. Denn dann werde ich weg sein, verschwunden – wie alles verschwindet. Wie wir es auch drehen und wenden, so ist doch keine Aussage so wesentlich, daß sie nicht im großen Zusammenhang ertränke. Wir gehören einer schwatzhaften Sippe an. Das Vernünftigste, was ein Mensch tun kann, ist schweigen.

In einigen Tagen werde ich beim Internationalen Sekretariat des Katalogs mein Rücktrittsgesuch einreichen. Nicht nur als Chefredakteur für dieses Land bin ich ein Versager. Ich bin es auch als Mensch. Wenn die nächste Ausgabe des Katalogs in Druck geht, wird mein Name darin ohne den obligatorischen Beitrag erscheinen.

Ich bin fertig mit der Welt.

Bianca Döring

Die Sopranistin
oder
Der liebe Gott aus Paris

Jede Entscheidung will ein Opfer. Sie will auch Beweise, dafür, dagegen. Deshalb sie hinhalten, aushalten, abbiegen, verzögern, woanders fällen, harmlos tun. Sie an der Ausbreitung hindern, vor allem: ihren komischen Inhalt hüten.

Und doch: sie hat sich bereits fix und fertig hinter einem zusammengebaut, noch ehe man sich zum allerersten Mal wundert oder grämt.

Es kreischen und plärren die Stare. In wüsten Rudeln fallen sie ein und zerfetzen binnen Stunden den Kirschbaum vor Hannahs Fenster. Hannah läuft hinunter zum Bach, wo die Enten aus dem Schilf stürzen, ins Wasser schlagen mit Geschrei, und grüne Libellen fallen über ihre Köpfe. Ein Feuerwehrtrupp mit roten Feuerwehrautos macht Übungen. Zwei junge Kerls pfeifen durch die Zähne. Ein kleiner Junge sagt: So darf man nicht pfeifen. Hannah will schneller gehn, sich hinter eine Hecke flüchten. Ihre Knie sind dick und steif, die Fesseln wie Schwämme, die langsam über ihre Füße rutschen, sie schwer und unbeweglich machen. Die schwarzen Schuhe mit den großen dunkelroten Schleifen hängen in einer anderen, fernen Welt, werden über Sand oder Staub geworfen, das sieht seltsam aus.

Sie hält einen Schlüsselbund in der Hand und einen Regenschirm. Damit sieht sie aus wie ein richtiger Mensch.

Getreu den Vorschriften: man geht nicht ohne Schlüssel aus dem Haus. Bei Wolken nicht ohne seinen Schirm. Ihre Schuhe kommen vom Asphalt nicht los. Sie muß sie ausziehn. Noch regnet es nicht. Sie legt sich still auf den geteerten Weg, der durch das Weinfeld führt. Warm ist es auf dem Teer. Kleine Eidechsen kommen gelaufen. Ich habe ihn verlassen, denkt Hannah. Doch ist dies kein Gedanke, sondern eine Schlagzeile aus der Boulevardpresse. Die Zeile kriecht als kleine rote Ader in ihrem Hirn herum. Doch ist die Ader blutleer.

Es heißt: Hannah ist wirklich sehr schön. Sogar könnte es heißen: Hannah ist ganz ausgesprochen schön. Richtig muß es heißen: Hannah ist von Schönheit überschattet.

Ich wollte ihn heiraten, spricht sie vor sich hin. Nein, sagt die Eidechse, in Wahrheit ist es so, daß *er dich* heiraten wollte. Das kommt mir aber ganz gelogen vor, widerspricht ihr Hannah. Wie du meinst, sagt die Eidechse und hebt einen Eidechsenarm, um Hannah vor den ersten Regentropfen zu beschützen.

War sie mal verliebt? In wen denn?

Wegen eines abendlichen Probentermins verfiel sie einstmals einen ganzen Tag lang in einen Zustand des Wartens. Das Warten ging nur langsam voran, Hannah rührte sich nicht dabei. Starrte zum Fenster hinaus. Dort wuchs der freundliche Wein. Während sie ihn betrachtete, flog ihre Seele davon, die sich unbeobachtet fühlte. Am Abend sang sie so leise in sich selbst hinein, daß der neue Korrepetitor bald nur noch die Hälfte der notwendigen Töne und endlich gar keine Töne mehr spielte, sondern immerzu seltsame dünne Zeichen in seine Noten strichelte, bedächtig und ohne anzuhalten. Schließlich saßen sie nebeneinander, Hannah und der neue Korrepetitor, und schwiegen verwundert. Daß die Musik sich zum Fenster hinausgesungen hatte, das kann passieren. Doch immerhin hing Hannahs Seele an ihrem Rockzipfel. Und die Seele des neuen Korrepetitors ist gleich mitgeflogen.

Hannah mühte sich, während sie endlich und viel zu früh an jenem Abend im Bett lag und diesmal auf ein altes Marienbild an der Wand starrte, nicht mehr, ihre Seele wiederzufinden und einzufangen. Die vertrieb und versang sich die Zeit da draußen. Ganz gerne wäre Hannah aber doch bei ihr gewesen. Ja, das stimmt. Gern sänge und tanzte Hannah sich samt ihren Beinen und Armen und Haaren aus ihrem leidlichen Dasein heraus. Doch ist sie nun einmal verbannt ins Dasein. Geradezu hineingeschweißt zwischen wohlmeinend wichtige Personen und Geschichten. Draußen, so hörte sie, raschelte der Augustwind. Ja, sagte sie sich, eine Arbeit muß man haben und hinterher das Geld. Dann macht das Leben einen Diener und meint es in etwa gut.

Doch ihre Seele tanzte wild und wilder da draußen. Mit dem neuen Korrepetitor. Und der meinte es noch viel besser!

Das ist Pierre, und sie deutet auf ein wunderschönes Schwarz-Weiß-Foto, das sie aus ihrer Manteltasche zieht. Ja, erwidert die Eidechse, steck das Foto weg und spann deinen Schirm auf. Es regnet inzwischen gehörig.

Das ist Pierre, sagt das Foto. Es ist ein wenig zerknittert. Hannah ruft in das Foto hinein. Ach? sagt nun der Regen. Nur Pierre hat nicht gehört. Sicher ist ihm seine Seele jetzt ganz und gar aus dem Leib gefallen und verblutet irgendwo in Paris oder Frankfurt. Wie das bei Fotografien ja geschehen kann: die Seele stiehlt sich davon. Man muß jetzt schnell die Polizei beauftragen. Eine Durchsage machen, im Radio, im Fernsehen. Auch die richtige Bibelstelle finden. Und alles mit Blaulicht.

Hannah ist Sopranistin, das ist schon beinah unausweichlich für Hannahs Persönlichkeit. Allerdings ist ihr Sopran schwer und dunkel, weswegen man ihn oft für einen Alt hält. Dennoch liebt man sie für ihren Gesang. Zumindest bildet sie sich das ein. Zumindest bekommen einige Menschen Gänsehaut davon, einige andere weinen einfach. Manche blicken sie auch nach einem Konzert noch aus der Ferne stetig an, meist schauen sie ihr in die Augen. Wenn das nicht die Liebe ist! Das muß sie sein, die Menschheitsliebe. Der Götterfunke. Das Elysium. Dort hat ja Hannah längst schon ankommen wollen. Auch wenn sie so, von ihrer flüchtigen Seele ganz verlassen, die Tage im Bett verbringt und wartet: das Warten nämlich ist ungültig. Die Zeit zwischen zwei Konzerten gilt nicht. Denn kaum steht Hannah wieder auf der Bühne, pflanzt sich ohne Unterbrechung das Elysium einfach weiter fort. Oder nicht? Und das tägliche Leben? Das tägliche Leben ist ein wenig knapp und knauserig und hält sich nicht an die Bedingungen der Ewigkeit.

Deshalb ist das tägliche Leben ermüdend. Es ist schwerfällig, schwer zu bewegen, schwer dazu zu bringen, sich für Hannahs Glück zu entscheiden, und zwar eindeutig. Es ist also nicht brüderlich. Eben nicht solidarisch. Es ist zwar deswegen nicht unbedingt der Erzfeind von Hannah, aber doch ein Strolch, dem Hannah anscheinend wurscht ist. Für einen solchen Strolch sollte man sich nicht übermäßig verausgaben. Es genügt, wenn man ihn soweit zufriedenstellt, daß er einem morgens, mittags und abends etwas Anständiges zum Essen auftischt, warme Kleider herbeischafft für den Winter und möglichst die Preise nicht steigen läßt, was aber, so heißt es allenthalben, von ganz anderen Strolchen bestimmt, befohlen und verboten wird. Es gibt historische Strolche, meistens solche mit ausgeprägtem Größenwahn, die andere historische Strolche nicht ausstehen können und deshalb die Preise in die Höhe treiben. Auch das ist nicht brüderlich, sondern vorgesehen. Das Brüderliche überhaupt ist nicht modern, weil es entweder umständlich oder, viel häufiger, von falscher Moral ist. Deshalb empfindet Hannah einen Alltag, der sich brüderlich heißt, als unerträglich. Deshalb bleibt sie häufig einsam. Zuweilen haben diese Einsamkeit auch noch Bela, Hans, Thomas, Liliane, Hölderlin, Frau Bachmann und Puccini mit ihr geteilt. Das genügt ihr aber nicht. Es kann ihr niemals die zeitlosen Löcher mit Freude erfüllen, die zwischen zwei elysischen Konzerten ihr manchmal doch sehr schmerzhaft werden.

Was sie auch gar nicht verlangt. So soll man nicht quengeln, sagt der kleine Junge und spritzt mit einem großen Schlauch, so daß die Feuerwehr ihn retten muß, obwohl er überhaupt nicht gerettet werden will. Hannah besitzt schließlich ein Bett, einen Kater namens »Hans«, eine Schreibmaschine namens »Gabriele«, ihre Noten namens »Der Engel« oder »Träume«. Doch das genügt eben nicht, schreien da drei Eidechsen gleichzeitig und stampfen mit je einer Eidechsenhand gleichmäßig auf das schwarze Holz der Holzbank ein. Was seltsam aussieht. Sie schauen mit ihren glänzenden Punktenasen aus der Ritze der Holzbank heraus und scheinen in schimmernde Kostüme gehüllt, aus Seide, wie für eine Aufführung. Hannah sitzt in der frühen Abendsonne und horcht. Die Enten sind jetzt an sie gewöhnt. Die Libellen nehmen freiwillig Platz auf dem schwarzen, zur Holzbank passenden Holztisch. Über Hannahs Füßen summt es. Bald ist ihr, als sei sie selbst ein riesiges Insekt geworden, das nun, da keine Gefahr mehr von ihm auszugehen scheint (da es träge ist), von den anderen Insekten gebilligt und kaum mehr beachtet wird. Oder ist Hannah ein großes Stück Wild, ermordet, erschossen, ausgeweidet? Beißen nicht die dicken Fliegen an ihr herum? Kriechen nicht die Ratten in sie hinein? Ja!

Und? Gerade ist es ihr egal. Pierre genösse diesen Anblick. Deshalb, und das erregt sie sehr, verwandelt sie sich in das geschlachtete Vieh auf einem alten Barockgemälde.

Warum, wenn du so innig an ihn denkst, hast du ihn dann verlassen? fragen sehr dumm die Eidechsen im Chor. Diese Frage hat Hannah kommen sehen. Auch wußte sie, was sie sofort tun würde, wenn die Frage angekommen wäre nach langer Reise aus dem Innersten ins Äußerste: Sie flöhe in ein Kaufhaus und benähme sich so, als habe sie drei Kinder daheim zu versorgen. Achtete beim Einkaufen genau darauf, daß alle Kinder das Richtige zu essen bekämen, Fruchtjoghurt, Kekse in Dinosaurier-Form, keine Cola. Zuhause stellte sie die Sachen sorgfältig neben ihren Spaghetti und Weinflaschen ab. Die Kinder hat sie sich geborgt. Man könnte sagen: im Geiste adoptiert. Da Hannahs Lebenswandel aber unstet ist und das tägliche Leben etwas gegen Dinosaurier-Kekse hat, die in Wahrheit nie gegessen werden, müssen die Kinder wieder zurückgegeben, schließlich vergessen werden.

Aber warum, warum hast du ihn verlassen?

Ach, das habe ich getan?

Das heißt, es hat ihn wohl gegeben, bevor ich ihn verließ?

Das heißt, es muß etwas vorgefallen sein zwischen uns?

Ach? – Ach? sagt der Regen.

Ja, es stimmt. Sie haben sich geküßt. Auf den Mund und mit der Zunge. Im Auto und zum Abschied. Das aber war nicht der entscheidende Vorfall. Bevor sich zwei Menschen endgültig trennen, ist meist etwas geschehen, das vor dem ersten Kuß schon auf der Lauer saß.

Sehr blaue Augen hat der Mann. Die blauen Augen von dem Mann wollen harmlos tun, aber flugs springen sie Hannahs Gesicht an, Hannahs ganzen Körper und übermalen ihn mit einem größten Wunsch, der auf diese Weise, wie praktisch, gleich in Erfüllung geht. Es dauert nämlich nicht lang, da geht der Mann, der sagt, er heiße Pierre, mit einem hübschen Bild, das ganz genau zu ihm paßt, spazieren, tagelang. Das Bild, das noch nichts davon ahnt, daß es ein Bild sei, ist auffallend schön und bald schon ein Heiligenbild. Von Tag zu Tag glüht und glüht es mehr und mehr unter den Blicken des Künstlers, wie man wohl nun annehmen muß, daß der Mann ein Künstler sei. So überwältigend schön ist das Bild, daß der Maler sich denn in sein eigenes Bild unsterblich verliebt.

Hannah spürt auf ihrer Haut ein Brennen. Das muß doch jetzt die Liebe sein, die wahre Liebe, wo es doch so brennt auf ihrer Haut. Auch leuchtet ihre Haut. Sie glüht. Und Hannah schaut dem Glühen zu. Und mehr und mehr verbrennt die Haut. Bis Hannah keine Haut mehr hat. Das muß doch jetzt die Liebe sein!

Die Eidechsen stampfen böse mit den Eidechsenhänden. Das können wir nicht glauben, schreien sie, wir waren alle auch schon mal verliebt, doch haben wir nie gesehen, daß dabei Heilige entstehen, körperlose Ideen oder ideologische Feuer, gar aus den Beteiligten Kunstwerke werden. Und daß in diesen diejenigen ganz verschwinden, die es doch angeht. Wenn das die Liebe sein soll, schreien sie erbost, so ist sie unerquicklich. Die Liebe soll erquicken. Sie soll sich nicht verflüchtigen in Rauch, Gespenster und Gloriolen.

Die Liebe soll die Wahrheit sagen!

Hannah legt sich ein zweitesmal erschöpft auf den diesmal feuchtschwarzen Asphalt. Zieht nicht nur ihre Schuhe, sondern sorgsam auch die Strümpfe aus. Die Augen von dem Mann, der sagt, er heiße Pierre, sind inzwischen strahlend blau, denn ihre Arbeit ist erfüllt. Doch schwimmt auf ihrem klaren Blau bald ein feiner milchiger Film: in sanftverklärtem Licht erscheint ihm sein Gemälde, das er seine

Flamme nennt und manchmal auch Hannahchen. Oh, gerade wie aus einem großen Film herausgehoben, hat er sich schon mit Hannahchen vermählt. Gleich sind sie miteinander verheiratet, das Bild und der Bildermaler, nach kaum einem Tag, gleich haben sie Kinder, ein Haus, und Glück. Sie lieben sich auch noch als eigensinnige Alte, machen sich zuweilen, selbstverständlich, gehörig das Leben schwer, so wie es ganz normal vonstatten geht. Doch geht das Normale bei ihnen natürlich ein wenig übermäßiger, geheimnisvoller, wahrer vonstatten. Eben weil die Liebe die Wahrheit sagt, so schreit es aus dem schönen Schwarz-Weiß-Foto heraus. Pierre, so sagt das Foto über sich selbst, weiß immer und ganz genau die Wahrheit, und zwar von Anfang an. Wer das nicht begreifen will, hat immer schon zu den durchschnittlich Dummen gehört, die entweder schlechte Politiker sind oder arme überflüssige, meist bürgerliche und deutsche Staatsangehörige. Pierre aber ist was völlig grundsätzlich anderes, und selbstverständlich kommt er aus Paris, wo doch die Liebe ihren Anfang nimmt und er zum klügsten und wahrhaftigsten Korrepetitor emporstieg, der als einziger alle Sorten Noten, schwarze wie durchsichtige, in der Tiefe ihres in wakkeligen Notenseilen hängenden Daseins versteht, was ihm beinah mehrere Orden bescherte. Und zudem ist er der liebe Gott. Das sollte doch genügen. Das verzeiht seine Großartigkeit, die natürlich immer schrecklich ist. Vor allem ist dem lieben Gott ganz einfach alles erlaubt. Vor allem braucht der liebe Gott Gottes Kinder und Gottes Heilige, auch Engel und Visionen. Das geht nun mal nicht anders. Das verstehen die Menschen auch gar nicht. Basta.

Hannah schreit vor Wut, selbst den erzürntesten Chor der Eidechsen schreit sie nieder. Wie ähnlich doch ihrer beider Sehnsucht war, nicht wahr! Aber zwei Götter beieinander ...? Das Schreien geht über in Verdis ›Ritorna vincitor!‹, denn Hannahs Gesang übertönt noch Hannahs eigenes Geschrei. Deswegen überhaupt singt sie. Sogar gegen den Fluglärm singt sie an. Auch mit Diskotheken-Hifi nimmt sie es auf. Ihr selbst ist eines Tages eine Ader in der Nase explodiert, weil sie zu spät den Mund geöffnet, aber im Geiste mit einem zweigestrichenen »h« zu singen begonnen hatte. Sie besitzt kein Gold in der Stimme, sagt die Lehrerin, nicht einmal gewöhnliches Metall; vielmehr klingen so die Gesteine des Pluto. Hannah fühlt sich geschmeichelt. Ihr liegt daran, eine Übertreibung zu sein. Die ist eine Notwehr. Doch eine, die Hannah exakt und voller Inbrunst beherrscht.

Was hat dir denn der liebe Gott getan? fragt jetzt nicht mehr die Eidechse, sondern die geduldige Libelle. War er denn kein gütiger Gott?

Hannah seufzt. Denn Gott war gütig, barmherzig und freundlich. Siehe, sagt Gott, ich habe mich nicht abgewandt von dir, doch du verfluchst meinen Namen.

Verzeih, ruft Hannah in den geplünderten Kirschbaum hinein. Ich habe dich geprügelt, gebissen, gekratzt und verstoßen. Ein Herz und eine Seele wollten sie beide doch sein und wohnen im stillen Dom der ewigen Liebe und sich Heimat borgen in all den großen, redlichen Schwüren und segneten einander Tag für Tag und dann, hinterhältiger Kerl, ist Gott ein Kind geworden, ein kleines verzogenes Balg und Hannah sein mildtätiger Engel, ah! Na na, sagen die Eidechsen mitsamt den Libellen im Chor, muß man die Liebe auch *so* übertreiben? Ja, schluchzt Hannah und blickt von ihrem Abgrund auf ins verregnete Feld.

Hier sind sie oft entlanggegangen. Seine zahme, ein wenig zähe Haut. Hand in Hand. Immer blitzte es in den Händen, Hannah wußte nie, wieso, wozu. Es störte sie. Wie gebeugt er immer kam. Vielleicht muß ein Maler so gehn, damit er ein Maler ist? Ein genialer Korrepetitor, weil alle Genialen doch Geprügelte sind? Und dann, oha, muß Hannah ihm sein Essen geben, Löffelchen für Löffelchen. Bestimmen, daß er überhaupt ißt. Ihm die Sachen aussuchen im Supermarkt. Seine Mutter, die verstand sich so treu und redlich auf ihn. Seine Mutter war das Herz der Erde, alles ihm zuliebe, ohne Murren, die übrige Welt dagegen ein herzloses Gemurre. Und Hannah ist jetzt auch eine übrige Welt. Beinah. Aus Versehen. Und jetzt soll sie ihn ins Bett bringen, sie soll ihn dann wecken, sie soll dann dableiben, sagen, daß sie dableibt, zurückkommt, dableibt, zurückkommt, dableibt. Sie soll ihn auch beatmen, wiegen, pflegen, retten, dableiben, zurückkommen, dableiben. Sie soll nicht dauernd widersprechen aus ihrem lustigen Schnabel. Sie soll nicht dauernd alles falsch machen mit ihm. Sie soll nicht andauernd so neugierig sein auf dies und das, was außerhalb seiner Hörweite, Sichtweite, Armlänge liegt. Sie soll aber ruhig böse sein, wenn er es ihr gestattet. Sie darf nämlich alles, einfach alles, solange er ihr Zuschauer ist und sich ergötzt an ihren kleinen schlimmen Unarten, wie süß. Wenn er es will, bekommt sie alles erlaubt. Sie darf Unmengen Kuchen essen. Sie darf teure Kleider tragen. Sie darf nachts weinen, sehr laut. Das hat ihr nie jemand erlaubt. Wie willig sie jetzt an sein Herz fällt, das selig-unselige Grab.

Hört sie Sirenen, rennt sie herum wie ein ausgepeitschtes Tier. Der Krieg! Der Krieg wird kommen! Ihr ist ein rotes Birkenblatt auf die Schulter gefallen. Das ist nicht das Gewöhnliche. Es bedeutet: Krieg! Daß alle Geschenke mit grünen Bändchen verziert sind, das bedeutet: Krieg! Daß eine Wespe über ihre weiße Bettdecke spaziert, es bedeutet: Krieg! Bitte Einlaß, Unterschlupf, sie trinkt Mirabellengeist, den man ihr reicht, und ißt Lasagne und weint in den Teller hinein, der Mann hat sie durchschossen, es greift seine Hand, die ihn von Anfang an in ihrer Greifrichtung nicht trog, direkt in ihren Mittelpunkt, greift sich ihr Herz heraus, ja, so muß es sein: der Häuptling ißt das Herz des Erlegten, um sich die fremde Kraft einzuverleiben. Da zuckt es weiter, nun in seinem Leib. Das, ja das, ach das ist jetzt die Liebe, bitte!

Glauben! Schwören! Davon zehren. Immer sich selbst verzehren. Nun ist das Paar ein besetztes Land. Es gilt der Ausnahmezustand. Die Mittel sind Erpressung, Verhandlung, Kompromiß und Gewalt. Sabotage. Spionage. Unschuldsgesichter. Androhung von Selbstvernichtung. Das Spiel ist heilig. Sein Ziel ist Absolutes. Gebenedeit. Amen.

Hannah singt. Zaubert Fische in die Wolken, sich Farbe auf den Mund, Vergebung auf die Lippen, hört sich albern lachen. Beugt sich tief vor dem Absoluten. Wenn man ihm nicht direkt ins blaue Auge schaut, so wird es doch ablassen von ihr. Muß man sterben wegen des Absoluten? Wird man auserwählt wegen ihm? Wird man erleuchtet oder aber verworfen? Ist sie ein verlorenes Schaf? Hat sie gesündigt? Kannst du den Kelch nicht an mir vorübergehen lassen? Die Eidechsen lachen leise.

Hannah geht weiter. Läßt Strümpfe und Schuhe liegen. Die Feuerwehr löscht. Hier sind sie gegangen. Hier haben sie sich, in der Luft, ein trautes Heim gebaut. Und dort, da drüben, sind sie, man kann es von hier aus nur behaupten, oft in ein kleines Lokal eingekehrt, wo englische Fräuleins sie nach ihren Wünschen befragten. Was wünschten sie sich? Und wußte Gott, daß dort ein Tisch steht im Zimmer, der in Wahrheit einen tiefen, alten Brunnen unter sich beherbergt? Durch eine Glasplatte schaut man hinab. Hannah schaut immer hinab. Wer da bloß wohnt und lebt. He, rufen jetzt die Stare mit vollgefressenen Kirschbäuchen, ein paar haben wir dir hängenlassen, ein paar, Kirschen statt Heiligenscheine, aber beeile dich, sonst sind sie auch noch futsch.

JEFFREY ARCHER

Ein echter Gentleman

Nie wäre ich Edward Shrimpton begegnet, hätte er nicht ein Handtuch gebraucht. Er stand nackt neben mir, den Blick auf eine vor ihm stehende Bank geheftet, und murmelte: »Ich hätte schwören mögen, daß ich das verdammte Ding hier liegengelassen hatte.«

Ich kam gerade, in Badetücher gehüllt, aus der Sauna, und so zog ich eines von meiner Schulter und reichte es ihm. Er dankte mir und streckte die Hand aus.

»Edward Shrimpton«, sagte er lächelnd. Ich ergriff seine Hand und dachte dabei, wie seltsam wir zwei händeschüttelnden nackten Männer uns hier zu früher Abendstunde im Umkleideraum des Metropolitan Club ausnehmen mußten.

»Ich kann mich nicht erinnern, Sie hier im Club schon einmal gesehen zu haben«, fügte er hinzu.

»Nein, ich bin auch nur Auslandsmitglied.«

»Ach ja, Engländer. Was führt Sie nach New York?«

»Ich bin hinter einer amerikanischen Autorin her, die mein Verlag in England herausbringen möchte.«

»Mit Erfolg?«

»Ja, ich denke, daß wir noch diese Woche handelseinig werden – falls ihr Agent es aufgibt, mich davon überzeugen zu wollen, daß seine Autorin eine Kreuzung aus Tolstoi und Dickens ist und dementsprechend hohe Honorare verdient.«

»Wenn ich mich recht erinnere, hat keiner der beiden Genannten besonders gut verdient«, gab Edward Shrimpton zu bedenken, während er sich mit dem Handtuch energisch den Rücken abrubbelte.

»Eine Tatsache, auf die ich seinerzeit natürlich auch den Agenten aufmerksam gemacht habe, der mir darauf aber nur erwiderte, ich möge doch bitte nicht vergessen, daß Dickens ursprünglich in unserem Verlag erschienen sei.«

»Ich nehme doch an«, sagte Edward Shrimpton, »Sie haben ihn daran erinnert, daß dies letzten Endes allen Beteiligten Vorteile gebracht hat.«

»Ja, sicher, doch fürchte ich, daß dieser Agent mehr an seinem Vorschuß als an der Nachwelt interessiert ist.«

»Dies ist eine Einstellung, die ich als Bankier schwerlich tadeln kann, denn schließlich haben wir mit den Verlegern ja nur das eine gemeinsam, daß auch unsere Kunden immer versuchen, uns eine gut erfundene Geschichte zu erzählen.«

»Hätten Sie nicht Lust, aus der einen oder anderen ein Buch für mich zu machen?« fragte ich höflich.

»Gott bewahre! Man hat Ihnen sicher schon bis zum Überdruß einzureden versucht, daß in jedem Menschen ein Buch steckt. Zu Ihrer Beruhigung darf ich Ihnen daher versichern, daß in mir keines steckt!«

Ich lachte, denn ich empfand es als ausgesprochen erfrischend, von einem neuen Bekannten ausnahmsweise nicht zu hören zu bekommen, daß seine Memoiren – fände er nur die Zeit, sie niederzuschreiben – über Nacht ein internationaler Bestseller wären.

»Sie hätten vielleicht Stoff genug für einen ganzen Roman und wissen es bloß nicht«, meinte ich.

»Sollte das der Fall sein, so ist es mir bisher leider entgangen.«

Bei diesen Worten tauchte Mr. Shrimpton zwischen den Umkleidekabinen wieder auf und gab mir mein Handtuch zurück. Er war nun vollständig angezogen und maß, schätzte ich, an die einsachtzig. Er trug den typischen Wall-Street-Banker-Nadelstreif und sah, obwohl fast kahl, für einen wohl bald Siebzigjährigen ungewöhnlich gut aus. Sein wahres Alter verriet nur der dichte weiße Schnurrbart, der zu einem pensionierten englischen Offizier übrigens besser gepaßt hätte als zu einem New Yorker Bankier.

»Bleiben Sie längere Zeit in New York?« fragte er. Dabei zog er ein schmales Lederetui aus der Innentasche seines Jacketts und entnahm diesem eine Brille mit halbmondförmigen Gläsern, die er sich auf die Nasenspitze setzte.

»Nur bis zum Ende der Woche.«

»Sie sind nicht zufällig morgen mittag noch frei?« fragte er mit einem Blick über den Rand seiner Brille.

»Warum nicht? Auf gar keinen Fall denke ich daran, noch einmal mit diesem Agenten essen zu gehen.«

»Ausgezeichnet. Dann könnten wir uns doch zum Mittagessen treffen, und Sie erzählen mir die Fortsetzung dieser dramatischen Jagd nach der so schwer faßbaren amerikanischen Autorin.«

»Und ich werde vielleicht doch noch die Entdeckung machen, daß eine Geschichte in Ihnen steckt.«

»Machen Sie sich keine Hoffnungen«, sagte er, »Sie setzen auf eine Niete, wenn Sie damit spekulieren.« Er reichte mir die Hand. »Morgen dreizehn Uhr im Speisesaal des Clubs, paßt Ihnen das?«

»Dreizehn Uhr, Club-Speisesaal«, wiederholte ich.

Als er den Umkleideraum verließ, trat ich zum Spiegel und rückte meine Krawatte zurecht. Am Abend war ich zum Essen mit Eric McKenzie verabredet, einem Verlagsfreund, der mich für die Aufnahme in den Club ursprünglich vorgeschlagen hatte. Eigentlich war Eric gar nicht mit mir, sondern mit meinem Vater befreundet. Die beiden hatten einander kurz vor dem Krieg auf einer Urlaubsreise in Portugal kennengelernt. Mein Vater war bereits in Pension, als ich zum Clubmitglied gewählt wurde, und seither hatte Eric es sich zur Gewohnheit gemacht, mich jedesmal, wenn ich nach New York kam, zum Essen einzuladen. In den Augen der Elterngeneration bleibt man lebenslänglich ein hilfsbedürftiges Kind. Da er ein Altersgenosse meines Vaters war, mußte Eric an die siebzig sein, und obwohl er schlecht hörte und etwas gebeugt ging, unterhielt ich mich immer ausgezeichnet mit ihm, auch wenn er es nicht lassen konnte, ständig zu wiederholen, daß sein Großvater Schotte gewesen sei.

Er müßte in ein paar Minuten da sein, stellte ich fest, als ich meine Uhr überstreifte. Also zog ich mein Sakko an und schlenderte hinaus in die Halle, wo er bereits auf mich wartete. Zum Zeitvertreib studierte er gerade alte Ankündigungen auf dem Anschlagbrett des Clubs. Bei Amerikanern kann man sich meiner Erfahrung nach darauf verlassen, daß sie entweder zu früh oder zu spät zu einer Verabredung kommen; pünktlich sind sie nie. Ich blieb stehen und sah zu der gebeugten Gestalt hinüber. Bis auf einige dunklere Strähnen war Erics Haar nun silbrig weiß, und an seinem Anzug fehlte ein Knopf, was mir wieder ins Gedächtnis rief, daß er vor einem Jahr seine Frau verloren hatte. Wir begrüßten einander mit einem Händedruck und den üblichen Begrüßungsworten und fuhren dann mit dem Lift in die zweite Etage, wo sich der Speisesaal befand.

Der Speisesaal für die Mitglieder des Metropolitan Club unterscheidet sich kaum von denjenigen anderer Männervereine: eine gefällige Mischung von alten Lederfauteuils, alten Teppichen, alten Bildern und alten Mitgliedern. Ein Kellner führte uns zu einem Ecktisch, von dem aus man auf den Central Park sah. Wir bestellten und lehnten uns dann bequem zurück, um uns über alle die Dinge zu unterhalten, über die ich mich üblicherweise mit Bekannten unterhalte, die ich nicht öfter als zwei-, dreimal im Jahr treffe – das heißt also, über Familie, Kinder, gemeinsame Freunde, Beruf, Baseball und Kricket. Bis zum Kaffee waren wir glücklich beim Thema Kricket angelangt und begaben uns an das andere Ende des Saals, wo wir es uns in zwei abgenutzten Lederfauteuils bequem machten. Als der Kaffee serviert wurde, bestellte ich uns Brandy, während Eric eine große kubanische Zigarre auswickelte. Auf der Schleife stand zwar als Herkunftsland Westindien, doch ich wußte, daß es kubanische Zigarren waren, denn ich hatte sie ihm in einem Tabakladen im St. James am Piccadilly besorgt, der sich darauf spezialisiert hatte, für seine amerikanische Kundschaft die Schleifen auszuwechseln. Es ist meines Wissens wohl der einzige Laden der Welt, der Etiketten nur zu dem Zweck vertauscht, ein hochwertiges Produkt für ein minderwertiges auszugeben. Ich bin sicher, mein Weinhändler macht es genau umgekehrt.

Während Eric seine Zigarre anzuzünden versuchte, fiel mein Blick auf eine Tafel an der Wand. Es war, genauer gesagt, eine auf Hochglanz polierte Holzplakette, auf der in schrägen goldenen Lettern die Namen jener Männer standen, die aus den jährlichen Backgammon-Meisterschaften des Clubs als Sieger hervorgegangen waren. Nachlässig überflog ich die Liste, ohne zu erwarten, einem bekannten Namen zu begegnen, bis mein Blick plötzlich am Namen Edward Shrimpton hängenblieb. Ende der dreißiger Jahre war er einmal Zweiter geworden.

»Das ist interessant«, sagte ich.

»Was ist interessant?« fragte Eric, der nun in eine Rauchwolke gehüllt war, mit der man eine Dampflok in Gang setzen hätte können.

»Daß Edward Shrimpton in den späten dreißiger Jahren die Backgammon-Meisterschaft des Clubs gewonnen hat. Ich bin morgen mit ihm zum Mittagessen verabredet.«

»Ich wußte gar nicht, daß du ihn kennst.«

»Bis heute morgen war er mir auch noch unbekannt«, sagte ich und erzählte dann, wie wir einander kennengelernt hatten.

Eric lachte und begann seinerseits die Holztafel zu studieren.

Dann setzte er etwas geheimnisvoll hinzu: »Das war ein Abend, den ich mein Lebtag nicht vergessen werde.«

»Wieso?« fragte ich.

Eric zögerte und schien ein wenig unsicher, doch dann fuhr er fort: »Es ist inzwischen so viel Wasser die Flüsse hinabgeflossen, daß es keine Rolle mehr spielt.« Wieder machte er eine Pause und merkte gar nicht, daß von seiner Zigarre ein Stückchen Glut zu Boden fiel und die Brandlöcher, die wie ein Muster den Teppich übersäten, um ein neues vermehrte.

»Kurz vor dem Krieg zählte Edward Shrimpton zu den sechs besten Backgammonspielern der Welt. Ungefähr zu dieser Zeit, glaube ich, hat er die inoffizielle Weltmeisterschaft in Monte Carlo gewonnen.«

»Und die Clubmeisterschaft zu gewinnen war er nicht imstande?«

»Es wäre falsch zu sagen, daß er dazu nicht imstande war, mein Junge. Sagen wir lieber, er hat sie nicht gewonnen.« Eric versank neuerlich in nachdenkliches Schweigen.

»Könntest du mir das etwas genauer erklären?« fragte ich, neugierig auf die Fortsetzung der Geschichte, »oder läßt du mich zappeln wie ein Kind, das wissen möchte, wer den bösen Wolf getötet hat?«

»Gut Ding braucht Weile; laß mich erst einmal diese verflixte Zigarre wieder zum Brennen bringen.«

Ich wartete schweigend, und vier Streichhölzer später sagte er: »Bevor ich weitererzähle, sieh dir einmal den Mann an, der mit der jungen Blondine dort drüben sitzt.«

Ich wendete mich unauffällig um und sah an einem der Eßtische einen Mann sitzen, der sich über ein Porterhouse-Steak hermachte. Er schien etwa in Erics Alter zu sein und trug einen schicken neuen Anzug, der jedoch seine Gewichtsprobleme nicht zu kaschieren vermochte: Sein Anblick konnte höchstens seinem Schneider Vergnügen bereiten. Ihm gegenüber saß eine magere, nicht unattraktive blonde Frau, halb so alt wie er, die auf einen Käfer treten hätte können, ohne diesen dabei ernstlich zu verletzen.

»Ein merkwürdig ungleiches Paar. Wer ist das?«

»Harry Newman und seine vierte Frau. Sahen alle gleich aus. Die Frauen, meine ich: alle blond, blauäugig, fünfundvierzig Kilo leicht und hirnlos. Es war mir immer schon ein Rätsel, wozu ein Mann sich scheiden läßt, nur um dann die exakte Kopie seiner vorigen Frau zu heiraten.«

»Was hat dieser Mann mit Edward Shrimpton zu tun?« fragte ich, um Eric auf das Thema zurückzubringen.

»Nur Geduld«, sagte mein Gastgeber und hielt wieder ein brennendes Streichholz an seine Zigarre. »In deinem Alter hat man noch viel mehr Zeit zu verlieren als in meinem.«

Lachend nahm ich das mir zunächst stehende Glas in beide Hände und schwenkte den Cognac darin.

Durch die dichten Rauchwolken hindurch nun schon kaum mehr sichtbar, setzte mein Gegenüber fort: »Es war Harry Newman, der Edward Shrimpton beim Clubmeisterschaftsfinale in dem besagten Jahr schlug, obwohl er nie ein wirklich erstklassiger Spieler war.«

»Das mußt du mir bitte erklären«, sagte ich, nachdem ich mich überzeugt hatte, daß vor Edward Shrimpton tatsächlich Harry Newmans Namen auf der Tafel stand.

»Nun, das war so«, sagte Eric. »Nach dem Semifinale, das Edward souverän gewonnen hatte, dachten wir alle, das Finale wäre nur noch eine reine Formalität. Harry war zwar immer ein guter Spieler gewesen, aber da ich selbst im Semifinale gegen ihn gespielt hatte, wußte ich, daß er gegen Edward Shrimpton überhaupt keine Chance hatte. Das Clubfinale gewinnt der Spieler, der als erster 21 Punkte erreicht, und hätte man mich damals um meine Meinung gefragt, so hätte ich auf einen Spielausgang von 21 zu 5 zu Edwards Gunsten getippt. Verflixte Zigarre«, brummte er und zündete sie ein viertes Mal an. Ich wartete mit wachsender Ungeduld.

»Das Finale findet immer an einem Samstagabend statt, und der arme Harry dort«, sagte Eric, indem er mit der Zigarre in seine Richtung wies und dabei neuerlich Asche auf den Teppich fallen ließ, »Harry, von dem wir alle dachten, er sei sehr erfolgreich im Versicherungsgeschäft, bekam am Montag vor dem Finale den Konkurseröffnungsbeschluß vorgelegt – wozu ich noch sagen muß, daß er selbst daran gänzlich unschuldig war. Sein Geschäftspartner hatte hinter seinem Rücken das Betriebskapital abgehoben, sich damit aus dem Staub gemacht und Harry mit den unbezahlten Rechnungen zurückgelassen. Im Club hatte jeder aufrichtiges Mitleid mit ihm.

Am Donnerstag bekam die Presse Wind von der Sache, und um das Maß voll zu machen, verbreitete sie im Anschluß daran auch noch die Meldung, daß Harrys Frau mit seinem Geschäftspartner durchgebrannt sei. Die ganze Woche über ließ Harry sich im Club nicht blicken, und manche dachten schon, daß er zum Finale vielleicht gar nicht antreten und Edward kampflos gewinnen lassen würde, zumal das Endresultat ja ohnedies im vorhinein feststand. Da das Organisationskomitee von Harry jedoch keine Rücktrittserklärung erhielt, traf es die Vorbereitung zum Spiel, als ob nichts geschehen wäre. Am Tag des Finales aß ich mit Edward Shrimpton hier im Club zu Abend. Er aß sehr wenig und trank nur Wasser. Wäre ich gefragt worden, ich hätte keinen Penny auf Harry Newman gesetzt, selbst wenn die Wetten zehn zu eins gestanden wären.

Wir aßen alle oben, im dritten Stock, weil das Komitee in diesem Raum hier die Stühle schon so angeordnet hatte, daß sechzig Zuschauer im Viereck um den Spieltisch sitzen konnten. Das Finale sollte um neun Uhr beginnen. Schon zwanzig Minuten vorher war kein Platz mehr frei, und die Mitglieder standen bereits in Zweierreihen hinter den Sitzplätzen: Es war kein alltägliches Schauspiel, einen Weltmeister in Aktion zu sehen. Fünf vor neun war Harry noch immer nicht aufgetaucht, und einige Clubmitglieder begannen unruhig zu werden. Als es neun schlug, ging der Schiedsrichter zu Edward und wechselte einige Worte mit ihm. Ich sah, wie Edward sich mit einem ablehnenden Kopfschütteln entfernte. Just als ich dachte, dem Schiedsrichter werde nun doch nichts anderes übrigbleiben, als Edward den Sieg zuzusprechen, erschien Harry, fein herausgeputzt in einem um mehrere Nummern kleineren Smoking als dem, den er heute trägt. Edward ging auf ihn zu, schüttelte ihm herzlich die Hand und ging mit ihm zum Spieltisch. Das Match war schon vom ersten Zug an spannungsgeladen. Neugierig erwartete man den Ausgang der Anfangsrunde.«

Die meine Geduld strapazierende Zigarre war wieder erloschen. Ich lehnte mich vor, um Eric Feuer zu geben.

»Danke, mein Junge. Also, wo waren wir stehengeblieben? Ach ja, bei der ersten Runde. Nun, Edward gewann sie nur mit knappem Vorsprung, und ich fragte mich, ob er unkonzentriert spielte oder durch das lange Warten auf seinen Gegner zu sehr abgelenkt worden war. In der zweiten Runde hatte Harry Glück beim Würfeln und gewann ohne Anstrengung. Von da an entwickelte sich das Spiel zu einem sehr schönen Wettstreit, und als es 11 zu 9 zu Edwards Gunsten stand, war die Spannung unter den

Zuschauern an ihrem Höhepunkt angelangt. Bei der neunten Runde begann ich Edward genauer zu beobachten und bemerkte, daß er sich auf ein *back game* einließ; ein kaum merklicher Fehler, der nur einem erfahrenen Spieler auffallen konnte. Ich fragte mich, wie viele solche kaum merklichen Fehler ich bisher schon übersehen haben mochte. Harry gewann auch die neunte Runde, und damit stand das Spiel nun 18 zu 17 für ihn. Mit erhöhter Aufmerksamkeit beobachtete ich, wie Edward gerade nur so viel unternahm, daß er die zehnte Runde knapp gewann, und anschließend, mit einer schnellen Verdoppelung, die elfte knapp verlor, wodurch bei einem Spielstand von 20 Punkten unentschieden nun alles vom Ausgang der letzten Runde abhing. Ich kann dir versichern, daß im Lauf dieses Abends nicht einer der Zuschauer den Raum verließ und keiner zurückgelehnt auf seinem Stuhl saß; einige waren sogar auf die Fensterbänke geklettert. Die Luft im Raum war jetzt stickig von Tabaksqualm und Alkoholgeruch, doch als Harry die Würfel zur letzten Runde warf, konnte man den Aufprall der kleinen Elfenbeinwürfel auf dem Spieltisch bis in die letzten Reihen vernehmen. In dieser Endrunde war das Glück auf Harrys Seite, und nur ganz am Beginn des Spiels sah ich Edward einen kleinen Fehler begehen; es genügte jedoch, um Harry Endsieg und Meistertitel zu sichern. Nach dem letzten Zug erhoben sich alle, einschließlich Edward, zu einer stehenden Ovation für Harry.«

»Haben eigentlich noch viele andere Zuschauer erfaßt, was sich an diesem Abend tatsächlich abgespielt hatte?«

»Nein, ich glaube nicht«, sagte Eric. »Und mit Sicherheit nicht bemerkt hatte es Harry Newman. Nachher hieß es, Harry habe noch nie in seinem Leben so gut gespielt, und sein Sieg sei in Anbetracht der persönlichen Schwierigkeiten, in denen er damals steckte, erst recht bewundernswert.«

»Hat Edward sich zu dem Match geäußert?«

»Es sei das härteste Match seit Monte Carlo gewesen, und er hoffe nur, sich im nächsten Jahr revanchieren zu können.«

»Das hat er aber nicht getan«, sagte ich mit einem Blick auf die Siegertafel. »Er hat die Clubmeisterschaft niemals gewonnen.«

»Stimmt. Nachdem sich Roosevelt in den Kopf gesetzt hatte, daß wir unseren englischen Freunden zu Hilfe kommen müßten, wurden die Clubmeisterschaften bis zum Jahr 1946 ausgesetzt. Und zu diesem Zeitpunkt hatte Edward, der den Krieg mitgemacht hatte, bereits jegliches Interesse an dem Spiel verloren.«

»Und Harry?«

»Harry? Mit dem ging es von da an bergauf. Er muß an jenem Abend ein gutes Dutzend Geschäftsverträge abgeschlossen haben. Ein Jahr später war er jedenfalls über dem Berg und hatte sich sogar wieder eine nette kleine Blondine geangelt.«

»Und wie äußert sich Edward heute, dreißig Jahre später, über das Spielergebnis?«

»Gar nicht. Er hat sein Geheimnis bis heute nicht preisgegeben und über dieses Spiel, soviel ich weiß, nie mehr ein Wort verloren.«

Erics Zigarre hatte nun endgültig ihre Schuldigkeit getan, und er drückte den Stummel in dem bis dahin unbenutzt gebliebenen Aschenbecher aus. Das schien zugleich das Aufbruchssignal für ihn zu sein. Etwas unsicher erhob er sich, und ich begleitete ihn bis zur Ausgangstür.

»Leb wohl, mein Junge«, sagte er. »Bitte richte Edward meine besten Grüße aus, wenn du dich morgen mit ihm triffst. Und erwähne ihm gegenüber nur ja das Backgammonmatch nicht, sonst bringt er dich um!«

Am nächsten Tag betrat ich die Eingangshalle ein paar Minuten vor der verabredeten Zeit, da ich nicht wußte, ob Edward zur Kategorie der zu früh oder der zu spät kommenden Amerikaner zählte. Punkt ein Uhr trat er über die Schwelle: Ausnahmen bestätigen die Regel. Wir beschlossen, gleich in den Speisesaal zu gehen, da er schon um halb drei eine Verabredung in der Wall Street hatte. Wir bestiegen den Lift, ich drückte auf den Knopf Nummer drei, die Türen schlossen sich gleich einer müden Ziehharmonika, und der langsamste Lift Amerikas überwand ächzend den Höhenunterschied bis zum übernächsten Stockwerk.

Beim Betreten des Speisesaals erblickte ich zu meiner Belustigung Harry Newman, der sich schon wieder über ein Steak hermachte, während die kleine Blondine an einem Salatblatt knabberte. Freudestrahlend winkte er Edward Shrimpton zu, der diese Begrüßung mit einem freundlichen Kopfnicken erwiderte. Wir setzten uns an einen Tisch in der Mitte des Raumes und studierten die Speisekarte. Als Tagesmenü gab es – wie wahrscheinlich in fünfzig Prozent aller Männerclubs der Welt – Steak und Nierenpastete. Edward schrieb unsere Bestellung in sauberer und leserlicher Handschrift auf den dafür bereitliegenden weißen Zettel.

Dann stellte er mir Fragen über die Autorin, die ich unter Vertrag nehmen wollte, und machte einige scharfsinnige Bemerkungen über ihre Bücher, auf die ich antwortete, so gut ich konnte, während ich gleichzeitig angestrengt überlegte, wie ich ihn auf die Vorkriegsbackgammonmeisterschaft bringen könnte, die ich für eine weitaus bessere Story hielt als alles, was diese Dame je geschrieben hatte. Während wir aßen, sprach er jedoch nicht ein einzigesmal von sich selbst, so daß ich diesen Plan aufgab und schließlich mit einem Blick auf die hölzerne Plakette ganz plump sagte:

»Wie ich sehe, sind Sie vor dem Krieg Zweiter bei der Backgammon-Meisterschaft des Clubs geworden. Sie müssen ein sehr guter Spieler gewesen sein.«

»Nicht wirklich gut, nein«, erwiderte er. »Wissen Sie, man machte damals nicht so viel Aufhebens um dieses Spiel. Anders als heute, wo die jungen Leute das alles so tierisch ernst nehmen.«

»Und der Champion?« fragte ich in einem letzten Anlauf.

»Harry Newman? Oh, der spielte wirklich hervorragend, besonders wenn er unter Druck stand. Es ist der Herr, der uns vorhin begrüßt hat, als wir kamen. Er sitzt mit seiner Frau dort drüben, an dem Ecktisch.«

Gehorsam sah ich zu Harry Newmans Tisch hinüber, doch da mein Gastgeber nichts weiter sagte, gab ich auf. Wir bestellten Kaffee, und Edwards Geschichte hätte an dieser Stelle geendet, wären nicht kurz darauf Harry Newman und seine Frau geradewegs auf unseren Tisch zugesteuert. Obwohl zwanzig Jahre älter als ich, hatte Edward sich lange vor mir von seinem Stuhl erhoben. Harry sah stehend noch imposanter aus, und seine kleine blonde Frau konnte man eher für das Dessert als für seine Gemahlin halten.

»Hallo Ed«, polterte er, »wie geht's dir?«

»Danke, gut, Harry«, antwortete Edward. »Darf ich dir meinen Gast vorstellen?«

»Freut mich, Ihre Bekanntschaft zu machen«, sagte Harry. »Sieh mal, Rusty, nun lernst du endlich Edward Shrimpton kennen, von dem ich dir schon so viel erzählt habe.«

»Ach, du hast mir schon von ihm erzählt, Harry?« quiekte sie.

»Aber ja, natürlich! Du erinnerst dich doch, Schätzchen. Eds Name steht dort auf der Ehrentafel, direkt unter meinem. Und Ed war damals Weltmeister. Nicht wahr, Ed?«

»Ja, das stimmt, Harry.«

»Dann wäre damals also eigentlich mir der Weltmeistertitel zugestanden, findest du nicht auch?«

»Ich kann dem nicht widersprechen«, entgegnete Edward.

»An meinem großen Tag, Rusty, als es um die Wurst ging und ich unter Hochdruck stand, habe ich ihn in offenem und ehrlichem Kampf besiegt.«

Mir verschlug es vor Staunen die Sprache, denn Edward erhob noch immer keinen Einspruch.

»Wir sollten in Erinnerung an alte Zeiten wieder mal ein Spielchen riskieren«, fuhr der Dicke fort. »Ich bin neugierig, ob du mich diesmal unterkriegen würdest. Allerdings bin ich leider nicht mehr so rüstig, sondern schon etwas rostig, Rusty.« Er lachte lautstark über seinen eigenen Witz, doch seine Ehefrau verzog keine Miene. Ich fragte mich, wie lange es wohl dauern würde, bis es eine fünfte Mrs. Newman gab.

»Es war ein Vergnügen, dich wiederzusehen, Ed. Gib gut acht auf dich.«

»Danke, Harry«, erwiderte Edward.

Als Harry Newman und seine Frau gegangen waren, setzten wir uns wieder. Der Kaffee war inzwischen kalt geworden, und wir bestellten uns ein zweites Kännchen. Der Raum hatte sich allmählich geleert, und nachdem ich uns den heißen Kaffee eingeschenkt hatte, lehnte Edward sich vor und flüsterte im Verschwörerton:

»Für Sie als Verleger wäre das eine Bombengeschichte«, sagte er. »Ich meine, die Wahrheit über Harry Newman.«

Gespannt auf seine Version der Geschehnisse vor mehr als dreißig Jahren spitzte ich die Ohren.

»Tatsächlich?« fragte ich mit Unschuldsmiene.

»Jawohl«, sagte Edward. »Die Sache war nämlich nicht so einfach, wie Sie vielleicht glauben. Harry wurde damals, kurz vor Kriegsbeginn, von seinem Geschäftspartner übers Ohr gehauen, der ihm nicht nur sein Geld stahl, sondern zu allem Überfluß auch noch seine Frau mitnahm. Ausgerechnet in der Woche, in der er am absoluten Tiefpunkt angelangt war, hat er die Clubmeisterschaft gewonnen, sich von da an über alle Schwierigkeiten hinweggesetzt und sich trotz härtester Konkurrenz eine glanzvolle neue Berufskarriere aufgebaut. Heute ist er ein schwerreicher Mann, müssen Sie wissen. Nun, wäre das nicht eine Bombengeschichte?«

Ilse Gräfin von Bredow

Die blaue Grotte

Frau Fröhlich, unsere Nachbarin, hat einen starken Glauben. Sie glaubt an alles mögliche: an die Kraft ihres speziellen Heilöls, an das Glück im Spiel, an übersinnliche Kräfte, an Träume, an ewige Liebe. »Meine Edelgard hat mir den Glauben an die Menschheit wiedergegeben«, hat der verstorbene Herr Fröhlich oft zu uns gesagt. Der war ihm in seinem Beruf echt verlorengegangen. Herr Fröhlich war nämlich Beamter im Knast. »In einer Strafvollzugsanstalt«, verbessert Mutti.

Er war so schweigsam wie ein Kanarienvogel, dem eine Decke über den Käfig gestülpt worden ist. Nur ab und zu nickte er vor sich hin und sagte: »In so einer Anstalt, da kommst du echt ins Grübeln. Ist das Böse vielleicht gut und das Gute gemein? Nach so vielen Jahren weißt du das selbst nicht mehr.«

Nur wenn wir ihn sehr gedrängt haben, erzählte er uns ein bißchen, wie streng es früher war, als sich die Häftlinge noch heimlich aus Niveadosen Radios bastelten, um ein bißchen Abwechslung zu haben. Heute gäb's ja schon in jeder Zelle Radio, und als nächstes würden die Herren wohl auch Fernseher bekommen.

Aber auch der härteste Verbrecher müßte irgendwann mal über seine schreckliche Tat reden. »Dann ziehste noch ein bißchen an der Zunge, und schon kriegst du jede Einzelheit zu hören.«

Vor dem ruhigen Herrn Fröhlich, der gar nicht nach einem Bullen aussah, hatte selbst Hänschen Naumann

Dampf. Der konnte ihn so angucken, so ganz ruhig, daß ihm richtig schummerig wurde.

Herrn Fröhlichs Hobby waren die Piepmätze, die ja von der Umweltverschmutzung auch so bedroht sind. Er war Mitglied des Vogelschutzbundes und versuchte nach Feierabend unter dem Motto »Was piept denn da?« den Bürgern die einheimische Vogelwelt näherzubringen.

Seine Führungen durch Parks und über Friedhöfe waren sehr beliebt, obwohl er oft fast verzweifelte, weil die Leute nicht mal einen Spatz von einer Meise unterscheiden konnten. Nur Anna-Sofie lobte er immer. Sie war seine beste Schülerin und rasselte bald sämtliche Meisenarten runter: Bartmeise, Beutelmeise, Schwanzmeise, Haubenmeise, Sumpfmeise, Weidenmeise, Blaumeise, Kohlmeise, Tannenmeise …

»Du hast auch 'ne Meise«, sagte Hänschen, packte sie im Genick und schüttelte sie. »Nächstens fängst du selber noch an zu piepsen wie so'n Vogel.«

Bei einer seiner Führungen hatte Herr Fröhlich dann seine Edelgard kennengelernt.

»Die Nachtwanderungen waren wohl besonders beliebt«, sagt Papi jedesmal, wenn wir darüber reden.

Frau Fröhlich war damals noch Friseuse und machte die Führung eigentlich nur aus Jux mit. Aber sie hat gleich gemerkt, was Herr Fröhlich für ein Mensch war. Ein ernster, wertvoller nämlich.

Fünfzehn Jahre sind sie verheiratet gewesen. »Und da geht er einfach hin und stirbt, schläft im Sessel ein und wacht nicht mehr auf. Herzversagen hat der Arzt festgestellt. Ein schöner Tod«, seufzt Frau Fröhlich.

Die ersten Wochen verkroch sie sich mit ihrem Kater Mummel ganz in ihrem Haus und wollte niemand mehr sehen. Nur ich durfte sie manchmal besuchen, weil ich ihren Nußkuchen so liebe. Ich hab dann im Wohnzimmer gesessen, den Kuchen gegessen, und sie hat, mit Mummel auf dem Schoß, halblaut vor sich hin gesprochen. Daß der größte Schmerz keine Tränen kennt und daß man anderen eher verzeihen kann als sich selbst. Der Kater schnurrte friedlich, und ich hab mich bemüht, nicht auf den schönen blauen Teppich zu krümeln.

Blau ist Frau Fröhlichs Lieblingsfarbe. Gardinen, Sesselbezüge, Tischdecke, Teppich – alles ist blau, sogar der künstliche Vogel, der in einem Käfig sitzt. Papi hat deshalb ihr Wohnzimmer auch »die blaue Grotte« getauft.

Sie hört sich immer wieder die schönsten Vogelstimmen vom Band an, die Herr Fröhlich im Lauf der Jahre aufgenommen hat.

Manchmal konnte man sogar im November, wenn der Regen herunterprasselte, aus ihrem Haus eine Nachtigall ganz wundervoll singen hören.

»Das greift einem ja direkt ans Herz«, sagte Opa Naumann.

Aber dann hat sie sich wieder gerappelt, und Frau Reimer sagte: »Jetzt macht die Edelgard sich die Haare wieder hübsch. Jetzt hat sie's überstanden.«

Frau Fröhlich fing wieder an, in ihrem Häuschen als Friseuse zu arbeiten. Nur so aus Spaß, denn »nötig hat sie's nicht«, sagte Frau Reimer. »Ihr Mann war ja Beamter.«

Die ganze Siedlung geht zu ihr, und auch Mutti läßt sich von ihr die Haare machen. Frau Fröhlich weiß Bescheid, was in der Siedlung so passiert. Aber kein Wort kommt über ihre Lippen. Dafür erzählt sie lieber von den Friseuren, unter denen sie früher arbeiten mußte, bevor sie Herrn Fröhlich heiratete. Der eine war ein richtiges Ekel, ein echter Macho. Wenn der sagte: »Heute haben wir unseren

Färbetag«, wagte die Kundin nicht zu mucksen. Reifere Damen kommandierte er gern herum: »Nu mal aufgestanden, zack, zack!«

»Und die haben sich das gefallen lassen?« fragt Mutti ungläubig.

Frau Fröhlich nickt. »Der konnte sich das leisten. Ich frag mich nur, warum. Die ganze Haarpracht hielt höchstens einen Tag.«

Seit Herrn Fröhlichs Tod beschäftigt sie sich viel mit dem Übersinnlichen, und was Träume einem sagen und ankündigen wollen. »Bis jetzt«, behauptet Frau Fröhlich, »ist tatsächlich alles eingetroffen.«

Einmal ist sie im Traum auf dem Meer gerudert. Plötzlich hat es im Wasser gezischt und gebrodelt. Eine Insel ist aufgetaucht und gleich darauf noch eine. Als sie am nächsten Morgen in den Garten ging, war der voll von Maulwurfshaufen. Und dann die Sache mit ihrem Haus, das sie im Traum nicht wiederfinden konnte. Ganz verzweifelt suchte sie und wachte schließlich darüber auf. Und was ist danach passiert? Sie hat ihre Hausschlüssel verloren und vor der verschlossenen Tür gestanden.

»Was ist ›übersinnlich‹, Papi?« frage ich beim Sonntagsfrühstück.

Papi holt das Lexikon. »Das Wahrnehmen der seelischen Vorgänge eines anderen Menschen ohne Vermittlung der Sinnesorgane«, liest er uns vor.

»Auch bei Tieren?« fragt Anna-Sofie.

»Sicher auch bei Tieren«, bestätigt Papi und klappt das Lexikon zu. »Ist noch Kaffee da?«

Mutti steht auf. »Mit der Wahrnehmung der seelischen Vorgänge eines anderen Menschen tust du dich leider sehr schwer. Auch ich hatte übrigens heute einen sehr aufschlußreichen Traum.«

»Ich will Kaukau«, quengelt Ferdinand.

»Dann erzähl ihn uns.« Papi ist durch die knusprigen Brötchen gnädig gestimmt.

»Krieg ich heute keinen Pampelmusensaft?« beschwert sich Anna-Sofie.

»Also, mein Traum.« Mutti sieht uns ganz merkwürdig an. »Ich lag noch gemütlich im Bett, und trotzdem war schon alles gemacht: der Frühstückstisch gedeckt, die Orangen ausgedrückt, die Eier gekocht, der Mülleimer rausgetragen, die Spülmaschine ausgeräumt.«

»Nicht schwer zu deuten.« Papi beißt krachend in ein Brötchen. »Du hast von den Heinzelmännchen geträumt.«

»Ach, wirklich?« sagt Mutti gedehnt.

Im Herbst träumte Frau Fröhlich, Mummel sei von unserem Ahorn erschlagen worden. Papi beruhigte sie, so gut er konnte. »Wer wird denn gleich an das Schlimmste denken, liebe Frau Fröhlich.« Er kappte einen großen Ast, der über ihren Gartenzaun hing. Frau Fröhlich, angetan mit einem blauen Rock und einer blaugefärbten Kaninchenjacke, sah ihm dabei zu.

»Nun fällt auch nicht mehr so viel Laub auf Ihren Rasen.«

Aber Blätter sind Frau Fröhlich egal. Ihr Garten ist nicht gerade der gepflegteste, sehr zum Ärger der anderen Nachbarn, die fast mit der Pinzette das Unkraut aus dem Rasen zupfen und schimpfen: »Wir kriegen den ganzen Löwenzahnsamen über den Zaun!« Dafür fühlen sich die Vögel um so wohler, weil sie dort ungestört ihre Nester bauen und brüten können.

Frau Fröhlichs Angst vor dem Ahornbaum ist für sie zu einem richtigen Alptraum geworden, und von dem kann nur Papi sie erlösen. Beharrlich verfolgt sie ihn und redet auf ihn ein, bis er schon flieht, wenn er drüben nur die Haustür klappen hört. Einmal ist er sogar durch die Hecke rüber zu Opa Naumann gekrochen. Der hat sich ganz fürchterlich erschrocken, als Papi da so plötzlich angewühlt kam.

In der Siedlung munkelt man, Frau Fröhlich wäre jedes Mittel recht, um den Baum umzubringen. Als wir nicht da waren, soll sie etwas über den Zaun geschüttet haben, genau da, wo er steht. Wahrscheinlich Streusalz, für jeden Baum das reinste Zyankali.

»Dem Ahorn scheint es gut bekommen zu sein«, meint Papi und betrachtet zufrieden die vielen Triebe am Baum.

»Ist doch nur Klatsch und Tratsch«, sagt Mutti. »Ich kenne die Siedlung.«

Papi ist ganz ihrer Meinung. »Warum sollte unser Baum ausgerechnet auf diesen dusseligen Kater fallen? Etwas exaltiert ist sie wirklich – und einfach zu dick.«

»Was hat denn das eine mit dem anderen zu tun?« Mutti mustert anzüglich seinen Bauch. »Du bist ja auch nicht gerade eine Tanne.«

Papi versucht, seinen Bauch einzuziehen. »Bei einem Mann ist das ganz was anderes. Laßt wohlbeleibte Männer um mich sein, heißt es schon bei Shakespeare.«

»Aber nicht bei mir. Ich hätte dich lieber schlanker.«

»Und das sagst du mir einfach so ins Gesicht?« Papi ist tief gekränkt.

»Einfach so«, bestätigt Mutti lächelnd. »Von mir erwartest du ja auch, daß ich nicht aus dem Leim gehe.«

»Mich mit Frau Fröhlich zu vergleichen!«

»Die hat wenigstens einen Grund, so dick zu sein. Bei ihr ist es Kummerspeck. Aber du, du bist einfach nur verfressen.« Mutti kann ganz schön fies sein. Aber es stimmt, dauernd ist Papi am Eisschrank zugange. Und mäklig ist er, nicht zu sagen. Er schnuppert an der Butter. Riecht sie nicht schon ein wenig ranzig? Und an dem Käse. Der hat wohl auch seine beste Zeit bereits hinter sich.

»Ich bin eben ein Feinschmecker, im Gegensatz zu euch«, behauptet er. »Das hat auch was mit Kultur zu tun.« Und schon ist der teure Lachs wie durch Zauberhand in seinem Mund verschwunden.

»Was hat Frau Fröhlich schon für Kummer! Bestimmt hat sie nicht mehr auszustehen als ich auf dem Finanzamt.«

»Bis auf die Kleinigkeit, daß sie ihren Mann im vorigen Jahr verloren hat.«

»Richtig, den Vogelhändler.« Das ist wieder so einer von Papis Scherzen, über die nicht mal Ferdinand lachen kann. »Ich frag mich nur, warum sich diese Vogelfreunde ausgerechnet einen solchen Mordskater als Haustier anschaffen mußten. Dann hätten sie sich ja gleich einen Habicht halten können.«

»Mummel ist viel zu alt, um Vögeln nachzujagen«, sagt Mutti.

»Stimmt«, erinnert sich Papi. »Seitdem er irgendwo Rattengift genascht hat, besitzt er ja wohl keine Zähne mehr. Jedenfalls habe ich ihn neulich beobachtet, wie er vergeblich versuchte, eine Maus zu fressen. Es konnte einen jammern, wie verzweifelt er auf dem Tier rumkaute und es schließlich doch liegen lassen mußte. Ich dachte, er nimmt sich das Leben.«

»Du sollst dich nicht immer über Mummel lustig machen«, sagt Anna-Sofie verdrossen.

Papi ist nicht zu bremsen. »Vielleicht sollte man ihm eine Prothese verpassen. Oder eine Transplantation.«

Anna-Sofie springt auf. »Du bist widerlich, Papi!«

Papi kuckt ganz unschuldig. »Wieso? Weil ich mir Gedanken um das arme Tier mache? Also, diese Transplantation«, sagt Papi, der mit seiner Geschichte mal wieder kein Ende finden kann, »da müßte man –«

Weiter kommt er nicht, denn Frau Fröhlich stürzt in unseren Garten. Aber diesmal geht es nicht mehr um den

Baum. Frau Fröhlich ist in großer Sorge wegen Mummel. Sie wollte, wie immer, mit ihm auf den Friedhof gehen, um die Blumen auf Herrn Fröhlichs Grab zu gießen. Und nun kann sie den Kater nirgends finden. Sie läßt sich von Mutti trösten und zieht dann schließlich ohne ihn los. Gegen Abend kommt sie noch einmal. Mummel hat sich immer noch nicht angefunden. Papi ist jetzt richtig nett zu ihr. »Wahrscheinlich ist er hinter einer Braut her«, tröstet er sie. »Sie wissen doch, wie wir Männer so sind.«

Zwei Tage vergehen. Von Mummel keine Spur. Dann sehen Anna-Sofie und ich auf dem schmalen Fahrradweg, der von der Siedlung durch das ehemalige Schrebergelände führt, eine tote Katze liegen. Kein Zweifel, es ist Mummel. Einer von diesen rasenden Motorradfahrern, die hier verbotenerweise durchbrausen, so ein Todesengel, muß ihn überfahren haben. Wir holen Papi, der gerade aus dem Büro gekommen ist. Er packt Mummel in eine Plastiktüte, und wir beerdigen ihn zwischen wilden Rosen und Holunderbüschen.

»Frau Fröhlich sagt ihr lieber nichts«, warnt uns Papi. »Es wäre ein zu großer Schock für sie.«

Am Morgen darauf kommt Frau Fröhlich strahlend zu uns mit einer Katze im Arm. Sie hat es den ganzen Abend vorher schon gefühlt, daß Mummel wiederkommen wird, und davon geträumt, wie er auf ihr Bett springt.

Aufs Bett ist er ihr zwar nicht gesprungen, aber im Garten hat er gesessen, der Schlingel.

Wir mußten den Kater von allen Seiten bekucken. Mummel, wie er leibt und lebt. Aber wen haben wir dann begraben? Um wen getrauert? Papi beobachtet, wie Mummel sich über eine Feldmaus hermacht. Wird er das Tier fressen können? Als der Kater sich beobachtet fühlt, wirft er Papi einen schrägen Blick zu, läßt die Maus liegen und verzieht sich.

»Vielleicht sollte man ihm mal ins Maul kucken«, schlägt Andrea vor. »Ob er noch Zähne hat.«

»Oh, rühret, rühret nicht daran!« sagt Papi.

Dafür rührt sich was anderes. Während eines Herbststurmes bricht ein großer Ast vom Ahornbaum ab und stürzt zwar nicht gerade auf den Kater, aber dafür auf Papis neues Auto, das ausnahmsweise auf der Straße und nicht in der Garage gestanden hat.

HERBERT ROSENDORFER

Affentheater

Daß sie mich nicht erschlagen haben, wundert mich an der Sache fast am meisten. Solche Prügel, wie damals auf mich heruntergeprasselt sind, haben Sie nie in Ihrem Leben bekommen, und ich wünsche Ihnen das auch nicht, so wahr ich hier auf dem Ast sitze. Ich kann wieder auf dem Ast sitzen, längst. Die Rippenbrüche und die Gehirnerschütterung und die Prellungen sind längst ausgeheilt. Die Sache ist Jahre her, aber *verstehen,* sage ich Ihnen, verstehen kann ich sie immer noch nicht.

Es muß Herbst gewesen sein, die Blätter waren teilweise schon gelb, und die Bananen immer schon ziemlich mehlig. Es war das Jahr, erinnere ich mich, daß *Elsa* die Drillinge gekriegt hat. Entweder von mir oder von dem Gorilla aus dem anderen Zoo, den man dahergebracht hat, weil man gemeint hat, daß es nicht gut ist, wenn *ich,* der ich ja immerhin der Bruder Elsas bin ... und so weiter. Was die Leute mit den Mützen für Vorstellungen haben. Na ja, das hat mit der Sache, die ich erwähnt habe, auch nichts zu tun. Es war also im Herbst. Da ist eines Tages einer von denen mit Mützen gekommen, hat meinen Käfig aufgesperrt und mich herausgelockt.

»Kommi – kommi – kommi ...«, hat er geflötet und mir eine Staude mehliger Bananen hingehalten. Sie sind, das sage ich Ihnen, einfach *zu blöd.* Wir verstehen die Sprache der Menschen. Nur reden können wir nicht. Er, der mit der Mütze, hätte nur zu sagen brauchen: »Komm, Egon!« (Egon heiße ich) »es geht auf Reisen.« Ein Affe ist doch von Natur aus neugierig. Der läßt sich doch so etwas nicht zweimal sagen.

Ich bin also aus meinem geräumigen Wohnkäfig mit der herrlichen Panoramascheibe hinaus und in einen kleineren, um es genau zu sagen: sehr kleinen Käfig geklettert, einen so kleinen Käfig, daß es schon eigentlich kein Käfig, sondern eine Zumutung für einen ausgewachsenen Gorilla war, aber für einen Ortswechsel und die damit verbundene Unterhaltung nehme ich einiges in Kauf. Wenn ich allerdings gewußt hätte, *was* für eine Unterhaltung mir da blüht, und daß das Wort *Unterhaltung* für das, was mich erwartete, nicht so ganz zutreffen dürfte, hätte mich keine Macht der Welt aus meinem Wohnkäfig herausgebracht. Ich hätte mich mit allen Vieren am obersten Ast meiner Baumstammgarnitur (Esche massiv mit Rinde) festgehalten, und wenn ich sage: festgehalten, so meine ich festgehalten. Es gibt nichts und niemanden, der einen Affen, der sich ernstlich anklammert, vom Baum herunterbringt.

Aber: ich wußte es ja nicht. Sie haben mich mit meiner angeborenen, wie man so sagt *arteigenen* Neugier überlistet, und ich bin in den kleinen Käfig hineingeklettert und habe mich so bequem wie möglich hingelegt.

Dann ist der Käfig losgefahren. Ja: Sie hören richtig. Der Käfig ist losgefahren. Es gibt so fahrende Käfige. Ich wußte das von meinem bedauernswürdigen älteren Kollegen *Wurstel,* und daß mir der Schreck ordentlich in die Glieder – und namentlich in Ein Glied – gefahren ist, können Sie sich denken. Aus Delikatesse, und weil vielleicht Damen unter denen sind, die das hier lesen, möchte ich das bewußte Glied nicht nennen. Der Kollege Wurstel wurde, wie gesagt, in so einem selbstfahrenden Käfig in die Tierklinik transportiert, und als er zurückkam, war er Eunuche. Das war natürlich eine saubere Bescherung – für *ihn.* Für mich war es damals recht günstig, denn ich konnte den gesamten Harem Wurstels übernehmen. Vorher hat er mir nur die alte *Hexi* zugebilligt, eine schon ziemlich zerraufte Matrone, die so zänkisch ist, daß sie sich selber nicht mag. Auf allen anderen, namentlich auf den jungen, knusprigen, ist der ältere Wurstel, wenn Sie den Ausdruck erlauben, draufgesessen, obwohl die Nachkommenschaft, die er in den letzten Jahren hervorgebracht hat, schon ziemlich unscheinbar war. Alles solche Verreckerlein. Ich möchte mich nicht weiter brüsten, aber wie *ich* nach Wurstels – wie soll ich sagen – Abdankung den Harem übernommen habe, da hätten Sie die blühenden Jungaffen sehen sollen! Eine Pracht.

Nun gut, aber davon wollte ich nicht erzählen. Wie bin ich drauf gekommen? Ach ja: der Schreck ist mir in die Glieder gefahren, in Ein Glied, denn ich habe natürlich gemeint: jetzt bist *du* dran, Egon, und das mit der süßen *Leila* gestern abends war das letzte Mal. Ein ziemlich flaues Gefühl, kann ich Ihnen sagen, milde ausgedrückt. Aber, um es gleich vorauszuschieben, das war es nicht, was mich erwartete.

Ich weiß, wie es in der Tierklinik riecht. Ich hatte einmal einen Abszeß am Hals hinten, da mußte ich in die Tierklinik gebracht werden, und seitdem kenne ich den Geruch. Das Haus, in das ich gebracht wurde, roch vollkommen anders. Der Geruch, den dieses Haus ausströmte, war mir fremd. Ich war sicher, ihn noch nie wahrgenommen zu haben. Leider sollte er mir bald ziemlich vertraut werden.

Der fahrbare Käfig hielt also vor jenem Haus. Einige Menschen, ich kannte sie nicht, sie trugen keine Mützen, schoben Stangen in den Käfig und trugen mich ins Haus. Meine Unruhe wegen der bewußten Gliedsache war, wie gesagt, gedämpft, die Neugierde kam wieder hervor.

Der Käfig wurde durch einige Gänge getragen und dann in ein finsteres Zimmer, eher einen Saal, in dem ungeheuer viel Gerümpel stand. Wenn in meinem Wohnkäfig daheim, dachte ich mir, so ein Durcheinander wäre, dann würde Toni, mein ständiger Bedienungs-Bemühter, wieder sagen: »Du bist kein Affe, du bist ein Schwein.«

Im Gegensatz zu den Menschen haben wir Affen die Fähigkeit dazusitzen ohne zu denken. Wir können das Denken ausschalten, so wie man das Sehen ausschalten kann, indem man die Augen zumacht. Ein Segen ist dieses Denken-Ausschalten. Die Menschen können es nicht, jedenfalls nicht viele. Wenn sie längere Zeit im Dunkeln sitzen und nicht schlafen, werden sie vor Langeweile wahnsinnig. Wir Affen nicht. Es hat auch Vorteile, Affe zu sein. Bei ausgeschaltetem Denken vergeht die Zeit so schnell, daß man eigentlich gar nicht von *Vergehen* sprechen kann. Man knipst aus und wieder ein, und es ist inzwischen später geworden. So ist das. Ein Segen. Ich weiß also nicht, wie lang ich in der Rumpelkammer war, in der es stockfinster wurde, nachdem ein Typ in einem grauen Kittel, der mir irgendwelche stumpfsinnigen Bemerkungen zugezuckert hatte (offenbar wollte er als Tierfreund gelten), das Licht ausgemacht hatte. Plötzlich wurde es wieder hell, und die Burschen von vorhin trugen mich mitsamt dem Käfig in ein anderes Zimmer. Daß ich dem einen Burschen in die Tasche griff, merkte keiner. Es rentierte sich. In der Tasche war ein Schraubenzieher und ein in Papier eingewickeltes Butterbrot. Ich nahm beides.

Das Zimmer, in das ich gebracht wurde, war viel schöner als die Rumpelkammer. Es war überhaupt sehr schön. Ich ahnte ja nicht, was noch alles kommen sollte, und so hielt ich in meiner Unschuld diesen Raum für das Lieblichste, was ich je in meinem Leben gesehen. Weiße Säulen umstanden Treppen, die mit Teppichen belegt waren. Statuen nackter Personen schmückten die Treppenabsätze. Kostbare Möbel waren sparsam über den Raum verteilt, darunter ein Sofa von der Farbe überreifer Bananen. In zahllosen Vasen waren Blumen arrangiert, und ganz hinten sah man durch weitere Säulen in einen Park mit Pinien und Cypressen unter blauem Himmel. Die Ärmsten, dachte ich mir, sind das nicht, die da wohnen.

Obwohl draußen die Sonne schien, was an dem schon erwähnten strahlenden Himmel zu erkennen war, brannte im Saal Licht. Sehr viel Licht. Verschwenderisch. Meine Stromrechnung ist es nicht, dachte ich. Wie nicht anders zu erwarten, kam ein Butler dahergeschlurft, so einer mit gestreifter Weste. Er wischte ein wenig über den Marmortisch, rückte einen Aschenbecher zurecht, kam dann zu mir, steckte – eine nette Geste, dachte ich – eine Banane in meinen Käfig und sagte: »Wer weiß schon, guter Toby, ob nicht das Schlachtschiff mit Namen ›Katastrophe‹ auf dem Meer der Zeit heransegelt und morgen schon am Horizont auftaucht. Vielleicht auch nur die Fregatte ›Skandal‹. Wer weiß, guter Toby. Du kannst nichts dafür, und der Butler sieht und hört nichts.« Er sagte das in einem Ton zum Fürchten. Er orgelte es förmlich aus seiner Brust heraus. Es kam mir vor, als würde der Himmel draußen eine Schattierung dunkler. Der Butler schlich davon, blieb in der Mitte des Saales stehen, und sagte dann mit womöglich noch düsterer Stimme: »Glücklich der Butler, der außerdem nichts denkt.« Mir blieb die Banane fast im Hals stekken. Außerdem: wieso sagte der *Toby* zu mir? Wo ich Egon heiße?

Danach kam eine Dame. Sie trug ein grünes Kostüm mit, wenn man so sagen kann, ohrenbetäubendem Ausschnitt. Ich bin ja allerhand gewohnt von den Weibern, die, namentlich im Sommer, an meiner Panoramascheibe im Zoo vorbeigetrieben werden, aber so was wie bei der Dame in Grün habe ich noch nie gesehen. Gut – mich erregt so was nicht. Mich erregen Susi oder Cindy oder

Kastani mit ihrem Fell; diese haarlose Busenpracht ließ mich kalt.

Der Butler ging auf die Grüne zu und griff, ich traute meinen Augen nicht, ohne viel Federlesens in ihren Ausschnitt. »Oh – ah – oh, Alastair!« hauchte die Grüne. »Wie wünschen es Mylady?« gurgelte der Butler und schob die Grüne auf die Couch. »Oh – Alastair!« quietschte die Grüne, »nicht hier – Toby«, sie meinte mich, »schaut uns zu.« – »Die Bestie ist stumm«, grummelte der Butler in tiefem Baß. Ja, sonst würde ich sagen: ich heiße Egon; und die Bezeichnung Bestie verbitte ich mir.

Dann trieben sie es – *nicht.* Es ist mir ein Rätsel. Letzten Endes verstehe ich was davon. Ich habe, wenn ich richtig zähle, 18 Söhne und 46 Töchter. *Wenn* ich von was etwas verstehe, dann *davon.* Ich habe hingeschaut. Sie haben *nicht.* Trotzdem ist dann, nachdem der Butler aufgestanden war und sich mit eckigen Bewegungen seine gestreifte Weste zurechtgezogen hatte, die Grüne knickbeinig zu mir her. Ihr Busen schwappte aus der Jacke. Sie legte den Kopf an das Gitter und ächzte: »Toby, Toby, du bist vielleicht der einzige, der weiß, wie unglücklich ich bin.«

Der Butler strich die Couch glatt, verbeugte sich und schritt hinaus. Dafür kam von der anderen Seite ein Herr in grauem Anzug. Er kam herein wie der Stellvertretende Direktor, den wir Affen in unserer Sprache den *Gummiball* nennen. Federnd. Federnd kam der Graue herein, federnd warf er seine karierte Mütze auf einen Sessel, federnd goß er sich einen Whisky in ein schweres Glas, federnd lehnte er sich gegen den Kamin und sagte dann federnd:

»Ach, du redest mit Toby.«

»'Tag, Edward«, sagte die Dame.

»Was sagt denn Toby?«

Was sie immer mit ihrem blöden *Toby* haben, dachte ich mir. Das muß eine Verwechslung sein. Wir hatten einmal einen Toby, wir nannten ihn »lachender Hintern«, aber er war kein Gorilla, sondern ein Schimpanse und ist schon vor längerer Zeit nach Hamburg verkauft worden.

Die zwei haben dann allen möglichen Unsinn miteinander geredet. Ich habe nicht mehr zugehört und meine Banane gegessen, aber das Reden der beiden ist immer lauter geworden, und dann auf einmal haben sie zu schreien angefangen, und er, der Graue, hat sein schweres Whisky-Glas auf den Boden geschmettert, hat zu mir hergedeutet und gebrüllt:

»Du Metze!« Er sagte tatsächlich *Metze.* Das Wort war mir völlig unbekannt. Nur aus dem Ton, in dem er es sagte, erriet ich die Bedeutung. »Du Metze! du warst außer Atem, als ich kam. Gestehe!« – »Ich bin nur die Treppe heraufgerannt.« – »Haha!« brüllte er, »die Treppe! Die Treppe heißt wohl Toby.« Er zeigte auf mich. »Du hast mich mit meinem Compagnon, mit dem Präsidenten des Tennisclubs, mit dem Vizechairman des Golfclubs, mit dem Vetter Coenwulph, mit dem Bischof von Ely, mit dem Installateur, mit meinem leiblichen Bruder Roderick und mit einem Besenfabrikanten betrogen. Und nun schreckst du auch vor der Orgie aus dem tiefsten Kreis der Hölle nicht zurück, du Sodomitin!«

Einen Moment, habe ich gedacht, habe meine Banane weggelegt und bin nach vorn gegangen: einen Moment! Die mit mir? Ich mit der? Wie – wo – was? Mit einem Menschenweib, das fast nur auf dem Kopf Haare hat? Hält der mich für pervers? Und vom Butler, dem Schurken, weiß er nichts?

»Oh, Albert, Albert«, flehte die Grüne und Hände gerungen, aber der Graue hat sie am Hals gepackt und gezischt: »Eine, die sich mit einem Schimpansen vergißt, gehört vertilgt, du Ungezieferin.« Schimpanse! Toby – es muß eine Verwechslung mit dem lachenden Hintern vorliegen, aber eine, die schon völlig unerklärlich ist. Außerdem: *das* hätte ich dem lachenden Hintern wirklich nicht zugetraut. Aber man blickt ja in keinen wirklich hinein. »Ha!« hat er nochmals geschrien, hat sie am Hals gepackt und hat sie ins Sofa gedrückt; sie hat mit den Füßen gestrampelt und ein wenig gegurgelt. Der Busen ist wieder aus dem Ausschnitt gehüpft, wie nicht anders zu erwarten, und dann – wurde es finster. Merkwürdig. Als es wieder hell wurde, war der Saal leer, die Männer von vorhin kamen und trugen mich samt Käfig wieder hinaus, und ich wurde in den Zoo zurücktransportiert.

Am nächsten Tag erzählte ich alles den Kollegen – den Weibern erzählte ich nichts, mit Weibern redet man nicht über solche mehr geistigen Sachen –, und es herrschte die allgemeine Ansicht, daß das Ganze ein Irrtum sein müsse, aber auch, daß man in dem lachenden Hintern, Toby, dem Schimpansen, keinen so tollen Hecht vermutet hätte.

So weit, so gut. Ich schlief nachmittags, ließ mir meine Nachmittagsbananen schmecken, trank meine Cola, nahm Susi, die sich ein wenig wehrte, das dumme Luder, und dann Kastani, die immer will, und dann wieder Susi, grad extra, fürs Wehren, und wollte mich eben zum Schlafen legen, da kamen doch die Mützenträger wieder, und exakt der gleiche Zirkus wie gestern fing von vorne an. Ich kam wieder in den Saal, wieder schlurfte der Butler daher, die Grüne mit dem Ausschnitt kreischte, der Butler legte sie flach – wieder nicht wirklich – wieder kam der Graue, warf seine karierte Mütze auf exakt den gleichen Sessel, wieder verdächtigte er Toby, den Schimpansen, und verwechselte mich mit ihm, alles wie gestern. Da muß was geschehen, dachte ich, ich ging nach vorn, rüttelte an den Stäben und – ich kann leider nicht reden, aber ich schrie, machte Zeichen: ein Irrtum! Sie verwechseln mich. Der Butler da, und so weiter. Anders als gestern war nur, daß, bevor der Graue die Grüne erwürgte, die beiden kurz und wie verstohlen zu mir herschauten, und, wenn mich nicht alles täuscht, das Weib zischte: »Was hat er denn heute?«

Am nächsten Tag – Sie werden es nicht glauben, oder vielleicht: Sie werden es schon ahnen – ganz genau das gleiche. Butler – die Grüne – der Graue – die karierte Mütze (die allerdings diesmal vom Sessel rutschte), das Gerede von Toby, dem Schimpansen ... die sind unbelehrbar, habe ich mir gedacht. Haben die nichts Besseres zu tun, als Tag für Tag den gleichen Zinnober abzuziehen? Und merkt der Graue immer noch nicht, was zwischen der Grünen und dem Butler läuft? Nur fünf Minuten, wenn der Graue früher käme ... aber er kam nie fünf Minuten früher. Einmal kam er sogar zwei, drei Minuten zu spät. Da erschien drüben einer im grauen Staubmantel und machte Zeichen, worauf sich, das war das einzige Mal, die Grüne eine Zigarette ansteckte. Geschlagene sechs Wochen ging das! Jeden Tag! mit Ausnahme vom Sonntag. Sechs Wochen! Ich fragte mich: Erwürgt er sie jetzt oder erwürgt er sie nicht? Wie wird die wieder lebendig? Oder ist das jeden Abend eine andere Grüne? Könnte sein – Menschenweiber, so ohne Haare, sind für unsereins schwer auseinanderzuhalten. Vor allem aber: ich lasse das doch nicht ewig auf mir sitzen. Ich bitte Sie! Da hat dieser lachende Hintern, dieser Schimpanse Toby, moralisch haltlos, wie Schimpansen sind, sich mit dieser grünen Schlampe eingelassen, und mir, einem im besten Leumund lebenden Gorilla, schiebt der die Sache in die Schuhe, die ich nicht anhabe. Der Saustall muß, wie mein Leib-Wärter zu sagen pflegt, ein anderer werden, dachte ich, und Sie erinnern sich vielleicht, daß ich ja damals einen Schraubenzieher auf die Seite gebracht hatte. (Das Butterbrot hatte ich längst gegessen.) Ich kramte also, als mir die Geschichte nach sechs Wochen zu bunt wurde, den Schraubenzieher hervor und nahm ihn in den Saal dorthin mit. Während der Graue die Grüne würgte, schraubte ich die Türscharniere heraus und –

– ja, es war ungeheuer. Der Graue riß die Augen auf und erstarrte zur Salzsäule. Ich ging friedlich auf ihn zu und machte Zeichen: nicht *ich,* schauen Sie sich einmal den Butler an, der da hinausgegangen ist – aber er verstand nichts. Die Grüne kreischte wie ein Kakadu und raste hinaus. Leute kamen von allen Seiten herein – woher? ein Rätsel. Nie habe ich in dem Saal andere Leute gesehen. Nur der Butler ließ sich wohlweislich nicht blicken. Es überstürzte sich alles. Vor allem: stellen Sie sich vor, der Saal hatte keine vierte Wand! statt der vierten Wand war ein riesiges Loch. Hinter dem Loch saßen *Massen* von Menschen. (Haben die also, schoß es mir durch den Kopf, seit sechs Wochen ihre Intimitäten vor all den Leuten ausgelebt!) Auch die Menschen im Loch schrien. Es gab ein gänzliches Tohuwabohu. Der einzige Ruhige blieb ich. Wenn ich reden könnte, hätte ich die Sache aufgeklärt, ich wäre auf den Tisch gestiegen und hätte gesagt: Jetzt einmal Ruhe, Leute ... Na ja. Ich kann aber nicht reden. Da sind sie mit Stöcken gekommen und Stricken und Netzen. Jetzt, Alter, jetzt hat es Eile, habe ich mir gedacht und bin eine Säule hinauf. *Wollte* hinauf! Was sage ich Ihnen? Die Säule war nicht unten am Boden festgemacht, sondern hing oben, hoch oben an einem Seil. Merkwürdiger Saal, ging oben weit weg ins Schwarze. Die Säule fiel um. Ich ergreife ein anderes Seil, komme einige Meter hoch, die ersten Schläge prasseln auf mich nieder, plötzlich gibt das Seil nach, die schöne Landschaft hinten verschwindet. Wir sind mitten im Gebirge. Ich ergreife eine Bergspitze, noch ein

Seil, gibt wieder nach. Ein Schlachtschiff kommt von oben. Balken rasseln, Eimer fliegen, Leute werden am Kopf getroffen, ein Chaos, wie Sie es noch nie erlebt haben. Da trifft mich ein armdicker Strahl aus einem Feuerwehrschlauch, und gleichzeitig verfange ich mich in einem Netz. Und Prügel.

Als ich in meinem Wohnzimmer mit Panoramascheibe wieder aufwachte, war mein linker Unterarm geschient. Meine linke Seite war rasiert und verpflastert. Auf dem Kopf hatte ich einen Eisbeutel. Vor mir stand ein Topf mit warmer Milch. Ich griff danach – au! alles tat mir weh. Ich spürte jeden einzelnen Knochen. Aber das verging. Das heilte alles. Was nicht verging, war die Frage: Was hat das alles zu bedeuten? Wer ist die Grüne? der Graue? der Butler? Unerklärlich. Und sie treiben es und doch nicht, und alles vor tausend Leuten, die zuschauen. Der Mensch, sage ich Ihnen, ist für uns Affen ein Rätsel. Dem Toby allerdings, dem lachenden Hintern, der mir ja wohl offenbar das alles eingebrockt hat, dem gebe ich eine Abrechnung, wenn ich ihn nochmals treffen sollte, was allerdings leider nicht zu erwarten ist.

Catherine Clément

Sieben Hügel, ein Stein

Die Krokodile und die Vögel

Bei der Rückkehr von ihrer Kreuzfahrt auf dem Nil erwartete sie Amal auf dem Flughafen. Theo fiel ihr stürmisch um den Hals.

»Du siehst ja blendend aus!« sagte sie. »Richtig braun bist du geworden!«

»Aber meine Tante nicht«, erwiderte Theo. »Sie und die Sonne vertragen sich nämlich nicht.«

»Sei bloß still«, sagte Tante Marthe. »Für die Haut von Frauen ist Sonne sehr schädlich. Aber die Fahrt hat dir doch gefallen, oder?«

»O ja!« rief er. »Vor allem die Silvesterparty auf dem Schiff, die war super!«

Während der Autofahrt in die Brasilianische Straße erzählte Theo munter weiter. Der schönste Tempel sei der von Kôm Ombo gewesen, wegen eines Brunnens voller Mumien heiliger Krokodile. Ob er eine seiner heißgeliebten Göttinnen gesehen habe? Ja, eine schöne Sachmet mit Löwinnenkopf. Und die Pharaonen von Abu Simbel? »Na ja, die sind sehr groß«, sagte Theo ohne viel Begeisterung. Was ihm am besten gefallen habe? »Der Nil«, antwortete er, ohne zu zögern. »Die Frauen auf den Feldern sahen aus wie die Prinzessin, von der Moses gefunden worden ist. Und diese weißen Vögel in den Papyrussträuchern. Es sind wohl keine echten Ibisse, aber das macht nichts, sie sehen genauso aus.«

Amal war mit Theos Antworten sehr zufrieden. Außer

bei den Krokodilen sprach er nicht mehr von Mumien oder von Sonnenschiffen. In der Villa angekommen, zog sich Theo in sein Zimmer zurück, um Fatou und seine Familie anzurufen.

»Ich finde, er sieht besser aus«, sagte Amal. »Auf das Ergebnis der nächsten Untersuchung bin ich wirklich gespannt.«

»Ach«, seufzte Tante Marthe, »er sieht zwar besser aus, aber auf dem Schiff ging es ihm einmal ziemlich dreckig.«

»In der Sonne? An Deck?«

»Ja. Er hatte sogar Nasenbluten.«

»Dann war's diesmal ein Sonnenstich! Auf dem Fluß brennt die Sonne noch stärker. Aber solche Beschwerden sind ganz harmlos.«

»Dein Wort in Gottes Ohr«, sagte Tante Marthe.

Ägypten als Videospiel

Fatou ging es gut. Seiner Familie ging es ebenfalls gut, aber sie tat, als wäre nichts Besonderes. Theo fühlte sich im Stich gelassen. Hatten sie sich abgesprochen, um ihn nicht zu beunruhigen, oder interessierten sie sich nicht mehr für sein Schicksal? Schließlich war er doch krank, oder? Und wenn er gesund würde, würden sie ihm dann noch genausoviel Aufmerksamkeit widmen?

Und wenn er nicht gesund würde? Wenn der Cousin aus der Unterwelt, dessen unsichtbare Anwesenheit er gespürt hatte, seine Hand loslassen und verschwinden würde, sobald sie Ägypten verlassen hatten? Rom war ja ganz schön, aber mitten im Winter auch bestimmt ganz schön kalt. Tante Marthe hatte zwar ihre Pläne, aber er wäre lieber in Ägypten geblieben.

Für seine Tagebuchnotizen war Ägypten leicht. Er machte sogar Zeichnungen von zehn Statuen mit Tierköpfen. Horus der Falke, Sachmet die Löwin, Bastet die Katze, Anubis der Schakal, Sobek das Krokodil. Thoth der Ibis. Über die Tiergottheiten zeichnete er, mit menschlichem Antlitz, die Eltern Isis und Osiris und ganz oben einen Strahlenkreis: Echnatons einzigen Gott. Nun fehlte nur noch ein Davidsstern um die Sonne, und das Problem war gelöst. *Ägypten = Tiermenschen. Echnaton = Sonnengott, siehe Moses.*

Blieb noch der Tod. Theo malte das Sonnenschiff. Doch als er die Mumie zeichnen wollte, sank seine Hand herab. »Nein!« flüsterte ihm eine Stimme zu. »Tu das nicht, Bruder! Nicht den Toten!«

Überrascht drehte sich Theo um. Aber niemand war da.

Ein Anhänger in Form eines Auges

Am nächsten Tag hieß es Abschied nehmen. Mit Tränen in den Augen drückte Amal Theo wieder und wieder an sich. Er solle nicht vergessen, sie auf dem laufenden zu halten, er solle oft anrufen, er solle …

»Maleech!« sagte Theo, während er sie umarmte. »Keine Sorge, Amal, wir werden uns wiedersehen.«

»Warte«, rief sie und kramte in ihrer Handtasche. »Ich hab was für dich, Theo.«

Es war ein Anhänger, ein Auge mit schwarzer Pupille auf einer winzigen tiefblauen Fayencescherbe. Amal bestand darauf, ihn Theo sofort umzulegen. Und nie, niemals dürfte er sich von ihm trennen. Jetzt hatte er drei Anhänger: den Skorpion aus Perlen, Fatous kleine Rolle mit den Koran-Suren und Amals Auge.

»Das ist ein Glücksbringer, weißt du, jedenfalls … Yaani! Wie soll ich es dir bloß erklären …«

»Maleech!« wiederholte Theo. »Ich weiß schon.«

Nach der Paßkontrolle war von Amal nur noch eine winkende Hand zu sehen. Theo mußte daran denken, daß er bei jeder Etappe neue Freunde verließ, die er vielleicht nie wiedersehen würde.

»Sag mal, Tante Marthe, dein Freund in Rom, ist der nett?«

»Ottavio Levi? Du wirst sehen, er ist umwerfend«, antwortete Tante Marthe. »Er ist Kardinal in der Kurie.«

»Kardinal? Noch ein Geistlicher? Auf die bist du wohl abonniert?«

»Willst du wohl den Schnabel halten!« wetterte Tante Marthe. »Kardinal Levi ist ein großartiger Mann, sehr offen und sehr modern ...«

»Bei uns zu Hause mag man keine Priester«, maulte Theo. »Papa sagt ...«

»Dein Vater hat keine Ahnung!« schnitt Tante Marthe ihm das Wort ab. »Du siehst ja, wohin es geführt hat, daß er dir nichts über Religionen beibringen wollte!«

In Begleitung eines Kardinals und womöglich bei Regen wird Rom wohl nicht sonderlich aufregend werden, dachte Theo. Tante Marthe, die in die Börsenkurse vertieft war, bemerkte gar nicht, daß Theo während des ganzen Flugs schmollte und schweigend aus dem Fenster starrte.

Nach der Landung auf dem Flughafen Fiumicino wurde es im Flugzeug laut: Erlöst von ihrer Angst, klatschten die Ägypter, was das Zeug hielt.

Der Kardinal und die Heiden

Kardinal Ottavio Levi, klein und rundlich, begrüßte seine Besucher mit großer Redseligkeit. Er fiel Tante Marthe um den Hals, küßte Theo auf beide Wangen, stellte tausend

Fragen, ohne die Antworten abzuwarten, und versicherte, ihr Aufenthalt sei bestens geregelt, Stunde für Stunde. In Null Komma nichts hatte der quirlige Kardinal die Formalitäten abgewickelt, dann wurden die Koffer in einem bereitstehenden Auto verstaut, und schon ging es in Richtung Piazza di Spagna zum »Hotel Hassner«. Während sie auf die Hauptstadt zufuhren, bestürmte er Theo mit dem Programm, das er sich ausgedacht hatte.

»Wir fangen mit den Katakomben an, um chronologisch vorzugehen, Bambino. Die Gräber der ersten Christen, die unterirdischen Basiliken, zwei Stunden, basta cosi. Anschließend das Herz der christlichen Welt, der Petersdom, und Berninis Baldachin, du wirst sehen, das ist sehr schön. Danach das Museum des Vatikans, dafür brauchen wir noch mal gut zwei Stunden. Dann bleiben noch San Giovanni in Laterano und einige andere un-ver-zicht-ba-re Kirchen, nicht wahr, Bambino?«

»Nennen Sie mich nicht Bambino«, sagte Theo, »ich bin nicht mehr fünf.«

»Wie amüsant!« rief der Kardinal lachend. »Gefällt dir das Programm?«

»Ich weiß nicht«, murmelte Theo reserviert. »Ich würd gern das Forum Romanum und das Kapitol sehen.«

»Mmm«, brummte Kardinal Levi. »Das hat aber gar nichts mit dem Christentum zu tun, Bambino.«

»Aber vor dem heiligen Petrus gab es die römischen Götter, und außerdem bin ich kein Bambino«, brummte Theo.

»Kennst du denn die römischen Götter?«

»Nicht alle. Ich kenn Jupiter und Juno, die bei den Griechen Zeus und seine Frau Hera sind. Dann noch Diana, die Artemis, die Jungfrau, ist, und Venus gleich Aphrodite, die Göttin der Liebe. Ach ja, und Merkur, der Hermes, der Götterbote, ist. Mehr kenn ich nicht. In meinem

Buch über Mythologie werden auch Laren erwähnt, aber ich hab nicht so richtig kapiert, was das ist.«

»Verstehe«, murmelte der Kardinal nachdenklich. »Du bist sehr beschlagen für dein Alter. Laren sind die Schutzgötter des Hauses. Aber weißt du, die römische Religion hatte mehrere Etappen. Zuerst gab es die kleinen Familiengottheiten, dann eroberten die griechischen Götter die Stadt, und nach ihnen, während des Römischen Reiches, kamen die asiatischen Kulte und die Mysterien, ein ganzes Pandämonium ...«

»Was ist das, ein Pandämonium?«

»Ein Fest der Dämonen, Bambino!« lachte Kardinal Levi. »Ich kann dir zwar Bilder zeigen, aber in Wirklichkeit wirst du von all dem leider nur Ruinen sehen. Vom Kult der großen Isis ist fast nichts übrig, ebensowenig von dem der Syrerin Astarte, dem der mit Türmen gekrönten Göttin Kybele und noch weniger vom Kult des Gottes der Thraker, Mithras, dem lebende Stiere geopfert wurden. Ihr Blut spritzte auf die Gläubigen, die unter einem Flechtwerk hockten.«

»Igitt!«

»Weißt du, daß das Christentum ihm viel verdankt? Die Anbetung Mithras' war ein Reinigungskult, bei dem der geopferte Stier für das Heil der Welt sorgte, wie Jesus Christus, der am Kreuz starb. Zu Beginn der christlichen Religion haben uns die großen Göttinnen auch Beistand geleistet: Isis, weil sie Osiris wiederauferweckt, Astarte und Kybele, die ihre Geliebten Adonis und Attis beweinen und ins Leben zurückholen. Sie haben die Idee der Auferstehung verbreitet, deren Vollendung Jesus ist.«

»Aber Sie sagen auffallend wenig über die Riten der Göttin Kybele«, mischte sich Tante Marthe ein.

»Oh, ist das denn nötig?« protestierte der Kardinal aufgeschreckt.

»Keine Zensur«, sagte sie und zwinkerte Theo zu. »Warum wollen Sie meinem Neffen diese Geschichte vorenthalten? Der schöne Attis war von einem tollwütigen Keiler getötet und verstümmelt worden. In Erinnerung an diesen schrecklichen Tod fällten die Priester eine Pinie, die sie in einer Prozession wehklagend durch die Straßen trugen. Von der Musik und ihrer Trance berauscht, kastrierten sich die Priester dann als Huldigung an den Geliebten der Kybele freiwillig.«

»Die haben sich kastriert?« schrie Theo entsetzt. »Wie man es bei Katern und Hunden macht? Heißt das, daß sie sich den Schwanz abgeschnitten haben?«

»Genau«, sagte Pater Levi. »Das Christentum hat mit diesen heidnischen Barbareien dann aber Schluß gemacht. Mit ihren bunten Kleidern, ihren Trommeln und Sistren, metallenen Rasseln, regten die Heiden zwar die Phantasie an, aber die Riten waren oft blutrünstig und Verstümmelungen häufig. Die alten Römer verabscheuten diese Sitten, die sie vulgär fanden. Das Christentum ist einfacher und menschlicher. Wir begnügen uns damit, Brot zu opfern, das heißt den Leib Christi, und Wein, das heißt sein Blut. Und wir teilen es bei einem gemeinsamen Mahl.«

»Nur das Brot«, bemerkte Theo. »Den Wein trinkt der Priester heimlich, das hab ich mal bei einer Messe gesehen.«

Kardinal Levi war etwas ratlos. Der Neffe seiner Freundin war ja ein ganz ausgekochter Bursche. Zum Glück erreichten sie in diesem Moment das Hotel. In Theos Zimmer wurden die Fensterläden geschlossen, damit er sich ausruhen konnte. Aber da die Zwischentür zu Tante Marthes Zimmer nur angelehnt war, hörte er, wie sich die beiden angeregt unterhielten.

»... und dann die Untersuchungen in der Klinik«, flüsterte der Kardinal, »wie sollen wir da auch noch das Forum besichtigen? Und das Treffen, haben Sie an das

Treffen gedacht?« fragte er plötzlich laut. »Das ist übermorgen! Wir haben viel zuwenig Zeit. Und wenn sie erst mal da sind, wird ihn wohl kaum noch etwas andres interessieren.«

»Pst!« sagte Tante Marthe. »Er kann uns hören.«

»Sie«? Ein Treffen? Theos Herz schlug heftig. Um wen handelte es sich? Seine Freunde? Eine Überraschung?

»... übrigens schon einen Termin in der Klinik«, sagte der Kardinal gerade, »für den Computertomographen muß man sich nämlich lange vorher anmelden.«

»Gut«, sagte Tante Marthe laut seufzend zum Abschluß. »Dann in zwei Stunden hier, mit dem Auto.«

Theo krümmte sich zusammen. »Sie« waren also Ärzte, »sie« würden ihm wieder Blut abzapfen und es den medizinischen Göttern opfern. Von Rom würde er an seinem ersten Tag nur Krankenschwestern und Ärzte sehen.

Die Vestalinnen und der Feuerkult

Nach der Untersuchung, die sehr schnell ging, machte Tante Marthe einen Umweg über den Rundtempel der Vesta.

»Einer der wenigen, die noch stehen«, erklärte sie. »Vesta war die Göttin des Herdfeuers, und ihre Priesterinnen, die Vestalinnen, mußten Jungfrauen bleiben, um das heilige Feuer zu hüten. Das Feuer ist immer sehr wichtig, denn wenn es ausgeht, ist überall auf der Welt das Leben bedroht. Die südamerikanischen Indianer erzählen, daß der Jaguar mit den ersten Menschen seine Feueraugen gegen eine Frau getauscht hat. In Persien, das heute Iran heißt, war die Religion ganz dem Gott des Feuers geweiht. In Indien leben Gemeinden mit den letzten Anhängern dieser Religion. Sie wurden vom Islam so heftig verfolgt, daß sie dorthin ausgewandert sind: Man nennt sie ›Parsen‹, Perser, weil sie aus dem Iran gekommen sind, oder Zoroastrer, in Erinnerung an ihren Propheten Zoroaster, der auch Zarathustra genannt wird.«

»Komischer Name«, sagte Theo. »Hört sich an wie ein Comic-Held.«

»Zarathustra war ein sehr bedeutender Prophet! Wahrscheinlich im 10. Jahrhundert vor Christus zog er sich in die Wüste zurück, hatte Visionen und verkündete erfolgreich die Idee von einem einzigen und guten Gott, Ahura Mazda, was ›weiser Herr‹ bedeutet. Deshalb heißt die zoroastrische Religion auch Mazdaismus. Ihr Prinzip ist einfach: Zwei Armeen bekämpfen sich, die Armee des Guten in Weiß, die Armee des Bösen in Schwarz. In weißes Leinen gekleidet, dürfen die Kämpfer für das Gute keine Tiere opfern, insbesondere keine Ochsen, deren Beschützer Zoroaster ist.«

»Keine Ochsen? Warum nicht?«

»Weil man sie in Ruhe grasen lassen und das nutzen muß, was sie den Menschen geben«, antwortete Tante Marthe. »Das gleiche wirst du in Indien mit den Kühen erleben. Wahrscheinlich ist die Achtung des Mazdaisten vor der Seele des Ochsen der Grund für ihre Flucht nach Indien. Die indischen Parsen, die das Feuer verehren, sind sehr moralische Menschen. Zum Beispiel beerdigen sie ihre Toten nicht, um die Erde nicht zu besudeln, und um das Feuer nicht zu verunreinigen, verbrennen sie sie auch nicht. Sie bahren sie oben auf einem Turm auf, und dann ...«

»Und dann?«

»Dann werden sie im Nu von den Geiern verspeist«, murmelte Tante Marthe. »Aber außer den Parsen selbst darf niemand dieser Zeremonie beiwohnen.«

»Warum denn nicht?« fragte Theo. »Eine Beerdigung ist auch nicht viel besser. Unter der Erde verwesen, na danke!«

»Jedenfalls ist der Feuerkult einer der ältesten Kulte der Welt. Kennst du die Geschichte von Prometheus?«

»Ist das der, dem von Zeus' Adler die Leber herausgehackt wurde?«

»Ja, als Strafe dafür, daß er den Gottheiten das Feuer gestohlen hatte. Deshalb hüteten die Vestalinnen das Feuer so eifersüchtig, und deshalb blieben sie rein. Wenn eine von ihnen einen Geliebten hatte, wurde sie lebendig begraben. Eine hatte sich einmal vom Kaiser höchstpersönlich lieben lassen, doch als die Wahrheit herauskam, wurde sie trotzdem begraben. Mit den Vestalinnen durfte man nicht anbändeln.«

»Gilt das auch für Nonnen?« fragte Theo. »Die sind doch auch unverheiratet.«

»Ganz so schlimm ist es heute nicht mehr. Aber du hast nicht unrecht, wenn du die Vestalinnen und die Nonnen vergleichst. Die Vestalinnen waren der Göttin des Herdfeuers geweiht wie die Nonnen ihrem Gemahl Jesus.«

»Aber warum durften die Vestalinnen denn keine Kinder bekommen?« wunderte sich Theo.

»Weil man annimmt, daß ein Kind die ganze Liebe seiner Mutter beansprucht«, murmelte Tante Marthe. »Indem man den Vestalinnen, Nonnen und heiligen Priesterinnen Kinder vorenthält, glaubt man, daß sie die ganze Liebe, die sie sonst ihnen geben würden, ihren Göttern widmen.«

Nicht weit vom Tempel der Vesta war ein Ungeheuer mit offenem Maul und einer furchterregenden Fratze in den Fels gehauen. Tante Marthe erklärte, daß dieser klaffende Schlund, der »Mund der Wahrheit« genannt wird, früher als eine Art Lügendetektor für Verbrecher diente. Sie mußten eine Hand hineinlegen, und wenn sie gelogen hatten, blieb die Hand darin stecken. Der alte Aberglaube der Römer hat bis heute überlebt. Theo streckte vorsichtig einen Finger aus, aber dann erinnerte ihn das offene Maul daran, daß er furchtbaren Hunger hatte.

»Eine gute Krankheit!« sagte Tante Marthe.

Diese wurde in der erstbesten Trattoria bekämpft. Theo verschlang im Nu seine Portion Spaghetti und versuchte Tante Marthe auszuhorchen. Wer waren diese geheimnisvollen »sie«, von denen der Kardinal gesprochen hatte?

»Du nervst!« murrte sie. »Immer willst du alles wissen. Wir haben endlos Zeit.«

»Nein«, flüsterte Theo. »Das ist nicht wahr. Ich hab nicht endlos Zeit!«

Tante Marthe wandte den Kopf ab, um die Tränen zu verbergen, die ihr in die Augen traten.

Die ersten Christen

Am nächsten Morgen stürmte Kardinal Levi mit wehender Soutane ins Hotel.

»Nun, bist du bereit für die Katakomben, Bambino? Weißt du überhaupt, was Katakomben sind?«

»Unter der Stadt gegrabene Gänge«, erklärte Theo. »In Paris gibt es auch welche.«

»Aber in Rom sind es die Friedhöfe der ersten Christen. Wir müssen allerdings aus der Stadt hinaus, denn in der Antike war es verboten, Tote innerhalb der Stadtmauern zu begraben.«

»Friedhöfe haben wir in Ägypten genug gesehen«, protestierte Tante Marthe. »Sehen wir uns lieber die unterirdischen Basiliken an!«

Sie fuhren, bis sie die Zypressen und Schirmpinien der Via Appia sahen, auf der spärliches, gelbes Gras wuchs. Eine blasse Sonne stieß durch Wolkenrisse und ließ die

Mausoleen aufleuchten. Nicht weit davon glänzte das Schild der Trattoria »Quo vadis«.

»Komischer Name«, sagte Theo. »›Quo vadis‹?«

»Das sind die Worte, die der heilige Petrus genau hier sprach, als ihm Jesus auf der Straße erschien«, sagte der Kardinal.

»Genau hier?«

»So sagt man. Er warf sich vor seinem Herrn auf die Knie und fragte: ›*Quo vadis, domine?*‹ Wohin gehst du, Herr? Und Jesus entgegnete: ›Ich gehe nach Rom, um an deiner Statt gekreuzigt zu werden.‹ Da machte der Apostel kehrt und nahm den Tod auf sich.«

»Was ist das, ein Apostel?«

»So werden die zwölf ersten Jünger Christi genannt, außer Judas, der ihn an die Römer verkaufte und durch Matthäus ersetzt wurde.«

»Was? Einer hat Jesus verraten?«

»Ja, indem er ihn küßte. Das war das Zeichen für die römischen Soldaten. ›Welchen ich küssen werde, der ist's‹, hatte er ihnen gesagt. Verkauft mit einem Kuß, für dreißig Silberlinge ... Später hat sich Judas, von Gewissensbissen gequält, erhängt. Petrus hat zwar keinen Verrat begangen, aber er hat dreimal hintereinander gelogen. In der Nacht von Jesu Gefangennahme behauptete er, er kenne ihn nicht.«

»Und er ist trotzdem ein Apostel?«

»Der Größte! Jesus kannte die Schwächen der Menschen. Deshalb wählte er einen Schwachen, um ihn zu erleuchten. Als Petrus wußte, daß ihm in Rom der Tod drohte, lief er zunächst davon, besann sich aber und beschloß, für Christus zu sterben.«

»Echt stark!« sagte Theo bewundernd. »Und was ist nun mit den Katakomben?«

»Die Römer äscherten ihre Verstorbenen auf Scheiterhaufen ein, aber die Christen glauben an die Auferstehung der Toten als verklärter Leib: Sie müssen also unversehrt bleiben, deshalb werden sie begraben, um – so wie sie waren, nur in besserer Form – wiederaufzuerstehen.«

»Wie das?« fragte Tante Marthe.

»Strahlend, leuchtend, durchsichtig ...«

»Mit Flügeln?« fragte Theo.

»Wer weiß?« sagte der Kardinal. »Jedenfalls hatten die Juden vor den Christen ihre eigenen Katakomben in Rom.«

»Gab es denn in Rom auch Juden?« staunte Theo.

»Sehr viele, Bambino. Sie wurden von vielen Kaisern verfolgt, von Tiberius und Nero zum Beispiel. Viele Fremde sind jeweils mit ihrer Religion nach Rom gekommen. Weil sie aus dem Vorderen Orient stammten, gehörten die Juden zur großen Kategorie der asiatischen Sekten, die nach und nach den Untergang der römischen Religion bewirkten.«

»Irren Sie sich da nicht? Asien, das ist doch China und Japan«, sagte Theo.

»Nein, denn diese Länder kannten die Römer noch nicht. Für sie waren die heutige Türkei, Syrien, Ägypten, der Irak und Palästina Asien, und sie hielten die asiatischen Religionen für schändlichen Aberglauben. Aber die fremden Kulte fanden viele Anhänger. Die Kaiser verteidigten lange die alte römische Religion, aber als sich diese orientalischen Sekten immer weiter ausbreiteten, versuchten sie, die neuen Religionen zu integrieren, indem sie akzeptierten, selbst wie Götter verehrt zu werden. Oder sich mit einer der großen Göttinnen von anderswo zu vermählen.«

»Das hat ziemlich gut funktioniert«, sagte Tante Marthe. »War ja auch praktisch.«

»Nur mit dem Christentum hatten sie Probleme, das die göttliche Verehrung eines Menschen nicht zuließ, da ja der einzige Menschengott Jesus ist. Daher begannen die Kaiser die Christen zu verfolgen. Aber im 4. Jahrhundert war das Christentum so verbreitet, daß Kaiser Konstantin es zur offiziellen Religion erklärte. So, da sind wir.«

Sie stiegen schmale Stufen hinunter und sahen übereinander in die Wände gehauene Hohlräume mit lateinischen Inschriften, die Pater Levi übersetzte: »*Vivas in Deo:* Mögest du in Gott leben.« Auch die Symbole erklärte er: »Hier ein Anker, das Symbol für die gute Ankunft am Tor des Paradieses, und dort ein Gefäß voll Wasser, um die Prüfung zu erleichtern.« Theo lief es kalt über den Rücken. Die Prüfung des Todes ... Würde er sich ihr bald unterziehen müssen? Wasser zu trinken, um keine Schmerzen zu haben, war ein bißchen wenig ... NICHT MEHR DRAN DENKEN!

Über eine breite Treppe erreichten sie eine von zwei weißen Säulen gestützte Krypta. Kardinal Levi ging zu einer großen Marmorplatte, auf der Namen eingraviert waren.

»Die Kapelle der Päpste«, flüsterte er. »Neun Päpste sind hier beigesetzt, und fast alle sind Märtyrer. Schau mal, was ein Pilger hier eingeritzt hat. Es bedeutet auf Lateinisch: ›Jerusalem, Stadt und Zierde der Märtyrer‹.«

»Wieder Jerusalem!« rief Theo. »Eine in Jerusalem, noch eine bei den Äthiopiern in Lalibela und diese hier, das sind drei. Sind die Katakomben das Jerusalem der Christen?«

»Jerusalem ist nicht bloß eine Stadt, Bambino, es ist eine Idee. Jerusalem ist die Versammlung der Gläubigen, Juden oder Christen. Es dauerte lange bis zur Trennung des Judentums vom Christentum, sie hatten dieselbe Herkunft und dieselbe Bevölkerung. Juden und Christen haben die Bibel und Jerusalem gemeinsam.«

»Sie nehmen den Mund aber voll!« begehrte Tante Marthe auf. »Wer hat denn die Juden jahrhundertelang verfolgt? Etwa nicht die Christen? Und die Inquisition?«

»Und der Papst während der Nazizeit, wie war es mit

dem?« fügte Theo hinzu. »Papa hat mir gesagt, der habe im Krieg keinen Finger gerührt, um die Juden zu retten.«

»Na ja, das ist eine übertriebene Beurteilung«, erwiderte der Kardinal verlegen. »Die deutschen Priester waren bewundernswert.«

»Aber die Päpste«, entgegnete Tante Marthe, »die Päpste! Gegen die, die hier begraben sind, hab ich ja nichts, aber die Nachfolger sind nicht alle untadelig gewesen. Wenn ich nur an das Dogma der päpstlichen Unfehlbarkeit denke! Stell dir vor, Theo, der Papst ist unfehlbar, er begeht nie einen Irrtum in religiösen Fragen!«

»Liebe Freundin, Sie beeinflussen diesen jungen Mann«, unterbrach Kardinal Levi sie verärgert. »Übrigens hatten Sie mir gesagt, er habe keine religiöse Erziehung gehabt, aber Sie haben gelogen, Marthe. Er ist unzweifelhaft antiklerikal erzogen worden!«

»Sie kennen mich gut genug, um zu wissen, daß ich diese Meinung teile«, erwiderte Tante Marthe hitzig. »In ihren Grundgedanken sind die Religionen etwas Wunderbares, aber sobald sie sich in Hierarchien organisieren, tauchen immer Geistliche auf, die alle intolerant sind.«

»Da hast du recht«, sagte Theo. »Ich kann Priester auch nicht leiden.«

»Theo!« schrie Tante Marthe auf. »Etwas mehr Höflichkeit, bitte!«

»Also gut, Entschuldigung, Pater«, murmelte er.

»Es heißt ›Herr Kardinal‹!«

»Ach lassen Sie ihn doch in Ruhe!« erregte sich Kardinal Levi. »Wie soll er sich denn zurechtfinden? Sie kritisieren dauernd die Kirche, zwingen ihn dann aber, mich mit meinem Titel anzureden! Das ist unlogisch!«

»Da hat er nun recht«, bestätigte Theo. »Erzählen Sie mir jetzt von dem Papst, der sich nie irrt?«

»Der Papst ist die höchste Instanz für alle Katholiken,

und er ist unfehlbar, aber nur wenn er sich feierlich im Namen Gottes auf Erden über Themen äußert, die die Kirche betreffen. Einer muß schließlich über die Wahrheit befinden! Für uns ist das der Heilige Vater, der Papst. Ansonsten ist er ein Mensch wie alle anderen auch. Gerade was den Antisemitismus und die Inquisition angeht, hat der derzeitige Papst Johannes Paul II. den alten Streit mit dem jüdischen Volk beendet.«

»Das heißt, die Päpste vor ihm hatten sich geirrt«, sagte Theo.

»Das kann man so sehen, wenn man will«, gab der Kardinal widerwillig zu. »Die Kirche besteht aus Menschen, und die göttlichen Botschaften sind mit der Geschichte der Menschen verbunden, das streite ich nicht ab. Aber das ist nun endlich zu Ende: Die Juden werden nicht mehr ›Gottesmörder‹ genannt, und wir sind zu Ansichten zurückgekehrt, die eher den Ursprüngen entsprechen. Die Juden sind den Christen mit gutem Beispiel vorangegangen. Der Tag, an dem Papst Johannes Paul II. sich feierlich in die Synagoge von Rom begeben hat, war ein großes Ereignis für die ganze Welt.«

»Meinetwegen«, sagte Tante Marthe. »Trotzdem müssen Sie zugeben, daß die Kirche jahrhundertelang antisemitisch war.«

»Sagen wir, daß sie, um ihrer universalen Berufung nachzukommen und die von ihr so genannten Heiden zu bekehren, nicht immer die richtigen Mittel benutzt hat ...«

»Ja, in Brasilien hat sie Indianer verbrannt, um festzustellen, ob sie eine Seele haben ...«

»Und die Indianer haben die Eroberer aus demselben Grund ertränkt«, entgegnete der Kardinal. »Das sind doch alles olle Kamellen, liebe Freundin.«

»Aufhören!« schrie Theo.

Sie stiegen schnell wieder die Treppe hoch. Draußen setzte sich Theo hin und beobachtete lange eine Ziege, die genüßlich Gras kaute. Eine Verirrte wie er.

Feuerzungen und Menschenzungen

»Weißt du, Ottavio und ich, wir kabbeln uns dauernd«, sagte Tante Marthe, als sei nichts gewesen.

»E vero«, sagte der Kardinal. »Streit festigt die Freundschaft. Mach nicht so ein Gesicht!«

»Ihr geht mir auf die Nerven, ihr beiden«, sagte Theo. »Die Sache ist schon kompliziert genug, und wenn ihr es noch komplizierter macht ...«

Betreten setzte sich Tante Marthe neben ihn, während der Kardinal mit einem Taschentuch über einen Stein wischte, um sich beim Hinsetzen sein purpurrotes Gewand nicht zu beschmutzen.

»Die Juden und die Indianer habt ihr also nicht absichtlich verfolgt«, begann Theo. »Aber etwas versteh ich nicht: Warum wollt ihr sie unbedingt bekehren?«

»Hab ich dir doch gesagt, Bambino: Weil die Kirche universal ist, was bedeutet, daß sie für die ganze Welt gilt. Du kennst das Wort ›katholisch‹, aber weißt du auch, was es im Griechischen bedeutet? Universal oder allumfassend. Du hast doch bestimmt von Pfingsten gehört?«

»Pfingsten? Ein langes Wochenende im Mai.«

»Gütiger Gott«, murmelte Pater Levi. »Ein langes Wochenende ... Dabei ist es so eine schöne Geschichte. Nach seiner Auferstehung war Jesus in den Himmel aufgefahren. Fünfzig Tage nach der Auferstehung waren die Jünger in einem geschlossenen Raum versammelt, als ein Donnern ertönte. Ein gewaltiger Wind erfüllte das Haus, und Feuerzungen setzten sich auf die Köpfe der zwölf Apostel.«

»Jetzt fällt's mir wieder ein, das ist die Sache mit dem Federvieh«, murmelte Theo.

»Der Heilige Geist ein Federvieh!« entrüstete sich der Kardinal. »Eine Taube, ja, aber doch kein Federvieh!«

»Das stammt nicht von mir, sondern von Tante Marthe.«

»So?« sagte der Kardinal verblüfft. »Gut. Es war also Feiertag in Jerusalem, und von überallher waren die Gläubigen gekommen. Es waren Ägypter, Kreter, Araber, Römer, Assyrer da. Als sie dieses geheimnisvolle Brausen hörten, eilten sie neugierig hin. Da kamen die Apostel aus dem Haus und sprachen jeden in seiner Sprache an. Das war das große Wunder, sie Sprachen sprechen zu hören, von denen sie wenige Minuten zuvor keine Ahnung hatten.«

»Ehrlich? Und auf einmal konnten sie sie?«

»Die Feuerzungen hatten sie die fremden Sprachen gelehrt, Bambino. Zuerst dachten alle, sie hätten zuviel getrunken, doch Petrus wies darauf hin, daß es erst neun Uhr morgens war, ein bißchen früh für einen Rausch. Nein, sie waren nicht betrunken: Ihnen war die universale Berufung des Neuen Bundes offenbart worden. Von dem Augenblick an waren sie imstande, in allen Sprachen der Erde zu predigen. Und deshalb ist Pfingsten das Fest des Universalen.«

»Das Phänomen ist nicht einzigartig«, bemerkte Tante Marthe. »Es hat sogar einen wissenschaftlichen Namen: Glossolalie. In der Psychiatrie kommt es hin und wieder vor, daß Patienten dieses Symptom zeigen, und als ihr Kirchenmänner im 17. Jahrhundert in Europa die Hexen gefoltert habt, fingen auch sie an, in fremden Sprachen zu reden.«

»Die Sache bleibt unerklärlich. Und solange es keine wissenschaftliche Erklärung dafür gibt, können Sie mich nicht davon abhalten, es für eine göttliche Erleuchtung zu halten. Man kommt heute wieder darauf zurück. Eine christliche Bewegung, die ›Charismatische Erneuerung‹

genannt wird, knüpft an diese alte Tradition der Anfänge an: In ihren Versammlungen geschieht es nicht selten, daß der eine oder andre in einer fremden Sprache zu reden beginnt. Ist das nicht ein Zeichen für die Universalität der christlichen Kirche?«

»Das interessiert mich, diese Glossilila«, sagte Theo. »Wo ich doch so große Schwierigkeiten mit Deutsch habe.«

»Glossolalie, Theo«, verbesserte Tante Marthe. »Mach dir keine Hoffnungen!«

»Warum nicht?« mischte sich Kardinal Levi ein. »Hat Christus nicht gesagt: ›Lasset die Kindlein zu mir kommen‹?«

»Pech!« sagte Theo. »Ich werde nicht auf einmal Hebräisch sprechen, aber ich kann Verlan sprechen, mit vertauschten Silben. Kennen Sie das, Herr Naldikar?«

»Leider nicht«, lächelte der Kardinal. »Ich bin nur ein armer Prälat der römischen Kurie, ein Beamter der Kirche. Gerade mal gelehrt genug, um dir den universalen Sinn von Pfingsten zu erklären. Ach, übrigens, wenn Papst Johannes Paul II. reist, hat er die Gewohnheit, die Erde, die er beim Verlassen des Flugzeugs betritt, zu küssen: Das ist seine Art zu zeigen, daß die Erde überall gesegnet ist.«

»Hab ich im Fernsehen gesehen«, sagte Theo. »Neuerdings kann er sich allerdings nicht einmal mehr hinknien.«

»Aber er reist weiterhin, obwohl er bei einem Attentat schwer verletzt worden ist. Du erinnerst dich bestimmt an sein Papamobil mit den Fenstern aus Panzerglas. Johannes Paul II. hat die ganze Welt bereist, weil das Christentum niemanden ausschließt: Jedermann kann Christ werden. Es gibt Religionen, die für andre verschlossen sind: Wenn man nicht in sie hineingeboren ist, ist es schwierig, in sie einzutreten. Und es gibt Religionen, die für alle offen sind, wie das Christentum. Jeder kann sich dazu bekehren, deshalb sind wir universal.«

Der Kardinal zupfte seine Soutane zurecht. Seine Erklärung war sehr gut gewesen, und Theo schien beeindruckt zu sein. Endlich!

Märtyrer und Eroberer

»Jeder kann, wenn er will, aber warum ihn zwingen?« fragte Theo plötzlich stirnrunzelnd.

»Was denn nun schon wieder!« rief der Kardinal. »Hast du noch nicht genug gefragt, Bambino? Das ist eine lange Geschichte. Soll ich sie erzählen, liebe Freundin?«

»Nur zu, Ottavio«, sagte Tante Marthe. »Ich bin neugierig auf Ihre Antwort.«

»Also gut«, sagte Kardinal Levi gottergeben. »Ganz zu Anfang bekehrten die Christen durch ihr gutes Beispiel. Zu einer Zeit, als die andren Religionen mysteriöse Kulte nur für Reiche hatten, stand das Christentum den Rechtlosesten, den Sklaven, offen. Ein Mensch war ein Mensch. Das wirkte überzeugend. In der Folge bewiesen die Christen während der leidvollen Verfolgung so viel Mut, daß sie Märtyrer wurden, und jeder Märtyrer bewirkte neue Bekehrungen. Das griechische Wort ›Märtyrer‹ bedeutet nämlich nichts anderes als ›Zeuge‹: Der Märtyrer legt Zeugnis für seinen Glauben ab. Dieser neue Gott mußte also sehr mächtig sein, wenn er seinen Anhängern so viel Kraft gab. Die ersten Christen suchten das Martyrium und schämten sich manchmal, wenn sie in ihrem Bett starben.«

»Mir ist das Bett aber lieber als ausgehungerte Löwen«, murmelte Theo.

»Mir auch«, gestand der Kardinal. »Das ist nur menschlich. Aber die Kirche gründet sich auf ihre ersten Märtyrer, die Sämänner. Sie sind die Kalenderheiligen geworden.«

»Und um ihre Reliquien hat man sich gerissen«, ergänzte Tante Marthe. »Stoffstücke, Knochensplitter, Zähne, alles eignete sich zur Verehrung. Jetzt sagen Sie nicht, daß das kein verstecktes Heidentum war, Ottavio!«

»Ein wenig«, räumte der Kardinal ein. »Aber der wahre Sinn des Martyriums ist ein andrer. Nehmen Sie den größten unserer Märtyrer, den heiligen Petrus: Er ließ sich mit dem Kopf nach unten kreuzigen, um das Opfer seines Herrn nicht zu wiederholen.«

»Ist er deshalb der größte Heilige?«

»Nicht nur. Als Christus ihn zum ersten Mal traf, änderte er seinen Namen Simon, indem er sprach: ›Du sollst Petrus heißen‹ – Petrus nach dem lateinischen Wort ›petra‹ für Stein –, ›und auf diesen Stein will ich meine Kirche bauen.‹ So geschah es auch: Die größte christliche Basilika wurde auf Petri Grab im Vatikan erbaut. Und doch war Simon Petrus feige: Als Christus auf dem Ölberg gefangengenommen worden war, ist er geflohen ...«

»Ein schöner Heiliger!« sagte Theo.

»Warte! Der wahre Sinn des Martyriums ist, daß ein armseliger Mensch im Namen des lebendigen Gottes leiden und sterben kann. Es bedurfte eines Mannes wie Petrus, um die universale Kirche zu begründen, eines Mannes, der stellvertretend war für alle anderen mit ihren Fehlern. Deshalb hat Jesus, als er ihm auf dem See Tiberias erschienen ist, zu ihm gesagt: ›Weide meine Lämmer!‹ Das heißt, daß Petrus der für alle zuständige Hirte der Christen wurde.«

»Christen sind also Schafe«, behauptete Theo.

»Wehrlose Tiere!« sagte Pater Levi ärgerlich. »Wenn du so weitermachst, Theo, werd ich noch böse.«

»Aha, Sie haben mich bei meinem Namen genannt«, stellte Theo fest. »Sie machen Fortschritte.«

»Vorsicht, Bambino. Ich warne dich, ich hab nicht die Geduld von Petrus. Er ist der Prinz der Apostel, von lateinisch ›princeps‹, der Erste unter ihnen. Durch ihn hat

Rom eine andre Bedeutung bekommen. Das Rom der Römer war die ›Stadt der sieben Hügel‹ gewesen, von nun an war sie der erste Stein der Kirche.«

»Warum Rom, warum nicht Venedig oder Timbuktu? Das ist doch nur Zufall.«

»Die Päpste haben nicht immer in Rom gelebt. Auch sie wurden verfolgt. Sie mußten fliehen und die Heilige Stadt verlassen. Im 14. Jahrhundert haben sie sich siebzig Jahre nach Avignon geflüchtet. Im 19. Jahrhundert wurde ein Papst sogar von Napoleon als Geisel genommen und gewaltsam nach Frankreich entführt. Glaub nicht, daß das immer so leicht war.«

»Dann sind Sie mit Ihrer Geschichte von dem Stein aber auf dem Holzweg«, hielt ihm Theo vor.

»Jesus meint mit Kirche kein Gebäude, sondern die Versammlung aller Christen der Welt. Der erste Christ starb in Rom, und deshalb war Rom berufen, die Kirche Christi zu gründen. Dann, nach den Verfolgungen, ist das Christentum römische Staatsreligion geworden. Seit dieser Zeit war es mächtig. Später wurden die Bekehrungen oft militärisch betrieben, und der Krieg wurde heilig. Der Islam ist nicht anders vorgegangen, der Koran spricht vom Djihad, vom heiligen Krieg, der die Ungläubigen bekehren soll. In eroberten Ländern werden die Bekehrungen zur Not mit Gewalt durchgesetzt.«

»Aber warum?« wollte Theo wissen.

»Weil man offensichtlich sicher ist, recht zu haben«, murmelte der Kardinal. »Die Geschichte der Religionen ist auch die Geschichte der Intoleranz, und unsere Religion ist keine Ausnahme. Genausowenig wie das Judentum in manchen Epochen oder der eroberungslustige Islam. Am schlimmsten wird dies in dem Satz eines katholischen Kriegsherrn zusammengefaßt, der den Aufstand der Katharer unterdrücken sollte. Das war eine Sekte von Erleuchteten, die den Haß auf die Welt so weit trieben, daß sie zum Selbstmord aufriefen, um das Böse zu vermeiden ...«

»Ich erinnere mich«, sagte Theo. »Pater Dubourg hat sie erwähnt.«

»Donnerwetter!« staunte der Kardinal. »Und ich dachte, ich würde dir etwas Neues beibringen. Nun, das war eine dieser Sekten, wie es heute viele gibt und die eine Gefahr darstellen. Aber deswegen brauchte man sie nicht so zu behandeln.«

»Wie denn?« fragte Theo, neugierig geworden.

»Dieser Kriegsherr mit Namen Armaud-Amaury schlachtete unterschiedslos die Bevölkerung im Südwesten Frankreichs ab, auch die Katholiken. Um sich zu rechtfertigen, sprach er den furchtbaren Satz: ›Tötet alle, Gott wird die Seinen erkennen!‹«

»Deshalb bin ich auf der Seite der Minderheitenreligionen«, erklärte Tante Marthe. »Wenn eine Religion übermächtig ist, muß sie intolerant sein. Aber wenn sie in der Minderheit ist, schützt sie die Schwachen.«

»Marthe, Sie sind in Rom, im Zentrum der geistlichen Macht der universalen katholischen Kirche«, wandte der Kardinal ein. »Beruhigen Sie sich: Das Christentum ist nicht mehr auf Eroberungen aus. Heutzutage ist der Dialog zwischen den Religionen an der Tagesordnung.«

»Gebe Gott, daß Sie recht haben!« rief Tante Marthe. »Der Kampf für Toleranz wird nämlich nicht mit Waffen geführt.«

Theo ärgerte die Ziege mit einem dünnen Zweig. »Manche weiden Lämmer, ich weide Ziegen«, sagte er.

Savyon Liebrecht

Auf der Linie des Kreises

Später sollte ich verstehen: Wenn ein Mann dich verläßt, stell dich ihm nicht in den Weg. Zieh dein Wanderkleid an, schnür deine Schuhe und kehr ihm den Rücken. Geh fort von ihm, immer weiter und weiter, gegen den Wind. Schau nicht zurück. Geh an den Felsen und Schlangenhöhlen vorüber – nur wenn du an einen Brunnen kommst, bleib stehen. Versuche nicht, die Zeichen zu deuten. Führe die Kämpfe nicht unnötig fort und laß die Bilder ins Vergessen eintauchen. Denn eines Tages wird alles, so wie es einst war, von neuem erstehen. Und mit der Distanz der Jahre wirst du nicht mehr sein, die du warst. Du wirst dich sehen wie eine Fremde und auf die schwierigen Fragen weise Antworten wissen. Nur die Zeit steht hinter dir und lacht: Was gewesen ist, wird wieder geschehen. Zu spät, dich vor dir selbst zu bewahren!

Aber als Amos seine Sachen packte – sein Gesicht war verschlossen, und seine Hände ordneten den Inhalt des alten Militärrucksacks –, war ich zu jung. Ich weinte gleich zu Beginn all die Tränen, die ich zu späterer Zeit nicht mehr fand – anfangs leise, in einem tonlosen Jaulen, danach in einem lauten Geschluchze. Er aber war mit dem Zuschnallen der Riemen beschäftigt. Mit flüsternder Stimme begann ich zu reden, staunend und als seien meine Fragen an mich selbst gerichtet. Dann schrie ich; angesichts der Lippen meines Geliebten brachen die Worte mit aller Macht aus mir hervor.

»Erklär es mir. Ich habe ein Recht, es erklärt zu bekommen«, brüllte ich ihn an und vergaß plötzlich die lauschenden Ohren in den übrigen Zimmern des Studentenwohnheims.

»Erklär es dir selbst«, gab er zurück, nahm die restlichen Bücher aus dem Regal und stopfte sie in die Umhängetasche, die ich ihm vier Jahre zuvor von meinem ersten Gehalt zum Geburtstag geschenkt hatte.

Noch am selben Abend, und auch später, in den folgenden Monaten, tat ich Dinge, die mein Stolz mir eigentlich verbot. Menschen, die mich kannten, glaubten, ich sei verrückt geworden. Und ich selbst, Studentin der Philosophie und Literatur, entdeckte in mir unbekannte Gefühle, die Neugier und Schrecken in meinem Innern pochen ließen. An jenem Abend stellte ich mich vor ihn hin, den Rücken der Tür zugewandt, und versuchte ihm den Weg zu versperren, ich zog an seinen Armen, die ich, ihm hinterhereilend, erfaßt hatte, ich schrie in den käfigartigen Schlauch des Treppenhauses hinaus, und als das Echo seiner Stimme verhallt war (»Du wolltest frei sein, nun sei frei«, glaubte ich zu hören), riß ich das Fenster auf und rief seinen Namen in den fallenden Regen, in die zuckenden Blitze. Und ich bemerkte nicht, daß mein Haar triefend naß wurde.

Später klopfte ich bei seinen Freunden an und lauerte ihm hinter der Hibiskushecke gegenüber dem Labor des naturwissenschaftlichen Gebäudes auf, rief seine Dozenten an und fuhr seinen verwitweten Vater in Naharija besuchen, bis mir ein Freund von ihm am Telefon sagte: »Hör auf damit, Nira. Das paßt nicht zu dir. Du machst dich lächerlich«, und ich erschrak, so als sei ich plötzlich in einem fremden Zimmer erwacht.

Danach kamen die flüchtigen Begegnungen, die Ausreden, sogar ein Versöhnungsversuch, der mißlang. Doch fehlte zu dieser Zeit bereits jener Teil von mir, der am Fenster zurückgeblieben war, als ich sah, wie sich sein Rücken entfernte.

Ich hätte dich auf der Straße nicht wiedererkannt. Dein Nacken ein wenig gekrümmt, wie der des geschundenen Häftlings, den ich gestern im Film sah. Beinahe verloren, dort in der Eingangstür – wie ein Mensch, der nicht am richtigen Platz ist. Bist du wirklich der Mann, der seinen Rucksack schnallte und fortging?

»Nira?«

»Guten Tag, Amos.«

Als ich mich fertig machte, um dich zu treffen, habe ich versucht mich zu entsinnen, welche meiner Kleider du mochtest, doch sind sie längst aus der Mode. Schließlich zog ich ein graues Kostüm an. Du mochtest kein Grau, fällt mir ein. Du siehst mich merkwürdig an. Ich habe den Schlüssel zum geheimen Kode deiner Blicke verloren. Dein Händedruck aber scheint mir vertraut, er weckt Verborgenes in mir. Erstaunlich, daß das Herz rascher vergißt als der Körper.

»Es tut mir leid, daß ich zu spät bin. Ich hab mich in der Straße geirrt. Alles hier ist so verändert. Ich bin mindestens fünf Jahre nicht mehr in der Gegend gewesen.«

Deine Stimme klingt anders, matt, wie die eines Besiegten. So schien es mir auch am Telefon, als du anriefst. Du bist verlegen. Ich auch. Und doch ist es, als hätte etwas in mir all die Jahre gewußt, daß es so kommen würde. So als wiederholten wir in einem fremdartigen Ritus, was schon einmal gewesen.

»Das macht nichts. Ich habe es nicht eilig.«

Auch meine Stimme klingt fremd. Vielleicht ist jene Frau in meinem Innern, die ich damals nicht kannte, die ich, wie eine Mutter ihr Kind wiegt, im Zustand des

Schlafs hielt, die brüllte und hinter dir herlief, die mitten in der Nacht deine Freunde anrief, zu neuem Leben erstanden, einer Hypnotisierten gleich, die das Zeichen zu erwachen begreift.

»Du siehst hervorragend aus.«

»Danke.«

Du siehst schrecklich aus. Was haben die vorbeiziehenden Tage aus dir gemacht? Deine Augen scheinen verblaßt, die Kraft, die in deinem Gesicht stand, gebrochen.

»Es ist Jahre her.«

»Ja. Wir wollen sie nicht zählen.«

Werden wir von jener Nacht sprechen? Wahrscheinlich wirst du das Thema aus Höflichkeit meiden. Ich will dir etwas sagen: Ich bin schon lange nicht mehr das Mädchen, das weinte, als es sah, wie sich dein Rücken entfernte. Und doch lebt die alte Wut wieder auf, jetzt, da ich dir gegenübersitze.

»Du siehst hervorragend aus.«

»Vielen Dank.«

Du wirkst verwirrt. Eigenartig, nur selten habe ich dich so gesehen, nur in Gegenwart deines Vaters und deiner Dozenten. Einmal begegneten wir uns zufällig in der Nähe des Vorplatzes der Bibliothek, und du stelltest mich deinem Professor vor. Am Abend schimpftest du, mein Haar sei zerzaust und meine Bluse zerknittert gewesen. Du habest dich meinetwegen geschämt, sagtest du, und ich war gekränkt. Ich müsse etwas für mein Aussehen tun. Das hast du bestimmt nicht vergessen. Woran denkst du?

»Ein bißchen merkwürdig, wieder hier zu sein.«

»Ja.«

Die Holzdielen sind abgewetzt wie eh und je, nur die Tapeten und Tische sind neu. Der ungarische Kellner ist von ein paar flinken jungen Mädchen abgelöst worden. Ich habe diesen Ort, an dem wir unsere Prüfungsergebnisse feierten, seit unserem letzten Besuch nie mehr betreten. Selbst wenn ich zufällig vorbeikam, schaute ich nicht hinein. Ich fürchtete, vielleicht ein lachendes junges Paar in einer Ecke der Raumes zu sehen. Ihre Finger umklammern die hohen Kakaotassen, nur ihre Knie berühren sich unter dem Tisch.

»Und wie geht es dir?«

»Danke, sehr gut.«

Hast du geglaubt, ich würde etwas anderes sagen? Sehr gut, wirklich sehr gut.

»Ich habe gehört, daß du geheiratet hast. Etwas verspätet: herzlichen Glückwunsch.«

»Danke.«

Fünf Jahre habe ich auf dich gewartet. Geduldig unsichtbare Fäden geknüpft zu jedem, der vielleicht von dir hörte. Ich weiß, du hast eine große hagere Frau geheiratet, eine Engländerin mit dünnem Haar. Du hast drei Kinder. Dana ist bereits Offizierin. Daniel büffelt wahrscheinlich für die letzten Klausuren. Und Schlomit muß nach meinen Berechnungen zehn sein. Als ich von der Geburt deines Sohnes erfuhr, weinte ich. Jahrelang hatte ich mir ein Kind von dir gewünscht. »Wenn wir ein Kind bekommen, heiraten wir«, antworteten wir den Leuten, die Fragen stellten.

»Hast du Kinder?«

»Einen Jungen und ein Mädchen.«

Jeden Morgen, wenn ich erwacht war, hatte ich mir das Fieberthermometer in den Mund gesteckt und einmal im Monat die Aufzeichnungen zum Gynäkologen gebracht. Und eines Tages waren wir glücklich: Meine Temperatur war auf wunderbare Weise gestiegen. »Zweifelsohne ein Eisprung«, sagte der Arzt mir, als ich mich vor Freude nicht länger zurückhalten konnte und beschloß, zu so früher Stunde bei ihm daheim anzurufen. Doch am Ende sollte ich feststellen: Ich hatte nur einen entzündeten Hals.

»Wer hat dir von meiner Heirat erzählt?«

»Jaron Epstein. Wir haben eine Weile gemeinsam an einer Untersuchung über die Zellteilung bei alten Leuten gearbeitet. Das war Teil meiner Dissertation.«

»Ja, er hat mich besucht. Wann hast du das Doktorat abgeschlossen?«

Hohles Gerede. Wie zwei Fremde, die höflich Konversation machen.

»Sieben Jahre danach.«

Nach jener Nacht, meinst du? »Ja?«

»Ja, in England.«

Ich weiß. Deine englische Frau hatte dich überredet, zu ihr zu ziehen, in ihre Heimatstadt, und ist während deines Studiums für deinen Unterhalt aufgekommen – auch das ist mir bekannt, du würdest dich wundern. Danach aber, während der vier Jahre deiner Abwesenheit, brachte ich kaum etwas über dich in Erfahrung. Außer dem Thema deiner Doktorarbeit, die in einer Fachzeitschrift publiziert wurde.

»Und heute bist du in Haifa?«

»Ja, in der Forschung.«

»Das hast du dir immer gewünscht.«

Als wir ungefähr zwei Jahre zusammen waren, verkleideten wir uns an Purim als Universitätsprofessoren. Wir zogen Talare an aus Vorhängen, die Mutter während des Sinai-Krieges zur Verdunklung benutzt hatte, und setzten uns flache Papphüte auf den Kopf, füllten Teetassen mit Sabbatwein, hoben sie in die Höhe und stießen an. Dann verliehen wir einander Zeugnisse und warfen uns, prustend vor Lachen, auf die Kissen, so daß eins zerriß und kleine Federn um uns herumwirbelten. Du sagtest: »Herzlichen Glückwunsch! Ihr seid geboren. Wollen wir einen Ausflug in die große weite Welt machen, ihr kleinen Süßen?« Und während du die Federn einsammeltest, sie auf dem Tisch aufreihtest und mit dem Daumen hin- und herschnipptest, wälzte ich mich vor Lachen auf dem Araberteppich. Wir waren wohl schon betrunken.

»Du lebst in Tel Aviv, nicht wahr, Nira? Ich hab gelesen, daß du den Preis bekommen hast.«

»Ja?«

»Ja. Ich wollte dich anrufen und dir gratulieren. Wenn man so will, war ich drauf und dran, es zu tun ...«

»Und weshalb hast du's nicht getan?«

Plötzlich wird mir klar, wie entschlossen ich im Vergleich zu dir wirke. Wie kommt es, daß du so sanft scheinst? Du, der du immer hart und unbeugsam warst. »Ich dachte ... Es war schon so lange her. Du hattest in der Zwischenzeit ein neues Leben begonnen.«

»Auch Leute, die ein neues Leben begonnen haben, erinnern sich.«

Hast du wirklich geglaubt, ich würde jene Nacht vergessen? Selbst in diesem Moment fühle ich in meinem Innern die Schmach, so als sei sie noch immer lebendig. Ich stand am Fenster – der Regen wusch mein Gesicht – und rief deinen Namen ins Dunkel hinaus. Im Gebäude gegenüber, wurde mir später erzählt, habe man meine Schreie gehört – du aber hast dich nicht umgedreht.

»Das ist wahr. Auf dem Weg hierher habe ich plötzlich an das Zimmer im Studentenwohnheim gedacht. Was für ein Zimmer!«

Ich weiß, was du meinst. Im ganzen Raum herrschte Chaos, vor allem wenn Prüfungen waren. Klebrige Tassen im Spülstein, Krümel auf der Ablage daneben, auf den Stühlen Kleiderberge und die Erde in den Blumentöpfen so trocken, daß die Pflanzen verwelkten. Später lachte ich, wenn mich jemand fragte, und sagte: »Er hat mich verlassen, weil ich die Blumen nicht goß.« Und manchmal bildete ich mir ein, so sei es tatsächlich gewesen.

»Ja. Ich wohne heute ganz in der Nähe. Hin und wieder komme ich an dem Gebäude vorbei und sehe dort die jungen Leute.«

Als ich letzten Monat am Studentenwohnheim vorüberging, bin ich erschrocken: Ein Mädchen mit langem Haar goß den Blumentopf in meinem Fenster, mit dem Zeigefinger prüfte sie, ob er feucht genug war. Und mit einemmal schien mir, als wäre ich sie. Seit dreiundzwanzig Jahren stand ich am Fenster und nötigte das bißchen Erde, grüne Blätter zu produzieren.

»Du wohnst in Ramat Aviv?«

»Ja.«

Wenn du sehen könntest, wie sauber meine Wohnung jetzt ist und wie es in den Fenstern blüht und gedeiht. Die Jahre nach deinem Fortgehen haben es mich gelehrt. Jeden Morgen, ehe ich das Zimmer im Wohnheim verließ, räumte ich auf und legte den Schlüssel an den vereinbarten Ort – vielleicht kämst du ja zurück.

»Du fragst dich gewiß, weshalb ich mich plötzlich, nach all den Jahren, bei dir gemeldet habe.«

»Um die Wahrheit zu sagen, ja.«

Etwas in deiner Stimme erinnert mich an deine altbekannte Direktheit, einem fernen Echo gleich läßt es mich tief in meinem Innern erschaudern.

»Es hat mit deiner Arbeit zu tun.«

»Mit meiner Arbeit?«

»Ja. Bis vor einem Monat wußte ich nicht, daß du Ärztin geworden bist. Als jemand deinen Namen erwähnte, war ich überzeugt, daß es sich um eine andere Person handelte. Du hast deinen alten Namen behalten.«

»Als ich heiratete, war ich unter diesem Namen bereits bekannt.«

»Man sagte mir, du seist Professorin. Und später erinnerte ich mich, daß mir tatsächlich einmal jemand erzählt hatte, du hättest auf Medizin umgesattelt. Damals wunderte ich mich auch schon.«

»Du hast doch gesagt, du hättest von meiner Auszeichnung gehört.« Ich bin nicht mehr so naiv, siehst du?

»Ich dachte, du hättest sie für eine literarische Arbeit bekommen. Ich hatte dich nie vom Arztberuf reden hören.«

»Ich hatte diese Möglichkeit erwogen.«

Und davon auch gesprochen. Doch hörtest du mir damals schon nicht mehr zu. Und drei Monate später schrieb ich mich an der medizinischen Fakultät ein. All meine alten Hefte wanderten in den Müll. Ich zündete sie nicht einmal an, wie es eine Filmheldin getan hätte. Ich warf sie zwischen abgegessene Maiskolben und Apfelschalen, wie ein Kind, das sich der Spielsachen, für die es zu groß geworden ist, einfach entledigt.

»Und die vielen Gedichte, die du zu den unmöglichsten Zeiten, in der Nacht und am frühen Morgen, geschrieben hast?«

»Damit habe ich vor langer Zeit aufgehört.«

Manchmal gehen mir ein paar Zeilen durch den Kopf, sie leben auf, als würde ein langsamer Film abgespult, in dem ein Tier sich von seinem Lager erhebt und dicke Staubwolken aufwirbelt. Schließlich wird seine Gestalt deutlich erkennbar: ein Rücken, Hörner, Flanken und Hufe. Mit Peitschenhieben gehe ich gegen es vor, bringe es dazu, sich wieder zur Ruhe zu legen: Hufe, Flanken, Hörner und ein Rücken. Ich decke es wieder mit Staub zu.

»Medizin ... ein vollkommen anderes Gebiet.«

»Ja, völlig anders.« Auch darüber habe ich gesprochen. Woran erinnerst du dich überhaupt? »Du hast gesagt, du wolltest mich beruflich sprechen.«

»Ja ... es handelt sich um meine Tochter.«

Das ist es also: Du brauchst meine Hilfe. Die Süße, die

in mir aufsteigt – fremdartig und neu ihr Geschmack, und doch so bekannt und vorhersehbar –, ist abgestanden, als habe sie lange im verborgenen gewartet.

»Wie alt ist sie denn?«

»Zwölf.«

Schlomit also. Sie ist schon zwölf? Ach ja, natürlich. Als ich von ihrer Geburt hörte, war ich selbst schwanger.

»Was ist los mit deiner Tochter?«

»Sie macht uns schon seit einiger Zeit Sorgen ...«

»Weshalb macht sie dir Sorgen?«

Rede in der Einzahl, wenn du hier mit mir sprichst. An diesem Ort ist alles anders als einst, und doch sitzen wir beide, du und ich, gemeinsam an einem Tisch, Tassen in unseren Händen.

»Es fing an, als sie ungefähr zehn war, vor zwei Jahren. Es begann mit einem Zucken der Lider. Als sich das Zukken nach ein paar Monaten verstärkte, schickte man uns zu einem Facharzt, der uns erklärte, es handle sich möglicherweise um eine Allergie gegen bestimmte Blüten. Aber nach einem weiteren Jahr fingen ihr Mund und ihre Hände zu zucken an. Und dann, kurz darauf, zeigten sich andere Symptome ...«

Diesen Ausdruck auf deinem Gesicht habe ich schon tausendfach gesehen, wenn Leute mit mir sprachen: die Augen, die sich verfinstern, die Gesichtszüge, die sich in die Länge ziehen, und die verzweifelten Finger, deren Bewegung die Worte begleitet. Zugleich aber sehe ich auch deinen Rücken. Zwei Frauen sitzen hier vor dir: Eine erinnert sich an das, was einst war, eine weiß, was geschehen wird. Du schilderst die Entwicklung der Symptome bei deiner Tochter, als läsest du die Darstellung einer Krankheit aus einem meiner Bücher vor: die Bewegungen des Kopfes, das Zittern des Mundes, die Laute – Husten, Bellen, Gurgeln, schließlich Wörter, vor allem Flüche – und das Laufen im Kreis, das Hüpfen, das Wippen des Knies. Im Geiste sehe ich dich, wie du sie während des Essens anschaust und plötzlich die zuckenden Lider bemerkst, die verdrehten Augen und die zitternden Lippen. Noch machst du dir keine Sorgen. Du sagst dir, das Mädchen ist müde, in den letzten Tagen hast du nicht darauf geachtet, daß sie zeitig im Bett liegt. Und dann kommen die Laute hinzu. Durch die Tür ihres Zimmers hörst du sie bellen, lallen, gurgeln und plötzlich schreien. Du bist ein wenig erschrocken, doch vertreibst du deine Besorgnis mit einem liebenswürdigen Einfall: Sie studiert eine Vorstellung ein, sie ist ja so begabt.

Aber ihre Lehrerin, die dich in ihre Sprechstunde bestellt, ist außer sich vor Hilflosigkeit. Sie erzählt dir, wie sich deine Tochter während des Unterrichts aufführt: Sie stellt dieselbe Frage mehrere Male, bringt die Kinder mit seltsamen Grimassen zum Lachen und gibt merkwürdige Laute von sich. Gestern hat sie den Kopf in das Fach unter ihrem Pult gesteckt und zu bellen begonnen. Ihre Freunde haben anfangs gelacht, aus Freude über den neuen Streich, doch einige spürten bereits, daß dies kein gewöhnlicher Scherz war. Die Tischnachbarin deiner Tochter sprang kreischend auf, um sich in Sicherheit zu bringen. Auch die pädagogische Leiterin ist außerstande, dir weiterzuhelfen. Sie empfiehlt dir, zu einer Psychologin zu gehen, erklärt, in diesem Falle sei die Hinzuziehung eines Fachmanns vonnöten. Die Schilderungen der Lehrerin haben deine Besorgnis geweckt, aber auf dem Heimweg versuchst du krampfhaft, dich zu beruhigen, du ziehst ihre Kompetenz und Erfahrung in Zweifel. Trotzdem findest du nachts keine Ruhe. Du stehst auf und gehst zu ihr. Das Mädchen schläft, still und mit einem Engelsgesicht, sie atmet ganz ruhig. Noch weißt du nicht, daß die Symptome nie während des Schlafes auftreten. Deine Besorgnis verflüchtigt sich für eine Weile.

Ich muß dir wohl eine Frage gestellt haben, denn du entgegnest mir: »Ja. In der Familie wurde sie immer *meine* Kleine genannt.«

Habe ich gefragt, ob du sie sehr gern gehabt hast? Vielleicht ist es kein Zufall, daß wir beide die Vergangenheitsform wählen. Die Tochter, die du einst hattest, ist tot, wußtest du das? Wir alle nähern uns dem Rande des Abgrunds, sie aber war schneller als du.

Eine Zeitlang bist du also beruhigt. Bis du vom Fenster aus siehst, wie sie allein im Garten spielt. Als vollziehe sie eine seltsame Zeremonie, führt sie wieder und wieder die gleichen Bewegungen aus: Sie geht zwei Schritte vor und zwei zurück, beschreibt einen großen Kreis, wippt zweimal mit den Knien und steht einen langen Augenblick still, aufrecht, das Gesicht zur Sonne gewandt, die Augen geschlossen. Danach macht sie von neuem zwei Schritte vor, zwei zurück und beschreitet langsam die Linie des Kreises. Du bist entsetzt, versuchst jedoch abermals, dich in Illusionen zu wiegen: Das gehört zu dem Auftritt, für den sie probt, deine begabte Tochter. Etwas in dir aber spürt bereits: Sie entgleitet dir immer mehr, deine Hände können ihr neues Gewicht nicht mehr halten. Du fängst an, dich an Ärzte zu wenden. Man schickt dich von einem Spezialisten zum nächsten, und schließlich vernimmst du das unbarmherzige Wort: geistesgestört. Dann nennt jemand dir meinen Namen. Du zögerst. Die vergangenen Jahre und ein paar Erinnerungen stehen zwischen uns beiden. Dann aber verschärfen sich die Zuckungen im Gesicht deiner hübschen Tochter. Abends hörst du sie durch die Tür: Sie redet mit sich selbst in zwei unterschiedlichen Stimmlagen. Du bekommst Angst, wählst meine Nummer, die du schon seit vierzehn Tagen mit dir herumträgst. Du bittest, mich sehen zu dürfen.

Ein neues Gefühl für dich, ehemaliger Geliebter, wird

in meinem Innern geboren. Klänge einer traurigen Melodie, die ich von woandersher kenne. Ich verstehe jetzt: Sturm war in allem, was uns verband. Die Stille des zärtlichen Schmerzes, die nun von mir zu dir hinüberweht, hat es früher zwischen uns nicht gegeben. Leise stelle ich dir fachmännische Fragen, du antwortest flüsternd. Unsere Köpfe dicht beieinander, gleichen wir zwei Verschwörern.

»Imitiert sie die Mundbewegungen von Personen, die mit ihr sprechen?«

»Ja.«

»Und wiederholt sie dasselbe Wort mehrere Male?«

»Ja.«

»Stammelt sie manchmal?«

»Ja.«

»Benutzt sie unanständige Wörter, die sie früher nicht sagte?«

»Ja.«

»Sie ist in der Lage, ihre Krämpfe ein paar Minuten zurückzuhalten, nicht wahr?«

»Ja, das hat sie eine Zeitlang versucht.«

Du siehst mich überrascht an. Dir wird leichter ums Herz. Als hättest du die Lösung eines alten Rätsels gefunden. Du weißt noch nicht, was dich erwartet. Nun bist *du* an der Reihe, Fragen zu stellen.

»Ist das dein Fachgebiet?«

»Ja. Ich bin auf Geisteskrankheiten bei Heranwachsenden spezialisiert.«

»Und du weißt, um welches Leiden es sich handelt?«

»Ich glaube, ja. Aber ich muß deine Tochter sehen. Wenn es das ist, woran ich denke, dann leidet sie an einer äußerst seltenen Krankheit, die vornehmlich bei Jungen, nicht aber bei Mädchen auftritt.«

»Kann man sie heilen?«

»Manchmal vergeht sie von selbst, stets vor dem dreizehnten Lebensjahr. In den meisten Fällen verschwindet sie immer wieder für eine gewisse Zeit, dauert aber ein Leben lang an.«

»Ist sie erblich bedingt?«

»Nein, ganz und gar nicht.«

»Und was ist die Ursache?«

»Das weiß niemand.«

»Wie heißt diese Krankheit?«

»Gilles-de-la-Tourette-Syndrom.«

»Wie?«

»Gilles-de-la-Tourette-Syndrom, nach dem Franzosen, der die Krankheit beschrieben hat.«

»Entschuldige, wenn ich frage ... Kann es sein, daß du dich irrst?«

»Das ist durchaus möglich. Das Mädchen muß untersucht werden.«

»Wirst du sie dir ansehen?«

»Ja.«

»Wann?«

»Ich kann mir jederzeit frei nehmen. Gleich morgen.«

Wieder sehe ich deinen Rücken: Von grünen Neonlichtern beleuchtet näherst du dich dem Bürgersteig der gegenüberliegenden Straßenseite. Dein Name steigt wie von selbst, kraft seines vertrauten Klangs, in meiner Kehle auf: Amos, Amos. Plötzlich bleibst du stehen, fischst Münzen aus deiner Hosentasche, und als sie auf deiner Handfläche liegen, zählst du sie mit dem Finger. Hast du den Namen, der in meiner Kehle ist, gehört? Das Neonlicht färbt sich rot, und deine Kleider scheinen wunderbar dunkel. Eine Münze rutscht aus deiner Hand, du beugst dich über den Gehsteig, siehst mit einemmal wie ein Greis aus. Du hebst sie auf, trittst unter eine Laterne, die dir wieder Farbe verleiht, und verschwindest am Rande des Fensters wie ein Schauspieler, der das Blickfeld der Kamera verläßt. Die junge Frau, die in mir wohnt, geht an deiner Seite. Wenn du deinen Arm nach ihr ausstreckst, wird sie über deine zitternde Hand, dein ergrauendes Haar und die bleichen Furchen deines Gesichts streichen. Ich werde ihr nicht verraten, daß du nicht mehr der Mann bist, den ich liebte, und nicht der Mann, der mich verließ. Du bist ein anderer, nur dein Rücken erinnert an dich. Zwei Schauspieler, die die gleiche Maske tragen und deren Wege sich am Ende der Vorstellung trennen.

Morgen wirst du mir deine Tochter vorführen, du hast sie geliebt. Und noch immer verfolgt mich die Nacht, deren Schatten wir nicht vertrieben und in der ich versuchte, dir, ehe du in das Unwetter hinaustratest, den Weg zu versperren. Doch fehlte mir damals das Wissen, das ich erst später erwarb: Alles bewegt sich auf der Linie des Kreises. Und was geschehen ist, wird wieder geschehen. Strecke deine Hand nicht aus nach der Zeit, denn sie bleibt nicht stehen. Führe die Kämpfe nicht unnötig fort – niemand wird siegen. Und laß ihn gehen, wenn die Straße ihn ruft. Er weiß nicht, wohin. Und kehrt immer zurück.

Michael Kleeberg

Der junge König

Wenn man einige Jahre in der Werbung arbeitet, lernt man eine ganze Menge Leute kennen, die sich meiner Erfahrung nach in zwei Kategorien aufteilen lassen: Es gibt die Imposanten und die Nullen. Im letzten Januar, am Genfer See, im Montreux Palace, bei unserem jährlichen Treffen bin ich zum ersten Mal jemandem aus dem Gewerbe begegnet, der nicht in mein Schema paßte. Respekt, Mitleid, Verachtung vermischen oder überlagern sich abenteuerlich in meiner Erinnerung mit einem anderen Gefühl, für das ich keinen Namen finde als Zuneigung.

Wie jedermann bin ich per Zufall in die Werbung gerutscht, und die Agentur, für die ich seit drei Jahren tätig bin, gehört zu einem Zirkel, einer Arbeitsgemeinschaft großer internationaler Agenturen, die sich einmal im Jahr in einer Stadt, meistens Europas, trifft, aber es gab auch schon Meetings in Marrakesch, in Singapur, Kyoto oder San Francisco. In diesem Januar also bildeten der Genfer See und das grandiose Montreux Palace, dessen Kuppelsaal für die Sitzung gemietet war, den Rahmen, das Schloß Chillon und die schneebedeckten Gipfel der »Trois Dents« das Panorama für eine Zusammenkunft, die ebensosehr der Geselligkeit und der Abschreibung diente wie dem professionellen Austausch. Diese Jahrestreffen spielen sich unter den Agenturinhabern und Direktoren ab sowie ihren Gattinnen, Mätressen und Sekretärinnen, und für einen Angestellten wie mich bedeutete es eine Anerkennung, meine beiden Chefs und ihre Ehefrauen begleiten zu dürfen. Alleine natürlich, aber da ich weiß, welche sozialen Folgen solche Ereignisse zeitigen – wenn Fremde beiderlei Geschlechts mehrere Tage in luxuriöser Umgebung eingeschlossen sind, gerät die Libido ins Kochen –, störte es mich keineswegs, solo zu sein, im Gegenteil.

Das Treffen wurde am Donnerstag abend mit einer Coming-together-Party im Kuppelsaal eröffnet, wo für die ca. 40 Teilnehmer und ihren Anhang ein üppiges kaltes Büffet gerichtet war und wo man sich bald, in bunter Reihe, an Sechsertischen zusammenfand, um auf Englisch oder Deutsch miteinander bekannt zu werden, was meist auf den Austausch dreier Informationen hinauslief: Name, Name der Agentur, Funktion. Worauf, oft genug, eine peinigende Stille folgte, die es mit Essen, Trinken oder fluchtartigem Aufstehen zu überbrücken galt.

Gleich zu Beginn, als alle noch standen, war mir ein Mann aufgrund seiner den Durchschnitt überragenden Statur aufgefallen, er war etwa in meinem Alter oder nur wenig älter, groß, breit gebaut, braungebrannt, mit schulterlanger Dauerwelle und einem sehr maskulinen Gesicht, dessen natürliche Kanten von sybaritischen Fettpolstern abgerundet wurden. Wenn man stehende Menschen beobachtet, kann man schnell erkennen, wie es um ihr Selbstbewußtsein bestellt ist, indem man prüft, wo ihr Schwerpunkt sitzt. Bei einigen scheint er sich im Kopf zu befinden, so daß sie ständig vornüberzukippen drohen, bei anderen hängt er im Hintern oder gänzlich in den Hosen, oder er ist, von der Mittelachse fort, in eine Körperhälfte verlagert – das sind die typischen Umfaller. Dieser Mann hatte seinen Schwerpunkt im Becken, er stand wie ein Fels, er war jemand, der wußte, daß dort, wo er sich befand, kein anderer das Recht hatte zu existieren.

Ich fragte meinen Chef, der antwortete: Aber das ist der junge König!

Ich pfiff durch die Zähne. Die Sache ist nämlich die: »König und Genossen« ist seit den 60er Jahren die renommierteste deutsche Werbeagentur, die letzte unabhängige der Großen und die einzige, die schon vor zwanzig Jahren Kreativität von internationalem Niveau produzierte. König ist ein Monument, ein Markenzeichen im Gewerbe und gewiß auch heute noch eine der begehrenswertesten Adressen, wenn es auch ein offenes Geheimnis ist, daß der ungeheure Ruf der Agentur als Kreativschmiede sich mehr auf die gloriose Vergangenheit gründet als auf die tatsächliche heutige Qualität des Hauses.

Denn der alte König geht auf die Siebzig zu, er ist für die Kunden heute noch ein Vertrauensgarant, aber eben kein Erfinder von Kampagnen mehr, denn nichts altert schneller als die Fähigkeit, den Puls der Zeit, des heutigen Tages, zu fühlen, was Werbekreativen auch eine so kurze Lebensdauer beschert. Einmal mit Villa am Stadtrand, Frau und Kindern ausgestattet, hat der Kreative seinen Zenit überschritten.

Es hatte im Hause König aber vor zwei Jahren einen Skandal gegeben: Der Kronprinz nämlich, der hier anwesende König Junior, auserkoren und gedrillt von Kindesbeinen an, einmal das Reich zu führen (Harvard Business School und Doktorarbeit an der Kunstakademie über die Reklamen von Ernst und Schwitters), hatte gemeutert, hatte eine Palastrevolution vom Zaun gebrochen, hatte seinen Vater aufs Altenteil schieben und die ihm ohnehin versprochene Herrschaft mit Gewalt erringen wollen, und als sein Vater sich wehrte, hatte er gekündigt und seine eigene Agentur aufgemacht. Dabei unterschätzte er offenbar den Konservativismus der Klientel, die er betreut hatte, ebensosehr, wie er seine eigene Macht, einmal dem Serail entlaufen, überschätzte: Keiner der Großkunden folgte ihm, keiner verließ »König und Genossen«, um das Risiko einer kreativen Revolution mit seinem Budget tragen zu helfen, und König Junior hatte sich ganz alleine wiedergefunden. Mit einer Firma, die ausschließlich im Handelsregister existierte, und Hausverbot am Hof seines Vaters.

An diesem Punkt hatte die Fachpresse aufgehört, über den Fall zu berichten, aber zwischenzeitlich schien wohl wieder einiges ins Lot gekommen zu sein, denn König Junior, Rupert A. König, stand scherzend mitten unter den Direktoren der Agentur seines Vaters, der persönlich prinzipiell nie an solchen Treffen teilnahm.

Ohne zu verstehen, was er sagte, hörte ich seine Stentorstimme aus dem allgemeinen Bruhaha der Menge heraus, dann sah ich ihn lachen, zwei Reihen blendend weißer Zähne, dann wurde ich abgelenkt, und als ich wieder hinsah, stand niemand mehr dort, weder König Jr. noch die Wesire seines Vaters.

Später am Tisch sah ich ihn ein paarmal vorüberschreiten, groß und breit, mit rastlosem, spähendem Blick, jovial lächelnd, ohne jemanden zu fixieren, als lächle er dem ganzen Saal zugleich zu. Und dann geschah es: In einer der obenerwähnten Gesprächspausen, ich hatte, da wir am Samstag Chillon besuchen wollten, von Byron gesprochen und nur Schweigen geerntet, stand er plötzlich da, sah mich mit einem vagen Blick an, den Kopf ein wenig schräg, als habe er nur das Wort »Byron« gehört, das ihn aus seinen Gedanken riß, eine uralte Erinnerung wachrief, und er beugte sich über die Lehne meines Gegenübers und dröhnte strahlend: »Sie kenn' ich noch nicht!«, als sei ich der einzige und dieser Mangel allein meine Schuld und der Tatsache zuzuschreiben, daß er, der alle Welt kannte, sie natürlich nach einer von Wichtigkeit bestimmten Reihenfolgen kennenlernen mußte und daher eben erst jetzt, gegen Schluß, an mich kam. Wenn diese blasierte Selbstsicherheit mich verletzte, dann irritierte mich sein Blick aus sehr weichen braunen Augen noch mehr, in dem eine Bitte zu liegen schien, die den Namen »Byron« trug.

Er griff mit weit ausholender Geste hinter sich nach einem Stuhl, zog ihn heran und drängte sich, mit Charme und Selbstverständlichkeit, zwischen meine beiden Gegenüber, die er, nach der Art zu schließen, wie er sie um Entschuldigung bat und dabei schelmisch die Häppchen von ihren Tellern stibitzte, gut zu kennen schien.

»Du hast, glaube ich, über Byron gesprochen«, sagte er mit lauter, gemessen an der Intimität des Tisches zu lauter Stimme. »Kennt ja keiner mehr. Warte, ob ich's noch zusammenkriege ... ›She walks in beauty like the night, of cloudless climes and starry skies ...‹«, und zitierte fehlerlos, akzentfrei und ohne zu stocken die ganze Strophe.

Er hatte schnell einen unsichtbaren Ring um uns gezogen oder eigentlich nur um sich. Ich war das Publikum der ersten Reihe, aber auch die anderen am Tisch sollten zuhören, wofür er mit Blicken, Gesten und Berührungen sorgte. Wir ließen Byron rasch wieder fallen und gelangten bei dem Thema an, über das der junge König am meisten zu sagen wußte und worüber er am besten sprach: sich selbst.

Ich hätte nie in Zweifel gezogen, daß er intelligent war und kultiviert, reich und welterfahren und daß er eine teure und breite Erziehung genossen hatte. Dieser blühende, mit sich in Einklang stehende Mann im Armani-Anzug, einige Sätze, ein Blick hätten genügt und genügten doch auch. Warum konnte er es nicht darauf beruhen lassen? Warum bestand er darauf, uns zu Zeugen seiner Erfolgsstory zu machen, mit dieser lauten Stimme, vor der niemand die Ohren verschließen konnte, mit seinem zu weißen Lächeln, zu sonoren Lachen, mit diesem Blick, in dessen Grund etwas Panisches lag?

Er hatte in Harvard studiert, so weit so gut, aber überdies war er wöchentlich nach München geflogen, weil er dort eine Freundin hatte. Hätte er es einfach erzählt, man hätte darüber lachen oder weinen können, aber er baute eine Systematik daraus, ein Manuell der Lebenskunst: Wie, bitte schön, konnte man denn anders, als wöchentlich über den Atlantik zu jetten, um eine natürlich wunderschöne Frau zu halten und ihr zu imponieren? Hatte er nicht recht, so zu leben, hätten wir es etwa anders gemacht? Oder seine Wohnung in Cannes. Es genügte nicht, daß er sie besaß, er war, wenn wir es recht verstanden, der einzige wirkliche Canneser, der einzige, der den dortigen Menschenschlag verstand, der die Restaurants kannte und die verborgenen Strände. Er hatte, wer weiß wann, eine Bohemeexistenz in Paris geführt und seine Freunde, Maler, Musiker, Künstler im Porsche in die Nachtclubs ausgeführt, die er besser kannte als sie, die Einheimischen. Nicht einfach ausgeführt, IM PORSCHE ausgeführt.

Der ganze Mensch schien nur zu einem zu existieren, nur auf eines zu warten: daß man zugab, er sei besser als man selbst. Und seine Manie, die Gründe dafür immer selbst herzuzählen, hatte etwas Krankhaftes, und fast war man versucht, ihm nachzugeben wie einem gefährlichen Verrückten, ihm beruhigend auf die Schulter zu klopfen und zu sagen: Ja, du bist groß, aus lauter Angst, er könne andernfalls gewalttätig werden.

Anders als wirklich alter Geldadel, der witzig von den harten Zeiten ZUVOR berichten kann, bestanden Ruperts Erinnerungen alle aus Geld, und ohne Geld, konnte man befürchten, hätte es keinen König Junior gegeben. Und doch hatte ich das Gefühl, seine Art, von seinem Stand und seiner Situation so viel herzumachen, sei eine vertrackte Form, um Freund- oder Kameradschaft zu werben, als sei er eine alte Jungfer auf der Suche nach einem Ehegatten, die ihre Mitgift im Dekolleté herumträgt. Wenn es aber stimmte, daß etwas in ihm nach Zuneigung gierte, so war der Schild seines Vermögens doch zugleich auch ein Schutz gegen eventuelle Fehlschlüsse wie den, wir säßen etwa im selben Boot oder könnten irgendwelche Gemeinsamkeiten besitzen.

Es war diese eigentümliche und vielleicht nicht einmal bewußte Art, mich, sein Gegenüber, zugleich zu verletzen und zu charmieren, zugleich zu verachten und zu behandeln, als sei ich der einzige Mensch im Saal, mit dem ein Gespräch lohne, die mich ihm fasziniert zuhören ließ. Ein Schweißtropfen löste sich unter seinen dunklen Locken und bahnte sich seinen Weg über die breite und hohe Stirn hinab. Er merkte, daß ich ihn bemerkte, und sagte rechtfertigend: »Ich schwitze, weil ich zu dick bin. Ich habe Leistungssport gemacht, Triathlon, aber jetzt bin ich zu feist dafür.« Und dabei strahlte er mich mit einem Ausdruck an, der besagte, daß er meines zu erwartenden Einwandes, er sei keineswegs zu dick, sondern großartig proportioniert, absolut nicht bedürfe, da er das selbst gut genug wisse.

Ich entdeckte plötzlich, daß wir alleine am Tisch saßen, auch ihm fiel es auf, die anderen waren verschwunden, und indem er rasch hin und her blickte, schien eine Art Horror vacui von ihm Besitz zu ergreifen, er sprang auf, seine Handbewegung hieß, daß er sich den anderen zuwenden müsse, als hätte es sich um seine Gäste gehandelt. »Wir bleiben in Kontakt«, forderte er zum Abschluß und zückte ein dickes, in schwarzes Leder gefaßtes Adreßbuch, fragte nach meinem Namen und blätterte die entsprechende Seite auf. Ich sah, wie sich, in winziger Handschrift, Name hinter Name reihte, Telefonnummer hinter Telefonnummer, die meisten davon mit so vielen Ziffern, daß es sich um überseeische handeln mußte. Adressen in der ganzen Welt – kein Mensch, dachte ich, kann so viele Leute kennen. Er trug meinen Namen ein, zwinkerte mir zu, den

Daumen erhoben, und verließ mich, um sich seinen Weg durch die Menge zu bahnen, wobei er ständig suchend den Kopf wand.

Am Freitag morgen begann die Sitzung. Im Kuppelsaal, ausgerüstet mit Videoanlagen und Multivisionsprojektoren, waren die Tische in U-Form aufgestellt, vor jedem Platz Mikrophone und Namensschilder. König Jr. kippelte auf seinem Sessel. Daneben sein Nachfolger, ein fast kahler junger Mann im blauen Zweireiher mit dunkler Hornbrille, geschlossenem Mund, die schmalen Lippen aufeinandergepreßt wie die Kiefer einer Beißzange, und wenn er ihn öffnete, um zu sprechen, blinkten zwei Goldzähne im Licht der Kronleuchter. Er wirkte effizient, kalt, eher ein KGB-Funktionär als ein Werbemann, und von seinem vor Langeweile oder Verachtung bebenden Gesicht ging etwas aus, das wie Aasgeruch zu mir herüberwehte. König Jr. tanzte nervös um ihn herum, setzte sich, sprang wieder auf, flüsterte dem KGB-Mann ins Ohr, grinste, der andere blieb unbeeindruckt, nickte nur einige Male, er schien Rupert abzuwehren oder zu mißachten wie ein vielbeschäftigter Vater sein quengelndes Kind. Als er schließlich, während König Jr. auf ihn einredete, demonstrativ auf die Uhr sah, gab der andere es auf und lümmelte sich auf seinen Stuhl.

Die ersten Redner sprachen, ich beobachtete Rupert. Es war deutlich, daß er hier nichts verloren hatte. Er repräsentierte keine der anwesenden Agenturen, hatte nichts vorbereitet und nichts zu sagen. Er selbst schien sich seiner Überflüssigkeit mit jeder Minute deutlicher bewußt zu werden und die Chancen eines ehrenvollen Rückzuges zu erwägen. Schließlich erhob er sich, morste mit schmunzelnden Blicken in Richtung einiger Schlüsselfiguren: Kinder, ihr könnt ja wohl mal fünf Minuten ohne mich ... steckte sich eine Zigarette an und schritt aus dem Saal. Der

Redner unterbrach sich nicht, und außer mir hob niemand den Kopf, ihm nachzublicken.

Während der Kaffeepause sah ich ihn im riesigen Jugendstilfoyer des Hotels. Er stand breitbeinig vor einer Journalistin, die fragte, ob sie ihn interviewen könne. Er war zwei Köpfe größer als sie, blickte mit kaltem Lächeln zu ihr herab und sagte: »Nein.«

Die Journalistin schluckte und sagte höflich: »Darf ich Sie nach den Gründen für diese Weigerung fragen?«

König Jr. schien noch einige Zentimeter zu wachsen und sagte mit lauter Stimme, aber noch immer kultiviertem Tonfall: »Das brauche ich doch vor Ihnen nicht zu rechtfertigen. Sie fragen mich, ich sage nein, Ende, hm?«

Die Journalistin schrumpfte zusammen, aber dann blickte er sich, mit dieser hastigen Kopfbewegung, die ich nun schon kannte, um, links, rechts, aber da war niemand in Hörweite gewesen, nur ich, und als sein Blick den meinen zu fixieren suchte, wandte ich mich ab und schlenderte davon.

Dieser kleine Verrat tat mir gut, und als ich am Nachmittag in der Sitzung der leisen Konversation meiner Nachbarn zuhörte, begriff ich auch, warum: Ein aufgeblasener Schwätzer ist er, ein Popanz, ein Nichts, eine Witzfigur und eine Nervensäge. Gott, was war das Schwein arrogant, als er noch mit Papa kungelte. Hast du ihn gesehen mit der Journalistin heute morgen? Das war doch gar nichts, er ist ja wirklich sehr viel menschlicher geworden, seit Papa ihn rausgeschmissen hat. Kein Vergleich mehr. Ich hab' ihm jedenfalls zu verstehen gegeben, daß ich ihn nicht mehr auf der Rechnung habe. Ja, aber paß auf, man weiß nie, Familienbande, eiserne Bande ...

Am Samstag, einem sonnigen Tag mit frühlingshaften Temperaturen, wurde eine Dampferfahrt organisiert, danach eine Besichtigung des Schlosses Chillon, und für den

Abend war ein Essen in Glion angesetzt, wohin der Korso mit der Bergbahn fuhr, bis auf einige, die wie König Jr. mit dem eigenen Wagen kamen.

Der professionelle Teil des Treffens war vorüber, spätestens während der Dampferfahrt hatten alle Beteiligten Gelegenheit gehabt, Bekanntschaft zu schließen, und oben in dem Restaurant mit Panoramablick herrschte eine übermütige Partyatmosphäre.

König Jr. war in seinem Element, von Tisch zu Tisch, laut, jovial, angeberisch, charmant, an jedem Thema interessiert, in jede Runde mit einem Bonmot einbrechend, wie ein zu schwerer Mensch auf einer Eisscholle einbricht.

Der KGB-Mann hatte die Mitglieder der Agentur König um sich geschart und blieb Rupert gegenüber kalt und einsilbig und drehte sich weg, wenn der die anderen auf gemeinsame alte Tage ansprach.

König Jr. lief wie aufgezogen, nur in einzelnen Momenten, kaum bemerkbar, schien die Spannung zu fallen, der Erfolgsmotor geriet ins Stottern und Stocken, die Augen gingen ins Leere, aber gleich hatte er sich wieder gefaßt. Ich begann bereits, ihn zu unterschätzen, als er attackierte: Ich hatte von mir erzählt und eine komische Episode mit den Worten beendet: Näher war ich dem Selbstmord nie, die anderen prusteten, da fuhr Rupert dazwischen: »Das enttäuscht mich jetzt aber von Ihnen«, sagte er kalt und scharf und völlig ernst. »Diese Unexaktheit der Sprache! Diese hypertrophe Wortwahl, dieser völlig unangebrachte Superlativ. Wissen Sie überhaupt, wovon Sie sprechen? Ich kaufe Ihnen das nicht ab. Ich finde es erbärmlich, einfach so daherzureden. Selbstmord! Wollen Sie mir weismachen, daß solche Banalitäten den Gedanken an Selbstmord wekken? Und wenn nicht, warum dann das Wort benutzen, hm?«

Er sah mich an, ein wenig traurig, als habe ich eine

Prüfung nicht bestanden, und er hätte, wider alle Logik, auf mehr gehofft, von meiner Seite. Ich haßte ihn. Aber er war bleich, seine Stirn feucht, und er drehte sich um und ging davon.

Spätabends kam es zum Aufbruch. Die Gäste verabschiedeten sich einzeln, paarweise oder in Grüppchen, um die letzte Bergbahn hinab zum See zu nehmen. Es wurde stiller und stiller, nur König Jr. war noch stets da und sah die Party, seine Party, mochte er wohl denken, sich unter seinen Händen auflösen wie eine Elendshaut. Was machen wir jetzt noch? hörte ich ihn fragen. Wo gehen wir jetzt noch hin? Soll ich euch in meinem Wagen mit runternehmen? Aber niemand wollte mehr etwas tun, wollte mehr irgendwohin, niemand schien ein Auto zu brauchen, zumindest nicht das seine. Er hob die Hand und winkte ihnen nach, aber keiner gesellte sich zu ihm, der doch weiß Gott nicht aussah wie jemand, in dessen Gesellschaft man sich lächerlich vorkommen mußte. Ich war bei den Letzten und sah, wie er neben seinem großen BMW stand, einer nach dem anderen schlich an ihm vorbei, er stand da, bis alle fort waren und das Restaurant schloß. Er drehte sich zweimal langsam um sich selbst, um sich zu vergewissern, aber da war niemand mehr. Dann stapfte er schwerfällig einige Schritte vor, lehnte sich gegen einen großen Baumstamm, der solide genug war, sich nicht zu bewegen, und starrte auf den nächtlichen See hinab, an dessen Ufern ferne Lichter schimmerten.

Asta Scheib

Ein Schloß

Da war ein Schloß, das war vielleicht gar kein Schloß, eher ein Gutshof, doch man nannte es Schloß, offiziell, postalisch auch, vielleicht hatten die Erbauer darauf bestanden, die einen schönen Adelsnamen trugen, der heute noch genannt wird, wenn es um die Dichter der jüngeren Romantik geht, und als romantischer Adliger sprach man vielleicht von einem Schloß, auch wenn man kein richtiges hatte, aber von hinten, da sah es doch wieder aus wie ein Schloß mit seiner zierlichen Orangerie und dem Park, der in den Wald hineinfloß, unmerklich, zauberhaft, und da lief ich herum und wollte nichts anderes als herumlaufen, die märkische Luft einatmen, die Mücken verfluchen, die einen in wahren Heerscharen verfolgten, am liebsten ging ich an das Grab der Dichterin, die mir nächtens erschien und schimpfte, daß die Leute an ihrem Grab Performances aufführen und dabei ihre Gestalt annehmen würden, das ginge ja noch, wenn sie nicht so unmögliche Kleider anhätten und gottsjämmerlichen Unsinn daherreden würden, rufschädigend sei das, und die Dichterin kletterte behende zurück in ihr Grab, streckte mir freundlich die Zunge heraus und klappte den Gruftdeckel über sich zu. Bis bald, versprach sie, und ich ging zurück ins Schloß, in den Gartensalon, dessen altes Parkett ächzte unter den Gästen, die aus der Stadt kamen zur Dichterlesung im Salon, und heute war ich dran mit dem Lesen, immer gab ein Gast des Schlosses Proben seiner Arbeit, und man sagte mir, daß überraschend ein Gast gekommen sei, ein Lyriker, der nicht deutsch spräche, aber übersetzt sei, und ob ich nach meinem Vortrag auch aus seinem Werk läse. Ich überlegte, ob die verstorbene Dichterin sich auf ein solches Ansinnen eingelassen hätte, da sah ich ihn, seine hagere Gestalt, er hing in den Kleidern, aber verdammt elegant, sein Kopf, diese kluge Traurigkeit, der war gerissen, der reiste auf dem Traurigkeitsticket, Vorsicht, Vorsicht, da fällst du nach bestem Wissen und Gewissen drauf rein, und wie, mein Gott, dieses Schloß war ein Schloß, und was für eines, ein Wahnsinnsliebessexandcrimeschloß, du läßt dich doch nicht verführen, fragte meine römische Freundin, die an einem Text über Ingeborg Bachmann arbeitete, nicht wahr, das tust du uns nicht an, sagte mein Gefährte, der übers Wochenende da war und die Bescherung erleben mußte, er wollte ja nur zur Lesung kommen, und jetzt jubelten die Zuhörer, alles war auf den Beinen, ich fand, sie hatten etwas Verzücktes, was aber auch an meiner Sicht liegen konnte, wir hielten uns an den Händen, er und ich, atemberaubend war das, wir rannten in die märkischen Kiefern, einer suchte den anderen von den Mücken zu befreien, unter uns der moosige Boden, wußten wir, was wir taten, natürlich, und wie, die Inkarnation der Hingabe, wir atmeten die Luft des Schicksals, was sonst konnte das sein, wir mußten es einfach vermuten, tief bewegt, wir ahnten schon die Schmerzen, aber was kannst du tun gegen eine überirdische Berufung, Gott hat nichts zu verschenken, die Erzengel mit dem Flammenschwert stehen immer bereit, wir sind wieder Kind und staunen, alles ist wunderbar und noch nie dagewesen, und wir wissen alles, kennen einander, er lacht, wir stürzen uns dem Sieg entgegen, der Himmel über uns dröhnt, und wir fliegen zurück, ins Schloß, das ohne Zweifel ein Schloß ist, ein Schloß, ein Schloß, ein Schloß.

BURKHARD SPINNEN

Der Deichgraf

Auf gut Glück hatten sich Volker und Ruth an einem Freitagmittag, als der Erste Mai auf den Dienstag fiel und das Wetter sehr gut war, zu einem langen Wochenende am Meer entschlossen; am Montag würde ihr fünfter Hochzeitstag sein. Sie hatten Koffer und Reisetasche in den Wagen geladen und die Autobahn Richtung Norden genommen. Nach achtzig Kilometern gerieten sie in einen Stau.

»Macht nichts«, sagte Volker. »Heute könnten wir sowieso nichts mehr unternehmen. Und der Dienstag bleibt auch noch.«

Ruth öffnete das Schiebedach und richtete sich auf.

»Siehst du was?« sagte Volker.

»Nein«, sagte Ruth. »Da ist erst eine Kurve.« Eine Stunde später fuhren sie langsam an drei Wagen vorbei, die ineinander verkeilt halb auf dem Mittelstreifen standen. Benzin war ausgelaufen und mit Sand abgedeckt, ein paar Gepäckstücke lagen neben der Leitplanke. Bald danach löste der Stau sich auf, gegen sechs Uhr erreichten Volker und Ruth den ersten Ort am Meer. Alle Zimmer seien belegt, sagte die Frau im Touristikbüro. Sie könnten es selbst versuchen, aber da sei wenig Aussicht.

»Na, dann weiter«, sagte Volker.

Im nächsten Ort war es dasselbe. »Sie hätten buchen müssen«, sagte ein junger Mann.

Als sie im dritten Ort ankamen, war das Touristikbüro geschlossen. Volker notierte die Telefonnummern der Hotels von einem Plakat an der Tür und führte aus einer Zelle ein paar Gespräche.

»Nichts mehr frei«, sagte er, als er zum Wagen zurückkam. »Wir machen jetzt folgendes: Wir fahren weiter die Küste entlang, und wenn wir was sehen, halten wir an und fragen.« Am Telefon werde man doch nur abgewimmelt.

»Wenn du meinst«, sagte Ruth.

Sie fuhren eine Zeitlang. Vor den Pensionen, die an der Durchgangsstraße lagen, hingen *Belegt*-Schilder, ebenso vor den beiden Hotels im nächsten Ort. Volker stieg jedesmal aus und fragte. Nein, da sei nichts zu machen, alles langfristige Buchungen. Und dann das schöne Wetter, jetzt, für die Jahreszeit.

Auf dem Weg in den nächsten Ort begann es dunkel zu werden. Ruth sah auf die Uhr. »Wenn wir zurückfahren, können wir um Mitternacht zu Hause sein.«

»Ja ja«, sagte Volker. »Wir waren auch naiv. Wenn Dienstag Feiertag ist, nehmen alle den Montag frei und hauen ab.«

»Und was tun wir jetzt?«

Volker zeigte auf ein Schild, das in eine kleine, zwischen Wiesen meerwärts führende Straße wies. »Zum Deichgraf« stand darauf. »Letzter Versuch«, sagte er und bog ein. Nach einer Kurve sahen sie ein erhöht liegendes Gebäude mit der Leuchtschrift *Hotel* zwischen zwei kleinen Türmen auf dem Dach. »Ich komme mit«, sagte Ruth, als sie auf einem Parkplatz anhielten. Sie öffnete die Beifahrertür und stieg aus. »Das ist aber kalt geworden«, sagte sie.

»Der Wind vom Meer«, sagte Volker. Er öffnete den Kofferraum, nahm Ruths Mantel und half ihr hinein. Dann gingen sie eine Treppe zum Eingang hinauf. Die Tür war unverschlossen, sie traten ein, hinter einem schmalen Tresen stand ein älterer Mann.

»Wir suchen ein Zimmer«, sagte Volker.

»Tut mir leid«, sagte der Mann. »Wir sind voll belegt.« Ruth atmete hörbar ein und aus. Volker strich ihr übers Haar. »Wir würden ja mit allem vorliebnehmen«, sagte er. »Seit Stunden suchen wir nach einem Zimmer. Jetzt sieht es so aus, als müßten wir im Auto schlafen. – Und meine Frau ist im sechsten Monat.«

Ruth sah Volker an und faßte ihn am Arm. Er zog die Schultern hoch. »Warum soll man das nicht sagen?«

»Das tut mir leid«, sagte der Mann.

»Bitte«, sagte Volker. »Es ist natürlich meine Schuld, wir waren kurz entschlossen. Aber es wird kalt draußen, und zurück nach Hause sind es mehr als vier Stunden. Das sind die Fakten.«

Der Mann klopfte auf den Tresen und griff zu einem Schlüsselbord. »Gut«, sagte er. »Ein Zimmer ist leer diese Nacht, aber die Herrschaften kommen morgen sehr früh. Um sieben allerspätestens müßten Sie das Zimmer freimachen. Wenn Ihnen damit gedient ist?«

»Und ob«, sagte Volker. »Das rettet uns. Nicht wahr?« Er nahm Ruths Hand und drückte sie, dann wandte er sich zur Tür. »Wir holen nur rasch das Nötigste!« Die beiden traten zusammen aus dem Haus.

»Was machst du?« sagte Ruth, als sie zum Wagen gingen.

Volker legte einen Finger auf den Mund. »Still«, sagte er. »Was willst du, wir haben ein Zimmer für die Nacht. Und morgen sehen wir weiter.«

»Aber ich bin nicht schwanger«, sagte Ruth. »Wie soll das gutgehen?«

Volker nahm die Reisetasche aus dem Wagen. »Unter dem Mantel sieht man nichts.«

»Ich weiß nicht«, sagte Ruth. Sie steckte eine Hand in die Manteltasche und wölbte den Stoff, mit der anderen stützte sie sich in den Hüften, dabei lehnte sie sich leicht zurück und stöhnte.

»Sehr gut«, sagte Volker. »Täuschend echt.« Sie gingen zurück, und der Hotelier stieg vor ihnen über eine schmale Treppe in den ersten Stock. Sie bogen in einen engen Flur.

»Ist das Haus ganz aus Holz?« sagte Volker.

»Ja«, sagte der Hotelier und schloß ein Zimmer auf. »Früher hat hier der Deichgraf gewohnt, wissen Sie, mein Großvater, wir haben nur ein bißchen umgebaut.« Er wies auf das dunkle Fenster. »Hinter den Wiesen und dem Deich ist schon das Meer«, sagte er. »Und der schönste Strand in der Gegend.« Er machte eine entschuldigende Bewegung.

»Trotzdem«, sagte Volker. »Wir sind Ihnen sehr zu Dank verpflichtet.« Er stellte die Reisetasche auf einen Hocker. »Meine Frau möchte sich auch gleich hinlegen.«

»Ich müßte Sie dann ganz früh wecken. Gegen sechs vielleicht?«

»Natürlich«, sagte Volker. »Für uns kein Problem.« Als der Hotelier die Tür geschlossen hatte, ließ er sich aufs Bett fallen. »Wahnsinn«, sagte er. »Wie im Film.« Er legte eine Hand auf seine Brust. »Stell dir vor, ich habe richtiges Herzklopfen.«

Ruth hatte den Mantel ausgezogen und an einen Kleiderhaken neben der Tür gehängt. Aus der Reisetasche holte sie Nachthemd und Waschzeug und trat vor das kleine Becken.

»Sollen wir wirklich schon ins Bett?« sagte Volker. »Es ist gerade neun.«

»Mein Zustand«, sagte Ruth. »Schon vergessen?« Sie drehte sich um und krempelte langsam ihren Pullover hoch.

Volker lachte. Auf dem Bett liegend zog er sich aus. »Gar nicht schlecht, das Zimmer«, sagte er, als Ruth zu ihm kam. »Sogar ein Fernseher. Und das Meer gleich hinter den Wiesen.«

»Nicht für uns«, sagte Ruth. Volker drehte sich zu ihr und strich ihr über den Bauch. »Mütter haben so was Besonderes«, sagte er.

»Perverser Mensch«, sagte Ruth. Dann schliefen sie miteinander. Später schalteten sie den Fernseher ein und sahen die Wiederholung eines ›Tatort‹-Krimis.

Am nächsten Morgen um sechs klopfte es an die Tür. »Wir sind schon wach«, rief Volker. Er faßte Ruth an der Schulter. »Aufstehen, Mutti«, sagte er laut.

Ruth richtete sich auf und sah zur Tür. »Weißt du eigentlich, wie es jetzt weitergeht?« sagte sie. »Ich kann doch nicht im Mantel frühstücken.«

»Mußt du nicht«, sagte Volker. Er stand auf, nahm ein kleines Kissen von einem Sessel und zog den Gürtel aus seiner Hose, beides hielt er hoch. »Hier«, sagte er. »Komm!« Ruth ließ sich das Kissen mit dem Gürtel um den Bauch binden, dann zog sie ihren Pullover darüber und stellte sich vor den Spiegel über dem Wachbecken. »Ich sehe nichts«, sagte sie und stieg aufs Bett. »Es sieht schrecklich aus.«

»Egal«, sagte Volker. »Niemand kontrolliert das. Und was sollen sie auch sagen?«

Ruth sah ihn an. »Eben«, sagte Volker. »Nichts sagen die.«

Sie wuschen sich, zogen sich an und gingen hinunter. Im Frühstückszimmer war niemand sonst, ein Tisch war für zwei Personen gedeckt. Als sie sich gesetzt hatten, kam eine Frau und fragte, ob sie Kaffee oder Tee wollten. Die Frau lächelte Ruth an; wenn sie etwas Besonderes wolle, brauche sie es nur zu sagen.

»Siehst du«, sagte Volker leise, als die Frau den Kaffee gebracht hatte. »Wie ich gesagt habe.«

»Ich kriege langsam ein schlechtes Gewissen«, sagte Ruth.

»Wieso? Wir nehmen keinem was weg. Im Gegenteil. Wahrscheinlich verdienen sie diese Nacht doppelt.«

»Trotzdem«, sagte Ruth.

Volker schaute zum Fenster hinaus. »Da!« sagte er. »Man sieht wirklich den Deich. Eigentlich ist das ein idealer Platz hier. Ein bißchen wie verwunschen.«

»Wir können es ja weiter versuchen.«

Volker schüttelte den Kopf. »Zwecklos. Vielleicht fahren wir auf einem Umweg nach Hause.«

Ruth sah auf die Uhr. »Noch eine Viertelstunde.«

Im Flur klingelte ein Telefon. Sie hörten eine Stimme, dann wurde aufgelegt, und der Hotelier trat ins Frühstückszimmer. Er breitete die Arme aus und kam an den Tisch. »Gut geschlafen?« sagte er.

»Danke, ausgezeichnet.«

»Ich habe Nachrichten für Sie«, sagte der Hotelier. »Gerade rufen mich die Gäste für Ihr Zimmer an. Aus der Traum! Motorschaden auf der Autobahn. Sie lassen den Wagen zurückschleppen und kommen nicht. Was sagen Sie dazu?«

»Ist nicht wahr«, sagte Volker.

»Doch doch. Sie können bleiben. So lange Sie wollen.«

»Schön«, sagte Volker.

»Und Sie haben wirklich Glück.« Der Hotelier beugte sich vor und sah aus dem Fenster. »Im Umkreis ist alles belegt. Und der Wetterbericht heute morgen sagt: Fast heiter und warm.« Er richtete sich wieder auf. »Vergessen Sie bitte nicht das Gästebuch.« Dann ging er und schloß die Tür hinter sich.

»Was jetzt?« sagte Ruth.

»Leise!« Volker goß sich Kaffee ein. »Erstmal können wir in Ruhe überlegen.«

»Können wir nicht«, sagte Ruth. »Du hast ja schon zugesagt.«

»Hab ich nicht. Außerdem, was sollte ich machen? Wir können ja gleich raufgehen, und in einer Stunde sagen wir, dir ist schlecht geworden und wir müssen fahren. Du könntest Wehen kriegen.«

»Bist du verrückt? Die rufen einen Arzt!«

»Unsinn«, sagte Volker. »Und überhaupt! Es hat heute morgen geklappt. Warum soll es nicht bis Dienstag klappen? Ich seh da keinen Grund.«

»Ich kann nicht drei Tage mit einem Kissen auf dem Bauch rumlaufen.«

Volker wischte Brotkrümel von seiner Hose. »Es ist doch nur zum Frühstück«, sagte er. »Und wenn wir rein- und rausgehen. Sonst sind wir am Meer, oder wir fahren wo hin. Da kannst du es wegnehmen.«

Ruth warf ihre Serviette auf den Tisch, stand auf und ging zur Tür. Mit ein paar Schritten holte Volker sie ein. »Bitte«, sagte er leise. »Natürlich nur, wenn du willst. Aber warum nimmst du es nicht als Spaß? Stell dir vor, wir erzählen zu Hause davon. Ich könnte ein Foto machen. Du hier beim Frühstück.« Er faltete die Hände vor dem Bauch.

»Nein«, sagte Ruth und öffnete die Tür. Auf dem Tresen lag das geöffnete Gästebuch, sie trugen sich ein und gingen hinauf in ihr Zimmer. Ruth stellte sich vor dem Spiegel aufs Bett und drückte das Kissen zurecht. »Ich komme mir blöd vor«, sagte sie.

»Ja klar«, sagte Volker. »Aber denk mal. Die Übernachtung müssen wir sowieso bezahlen, und das Benzin auch. Es wäre völlig verrückt, nicht hier zu bleiben.« Er ließ sich aufs Bett fallen. »Und so ein Zimmer hätten wir sonst nie gekriegt.«

»In Ordnung«, sagte Ruth. »Aber ich will nichts sagen müssen, verstehst du. Kein Gerede über Kinder und so.«

»Brauchst du nicht«, sagte Volker.

»Dann gehen wir jetzt.«

Volker küßte Ruth auf die Stirn, dann holte er den Koffer aus dem Wagen. Sie zogen sich um und fuhren in die große Hafenstadt. Als sie dort ankamen, öffneten gerade die Geschäfte. Sie gingen durch die breiten Ladenstraßen, dann erkundigten sie sich in einem Büro nach den Hafenrundfahrten. Später saßen sie in einem flachen Schiff mit gläsernem Dach und fuhren vorbei an den großen Tankern, die auf Reede lagen. Eine junge Frau erklärte in vier Sprachen, was es zu sehen gab. Zu Mittag aßen Volker und Ruth in einem Lokal für Meeres-Spezialitäten, dann bummelten sie noch ein wenig durch die Stadt und fuhren zurück zum Hotel. Als sie in die kleine Straße zwischen den Wiesen einbogen, drückte Ruth das Kissen unter den Pullover.

»Wirklich toll, das Haus«, sagte Volker. »Man kann sich richtig vorstellen, wie die früher hier gelebt haben, so weit ab von allem. Nur mit dem Meer.«

»Was ist eigentlich ein Deichgraf?« sagte Ruth.

Volker nahm eine Hand vom Lenkrad. »So eine Art Aufsicht beim Küstenschutz, früher. Ich kenne das nur aus dem ›Schimmelreiter‹. Das hat auch immer so was Mythisches. Die See als Bedrohung, verstehst du.«

»Was machen wir heute noch?« sagte Ruth, als sie auf dem Parkplatz anhielten.

»Ich dachte, wir gehen spazieren? In Richtung Meer.«

»Dann lasse ich das Kissen besser drin. Vielleicht sieht man uns vom Haus aus.«

Volker tat, als schaue er durch ein Fernglas. »Sicher«, sagte er. »Auf dem Balkon seines Hauses, gebaut wie die Kommandobrücke eines Windjammers, steht der Urenkel des Deichgrafen und späht hinaus aufs Meer, ob nicht falsche schwangere Fregatten steuerlos an seinen Strand treiben.«

»Ekel«, sagte Ruth. Sie stiegen aus, im Flur begegneten sie der Frau. Was sie denn unternommen hätten, und ob es nicht zu anstrengend gewesen sei? Nein, sagte Volker, die Seeluft tue seiner Frau sehr gut. Sie gingen hinauf und zogen sich um, dann machten sie einen langen Spaziergang zwischen den Wiesen hindurch zum Deich, eine befestigte Treppe hinauf und weiter am Ufer entlang. Es war warm, Wolken zogen mit dem Wind von See herüber. Abends tranken Volker und Ruth eine Flasche Wein auf ihrem Zimmer und gingen bald zu Bett. Am Sonntag fuhren sie nach dem Frühstück durch die Fischerorte in der Umgebung. In einem kleinen Hafen sahen sie einen alten Kutter einlaufen. Der Fang wurde in hölzernen Kisten an Land gebracht, auf gehacktem Eis lagen flache, graue Fische. »Wie das riecht«, sagte Ruth. »Wenn ich schwanger wäre, würde mir jetzt schlecht.« Sie aßen in einem Lokal am Hafen, saßen noch eine Zeitlang auf einer Bank am Marktplatz und fuhren dann zurück zum Hotel. »Noch mal ans Meer?« sagte Volker. Ruht nickte und brachte das Kissen an seinen Platz.

Auf dem Kamm des Deiches weideten Schafe. Eine Gruppe junger Radfahrer kam vorbei, mit farbigen Packtaschen auf den Rädern und Kartenständern über den Lenkern, sie grüßten herüber. Leute lagen auf Strohmatten am Strand, einige im Badezeug, gegen den Wind hatten sie gestreifte Zeltbahnen an Stangen aufgestellt und mit Schnüren befestigt. »Die sind mutig«, sagte Volker. Sie stiegen vom Deich hinab und gingen bis dahin, wo der Sand fest und dunkel wurde. Es war Ebbe, in schmalen Rinnen stand das Wasser, er roch nach Salz und Tang.

»Wir könnten im Sommer wiederkommen«, sagte Ruth. »Genau hierhin. Ein bißchen mehr Betrieb schadet ja nicht.«

Volker tippte sich an die Stirn. »Und was sagen wir, wo das Kind ist? Im August müßte es gerade geboren sein.«

Ruth ließ den Kopf in den Nacken fallen. »Mann!« sagte sie laut. Sie gingen noch eine Strecke, bis Volker Ruth am Arm faßte. »Schau dir das an«, sagte er. »Ein ganz Harter.« Aus einem kleinen See zwischen den Rinnen stieg gerade ein älterer, weißhäutiger Mann mit Glatze und wenigen langen, dunklen Haaren, die ihm über die Ohren hingen. Er lief armeschlenkernd zu einem karierten Handtuch, das neben einem Kleiderhaufen ausgebreitet im Sand lag. Damit frottierte er sich laut prustend und auf der Stelle hüpfend ab.

»Ist es nicht zu kalt?« sagte Volker, als sie herangekommen waren. »Oder zu gefährlich?«

»Eine Frage des Verhaltens«, sagte der Mann. »Und natürlich der Kenntnisse.« Mit schnellen Bewegungen zog er sich das Handtuch quer über den Rücken, dann beugte er sich nach vorne und rieb seine Schenkel. »Es gefällt Ihnen hier?« sagte er.

»Ja«, sagte Volker. Er wies über die Schulter. »Wir wohnen da hinten. In dem Holzhaus.«

»Ich weiß«, sagte der Mann. »Beim ›Deichgrafen‹. Wie ich selbst.«

»Ich glaube, wir haben Sie nicht gesehen.«

»Man übersieht mich leicht.« Der Mann strich sich über den Bauch. »Trotz der Fülle. – Und ich höre, die Frau Gemahlin ist in besseren Umständen, hier, meerumschlungen sozusagen. Weiß man schon, was es werden soll?«

»Nein«, sagte Volker, aber es sei ja noch so lange hin, mindestens drei Monate.

»Ach, lange«, sagte der Mann und warf das Handtuch zu Boden. »Was ist schon lange? Im Oktober sechzehnvierunddreißig war hier Sturmflut. Vier Stunden Stärke Zwölf, dann war alles wieder ruhig. Die Dämme brachen nicht, ich sage Ihnen, sie zerflossen. Die Höfe wurden einfach fortgespült, alles ins Meer. Am nächsten Tag hat die Sonne geschienen. Vier Stunden! Ich frage Sie, ist das lange?«

»Nun ja«, sagte Volker, es habe eben jeder seine eigene Zeitrechnung.

»Ich verstehe«, sagte der Mann. Er zog eine helle Hose und ein rotes Hemd an. »Hier rechnete man früher von Sturmflut zu Sturmflut. Manchmal kam sie Jahr für Jahr, dann Jahrzehnte nicht. Dem einen nahm sie nach und nach alles, andere sind gestorben, ohne sie zu erleben.«

Ruth faßte Volker am Ärmel. »Mein Rücken«, sagte sie. Volker nickte ihr zu. »Ich denke, wir müssen gleich«, sagte er. »Sie scheinen sich in der Gegend auszukennen.«

»Zum achtzehnten Mal hier in diesem Jahr«, sagte der Mann. »Es wird zur Leidenschaft.«

Volker nahm Ruth in den Arm. »Dann kennen Sie vielleicht etwas Besonderes hier in der Nähe. Morgen ist nämlich unser fünfter Hochzeitstag.«

»Da muß ich nachdenken«, sagte der Mann. »Auf Anhieb nichts Passendes. Aber wir wohnen ja unter einem Dach. Wenn es mir einfällt, sage ich Bescheid.«

»Vielen Dank.« Volker hob die Hand, und sie gingen weiter.

»Was war denn das für einer?« sagte Ruth, als sie ein Stück entfernt waren.

»Neptun«, sagte Volker. »Oder der Geist des Deichgrafen. Ich weiß nicht.«

»Gut, daß ich das Kissen anhatte. Der kommt uns doch nicht nach?« Ruth drehte sich um. Der Mann war verschwunden. »Gott sei Dank«, sagte sie.

Den Abend verbrachten Volker und Ruth wieder auf dem Zimmer. Sie hatten überlegt, bis Mitternacht wach zu bleiben, doch gegen zehn fielen Ruth vor dem Fernseher die Augen zu. Am nächsten Morgen um acht stand Volker auf, zog die Gardine beiseite und öffnete das Fenster. Der Himmel war wolkenlos und strahlend blau, der Wind hatte abgeflaut. Ruth drehte sich zum Fenster und bedeckte die Augen mit der Hand. Dann küßten sie sich. Hand in Hand gingen sie ins Frühstückszimmer; da erwarteten sie der Hotelier und die Frau. Auf ihrem Tisch stand ein kleiner Blumenstrauß.

»Meinen Glückwunsch«, sagte der Hotelier. »Und Ihnen dreien Gesundheit und alles Gute.« Die anderen Gäste applaudierten. Volker sah sich um, der Mann vom Strand war nicht darunter. »Danke«, sagte er dann, in beider Namen. Und sie könnten sich nicht vorstellen, den Tag an einem schöneren Ort und in netterer Umgebung zu verbringen.

»Was wollen Sie unternehmen?« sagte der Hotelier.

»Nichts Besonderes eigentlich«, sagte Volker. »Vielleicht fahren wir hoch bis zur Grenze.« Der Hotelier nannte den Namen eines Restaurants in der Grenzstadt. Dorthin sollten sie gehen. »Ein bißchen zum Feiern«, sagte er.

Nach dem Frühstück wartete Volker unten im Flur auf Ruth, sie hatte sich umziehen wollen. Als sie auf dem Treppenabsatz erschien, blies sie die Backen auf und schlug den Mantel zurück. Sie trug ein enges schwarzes Kleid, das Kissen hatte sie mit dem Gürtel darübergeschnürt. Sie schloß den Mantel wieder, und zusammen traten sie aus der Tür.

Am Fuß der Treppe zum Parkplatz stand ein metallicfarbener Opel *Rekord*. Auf die Motorhaube war ein Strauß weißer Stoffblumen montiert, auf die Beifahrertür eine Fünf im Lorbeerkranz aus goldener Pappe. Neben dem Wagen stand der Mann vom Strand. Er trug einen weiten, hellen Anzug und ein weißes Hemd. In der Hand hielt er eine große, rote Blume. »Meine Verehrung«, sagte er, als die beiden hinuntergestiegen waren, machte eine Verbeugung und reichte Ruth die Blume. »Und meinen Glückwunsch. Ich hatte Ihnen versprochen nachzudenken. Gesagt, getan. Und dann ist es mir eingefallen.« Er öffnete die Beifahrertür. »Wenn ich bitten darf einzusteigen. Es ist nur eine kleine Reise, keine Störung Ihrer Pläne, hoffe ich jedenfalls.«

»Wohin?« sagte Volker.

Der Mann schlug leicht auf das Dach des Wagens. »Kann nicht verraten werden. Aber wie gesagt, es dauert nicht lange. Die Rückfahrt ist natürlich inklusive.«

»Na dann«, sagte Ruth. Sie raffte den Mantel über dem Bauch zusammen, beim Einsteigen rutschte ihr Kleid nach oben. Der Mann schloß die Beifahrertür, ging um den Wagen und stieg ein. Volker setzte sich auf die Rückbank. Sie fuhren los.

»Das Wetter ist ein Zeichen«, sagte der Mann, als sie in die Durchgangsstraße einbogen. »Der wärmste April seit Jahren.«

»Und was heißt das?« sagte Volker. »Sturmflut? Oder schlechter Fang?«

Der Mann hob kurz die Hände vom Lenkrad. »Schwer zu sagen.« Er schaute zu Ruth hinüber. »Aber Sie kennen das jetzt sicher, ich meine: schlechte Zeichen, gute Zeichen.« Er holte ein weißes Seidentuch aus dem Handschuhfach und reichte es ihr. »Gleich, für den Kopf«, sagte er. »Es ist kaum Wind heute, aber man geht besser auf Nummer Sicher.«

Nach etwa zwei Kilometern fuhren sie in eine Straße, die wieder zum Meer führte, dann unterhalb des Deichs über einen befestigten Weg, der bald vor einem Gatter endete. Der Mann hielt an. »Wir sind da«, sagte er, stieg aus und öffnete die Beifahrertür. »Es war nicht anstrengend?«

Ruth schüttelte den Kopf. Der Mann bog das Gatter zur

Seite, ging voraus einen von Gras überwucherten Weg, dann stieg er eine Treppe aus Holzbalken den Deich hinauf. »Sie halten Ihre Frau!« rief er herab, als die beiden ihm folgten. Oben band Ruth sich das Tuch um den Kopf. Der Mann wies aufs Meer hinaus. Es sei jetzt Flut, und ob sie die flachen Felsen direkt am Ufer sähen?

»Sicher«, sagte Volker.

»Das sind die Weissager. Eine Art Orakel für die Leute hier.«

»Ich verstehe nicht«, sagte Volker.

»Passen Sie auf! Es ist ideal heute, kaum Wind und ruhiger Seegang.« Gerade rollte eine Welle über die Steine, das Wasser lief auf dem dunklen Sand aus und wich zurück. »Jetzt schauen Sie! Da!« Zwischen den Steinen stieg eine Fontäne empor, einen Meter hoch, vielleicht zwei, und mit einem Klatschen, das bis auf den Deich zu hören war, fiel das Wasser zurück.

»Wie ist das möglich?« sagte Volker.

Der Mann zuckte die Schultern. »Etwas Physikalisches«, sagte er. »Die Lage der Felsen, oder so was. Der Wirt im ›Deichgrafen‹ kann es erklären.«

»Aber warum ist das ein Orakel?« sagte Ruth.

»Da! Schauen Sie!« Wieder war eine Welle über die Steine und zurück gerollt, aber die Fontäne blieb aus. »Man kann es nicht vorhersagen«, sagte der Mann. »Mal passiert es, mal passiert es nicht. Also! Wenn man etwas wissen will, dann zeigt man auf die nächste Welle und sagt, zum Beispiel: Wenn es hochspritzt, wird es ein Junge.« Er lachte. »Aber man muß ehrlich sein. Nur einmal. Und immer vor Zeugen.«

»Muß das sein?« sagte Ruth.

»Warum nicht«, sagte Volker. Er zeigte aufs Meer. »Die Welle da hinten. Seht ihr sie?«

»Ganz genau«, sagte der Mann.

»Fontäne ist Junge, keine Fontäne ist Mädchen. Abgemacht?«

»Abgemacht«, sagte der Mann.

Die Welle kam und ging. Es blieb still. Bei den nächsten beiden Wellen schoß der Strahl in die Höhe.

»Das war eindeutig«, sagte der Mann. »Ich darf Ihnen gratulieren. Wenn es nach der Mutter gerät, wird es eine Schönheit.«

»Danke«, sagte Volker. Dann sah er auf die Uhr. »Wirklich interessant. Aber wir wollten noch hoch zur Grenze.«

»Selbstverständlich«, sagte der Mann. Sie stiegen den Deich hinunter und fuhren zurück zum Hotel. Volker und Ruth verabschiedeten sich und setzten sich in ihren Wagen. Ruth legte die rote Blume auf das Armaturenbrett, Volker startete den Motor. Auf der Durchgangsstraße mußten sie eine Zeitlang hinter einem langsamen LKW bleiben, bis die Gegenspur frei war zum Überholen. »Was sollte ich denn tun?« sagte Volker, als er wieder rechts einscherte. »Er hat es ja gut gemeint.«

»Weiß ich selbst.« Ruth griff sich an den Kopf. »Mein Gott, ich habe ja noch sein Tuch an.« Sie band es ab und faltete es zusammen. Dann öffnete sie den Mantel und löste den Gürtel um das Kissen.

»Gib es ihm heute abend«, sagte Volker. »Übrigens, laß uns das sonst niemandem sagen, die Sache mit dem Kissen. Ich finde, das geht nur uns beide an. Oder?«

»In Ordnung«, sagte Ruth.

Noch vor Mittag erreichten sie die Grenze, wegen des Ausflugsverkehrs mußten sie eine halbe Stunde warten. In der Grenzstadt machten sie einen Bummel, ein paar Geschäfte hatten geöffnet, die Straßen waren voller Menschen, auf dem Marktplatz stand ein Mann mit einer großen alten Drehorgel, ein Affe lief umher und sammelte

Geld in einer Messingdose. An einem Stand aßen Volker und Ruth einen salzigen Hering. Kurz darauf fanden sie das Restaurant, das der Hotelier genannt hatte, dort ließen sie für sechs Uhr einen Tisch reservieren. Bis dahin wollten sie noch aufs Geratewohl durch die Gegend fahren. Später hielten sie dann an einem kleinen Fluß. Ein Fischerboot lag dort auf dem Trockenen, zwei Männer kratzten Algen und Muscheln vom Rumpf. Volker und Ruth setzten sich ins Gras und sahen zu.

»Wo wir wohl in fünf Jahren sind?« sagte Ruth.

»Und erst in zwanzig«, sagte Volker. »Stell dir vor, wir und Silberne Hochzeit. Übrigens, Rainer und Kristin haben im selben Jahr Silberne Hochzeit, wir könnten zusammen feiern.«

»Was du redest!« sagte Ruth. Silberne Hochzeit sei doch nicht wie Geburtstag. Außerdem hätten sie nicht denselben Bekanntenkreis. Oder ob er an seiner Silbernen Hochzeit Leute sehen wolle, die er gar nicht kenne?

»Ich weiß überhaupt nicht, was ich an meiner Silbernen Hochzeit will.« Volker stand auf und zeigte hinüber zu den Männern am Boot. »Ich dachte, so kleine Fischerboote gibt es gar nicht mehr.«

»Du siehst ja, was es hier alles gibt«, sagte Ruth. »Fischerboote, spuckende Felsen, Deichgrafen und alles mögliche.«

»Wird dein Kleid nicht schmutzig?« sagte Volker.

Ruth fuhr mit der Hand über das Gras. »Total trocken«, sagte sie.

Später machten sie noch in einem kleinen Ort halt und besichtigten die Kirche, in der von der Decke herab ein großes altes Schiffsmodell hing, dann fuhren sie wieder in die Grenzstadt und aßen in dem Restaurant zu Abend. Es gab Fisch in einer scharfen Soße, dazu tranken sie einen herben Wein. Mit der Rechnung brachte der Wirt zwei

Gläser gelblichen Rum. Ruth nippte daran und schüttelte sich. Volker trank beide Gläser. Im Dunkeln fuhren sie zurück zum Hotel.

»War das ein schöner Hochzeitstag?« sagte Volker.

Ruth nahm die Blume vom Armaturenbrett und wikkelte das Seidentuch um den Stiel. »War es«, sagte sie.

»Wir machen das jetzt jedes Jahr. Einverstanden?«

»Und wenn kein Wochenende ist?«

»Es muß ja nicht genau auf den Tag fallen«, sagte Volker. »Siehst du schon das Schild?«

»Da hinten«, sagte Ruth.

Sie bogen ab, hielten auf dem Parkplatz und stiegen aus. Volker ging voran. Ruth hatte noch die Blume in der Hand, den Mantel trug sie über dem Arm. So traten sie ein. Vor dem Tresen standen der Hotelier, die Frau und der Mann vom Strand.

»Guten Abend«, sagte der Hotelier. Volker grüßte zurück und ging weiter zur Treppe. Ruth blieb in der Tür stehen. Die drei blickten sie an.

»Guten Abend«, sagte Ruth.

Volker war schon auf der Treppe. Jetzt drehte er sich um. »Ach du je«, sagte er. Die drei sahen zu ihm hoch.

Volker hob ein wenig die Arme zur Seite und ließ sie wieder fallen. »So ist das«, sagte er. »Manchmal geht alles ganz schnell.« Er winkte Ruth, aber die blieb in der Tür und hielt den Mantel vors Kleid gedrückt. Volker stieg die Stufen wieder herab. »Es hat auch sein Gutes«, sagte er. »Kinder sind immer ein Risiko. Und die Zeiten sind unsicher.« Am Fuß der Treppe blieb er stehen; die drei am Tresen schwiegen.

»Das ist so«, sagte Volker. »Man trifft eine Entscheidung, und ganz plötzlich kommt alles ins Rollen. Und dann steht man nur noch daneben und sieht zu. Das ist weiß Gott nicht jedermanns Sache. Aber Sie kennen das hier am besten.« Er faßte den Mann vom Strand beim Arm. »Die Sturmfluten zum Beispiel.«

»Können wir bitte fahren«, sagte Ruth. »Sofort!« Dann drehte sie sich um und ging durch die Tür.

»Sie hören es«, sagte Volker. »Man soll Frauen immer nachgeben. Besonders unter solchen Umständen.« Er legte den Zimmerschlüssel auf den Tresen; aus seiner Brieftasche nahm er den Personalausweis und ein paar Geldscheine. »Als Pfand«, sagte er. »Schicken Sie mir bitte alles. Es sind zwei Stücke, ein Koffer und eine Reisetasche.«

»Wie Sie wünschen«, sagte der Hotelier.

Volker trat aus dem Haus, da stand Ruth schon auf dem Parkplatz beim Wagen. »Warte!« rief er ihr zu. »Ich komme.«

GUNTRUN MÜLLER-ENSSLIN

Vamos a la playa

Robert legte Messer und Gabel neben die bleichen Hühnerknochen und Knorpelstücke, die er am Rand seines Tellers zu einem sauberen Häufchen aufgeschichtet hatte. Beifallheischend äugte er zu seiner Mutter hinüber, weil die doch immer predigte: »Auch im Urlaub muß man Ordnung halten!«

Doch Mama sagte gerade was zu Papa, Robert konnte es nicht verstehen. Ein Geschnatter war das in dem überfüllten Restaurant, und die Luft erst! Gott sei Dank schnalzte Papa gerade jetzt mit den Fingern, es ging also ans Bezahlen. Aber nein: Als der Kellner herbeieilte, mit einer Schweißfahne im Schlepptau – igitt! –, da bestellte Papa noch ein Viertel Vino Tinto, obwohl seine Nase schon so rot war wie die von Clown Hicks. Der hatte am letzten Schultag bei den Viertkläßlern, zu denen Robert gehörte, eine Vorstellung gegeben.

Woher Papa bloß seine gute Laune nahm? Nachher auf dem Nachhauseweg würde er mit schmalziger Stimme ›Wenn bei Capri die rote Sonne im Meer versinkt‹ anstimmen. Dabei waren sie nicht auf Capri, sondern an der Costa Brava, und die Sonne dachte noch längst nicht ans Untergehen! Im Gegenteil: Wie sie zu der breiten Fensterfront hereinknallte, geradezu unverschämt! Papa hatte alle Hände voll zu tun, mit dem Taschentuch die winzigen Schweißperlen auf seiner Stirn aufzufangen, ehe sie auf seinem Gesicht Wettrennen veranstalteten und auf das Hemd hinunterplumpsten.

Die Schwingtür von der Küche flog auf und wieder zu und schleuderte fettgetränkten Pommes-frites-Mief herein. Der Luftschwall ließ Mamas kurze blonde Haare wie einen Heiligenschein um ihr Gesicht herum zu Berge stehen. Im Vorbeischliddern schmetterte der Kellner die Karaffe Vino Tinto auf den Tisch und war schon wieder verschwunden, ehe Papa mit seinen Peseten-Scheinen wedeln konnte. Robert rutschte von seinem Stuhl.

»Ich geh' schon mal raus.« Er warf einen fragenden Blick zu Jörg hinüber, aber sein cleverer Bruder blieb. Er rechnete sich wohl noch ein Schlückchen aus Papas Weinglas aus, obwohl er auch erst dreizehn war.

Robert drückte sich an Tischen und Stühlen vorbei. Am Eingang fiel ein Schatten auf ihn. Er verrenkte den Hals und sah an der massigen Gestalt von Herrn Hagelkorn empor, der mit seinen fünf Fifis zur Tür hereindrängte. Hinter den Fifis kamen, schmal wie zwei Striche, die schmächtige, blasse Frau von Herrn Hagelkorn und Roy, sein noch schmächtigerer blasser Sohn. Die beiden sahen aus wie die farblosen unansehnlichen Nachtfalter, die morgens benommen im Treppenhaus ihres Ferienquartiers auf dem Fußboden lagen.

Frau Hagelkorn blieb stehen und verzog die Lippen zu einem Lächeln.

»Schon fertig mit dem Mittagessen, Robert?« Sie sagte »feeatig«.

Robert nickte.

Frau Hagelkorn zog Roy, der fast so groß war wie sie, an ihre Seite und versicherte: »Roy kommt gleich nachher mit dir schwimmen, nicht wahr, Süßer?«

Doch Roy verzog sein nachtfalterfahles Gesicht und sagte weinerlich: »Ich maag aber nicht schwimmen!«

»Zum Glück!« dachte Robert. Er nickte den Hagelkorns zu und verließ die Pizzeria. Draußen setzte er sich im

Schatten einer Hauswand auf den Boden. Irgendwas in seiner Hosentasche drückte auf seinen Allerwertesten. Aha! Das kleine rote Spielzeugauto, das Jörg an der Losbude gewonnen und ihm geschenkt hatte! Außerdem kamen noch ein paar spanische Geldmünzen und eine zerbrochene Miesmuschel zum Vorschein.

Robert ließ das Auto geräuschlos um die Peseten und um die Muschelstücke herumkurven, die aussahen wie Scherben von Mamas blauweißen Porzellantassen. Er blickte genau zur rechten Zeit auf, um seine Eltern und Jörg unter der Heineken-Reklame ins Freie treten zu sehen. Papas hellblaues Hemd spannte ganz unanständig über dem Bauch. Auf seinem Gesicht lag ein Lächeln, das zugleich selig und ein bißchen blöde wirkte.

»Gehn wir, Söhnchen«, sagte er und formte dabei die Silben im Zeitlupentempo, »wenn bei Capri ...«

»Ich hab's gewußt«, murmelte Robert. Und jetzt mußte Mama Papa wie jeden Mittag nach dem Essen unterhaken und sich seinem etwas schleppenden Schritt anpassen, während sie alle zusammen zum Ferienappartement zurückgingen.

Robert zog seine Baseballmütze ins Gesicht. Trotz der leichten Brise vom Meer her war es glühend heiß. Erst gegen vier Uhr würde die Sonne hinter den Betonburgen verschwinden, die dicht an dicht die Promenade säumten. Robert schaute auf die andere Seite zum Meer hinüber. Wie glatt es dalag, fast wie ein Spiegel! Davor brutzelten auf Liegestühlen und Badetüchern fettgetränkte Leiber in der Sonne; Männer mit grauen Haaren auf der Brust und goldenen Hundeketten um den Hals trugen Radios und Sonnenbrandbäuche, rot wie Feuermelder, spazieren. Robert betrachtete sie angeekelt und fasziniert. Trotz der Bullenhitze hatte er keine Lust zum Baden. Was hatte Jörg zu ihm gesagt, als ihre Mutter ihnen das Ziel des diesjährigen

Sommerurlaubs verraten hatte? Er, Robert, hatte ein langes Gesicht gezogen, und Jörg hatte gegrinst: »Ist doch spannend, Mensch! Du trittst auf die Füße von anderen, und andere treten auf deine, und so heiter, und so weiter ...«

Von wegen! Robert hatte nun schon vier Tage lang ausgiebig Gelegenheit gehabt, auf den Füßen wildfremder Sonnenanbeter rumzutreten und sich treten zu lassen, doch er fand das Getümmel weder spannend noch heiter. Erst heute morgen hatte jemand Sonnenöl auf seinem Rücken verschüttet, eine besonders scheußliche Marke, es roch nach Kokosmakronen, und die mochte Robert überhaupt nicht. Gleich am ersten Tag hatte eine wabbelige bayerische Dame seine nagelneue Armbanduhr zertreten, eine wasserdichte war es gewesen, doch gegen hundert Kilo Lebendgewicht hatte sie keine Chance gehabt. Ein dutzendmal jeden Vormittag fielen Dreikäsehochs über Roberts Beine, wenn er im Sand lag und schmökerte; sie plärrten und verschmierten ihre Rotznasen auf seinen Fußsohlen, so daß der Sand an ihnen klebenblieb. Nur im Wasser war es schön, vorausgesetzt, man war erst mal drin und schwamm weit genug hinaus. Das Theater dagegen im Seichten: Knirpse spritzten sich gegenseitig voll und machten Pipi; oder eine Tussi grabschte panisch nach ihrer herzchenförmigen Sonnenbrille, die über die Wellen davonritt.

Sie kamen jetzt an der Dinosaurierwirbelsäule vorbei. Robert bedachte die schneeweiße Wendeltreppe, die von der Strandpromenade zum Spielkasino hinaufführte, mit einem liebevollen Blick. Irgendwann war der letzte Dinosaurier nach seiner Wanderung übers Gebirge hierher ans Meer gekommen. Natürlich hatte er nicht wissen können, daß er der Letzte seiner Gattung war. Und so hatte er, um Ausschau zu halten nach Artgenossen, den Hals um die eigene Achse gedreht, einmal und noch einmal und noch einmal, bis sich seine Wirbelsäule spiralförmig aufgewickelt hatte. Nach seinem Tod hatte die Sonne sein Skelett, seine Wirbelknochen gebleicht, die gleichen Wirbelknochen, auf denen heute jeden Abend bei Sonnenuntergang parfümbestäubte Damen und Herren zum Spielsaal hinaufstiegen. Wenn sie ahnten, welches Fossil sie dabei erklommen!

Aber nichts wußten sie, die Erwachsenen, rein gar nichts! Wie Pfauen stolzierten sie über die Strandpromenade, um sich bewundern zu lassen mit ihren Sonnenbrandnasen und den Ausschnitten, die bis zum Bauchnabel reichten! Alles was wirklich interessant war, übersahen sie. Zum Beispiel die fliegende Untertasse weiter vorne bei der Aussichtsplattform. Als sie zum ersten Mal spazierengegangen waren, hatte Robert auf die stählerne Halbkugel gedeutet, die wie eine altmodische Teekanne auf drei Füßen stand, und seinen Vater gefragt: »Was ist denn das?« Papa hatte dem metallisch glänzenden Ungetüm nur einen halben Seitenblick gegönnt und achselzuckend gemurmelt: »Keine Ahnung. Moderne Kunst eben, was weiß ich! Sieht doch immer aus wie von einem anderen Stern, das Zeug.«

Bei Papas letzten Worten war Robert ein Kronleuchter aufgegangen. Natürlich – das Stahliglu war ein UFO, das vor Monaten hier zur Landung aufgesetzt hatte! Darauf hätte er auch gleich kommen können! Und wenn er richtig kombinierte, hatten seine Insassen bei ihrem ersten Erkundungsgang die Richtung verloren und tappten heute noch irgendwo in den eintönigen Straßenschluchten zwischen den Hotelburgen herum. Wenn man mal einen zu Gesicht bekäme! Vielleicht müßte er, Robert, an den Straßenkreuzungen verschiedenfarbige Wimpel aufstecken, damit die Außerirdischen sich besser orientieren konnten und zu ihrem Raumschiff zurückfanden; er selbst würde sich dann dort auf die Lauer legen.

Mama und Papa blieben beim Kettenkarussell stehen und wandten sich zu ihm und Jörg. Papa sah aus, als könnte er nur mühsam die Augen offenhalten. Mama nahm ihre Sonnenbrille ab, blinzelte und deutete zum Horizont, wo Himmel und Meer ineinander übergingen. Ein paar kleine Wolken schwammen wie Sahnehäubchen auf dem Wahnsinnsblau, das schon zum Himmel gehören mußte.

»Hoffentlich gibt es keinen Regen«, sagte Mama und bekam ihre kleine steile Falte auf der Stirn.

Papa nickte zum Kettenkarussell hinauf, als hätte er dort einen Bekannten entdeckt, und schlug mit schwerer Zunge vor: »Wollt ihr mal fahren, Söhnchen?«

Es war nur so, daß das Karussell tagsüber gar nicht in Betrieb war. Robert starrte zu den Sitzen hinauf, die verwaist in den Ketten hingen. Abends schwebte hier manchmal Roy Hagelkorn mit seinem aufblasbaren Gummikrokodil im Arm vorbei, so mager und durchsichtig wie ein Geist. Das feiste Krokodil mit seinen dreisten Glotzaugen sah hundertmal echter aus als Roy. Robert war immer darauf gefaßt, daß es sich allein im Sitz breitgemacht hatte, wenn der das nächste Mal hinter dem Mittelpfeiler des Karussells hervorschwang. Unten versuchte währenddessen das Ehepaar Hagelkorn die fünf Fifis in Schach zu halten. Die machten nämlich einen Mordszirkus, kläfften und verwurstelten sich an ihren Leinen, wenn Roy oben vorbeiflog.

Neben dem Karussell stand die Schießbude, und die war in Betrieb. Jörg gab Robert einen Schubs und zischte: »Vater scheißt für Mutter eine Rose.«

Robert zog eine Grimasse: »Sagenhaft witzig. Dir fällt auch nichts Neues ein!«

Immer wenn sie zusammen an einer Schießbude vorbeigingen, mußte er sich diesen Satz anhören. Im letzten Schuljahr, als Robert noch in der dritten Klasse gewesen war, hatte er eine Jahrmarktgeschichte aus dem Lesebuch abschreiben müssen, in der dieser Satz vorkam. Bei einem

Wort hatte er dummerweise zwei Selbstlaute miteinander verwechselt, und Jörg bekam es nicht satt, ihn damit aufzuziehen.

Hinter dem Hotel Corrida tauchte jetzt die Residencia Cádiz, ihr Feriendomizil, auf. Robert hatte sich mit Jörg immer noch nicht geeinigt, ob es nun 88 Appartement-Balkone waren, die an der Südfront aufs Meer hinausschauten, oder nur 86. Er blickte an dem Betonklotz hinauf, der aussah wie eine oben abgeschnittene Pyramide, und suchte das Balkonloch, in dem er nachher sitzen, schwitzen und den in der Sonne schnarchenden Nachbarn lauschen würde. Sein Badehandtuch mit dem Palmenmuster flatterte an der Wäscheleine wie ein blaugrüner Schmetterling. Das weiße Pünktchen daneben war Papas Sonnenhut.

Sein Vater drehte sich um und sagte augenzwinkernd: »Na, wollen wir mal sehen, was Frau Oprimir macht?«

»Au ja!« Roberts Gesicht hellte sich auf.

Sie traten in die dämmrige Eingangshalle und blieben vor dem Aufzug stehen.

»Wer klingelt?« fragte Papa.

Robert drückte feierlich auf den roten Knopf, über dem in Großbuchstaben »OPRIMIR« stand. Der Fahrstuhl ließ auf sich warten.

»Ungeheuerlich, so was!« blaffte Papa in gespielter Entrüstung, »Frau Oprimir liegt natürlich wieder mal mit Ohropax im Bett und schläft! Um diese Zeit!«

Jörg rollte die Augen zur Decke. »Rate mal, was Papa als nächstes tun wird, sobald er oben angekommen ist!« sagte er zu Robert.

»Er legt sich ins Bett und hält Mittagsschlaf«, trompetete Robert und grinste. »*Falls* er je oben ankommt.«

Seine Mutter lachte. »Worauf ihr euch verlassen könnt!« sagte sie, denn jetzt kam der Aufzug. Während die Kabine sie nach oben trug, wandte sich Papa mit einer saftigen

Moralpredigt an Frau Oprimir. Robert wußte genau, wie sie aussah, auch wenn Papa ihm am ersten Abend verraten hatte, daß »Oprimir« einfach »Drücken« hieß, nicht mehr und nicht weniger. Frau Oprimir war alt und verschrumpelt, und sie hielt die linke Gesichtshälfte vorgeneigt, während sie Papa zuhörte, denn auf dem rechten Ohr war sie schwerhörig. In ihren Augen blitzte ein freundlicher Schalk. Sie nahm es nicht allzu tragisch, wenn Papa sie anmotzte. Ihre Haut und ihre dünnen Löckchen hatten genau die gleiche Farbe wie die Holzmaßerung der Aufzugwand, und in die konnte sie sich nach Belieben zurückziehen.

Im Appartement angekommen fielen Papa und Mama augenblicklich in ihre Betten. Durch die angelehnte Tür hörte Robert die Bettfedern in einem mißtönenden Konzert jammern, bis die beiden die richtige Lage zum Schlafen gefunden hatten. Dann war es still. Auch Jörg hatte sich in sein Bett verzogen. Robert ging zum Fenster und drückte die Nase gegen die Scheibe. Sogar die fühlte sich heiß an, und es gab einen herzchenförmigen Fleck von seinem Atem. Er starrte auf das Gewimmel unten am Strand. Spielzeugfigürchen mit hummerroten Beinen liefen zwischen Puppenschirmen und Strandkorbklötzchen umher. Die kleinen Wellen, in denen das Meer auf dem Sand auslief, sahen aus wie die weiße Kräuselspitze, die Mamas blaue Küchenschürzen zu Hause säumten. Weit hinten am Horizont zog ein Schiff, eine fette weiße Made, vorbei. Der dünne Rauchfaden aus seinem Schornstein stieß an eine der Sahnewolken, die größer geworden waren und pausenlos ihre Gestalt veränderten. Eben zottelte ein geripptes Zebra mit zu langen Beinen am Himmel entlang; ein Elch mit mächtigem Geweih verfolgte es.

»Wenn ich nur auf ihren Rücken steigen und mit ihnen zusammen um die Welt gondeln könnte!« dachte Robert.

Doch einen Augenblick später hatte sich das Zebra schon in ein Seepferdchen und der Elch in eine Hexe mit Hakennase verwandelt.

Im Treppenhaus quietschte die Lifttür, Hundegejaul ertönte und kündigte die Rückkehr der Hagelkorns an.

»Nun iß doch dein Eis, Süßer! Guck mal, es tropft schon auf die Erde!« Die Stimme von Frau Hagelkorn klang ziemlich hysterisch. Sie sagte »Eeade«!

»Ich maag aber kein Eis mehr«, nörgelte Roy.

Robert dachte verächtlich: »So ein Suppenkasper!«

Vor ihm am Himmel trieb der Suppenkasper vorbei, seine Beine steckten in wolligen weißen Schnabelschuhen, und er war dünn wie ein Fädchen. Im Nachbarappartement ging die Meckerei inzwischen weiter. Roys und Frau Hagelkorns wehleidige Stimmen piepsten im Wechsel, bis ein donnernder Schlag dem Duett plötzlich ein Ende machte. Robert grinste.

»Herr Hagelkorn ist vom Tisch gesprungen«, sagte er zu sich selber. Einen Moment lang war es mucksmäuschenstill. Dann startete Hagelkorns Baßstimme zu einer Schimpfkanonade, und Roy stimmte ein Gebrüll an, als würde er geschlachtet. »Wie der das überhaupt hinkriegt!« wunderte sich Robert und dachte an Roys schmächtigen Brustkorb. Gleich darauf wurde drüben eilfertig ein Radio angedreht – bestimmt eine Idee von Frau Hagelkorn! Doch nur ein Düsenjäger hätte wohl das Höllenspektakel übertönen können.

›Vamos a la playa.‹ Robert äffte das Gedudel des Ohrwurms nach. Am Himmel hatten sich die Spinnenbeine vom Suppenkasper in den weit aufgerissenen Schlund eines Krokodils verwandelt. Mit dem feurigen Auge der Sonne zwinkerte es auf das Treiben am Strand hinunter.

Robert drehte sich um und schlich ins Schlafzimmer. Sein Vater lag auf dem Rücken, und aus seinem offenen

Mund drangen unregelmäßige gurgelnde Schnarchlaute. Robert rüttelte ihn an der Schulter.

»Papa«, sagte er halblaut, »können wir nicht mal in den Zoo gehen?«

Die Schnarchtöne verstummten.

»Was? ... Wer will in den Zoo gehen?« grunzte Papa im Halbschlaf. Mama drehte sich im Bett um und blinzelte ihn schlaftrunken an.

»Was ist denn los?«

»Können wir nicht mal zusammen in den Zoo gehen?« wiederholte Robert eindringlich. Wie konnten sie nur schlafen bei dem Hexensabbat nebenan?! Doch sein Vater wurde jetzt wach und starrte ihn an, als hätte er ihn gebeten, eine Reise ins All mit ihm zu machen.

»In den Zoo? Hier? Hier gibt's keinen Zoo. Geh doch schwimmen, Söhnchen!«

»Ich mag nicht schwimmen«, erwiderte Robert störrisch.

»Nun gib doch Ruhe!« Mamas Stimme klang ungeduldig. »Nachher gehen wir Eis essen, ja?«

»Ich mag kein Eis«, sagte Robert finster. Er drehte sich auf dem Absatz um und ging hinaus. Unschlüssig blieb er in der Diele stehen und kaute auf der Unterlippe.

»Auf den Mond schießen sollte man die«, murmelte er, »nein, auf den Mars, den Mars, warte mal ...« Sein Blick fiel auf Papas rotes Adreßbüchlein auf der Anrichte. Er griff danach und verließ die Wohnung. Der Boden im Hausflur war klebrig unter seinen Schuhen, da wo Roys Eis hingetropft war.

Robert fuhr mit Frau Oprimir nach unten. Das Lächeln in ihren Augen war jetzt mitleidig, und sie strich ihm mit der runzligen Hand über den Hinterkopf. Dabei mußte sie sich ein wenig hochrecken, denn sie war kleiner als er. Bedauernd rief sie: »Mamma mia!« und »Poverino!«, auf italienisch, obwohl sie Spanierin war, doch Robert konnte nur ein paar

Brocken Italienisch. Dann fuhr Frau Oprimir auf deutsch mit Akzent fort, er sei doch ein recht einsames Kerlchen, und das war ihm wieder nicht recht, schnell ließ er Frau Oprimir in der Aufzugwand verschwinden und stieg aus.

Die Strandpromenade lag jetzt halb im Schatten. Robert trabte den bekannten Weg entlang. In der Ferne blinkte die Heineken-Reklame, davor die Lichterkette der Schießbude. Vater scheißt für Mutter eine Rose.

Eine Möwe ließ sich vom Wind in die Nachmittagssonne wehen, sie trieb über dem Meer davon wie ein flimmerndes Stück Alufolie. Neidisch blickte Robert ihr nach. Warum konnte er nicht wie die Möwe davonfliegen oder sich an eins der aufgeplusterten Wolkensegel am Himmel hängen?

Er sah die Telefonzelle schräg vor sich und trat ein. Während er mit der einen Hand nach den Münzen in seiner Hosentasche grub, schlug er mit der anderen Papas rotes Büchlein auf. Langsam bewegte er seinen Zeigefinger an den Adressen und Telefonnummern entlang.

Wetzel, Wiedemann, Wohlgemuth, Zahrnt, Zeitansage.

Als sie vorgestern Großmama zu Hause angerufen hatten, hatte Robert wählen dürfen und sich die Vorwahl nach Deutschland gemerkt. Man konnte nie wissen, wozu sie noch gut war. Jetzt ließ er die Münzen in den Schlitz gleiten und drehte gewissenhaft die Wählscheibe. Ein langgezogenes Tuten, zweimal, dreimal. Dann drang die bekannte Stimme von weither an sein Ohr. Sechzehnhuhrzwölfhundzwanzig Sekunden, piep. Sechzehnhuhrzwölfhunddreißig Sekunden, piep.

Robert lehnte sich an die Glaswand der Telefonkabine, preßte die Hörmuschel an sein Ohr und atmete schwer vor Aufregung. Er befand sich in einer gläsernen Raumkapsel kurz vor dem Start zum Mars. Der Countdown lief schon.

Sechzehnhuhrzwölfhundfünfzig Sekunden, piep.

Lothar Schöne

Rigoletto in der Unterwelt

»Goethe war auch schon da. Vor genau zweihundertdrei Jahren.« In Aleksanders Stimme schwang Stolz, als wir vor dem Einstieg zum Schacht standen. »Tatsächlich?« erkundigte ich mich eher teilnahmslos. Kann man denn nichts mehr allein entdecken? »Was hat er denn hier gewollt?« Aleksander schaute mich pikiert an: »Das werden Sie schon noch sehen, wenn wir unten sind.«

Ich befand mich mit Tova und Fred vor dem Eingang zu einem Bergwerk, einem ganz besonderen, dem von Wieliczka in der Nähe Krakaus. Es ist ein Salzbergwerk, und wir hatten beschlossen, ihm unsere Aufwartung zu machen. Berühmtheiten wollen schließlich hofiert werden oder wenigstens besichtigt. Das Taxi war knarrend über marode Landstraßen geholpert. Unser Fahrer schien Angst zu haben, daß sein Fahrzeug beim nächsten Schlagloch zusammenbrechen könnte. Und so umkurvte er die gefährlichen Stellen auf der Straße. Nach einer Weile hatten wir uns mit grünen Gesichtern und trostlosen Mienen angesehen. Auch die Polsterung machte uns zu schaffen. Man konnte sie nur erahnen. Schließlich hielt der Chauffeur vor einem Eingang, über dem in verblichenen Buchstaben »Kopalnia Soli« stand. Nein, nein, bedeuteten wir dem Fahrer, er brauche nicht auf uns zu warten, er solle nur allein zurückfahren. Es war bloßer Selbstschutz, und wir wußten noch nicht, wie vorausschauend wir uns verhielten.

Ein Minenführer, genau einer, war noch anwesend, er

trat plötzlich aus einer dunklen Ecke auf uns zu und wollte unsere kleine Gruppe tatsächlich führen. Er stellte sich als Aleksander vor. Auch wir nannten ihm artig unsere Vornamen. Aleksanders erste Diensthandlung bestand darin, auf die Uhr zu schauen. Dann sah er uns mißbilligend an. »Fast schon zu spät, meine Herrschaften, aber wir werden es wagen.«

»Was meint er mit wagen?« murmelte Tova. Unser Grubenführer aber begann zu erklären: »Unser Salzbergwerk wurde in die erste Unesco-Weltliste des Kultur- und Naturerbes aufgenommen. Sie lernen hier ein einzigartiges Bergwerk kennen von nicht wiederholbaren geologischen und kulturellen Werten. Lassen Sie Ihren Blick fünftausend Jahre zurückschweifen, so erkennen Sie, daß an dieser Stelle eine Salzsiederei existierte. Achtung, die Köpfe einziehen!«

Aleksander sprach ausgezeichnet deutsch, ohne jeden Akzent. Ich erkundigte mich, wo er es gelernt habe. »Wenn man so lange wie ich deutsche Besucher durch die Stollen führt, lernt man die Sprache. Bei Goethe hatte ich noch Schwierigkeiten.« Goethe, Goethe, hört man denn nur noch Goethe, dachte ich, während wir weiter abstiegen und es allmählich kälter wurde.

Nach einer Viertelstunde ununterbrochenen Abstiegs wurde Tova von Bedenken heimgesucht. Wie viele Stufen man noch hinunter müsse, warum es keinen Fahrstuhl gebe? Aleksander winkte mit großer Geste ab. Einen Fahrstuhl gebe es erst, wenn wir wieder hinauf wollten. Im übrigen seien wir erst, er schaute auf ein Schildchen an der Wand, 45 Meter tief, also im Grunde noch an der Erdoberfläche. »Wie tief gehen wir denn?« wollte Fred wissen, und auch in mir stieg allmählich der Gedanke auf, ob wir hier nicht vielleicht in eine Expedition zum Mittelpunkt der Erde geraten waren.

Doch Aleksander ließ sich nicht aus dem Rhythmus bringen. »Das Salzbergwerk von Wieliczka existiert seit siebenhundert Jahren«, klärte er uns auf, »es ist viel älter als das in Salzburg. Siebenhundert Jahre Salzgeschichte! Siebenhundert Jahre Menschheitsgeschichte! Die Stollen haben unermeßliches Leid gesehen. Sie sind 340 Kilometer lang …«

»Halt«, unterbrach ihn Tova abrupt, »340 Kilometer, schön und gut – aber nicht mit mir.«

Aleksander drehte sich schwerfällig nach uns um, die wir auf der Treppe stehengeblieben waren. »Aber meine Herrschaften, Sie werden nur 0,6 Prozent des Bergwerks zu sehen bekommen.«

Tova entwich ein Laut der Erleichterung, während Fred und ich ihm zunickten. So eine Prozentzahl hört sich doch gleich viel freundlicher an.

»Übrigens«, fuhr unser Grubenführer fort und drehte sich um, »steigen wir nur auf 145 Meter Tiefe hinab.«

Tova starrte in einer Mischung aus Entgeisterung und Bestürzung auf seinen Hinterkopf. Als habe er ihren Blick gespürt, erklärte Aleksander: »Der tiefste Stollen liegt 327 Meter unter der Erde. Man ist schneller dort, als Sie denken – wenn Sie mit mir gehen.«

In diesem Moment flackerte das Licht. Es waren einfache Glühbirnen, auf jeder Etage eine. Wir sahen uns in stummem Entsetzen an. Es flackerte noch einmal, dann ging es ganz aus. Dunkelste Nacht herrschte. Ich hörte, wie Aleksanders Schritte sich entfernten. Wüste Phantasien schossen mir durch den Kopf. Wollte er uns hier verhungern lassen? Konnte man sich eventuell von Salz ernähren und wenn ja, wie lange? Und würden wir nach hundert Jahren als Salzleichen nach oben befördert werden, wo Aleksander deutschen Touristen erläuterte: »Seht, so sahen sie damals aus! Sie machten schon auf der Treppe Schwierigkeiten.«

Ich hörte seine Stimme: »Folgen Sie mir. Am Geländer festhalten und immer weitergehen. Ab und zu gibt es einen Stromausfall. Völlig harmlos.« Wir tasteten uns im Gänsemarsch die Stufen hinunter. Aleksanders Stimme drang zu uns, aber warum raunte sie so geheimnisvoll: »Achten Sie auf den Schatzmeister. Er ist allgegenwärtig.«

Tova flüsterte mir zu: »Was spricht der Mann für wirres Zeug. Was meint er mit Schatzmeister?«

Da flackerte es, unsere Schatten huschten über die Wand, die Glühbirne gab sich einen Ruck, und wir standen wieder im Licht. Unser Grubenführer befand sich nur zwei Treppenabsätze unter uns. Nach einigen Minuten erreichten wir ein Plateau. Aleksander war sichtlich stolz auf uns: »Meine Herrschaften, Sie haben 378 Stufen überwunden. Jetzt geht es auf die Strecke. Wie fühlen Sie sich? Wir sind im Bauch der Erde. Spüren Sie es? Das ist ein Lebewesen, in dem wir uns befinden. Haben Sie Ehrfurcht! Wir spazieren in seinen Organen herum. Wir werden etwa vier Kilometer abschreiten.«

Tova sah mich erschrocken an. Ich zuckte mit den Schultern. An die Bergmannssprache muß man sich erst gewöhnen. Und was waren schon vier Kilometer, wenn man sie unter Tage ablaufen kann. Ich schloß zu Aleksander auf und fragte ihn leise: »Was für einen Schatzmeister werden wir sehen?« Die Antwort erhielt ich im Gehen: »Der Schatzmeister, das ist der uralte Geist und Hüter des Salzschatzes. Passen Sie auf! Er tritt in verschiedenen Verkleidungen auf. Manchmal kommt er unerwartet aus der Wand heraus, überquert den Gang mit entsetzlichem Gelächter und verschwindet in der gegenüberliegenden Wand.« Und lauter, als müsse er eine ganze Schulklasse unterrichten: »Dicht zusammenbleiben. Alleingänge sind untersagt.«

Wunderbar, dachte ich und ließ mich zurückfallen, mitten im unterirdischen Polen ein kleines Disneyland mit

Gespenstern und allem Drum und Dran. Aleksander blieb stehen, deutete mit großer Geste auf die Wände und kam uns mit Zahlen. Vor zwanzig Millionen Jahren sei das Salzlager von Wieliczka entstanden und es erstrecke sich in einer Länge von zehn und einer Breite von anderthalb Kilometern. Im oberen Teil trete das Salz fast ausschließlich in Form großer Blöcke auf, der untere dagegen enthalte Salzschichten, die durchsetzt seien mit Lehm, Sand und Schiefer. Er klopfte mit dem Mittelfingerknochen gegen die Wand. Das seien hölzerne Verbaue, um den Gang zu schützen. Im Laufe der Jahrhunderte habe das Bergwerk einen Urwald an Holz verschlungen. Fred fragte ungläubig: »Das soll Holz sein?«

Aleksander schaute ihn hocherfreut an, die erste intelligente Frage. »Holz, meine Herrschaften, vermodert in einem Salzbergwerk nicht. Im Gegenteil, durch das Salz wird es konserviert. Die Bohlen, die Sie sehen, sind mehr als dreihundert Jahre alt.« Er blickte kurz zu Tova und fuhr fort: »Doch der große Druck der Erdschichten kann selbst gewaltige Holzstämme zerbrechen. Unfälle sind an der Tages- und Nachtordnung.«

Tova drehte sich hilfesuchend zu mir um. Ich tröstete sie: »Der Schatzmeister wird uns schon beschützen.«

Der Gang öffnete sich und wir standen in einem hohen Raum. Vor uns erhob sich eine Statue. »Kopernikus – ganz aus Salz«, erläuterte Aleksander. »Dieser Raum ist dem berühmten Astronom gewidmet, der während seiner Krakauer Studienzeit auch das Unterirdische studierte, sich dann aber doch lieber den Himmelsregionen widmete. Ein seltsamer Mann mit ausgezeichnetem Geruchssinn. Das Methangas roch er am schnellsten.«

Wir nickten anerkennend und vertieften uns in die Salzfigur. Als wir uns umdrehten, war unser Bergführer verschwunden. »Aleksander!« rief Tova zaghaft. Keine Antwort. »Irgendwo muß er doch geblieben sein«, beeilte sich Fred zu sagen, »wahrscheinlich ist er schon vorausgegangen.« Wir eilten aus der Kopernikus-Kammer in den Gang. Tova hielt inne: »Und wenn wir uns verlaufen?« – »Es gibt doch nur diesen Gang«, entgegnete Fred.

Tatsächlich verzweigte sich der unterirdische Weg vorerst nicht. Unsere Schritte wurden schneller. Irgendwo mußte Aleksander doch stecken. Er konnte nirgendwohin verschwunden sein. »Ich kann nicht mehr«, schnaufte Tova. In dem Moment wurde es hell, und ein weiter Raum öffnete sich vor uns, und da, da stand Aleksander an der Seite, winkte uns zu sich und raunte: »Sie betreten jetzt die Kapelle des Heiligen Antonius. Er ist der Schutzheilige der Bergleute. Beachten Sie den Kronleuchter. Er besteht aus natürlichen Salzkristallen.«

Tatsächlich war der Raum, den wir betraten, von einem riesigen Kronleuchter erhellt. Elektrisches Licht, so tief unter der Erde? Aber die eigentliche Sensation stellte Aleksander wie nebenbei fest: »Der Kronleuchter besteht aus dem gleichen Salz, mit dem wir unsere Speisen würzen, nur künstlerisch veredelt.«

Ich begann allmählich, seinen Stolz zu verstehen. Ein Salzbergwerk, das ist etwas ganz Eigenes, und das von Wieliczka ist einzigartig. Die Bergmänner, die hier arbeiteten, waren Ästheten. Sie wollten ihr Leben unter Tage verschönern, ihm einen eigenen Glanz verleihen und sich nicht mit ärmlichen Funzeln zufriedengeben. Unser unterirdischer Führer deutete auf den Altar, der ebenfalls vollständig aus Salz bestehe. Bedauern lag in seiner Stimme: »Der Altar ist durch die Nässe angegriffen, Salz ist hygroskopisch, wie Sie wissen.« Ob wir das weiße Moos an den Seiten sehen könnten? »Salzausblühungen«, klärte er uns auf, »hervorgerufen durch das warme Licht und die Feuchtigkeit. Sie müssen wissen: im Bergwerk gibt es nur zwei Jahreszeiten, die trockene im Winter und die feuchte im Sommer. Früher bevorzugte der Schatzmeister den Winter.«

»Warum sind Sie uns weggelaufen?« wollte Tova wissen, doch Aleksander winkte uns mit hocherhobener Hand, ihm zu folgen, und verschwand im dunklen Gang gegenüber. Wir hasteten hinterher. Ein Raum löste den anderen ab, wie in einem Schloß, und die Gemächer wurden immer größer. Meine Vorstellungen von einem Bergwerk wandelten sich rasch. Wir befanden uns auch eigentlich nicht in einem Schloß, sondern in einer unterirdischen Stadt.

Aleksander erzählte im Gehen von Abwetterschächten und Wettereinziehschächten, von Pferdegöpeln und dampfbetriebenen Fördermaschinen, von Sprengungen und Luftzirkulationen. »Das Steinsalz, meine Herrschaften, wird trocken abgebaut, in den Stollen sauber gemahlen und verpackt. Wir nennen es Königssalz. Ich fühle mich seit langer Zeit als König. Und das hier ist mein Reich! Unser Salz ist reich an Magnesium, Mangan, Zink, Kupfer, Selen. Selen zum Beispiel beugt der Leberschrumpfung vor und hält die Morbidität nieder. Magnesium bürgt für ein langes Leben.«

Ich betrachtete ihn von der Seite. Wie alt konnte er sein? Er sah aus wie sechzig. Vielleicht aber war er in Wirklichkeit siebzig oder fünfundsiebzig. Ein jung erhaltener Siebziger eben. Ich beschloß, ihn zu passendem Zeitpunkt diplomatisch nach seinem Alter zu fragen. In dem Moment drehte er sich zu mir um: »Hier konserviert das Salz nicht nur Holz gut, nicht wahr!« Ich schaute ihn verdattert an. Förderte der dauernde Salzdunst das Gedankenlesen?

»Wie meinen Sie das?« fragte ich ihn und kam mir ziemlich tölpelhaft vor.

Aleksander sah mich durchdringend an. Sein Blick hatte etwas Spöttisches und Geheimnisvolles. Dann forderte er uns auf: »Atmen Sie tief durch. Sie atmen Jod ein. Das Königssalz unserer Grube ist reich an Jod, das heute überall fehlt, vor allem in Deutschland und Kleinasien. Wer jodarm lebt, verändert seine Chromosomen und begünstigt die Onkogenese. Geschwulstausbildungen aller Art sind die Folge. Die heilenden Eigenschaften unserer Grube wurden erst spät erkannt. Damals, als ich jung war, wußte man noch nichts von der Heilkraft des Bergwerks. Doch nun existiert hier unter der Erde ein Sanatorium.« Er musterte uns. »Wollen Sie Ihre Bronchialkrankheiten loswerden – dann bleiben Sie hier unten.«

Jetzt bloß nicht husten. Aleksander würde es fertigbringen und uns zur Ausheilung zurücklassen. In Tovas Blick lag ein wenig Entsetzen. Aleksander hatte sich abrupt umgedreht und war weitergegangen. Fred flüsterte mir zu: »Der Bursche wird mir mulmig. Seltsamer Kauz.« Wir eilten unserem Grubenführer hinterher und erfuhren, daß die Kranken des Sanatoriums täglich vier bis fünf Stunden nach unten gebracht wurden, schwere Fälle mußten sogar übernachten. Ein großer Stoff, ging es mir durch den Kopf, ein Gegenroman zum ›Zauberberg‹ wäre hier fällig. Die Patienten als Sinnbilder oberirdischer Verwüstung, die nur noch unter der Erde genesen können. Als Titel schwebte minutenlang ›Die Salzmenschen‹ vor meinem geistigen Auge, und ich überlegte, ob ich Aleksander von meiner glänzenden Idee unterrichten sollte?

Da hörten wir auf einmal Klänge, ja wahrhaftig Töne. Kein Zweifel, es handelte sich um Musik. Was ging hier vor? Waren die Unterirdischen zum Leben erwacht? Feierten Asthmatiker eine Orgie? Begünstigte die Jodluft den Frohsinn? Hier war ohne Zweifel ein rauschendes Fest im Gange.

Aleksander winkte uns zu sich heran: »Wie ich vermutete. Es hat schon begonnen.«

Tova überwand ihre Sprachlosigkeit zuerst: »Was ... hat schon begonnen?«

»Der Rigoletto«, antwortete Aleksander, »hören Sie das nicht? Kennen Sie Verdi nicht? Hören Sie. Hören Sie nur!« Er blieb genießerisch stehen und hielt sich die Hände hinter die Ohrmuscheln. Ja, nun hörten wir es immer deutlicher. Opernmusik von Giuseppe Verdi. Wahrhaftig der Rigoletto. Wir gelangten zu einer Balustrade und sahen auf einen riesigen Saal hinab. Ich mußte mir die Augen reiben. Links unter uns ein Orchester, die Geiger geigten, die Trompeter trompeteten, die Bratschisten bratschten, daneben die erhöhte Bühne. Auf ihr tummelten sich in Kostümen des 16. Jahrhunderts Tenöre, Baritone und Soprane. Hundertfünfzig Meter unter der Erde waren wir im Palast des Herzogs von Mantua gelandet. Konnte das sein? Oder befand ich mich in einem Traum, aus dem ich bald schreiend erwachen würde? Ich zog Tova am Ohrläppchen, und sie rief »Aua!«. Auf der Bühne ging es gerade hoch her. Ein Kommen und Gehen, ein Auf und Ab, Getrappel in Moll und Dur, ein rauschendes Fest. Ich war begeistert, und nicht nur ich. Aleksander klatschte mitten in die Szene hinein von der Balustrade Beifall und sah sich triumphierend nach uns um.

»Ja, ja«, schmunzelte er nach einer Weile, »unser unterirdischer Rigoletto. Er ist immer wieder ein Ereignis. Aber nun, meine Herrschaften, müssen wir weiter. Die Kammer Spalone wartet auf uns. Reißen Sie sich los!«

Noch ganz unter dem Eindruck des musikalischen Erlebnisses, tappten wir wie betäubt hinter ihm her. Es ging durch schmale und niedrige Gänge, als seien wir in einem Geheimbereich des Schlosses, und es roch auf einmal modrig. Plötzlich zitterte das Licht. Schatten tanzten an den Wänden, und ich war mir nicht sicher, ob es unsere eigenen waren. Aleksander eilte mit riesigen Schritten davon und verschwand um eine Ecke. Tova rief: »Nicht so schnell, nicht so schnell!« Das Licht flackerte, als würde es mit einem Blasebalg kämpfen, und ging schließlich aus. Finsterste Dunkelheit herrschte. Eine Rigoletto-Arie drang dumpf zu uns.

Wir waren stehengeblieben und hielten uns an den Händen. »Aleksander«, rief Tova, aber die Dunkelheit verschluckte ihre Stimme sofort, als hätte sie sich gegen uns verschworen. Was sollten wir tun? Gingen wir weiter, öffnete sich vielleicht vor uns der Boden und wir fielen in ein endloses Loch, das sich als unser Salzgrab entpuppte. Andererseits, blieben wir stehen, würden wir Aleksander endgültig verlieren und bald zu schimmeln anfangen. Ich spürte die Feuchtigkeit schon an den Beinen hochkriechen. Wir tasteten uns im Dunkeln voran. Wir hörten, wie Wasser auf den Boden tropfte. Oder war es die Zeit, die davontropfte?

In der Dunkelheit verändert sich alles. Wie lange schlichen wir nun schon an der nassen Wand entlang? Ach, wie wäre es schön, eine Landstraße, und sei sie auch noch so dunkel, oben auf der Erde entlangzuwandeln und das Sternenzelt über sich zu erblicken! Hier konnten wir nicht einmal die Hand vor Augen sehen. Im Hades waren wir gelandet, im tiefsten Hades. Was hatte uns nur geritten, diesem wahnsinnigen Salzführer in die Tiefe zu folgen. Nie mehr würden wir herausfinden aus dem unterirdischen Labyrinth. Einmal noch das Tageslicht erblicken und eine Sonnenblume küssen, und ich wäre bis an mein Lebensende ein glücklicher Mensch. Jetzt ging es hinab, die Strekke wurde abschüssig. Ob wir bald in ein Loch kullerten, in dem schreckliche Ungeheuer schon schmatzend auf uns warteten? Tova rief mit kläglicher Stimme: »Aleksander! Aleksander!«

Und da! Da vorne! Endlich! Ein Lichtschein. Und Aleksanders Organ, das uns entgegendröhnte: »Meine Herrschaften, Sie nähern sich der Kammer Spalone. Ein sehr bedeutender Raum. Er wurde zum Gedenken an mehrere gefährliche Feuersbrünste errichtet, die monatelang hier unten wüteten. Sie müssen wissen: nicht nur Bergleute arbeiteten in der Grube, sondern auch sogenannte Gasausbrenner. In den schlechtbelüfteten Kammern sammelte sich Methangas unter der Decke an. Mit Luft vermischt stellte es ein explosives Gemisch dar ...«

Tova unterbrach ihn: »Warum haben Sie uns verlassen? Es hätte sonst was passieren können!«

»Sonst was?« Aleksander schaute unschuldig wie ein Neugeborenes. Aber in seinen Worten lag, hörte ich recht, ein geheimnisvoller Unterton. »Machen Sie sich keine Sorgen. Sie sind in meiner Obhut. Es kann Ihnen nichts passieren.« Und er fuhr ungerührt fort, den Raum weiter zu erklären: »Die Gasausbrenner hatten die Aufgabe, das Methangas abzufackeln. Nur ein weiter ärmelloser Mantel mit Kapuze schützte sie vor Verbrennungen. Mit einer Brandfackel, die lediglich auf einen Stock aufgesetzt war, wagten sie sich in die gefährdeten Kammern und krochen auf Knien und Ellenbogen an das Gas heran. Büßer nennen wir sie wegen ihrer knieenden Haltung, und das waren sie tatsächlich. Sie mußten nicht selten mit ihrem Leben für unseren Salzkonsum büßen. Haben Sie irgendwelche Fragen?« Tova antwortete beleidigt: »Nein.«

Doch Fred fragte mutig: »Und heute? Gibt es das heute auch noch?«

Aleksander winkte ab, und ich hörte ihn murmeln: »Selten, selten. Aber hier unten ist alles möglich, damals wie heute.«

Er führte uns weiter durch Zwergengrotten, Kapellen und Arbeitsräume. Dann zeigte er uns den Leckstein für die Nutztiere. »In Notzeiten haben an ihm auch die Menschen geleckt. Zu meiner Zeit war er ständig feucht.«

»Was haben die Leute hier unten eigentlich gegessen?« fragte ich.

»Krakauer Wurst!« rief er, »die berühmte Krakauer Wurst haben sie gegessen. Aber einst war das Krakauer Salz, das Königssalz, noch berühmter. Wie einen Schatz hütete man es. Professor Doktor Julian Aleksandrowicz von der Krakauer Medizinischen Akademie hat unwiderleglich in langjährigen Untersuchungen nachgewiesen, daß unser Salz krankheitshemmende Wirkungen besitzt und sich positiv auswirkt auf Krebserkrankungen und Arteriosklerose. Sehen Sie mich an. Ich war in meinem Leben noch nie krank.« – »Noch nie krank«, murmelte Tova und studierte ihn unverhohlen. »Darf ich Sie fragen, wie alt Sie sind?« – »Sie dürfen, meine Liebe, Sie dürfen, aber die Antwort würden Sie mir doch nicht glauben. Schauen Sie nach vorn. Wir erreichen jetzt Erazm Baracz, das ist der unterirdische See.«

Tatsächlich führte unser Weg direkt auf eine Hängebrücke zu. Und in einigen Metern Tiefe unter uns schimmerte ein schwarzes Gewässer. Aleksander ging voran und bemerkte unser Zögern. Er stieß zweimal mit dem rechten Fuß auf die Planken der Hängebrücke. »Angst, meine Herrschaften? Hier sind schon Legionen hinübergewandert. Und selbst, wenn Sie einbrechen und hinunterfallen, Sie würden doch nicht in Erazm Baracz untergehen.«

»Warum denn nicht?« fragte Fred mißtrauisch.

Aleksander lachte dröhnend: »Weil es ein Salzsee ist. Er trägt Sie.«

»Ah«, sagte ich wissend, »ein Totes Meer unter der Erde.« Aleksanders Lachen erlosch: »Nein, nein! Im Toten Meer kommen 240 Gramm Salz auf einen Liter Wasser. Hier aber sind es 320 Gramm! Und noch etwas: Wenn Sie hineinfallen und nicht mehr herauskommen, verwest nur der aus dem Wasser herausschauende Teil von Ihnen, der untere Teil wird konserviert für die Ewigkeit.«

»Interessant«, hörte ich Fred murmeln, während er sich

krampfhaft an dem Seil festhielt, das als Handlauf diente. Tova wiederum klammerte sich an Fred und dem Seil fest, und ich tastete mich an beiden Handläufen in kleinen Schritten über die Hängebrücke.

Von vorne hörten wir unseren Bergführer: »Genießen Sie dieses Schauspiel unterirdischer Schönheit! Und vergessen Sie nicht, die Angel auszuwerfen. Sie können Geldscheine fischen, jene Geldscheine, die die Besucher vor ihnen hineinwarfen.«

Wahrhaftig, es schwammen eine Menge Geldscheine in diesem See. Millionenwerte wahrscheinlich, doch leider in Złoty. Als wir auf der anderen Seite ankamen, atmeten wir hörbar auf. Aleksander nahm in feiner Art keine Notiz davon und ging schweigend voran. Eine ganze Weile ging er schon so. Er wollte nichts mehr sagen. Aber mir schwante, daß irgend etwas gleich kommen mußte. Aleksander war ein theatralischer Mensch. Er wußte, daß Höhepunkte eine Vorbereitungszeit brauchen. Kaum zu Ende gedacht, öffnete sich der Gang, wir standen an einer Brüstung und schauten auf eine ... ja, das war wirklich ... eine Kirche. Ein riesiger Raum lag unter uns, den sieben große Kronleuchter erhellten. Aleksander kostete unsere verblüfften Gesichter aus. Ein gewisser Triumph war ihm anzusehen. Nach einer angemessenen Kunstpause erklärte er: »Die Kirche der Seligen Kinga. Hier ist alles aus Salz. Vom Fußboden über die Wände bis zur Decke, alles Salz. Sehen Sie die drei Altäre, die Balustrade, die zwei Seitenkapellen – alles Salz.«

Ich wundere mich noch heute, daß wir bei seinen Worten nicht zu Salzsäulen erstarrten. Diese Kirche schlug uns in Bann. Sie besaß die Ausmaße eines Doms. Und die Männer, die sie vor zweihundert Jahren schufen, sollen Bergleute gewesen sein? Irgendwann verwandelten sie sich in Künstler. Das Salz wurde ihr Material, sie wollten es zum Sprechen bringen. Und diese Salzkirche erzählte uns eine Menge von ihren Hoffnungen und Ängsten, ihren Sorgen und ihrem Glück.

»Hier in dieser Kirche weit unter der Erdoberfläche finden regelmäßig Gottesdienste statt«, erklärte Aleksander. »Früher war alles verboten, was wir liebten, aber jetzt feiern wir wieder Messen.«

Wir standen noch ganz unter dem Eindruck des unterirdischen Gotteshauses und mußten doch Aleksander hinterherstolpern, da er sich wieder in Bewegung gesetzt hatte. Tova hatte ganz vergessen, auf die Uhr zu sehen. Wir erreichten einen mickrigen Fahrstuhl. Aleksander öffnete die Tür, und es ging ratternd nach oben.

»Interessiert sich jemand für Sport?« fragte unser Grubenführer. »Wären Sie gestern gekommen, Sie hätten hier unten ein Korbballspiel sehen können. Lodz gegen Krakau. Erste Mannschaften.«

Dieser Mann ist unbezahlbar, dachte ich, ein Schauspieler von hohen Graden, während wir der Erdoberfläche entgegenrumpelten. Am Ausgang forderte ich ihn noch einmal und mimte Enttäuschung: »Aber wo war der Schatzmeister?«

Aleksander sah mich bedauernd an und verzog keine Miene: »Seien Sie froh, daß er Sie nicht überraschte. Er kann schrecklich sein. Nur wenige Zeitgenossen mag er leiden.«

Draußen war es inzwischen stockdunkel geworden. Wir beschlossen, im Ort zu übernachten. Bald darauf saßen wir in der Dorfschänke von Wieliczka. Tova erzählte einem Tischnachbarn von unserem Erlebnis im Salzbergwerk. Der Mann sah uns nach einer Weile an, als seien wir Gespenster. Er wollte wissen, wann wir im Bergwerk gewesen waren. Tova erklärte ihm, daß wir gerade von dort kämen, ein Kauz namens Aleksander habe uns geführt. Unser Tischnachbar schüttelte den Kopf. Das Salzbergwerk, sagte er dann, sei seit vielen Jahren geschlossen.

Margriet de Moor

Unruhe und Gelassenheit

Wir waren schon mehrere Wochen zu Hause, als wir endlich unsere Entdeckung machten. Nachdem wir zu zweit vom Keller bis zum Dachboden herumgegeistert waren, wobei wir die Augen gut aufsperrten und uns das Hirn zermarterten, um gerade auf die Aufbewahrungsorte zu stoßen, die ein paar Internatsschülerinnen leicht übersehen konnten – die düstersten Winkel des Spitzbodens, die mit flaumigem Staub gefüllten Ritzen unter den Kommoden –, beschlossen wir, dann eben auch ihre kleine Schlafstube zu durchsuchen. Leicht verärgert hoben wir das Fußende ihrer Matratze an und zischten vor Erstaunen. Da lag es! Diesmal war sie so gewitzt gewesen, den blödsinnigsten Platz auszusuchen. Wir nahmen das Buch in die Hand – es war ein Mordswälzer – und rochen daran.

Keine Frage. Dies war der Geruch unserer Stiefschwester, der Frau, die mit triefenden Händen durchs Haus ging, die die Einkäufe auspackte, den Eintopf kochte, das Weißzeug im Garten zum Bleichen auslegte: Dies war der unaussprechlich intime Sommerferiengeruch der vor uns versteckten Bücher. Wir setzten uns auf ihr Bett, blätterten kurz, so daß wir einen Eindruck von den Zeilen, den Absätzen, den Sätzen in Anführungszeichen bekamen, und sahen uns dann den Umschlag an. Ein Frauengesicht, gezeichnet von Liebe und Verlangen. Ein Tüllschleier. Zwei Brüste, die für unsere Begriffe merkwürdig hoch und rund aus dem Körper quollen.

»Wie lange dauert es noch, bis wir zu Tisch müssen?«

»Noch Ewigkeiten.«

Wie so oft, machten wir es uns im Zimmer unserer Brüder bequem. Wir ließen die Markisen herunter – rotes Dämmerlicht breitete sich aus –, schlugen das Buch auf dem Fußboden auf und machten uns unverzüglich mit voller Geschwindigkeit ans Lesen. Es dauerte keine Viertelstunde, da waren wir unwiderruflich in die Welt der weißen Schultern, jungen Brüste, einer Tochter, die den ganzen Glanz eines Ballsaals mit sich zu tragen schien, eingedrungen. Einen Weg zurück gab es nicht mehr.

Etwas später an diesem Nachmittag legte sich ein Finger auf eine Seite. Eine Stimme murmelte.

»... komm, liebe Komteß, sagte Anna Michailowna eisig ...« Da kam die besorgte Frage: »Sag mal, sollen wir nicht mal nachsehen?«

»Uh, ich lauf mal schnell ...«

Die Unterbrechung dauerte nur wenige Sekunden.

»... Und?«

»Sie ist im Hauswirtschaftsraum und kocht Pflaumenmarmelade.«

Unsere Stiefschwester war in mancherlei Hinsicht stahlhart. Sie hatte nichts dagegen, daß wir in ihren Schuhen herumliefen – ihr ehrfurchtgebietender Frauenkörper ruhte auf rätselhaft kleinen weißen Füßen –, daß wir ihre Lockenwickler benutzten, ihre Post lasen, uns die Pfefferminzbonbons aus ihrer Schürzentasche angelten und so weiter, aber als sie in unseren ersten Ferien daheim ihr Lieblingsbuch in unseren Händen entdeckte, ›Moby Dick‹, wir waren auf der Hälfte, wich alles Blut aus ihrem Gesicht. In dieser Nacht hörten wir sie auf dem unteren Flur umherwandern, wir hörten sie seufzen, als sie den Schirmständer mit den bronzenen Tigerköpfen ein Stück anhob.

Wir schraken auf. Der Gong zum Essen. Sechs Uhr:

Graf Pierre Besuchow erwog allen Ernstes, seinen Leibeigenen die Freiheit zu schenken. Wir duckten uns.

»Wart ... einen Moment noch ... Exzellenz, sagte der Gutsverwalter verletzt, ich –«

»Nein! Vielleicht nachher. Das Buch muß blitzartig zurück!«

Als wir nach unten kamen, begannen unsere Brüder, Hippolyte und Tony, sich mit uns zu balgen und zu raufen, sie hoben uns hoch, wirbelten uns herum, warfen uns um und gaben sich alle Mühe, uns den Eindruck zu vermitteln, sie seien junge Tintenfische mit unzähligen Gliedmaßen. Seit sie als Stauer im Hafen von Ijmuiden arbeiteten, rochen sie nach Meer. Auch in diesem Sommer hatten wir festgestellt, daß sie noch lachlustiger, breiter und behaarter waren, als wir sie das Jahr über in Erinnerung gehabt hatten. »Jetzt aber dallidalli!« riefen sie unserer Stiefschwester zu, die gleich darauf mit einer Pfanne voll geschnetzeltem Rinderfilet ins Eßzimmer trat.

»Ihr seid heute nicht ganz da«, sagte sie, als wir alle fünf eine Zeitlang vor uns hin gekaut hatten.

»Wo nicht da«, murmelten wir. Unsere Augen glitten über ihr rotes Gesicht. Wir überlegten, wo sie wohl war. Weiter als Austerlitz, 20. November 1805? Weiter als das Duell im Schnee, im lichten Morgennebel? Ulkig, während sie sich noch einmal auftat, konnte sie sich an Momente erinnern, die für uns noch in weiter Ferne lagen. Wir sahen auf ihren träge schmatzenden Mund. Sie war eine langsame Leserin. Sie war eine Leserin, die sich ruhig und beharrlich durch eine Fülle von Ereignissen durcharbeitet, um diese dann in einer streng persönlichen Vergangenheit wegzuschließen.

»Eßt weiter!«

Wir nickten und schlugen die Augen nieder. Als ob das Universum, das sie so eifersüchtig in ihrem Bett zu verstecken versuchte, nicht ein für allemal existierte. Als ob sich alles nicht gleich, für uns, wieder ganz von neuem ereignen würde.

Hippolyte schob den Kopf vor.

»Guck-guck – aaaaah!«

Tony zog einen Geldschein aus der Brusttasche.

»Ihr könnt gleich mal Eis holen.«

»Danke«, sagten wir.

Am nächsten Tag herrschte eine unruhige Stimmung im Haus. Geübt, wie wir waren, und weil wir den Argwohn unserer Stiefschwester spürten, die – nebenbei gesagt – eine erlesene Wahl getroffen hatte, flogen unsere Augen so flink und ziellos wie ein Fuchs im Hühnerstall über die Zeilen. Liebesnächte, Kriegsverletzungen, Sommer, Winter, Familiendiners wurden von uns ohne genaueres Verständnis verschlungen. Was machte das schon? Wir wußten längst, daß die Welt unsere Komplizenschaft im Prinzip nicht wollte. Aber wir gingen Risiken ein. Mitgerissen von der einen gepunkteten Linie, die in dem Chaos deutlich, strahlend weiß aufleuchtete – die dreizehn-, vierzehn-, sechzehn-, die achtzehnjährige Natascha Rostow hat gerade einen Heiratsantrag vom Fürsten Bolkonski erhalten –, hatten wir die Schritte unserer Stiefschwester nicht näher kommen hören.

Wir sagten zueinander: »Ich finde, er sieht ein bißchen aus wie der leibhaftige Tod …«, als die Tür aufflog und wir uns wie Soldaten in der vordersten Linie vornüberfallen ließen.

»Ja, seht ihr denn nicht, daß es regnet?«

Sie begann die Sonnenmarkise hochzuziehen, und tatsächlich, ein violettgrauer Himmel dehnte sich zu unbestimmter Weite. Wir erklärten uns bereit, die Öljacken anzuziehen und Erdbeeren kaufen zu gehen.

An diesem Nachmittag bekamen wir nicht mehr viel

Gelegenheit. Unsere Stiefschwester hatte beschlossen, uns zu verwöhnen, wir bekamen Erdbeeren mit Sahne, Nußeis, Melonentee, in Butter gebackene Eierkuchen, und gerade, als wir dachten, für den Rest des Nachmittags sturmfreie Bude zu haben, als wir voller Dankbarkeit die schweren Seiten wieder zwischen unseren Fingern fühlten und miterlebt hatten, daß unsere Heldin von Einsamkeit beschlichen wurde, von einer wollüstigen Art von Einsamkeit, die sowohl für sie selbst als auch für uns – die wir noch immer den Atem anhielten – höchst erregend war, gerade, als wir lasen, daß Anatol Kuragins größte, schönste, bedeutendste und ungezähmteste Beute Natascha hieß, da wurden wir nach unten gerufen, um eine ganze Schale frischgebackenen Sandkuchen mit Zuckerguß und Mandeln zu verzieren und, wenn wir wollten, zu probieren.

»Wir sind bis oben hin voll«, sagten wir schließlich. »Jetzt wollen wir wirklich nichts mehr.«

Als um sechs Uhr der Gongschlag durchs Haus rollte, waren wir gerade dabei, einen Liebesbrief zu lesen: *»... ich werde dich entführen und bis ans Ende der Welt mitnehmen ...«* Wird sie es tun? Wird sie es tun? ging es uns im Kopf herum, während wir zuerst die Treppe zu der kleinen Schlafkammer hinaufstürmten und dann nach unten rannten.

»Ihr seid ja krank!« riefen Hippolyte und Tony. Nicht nur, daß wir keinen Löffel von der Sauerampfersuppe essen wollten, wir dachten auch nicht im entferntesten daran, auf den Metallfrosch zu reagieren, den sie zwischen zwei Biergläsern hin und her hüpfen ließen. Wir lauerten zur Tür.

Da kam sie endlich. Sie stellte eine schwere Schüssel auf den Tisch, bediente uns alle vier wortlos und warf uns, bevor sie sich hinsetzte, einen derart reuevollen Blick zu, daß uns der Atem stockte und die Luft gefror ...

So kam es, daß wir in dieser Woche wieder, miserabel gelaunt, durchs Haus zu geistern begannen. Wir schauten hinter Gardinen, rissen Dielenbretter heraus, klopften an Wände und versuchten schließlich, als alles nichts genützt hatte, voller Verzweiflung vom Gesicht unserer Stiefschwester abzulesen, ob Natascha tun würde, was wir, für uns selbst, schon längst beschlossen hatten: die Welt Welt sein zu lassen und sich der Leidenschaft, der Verruchtheit und dem Spiel des Abenteurers hinzugeben. Dem Schlitten und den schnellen Pferden. Wir sahen, wie ihre Wangen alle Farbe verloren.

Am Donnerstag abend gingen wir nach einem Zirkusbesuch entlang den Straßenbahnschienen nach Hause. Es regnete, und ein stürmischer Landwind blies. Ein vierjähriges Mädchen hatte auf einem silbernen Seil getanzt. Ein Schimmel hatte uns mit schlagenden Vorderhufen seinen schmutzigweißen Bauch gezeigt. Wir kamen in die Hoogstraat und entdeckten, daß unser Haus bis auf ein Fenster in Dunkelheit gehüllt war. Warte. Verzaubert starrten wir nach oben – da stand unsere Stiefschwester in ihrem abgetragenen Regenmantel, Kapuze auf dem Kopf, mit verschlungenen Händen und starrte mit festem Blick aus dem Fenster ... Wir begriffen sofort.

»Sie tut's! Sie läßt sich von Anatol Kuragin entführen!«

In dieser Nacht waren wir unruhige Mädchen im Bett, die dem Vorbeijagen der Wolken vor dem Fenster zuschauten. Gegen Morgen hörten wir, daß sich der Wind legte. Wir schliefen bis zwölf.

Der Rest des Sommers bestand aus Buntstiften und Hergés gesammelten Werken. Wir wurden dicker und von Tag zu Tag träger, bis zu dem Morgen, an dem unsere Stiefschwester unsere Koffer packte, um sie hinten im Buick zu verstauen. Hippolyte und Tony knallten die Türen zu und fuhren uns quer durch das sonnige Land nach Venlo, wo wir erschöpft von allem Blödsinn ankamen: wie gewöhnlich als erste. Wir umarmten unsere Brüder, traten durchs Tor, schnupperten den vertrauten, schleppenden Krankengeruch des Schlafsaals, öffneten die Fenster, wobei wir die Kapelle, den Speisesaal und die Ziegenställe vorläufig noch keines Blickes würdigten, und kamen erst sehr viel später dahinter, daß Natascha – höchstwahrscheinlich als Jungfrau – eine ehrbare Ehe eingegangen war.

ELFRIEDE BRÜNING

Besuch in Kispest

Komm zu uns, schrieben die Kinder aus Budapest. Jetzt, da Großvater tot ist, bist du doch unabhängig, und du wirst es gut bei uns haben. Du bekommst das Zimmer, das solange Éva gehört hat. Den lieben langen Tag kannst du im Kaffeehaus sitzen oder die Läden betrachten, und wenn du Lust hast, kannst du dich um die kleine Szylvia kümmern ...

Das Letzte hatte den Ausschlag gegeben. »Die Kleine« war schon die Urenkelin, die Tochter von Gyuri, ihrem Lieblingsenkel. Die Großmutter wußte gar nicht, wie lange sie Gyuri nicht mehr gesehen hatte. Das letzte Mal steckten seine Knie noch in kurzen Hosen, und nun war er verheiratet, hatte Frau und Kind. Die Großmutter kannte beide nur von Bildern her. Gyuris Frau Magda trug das Haar lang über beide Schultern, als sei sie noch ungekämmt, und ihre Hüften waren so schmal, daß die Großmutter gefürchtet hatte, sie würde nie imstande sein, ein Kind auszutragen. Doch Szylvia war prompt erschienen, sogar überpünktlich. Sie kam zwei Monate vor der Hochzeit, die man in aller Eile hatte festsetzen müssen – die Großmutter erfuhr übrigens von allem erst hinterher. Nicht, daß sie Gyuri deswegen böse gewesen wäre, weil er sie nicht rechtzeitig unterrichtet hatte. Er wußte ja, daß sie sowieso nicht hätte reisen können, solange der Großvater noch da war, der seit Jahren todkrank im Bett lag und durchaus nicht sterben konnte. Was sollte er ihr da unnütz das Herz schwermachen.

Doch jetzt war der Großvater gestorben, und die Großmutter reiste. Sie gehörte ja eigentlich nach Budapest, genauer gesagt nach Kispest. Nur dem seligen Mann zuliebe war sie seinerzeit in das Dorf nahe der österreichischen Grenze übersiedelt, wo er eine Schmiede übernehmen konnte; und in ihr eigenes Haus in Kispest, das sie von ihrem Vater geerbt und in dem sie zwanzig Ehejahre verbracht hatte, zog ihre Tochter Angela, die, die den Kontoristen geheiratet hatte. Gisa, die Zweite, hatte einen Handwerksmeister zum Mann und bewohnte ein eigenes Haus. Ja, beide Töchter waren vorangekommen und gut versorgt. Éva, Angelas Einzige, hatte sogar studiert; sie war Lehrerin und hatte einen Ingenieur geheiratet. Beide hatten kürzlich in der Nachbarschaft ein Zimmer gemietet, obwohl das Siedlungshaus genügend Platz für alle bot, aber junge Leute ziehen es vor, für sich zu sein, hatte Angela der Großmutter in einem Brief erklärt.

Gisas Sohn, der Gyuri, war in die Fußtapfen seines Vaters getreten. Er ist ein Meister in seinem Fach, erzählte die Großmutter jedem, der es hören wollte oder der ihr gerade in die Quere kam, und das waren in diesen Tagen nicht wenige, da die Großmutter ja die Schmiede mit allem, was dazugehörte, zum Verkauf anbot. – Schön, wenn man noch Angehörige hat, sagten die Alten im Dorf neidisch. Die Großmutter nickte. Aber es war ja nicht nur wegen der Kinder, daß sie übersiedeln wollte. In dem Kispest-Haus hatte sie ihre besten Jahre verbracht, und jetzt, da sie alt war und schon manchmal ans Sterben dachte, zog es sie mit Macht in dieses Haus zurück. Doch die Verhandlungen um den Verkauf ihrer Habseligkeiten zogen sich hin, und schließlich reiste die Großmutter ab, bevor sie mit dem Reflektanten ins reine kam. Eine plötzliche Unruhe hatte sie erfaßt, so als könne die Zeit, die sie hier vertat, unwiderruflich ihre letzte sein. Die Briefe aus Budapest kamen spärlicher, doch noch immer stand darin, daß sie kommen solle ...

Und nun war sie schon drei Tage in Budapest, in der alten Siedlung in Kispest, wohin sie sich so oft zurückgesehnt hatte. Du wirst das Haus kaum wiedererkennen, hatte Béla gesagt, Angelas Mann, der sie vom Bahnhof abholte. Er trug ein tadelloses weißes Hemd, schwarze Lackschuhe und eine Fliege am Hals. Er nahm ihr flugs das Gepäck ab und brachte es zur Aufbewahrung, dann fuhr er mit der Großmutter zum Bóráros tér und setzte sie in den Bus, denn er selbst, sagte er, könne sie leider nicht hinausbegleiten, er müsse gleich wieder ins Büro zurück. Die Großmutter hörte ihn erst gegen Mitternacht nach Hause kommen. Sie lag immer lange wach in ihrem Küchenanbau. Denn sie war natürlich auch nicht in Évas früheres Zimmer gezogen, das Angela jetzt »den Salon« nannte, sondern sie hatte sich mit ihrem alten Bett, das sie vom Boden geholt hatte, im Küchenanbau eingenistet. Der Küchenanbau war ihr als einziges ganz vertraut. Im »Salon« standen ein einfüßiger polierter Tisch, an den Großmutter mit ihren groben Händen kaum zu rühren wagte, eine Glasvitrine und ein paar Sächelchen, die, wie Angela sagte, aus Großmutters Zeiten stammten. Die Großmutter hätte aber doch nicht recht hineingepaßt. Die andere Stube betrat sie nur mit Widerwillen. Früher hatten an der gegenüberliegenden Wand die beiden Betten gestanden, mit hochaufgetürmtem Bettzeug und mit den Paradekissen, die die Großmutter selbst mit weißer Spitze umhäkelt hatte. Jetzt stand an der Wand eine Liege, die erst nach allerlei Hantierungen zu einer Lagerstatt wurde. Angela zeigte der Großmutter die Handgriffe: eins-zwei-drei – fertig! Aber obwohl alles ganz einfach schien, kam Angela gleich am ersten Abend mit ihrem Bettzeug in den Küchenanbau herübergehumpelt, um sich neben der Großmutter auf dem Sofa niederzulegen. Seit ihrem Unfall, sagte sie, schlafe sie meistens hier; für Béla allein, der oft spät komme, lohne sich das Umbauen nicht.

Die Großmutter hatte gar nichts von einem Unfall gewußt. Angela war immer fröhlich gewesen, die rechte Gefährtin für ihren leichtlebigen Mann. Jetzt lag ihr Bein in Gips: Béla hatte das Auto, das er nach Erhalt der Fahrerlaubnis geliehen hatte, gegen einen Baum gefahren. – Pech, daß ich nicht zur Arbeit kann, sagte Angela verdrossen. Nächstes Jahr wollten wir das Auto kaufen – nun werden wir es nicht schaffen. – Die Großmutter lag ausgestreckt auf ihrem müden Rücken. Früher hatten im Stall neben dem Küchenanbau die Schweine gegrunzt, jetzt war der Stall verwaist, und der Küchenanbau war eigentlich überflüssig. Gekocht wurde in der Kammer auf einem elektrischen Herd und nicht mehr über der offenen Feuerstelle. In der Kammer standen auch der Kühlschrank und die Waschmaschine. – Das Auto muß her! sagte die Tochter wieder. Béla fährt jetzt manchmal mit Kollegen, damit er nicht aus der Übung kommt. Sie bleiben oft übers Wochenende und fahren zum Balaton, Gisa ist mit von der Partie ... – Gisa? fragte die Großmutter aufhorchend. – Ja, ja, Gisa! erwiderte Angela gereizt. Darf sie nicht mit ihrem Schwager fahren? – Sie hat doch ihren Mann, sagte die Großmutter schüchtern. – Den! sagte Angela. – Die Großmutter dachte daran, daß Józsi, Gisas Mann, ihr von ihren Schwiegersöhnen immer der liebste gewesen war. – Hörst du mir überhaupt zu? fragte Angela wieder in dem verdrossenen Ton. Die Großmutter fuhr zusammen. Das Verdrossene, dachte sie bei sich, war ihr an der Tochter genauso fremd wie alle ihre polierten Errungenschaften.

Am nächsten Tag kam Éva auf einen Sprung vorbei. Sie machte nach dem Unterricht oft den kleinen Umweg, um von ihrer Mutter einen Leckerbissen mit nach Hause zu nehmen. Manchmal lohnte sich der Umweg und manchmal nicht. Diesmal stand auf dem Tisch nur ein Gurkenglas. Laß! sagte Éva mürrisch, als Angela ihr das Glas umständlich einpacken wollte. Sie hatte dieselbe verdrossene Art. Als sie die Großmutter sah, wechselte sie mit ihrer Mutter einen schnellen Blick: Hast du sie schon gefragt? – Nein, sagte Angela, sie ist doch gerade erst angekommen. – Egal, sagte Éva. Wenn wir nicht zusagen, ist die Chance vertan. Es gibt eine Menge Leute, die scharf sind auf eine Neubauwohnung. – Noch während sie sprach, erschien auch der Ehemann. Er schnürte den Rucksack, den er mitgebracht hatte, enttäuscht wieder zu. Komm, Éva, sagte er, wir dürfen den Zug nicht verpassen. – Wollt ihr schon wieder weg? fragte die Großmutter erschrocken. Sie wollen aufs Grundstück, erklärte ihr Angela. Sie bauen sich einen Bungalow. Und in der Stadt sparen sie für eine Eigentumswohnung. – So was kostet viel Geld, setzte der Ehemann hinzu, bevor er den Rucksack über seine Schulter warf. Die Großmutter blickte von einem zum anderen. Es kam ihr so vor, als ob alle in einer Art Geheimsprache redeten, die nur sie verstanden und keiner sonst. Wozu eine Wohnung? dachte sie bloß. Sie bekommen doch sowieso einmal das ganze Haus. Aber ein Kind müßte hier herumspringen, oder noch besser zwei. Sie maß die junge Frau mit einem scharfen Blick. Éva lachte plötzlich hellauf. Ein Kind können wir nicht brauchen, Großmutter, sagte sie, dafür haben wir gar keine Zeit. – Sie ist ja Lehrerin, sagte Angela begütigend, da hat sie Kinder genug. Und erst wollen sie vorwärtskommen. –

Éva trat auf einmal entschlossen auf die Großmutter zu. Die Wohnung kostet fünfzigtausend, Großmutter, sagte sie. Gerade so viel könnte dein Häuschen abwerfen. Das heißt, wenn wir Glück haben ... Sie lachte ein wenig. Du weißt ja selbst, es ist nicht viel wert. – Die Hand, die Éva der Alten auf die Schulter gelegt hatte, wog auf einmal zentnerschwer. Mit aller Anstrengung machte sich die Großmutter von der Last wieder frei, sie drehte sich um und ging langsam in ihren Küchenanbau. Jetzt habt ihr sie erschreckt, hörte sie Angela in ihrem Rücken sagen. Ich habe euch gleich gesagt, ihr hättet damit warten sollen. – Aber das Wohnungsamt wartet nicht! trumpfte der Ehemann auf. Er hatte eine helle, ganz flache Stimme. Die Großmutter zog die Tür fest hinter sich zu, als ob sie damit auch die Stimmen hätte aussperren können.

Von Tag zu Tag hoffte sie, ihren Enkel Gyuri wiederzusehen. Aber Gyuri war viel unterwegs. Er renoviere neuerdings Wochenendhäuser, sagte Angela, mit Malern könne man viel Geld verdienen. Er hätte schon einen eigenen Wagen und führe damit über Land. – Bei Angela galt nur noch, wer ein Auto hatte. Aber seine Frau? erkundigte sich die Großmutter. Gyuris Frau Magda mußte ja wohl zu Hause bei der kleinen Szylvia bleiben; sie hätte getrost mal vorbeikommen können. Angela lachte sie aus. Magda sei im Außenhandel tätig und noch viel häufiger weg. Szylvia sei die meiste Zeit im Kinderheim. Aber übernächsten Sonntag, zu Gyuris Geburtstag, würden sie wohl alle nach Hause kommen. – Die Großmutter zählte in ihrem Kalender die Tage ab, die noch bis zu dem bewußten Sonntag verstreichen mußten.

Diesen Abend kam Gisa vorbei; ihren Mann Józsi hatte sie im Schlepptau wie ein unvermeidliches Requisit. Béla kommt auch gleich! rief sie, kaum daß sie den Kopf durch die Tür gesteckt hatte. Er muß bloß noch ein paar Kontoauszüge fertigmachen. – Gisa arbeitete seit kurzem ebenfalls in Bélas Büro, Béla hatte ihr die Stelle besorgt. Sie verrichtete Hilfsarbeiten, sie hatte ja nichts gelernt. Bisher hatte sie ihren Haushalt versorgt und den Gyuri großgezogen; plötzlich, da sie bereits Großmutter geworden war, genügte ihr das nicht mehr. Sie will Geld verdienen und frei sein, sagte Józsi. Es war das erste Mal, daß er überhaupt etwas sagte. Sonst machte er den ganzen Abend den Mund nur auf, um einen Happen hineinzuschieben. Gisa war um so lebhafter, sie lief hin und her und hantierte in der Wohnung der Schwester, als ob es ihre eigene wäre. Immerzu tänzelte sie um Angela herum, die in ihren Bademantel gehüllt abseits saß, so weit weg vom Tisch, daß sie das Gipsbein bequem von sich wegstrecken konnte. Sie sah von hier aus zu, wie es den anderen schmeckte. – Meine Frau muß Diät halten, frozzelte Béla, sie wird sonst zu dick. Sie müßte sich mehr tummeln, aber sie will ja nicht. – Er lachte so, daß ihm der Speichel aus dem Munde floß. Angela lachte mit. Sie lachte sogar, wenn Béla sich über sie lustig machte. Känguruh! rief er hinter ihr her, wenn Angela, auf einen Stock gestützt, ungeschickt über die Schwelle hüpfte, um irgend etwas aus der Küche zu holen, was Gisa wohl absichtlich vergessen hatte. Gisa schüttete sich aus vor Lachen. Sie verlor unter dem Lachen fast das Gleichgewicht und mußte den Kopf gegen Bélas Schulter lehnen. Angela sah es und lachte mit, sie lachte jetzt bei jeder Gelegenheit. Die Großmutter wußte aber, daß sie nachts, wenn sie auf dem ausgebeulten Sofa neben ihr lag, sich unruhig von einer Seite auf die andere wälzte.

Enkelin Éva kam jeden Tag. Einmal war sie in Begleitung eines jungen Herrn, eines Kollegen aus dem Betrieb ihres Ehemannes. Der Herr sah sich überall um. Schade, daß die Stuben ineinandergehen, sagte er. Meine Frau mag keine Durchgangszimmer. Und der Stall neben der Wohnung ... Er rümpfte die Nase. Er hatte an allem etwas zu nörgeln und auszusetzen. – Éva lief wie ein Hündchen hinter ihm her. Sie können doch umbauen, sagte sie, ganz nach Ihrem Belieben. – Sie waren inzwischen in den Garten gegangen, die Großmutter mußte sich anstrengen, um noch etwas hören zu können. – Sie gingen langsam zum Tor. Die Großmutter trat ans Fenster des neuen »Salons«. Es ist wahr, dachte sie, die Stube ist dunkel, der Baum nimmt ihr alles Licht. Aber sie und den Großvater hatte es nie gestört, daß der Baum seine Zweige bis ins Fenster streckte. Sie hatten sich immer in dieser Stube geborgen gefühlt, wie zwei Vögel in ihrem Nest – und Gyuri, er als einziger von allen, schien ihnen nachgeraten.

Am nächsten Morgen ließ sich die Großmutter von Béla in die Stadt mitnehmen. Sie verriet nichts von ihrem Plan. Sie sagte nur auf alle Fragen, sie wolle sich endlich in der Stadt die Geschäfte ansehen. Aber sie hatte für die eleganten Auslagen keinen Blick. Endlich fand sie in einem Hauseingang, wonach sie ausgeschaut hatte: das Büro eines Notars. Sie hatte alle möglichen Papiere zu ihm mitgeschleppt. Doch der Notar war in Eile, er sollte auf dem Gericht einen Termin wahrnehmen. Warum kommen Sie damit zu mir? fragte er zerstreut, das können Sie doch selber. Schreiben Sie alles gut auf, dann wird Ihr Gyuri nach Ihrem Tode schon Ihr Haus bekommen. – Aber es muß ein Testament sein, sagte die Alte störrisch, damit es gilt! – Es *ist* ein Testament, bestätigte der Notar, der endlich begriff, wie ernst es der Frau mit der Sache war. Aber vergessen Sie nicht, das Datum hineinzuschreiben, rief er ihr noch nach. – Jetzt blieb die Großmutter sogar abends in dem Küchenanbau. Sie habe Briefe zu schreiben, erklärte sie. In Wirklichkeit bastelte sie an dem Testament, als gelte es, ein Kunstwerk zu schaffen. Endlich war es fertig; sie setzte das Datum darunter. Dann steckte sie das Schriftstück in ihre Tasche bis tief auf den Grund.

In der darauffolgenden Nacht hörte die Großmutter, wie sich die Tochter und ihr Mann flüsternd über das Haus unterhielten. Sie lagen nach langer Zeit wieder mal nebeneinander auf dem Umbaubett. Éva hat einen Käufer, sagte Angela, er würde bar bezahlen. Du mußt mit der Großmutter sprechen, fügte sie schmeichelnd hinzu. – Der Büromensch antwortete lange nicht; die Großmutter hörte, wie er sich ächzend auf die Seite drehte. Sie muß doch die

Einwilligung geben, beharrte Angela schon ungeduldig. Du weißt, wie alte Leute sind, sie hängt an dem Haus. – Zum Kuckuck mit dem Haus, sagte der Schwiegersohn, ich wäre froh, wenn ich es endlich vom Halse hätte. – Aber wir müssen sie fragen, sagte Angela wieder. – Na, dann frag sie! sagte der Schwiegersohn grob. Was geht mich das an? Ich habe an anderes zu denken. – Ich weiß, sagte Angela leiser. Aber du bist doch mein Mann. Und Großmutter ist und bleibt deine Schwiegermutter, selbst wenn du mit Gisa ... Sei nicht närrisch! unterbrach sie Béla; das sind Hirngespinste ...

Steht es so mit ihnen? dachte die Großmutter betroffen. Die Angst um das, was sie gehört hatte und was sie sich in ihrem Kopf zusammenreimte, schnürte ihr fast den Atem ab. Unruhig stand sie auf, tappte zum Tisch und nahm das Schriftstück aus der Schublade; es war klüger, wenn sie es in ihrem Bett verwahrte, dort würde Angela es finden, selbst wenn ihr etwas zustieße in dieser Nacht. In ihrem Alter mußte man stets mit dem Schlimmsten rechnen. Und ihr schien, das Testament, mit dem sie Gyuri und seiner Familie eine Heimstatt bot, könnte von Minute zu Minute wertvoller werden – je mehr die Familie, aus der er kam, auseinanderbrach.

Der nächste Tag war ein Samstag. Gisa war wieder mal vorbeigekommen, sie lief unstet durch alle Räume und sah sich überall um. Suchst du jemanden? fragte Angela schadenfroh. Béla war an diesem arbeitsfreien Samstag schon seit dem frühen Morgen auf dem Fußballplatz. Ja – die Großmutter, erwiderte Gisa. Wir könnten für Gyuri zusammen ein Geschenk besorgen. – Diese Ausrede war ihr gerade noch eingefallen. Doch die Alte schüttelte den Kopf. Geh nur allein, sagte sie, ich kaufe nichts. – Nichts? fragte Gisa verblüfft und ein wenig enttäuscht. Wart's nur ab, dachte die Großmutter listig. Ihre Hand umklammerte das gefaltete Stück Papier. Gyuri sollte ja ihr Haus bekommen – nicht weil Gyuri ihr von ihren Enkeln der liebste war, sondern weil Gyuri als einziger schon Familie hatte. Gyuri würde das Haus weiter an die kleine Szylvia geben, und Szylvia wiederum ... In Gedanken baute die Großmutter an den Generationen weiter, so wie man Perle um Perle auf einen Faden zieht. Und im Bewußtsein der vielen noch kommenden Generationen, die ihr Haus bevölkern würden, schlief sie beruhigt ein.

Sie erwachte mitten in der Nacht, jemand hatte sanft ihren Arm berührt. An ihrem Bett stand Gyuri. Und die Frau neben ihm mußte wohl Magda sein, die Großmutter erkannte sie an dem langen Haar, das ihr bis auf die Brüste fiel. Das Gesicht dahinter versteckte sich. Großmutter, lachte Gyuri, wir wollen mit dir feiern! – Jetzt schon? fragte die Großmutter schlaftrunken. Dein Geburtstag ist doch erst morgen, Gyuri. – Sie wurde allmählich wach. Gyuri beugte sich tiefer zu ihr herab. Morgen haben wir Freunde bei uns, Großmutter, sagte er, da wird getrunken und getanzt, es sind alles junge Leute, weißt du ... Er überlegte, ob er noch etwas hinzufügen sollte. Aber die Großmutter nickte schon. Ich verstehe, Gyuri, ich hätte dann doch nichts von dir. – Und übermorgen, sagte Gyuri hastig, fahre ich schon zu Kunden an den Balaton, da habe ich ein paar Wochen zu tun. Bleibst du solange hier? – Ein paar Wochen? wiederholte die Großmutter, ihr spähender Blick blieb an Magda hängen. Deine Frau, fragte sie unruhig, du nimmst sie doch mit? – Magda schob plötzlich ihr Haar zurück, mit einem Ruck, wie man einen Vorhang beiseite zurrt. Man sah jetzt auf einmal ihren kalten Blick. *Ich* gehe für ein Jahr ins Ausland, erwiderte sie. Szylvia bleibt solange im Heim. – Ein Kind ist unter Kindern besser aufgehoben, sagte auch Gyuri. Bei uns, weißt du, ist sie zu viel allein ... – Die Großmutter erwiderte nichts. Die zwei standen da wie auf dem Bild, das die Großmutter von allen anderen am liebsten hatte. Bloß war auf dem Bild auch Szylvia dabeigewesen. Szylvia als ganz kleines Kind, kurz nachdem Magda sie zur Welt gebracht hatte. Das war jetzt vier Jahre her. Warum ist sie denn allein bei euch? ging es der Großmutter durch den Sinn. Zu ihrer Zeit waren Kinder noch nicht so rar, sie selber hatte fünf zur Welt gebracht; die drei Jungen waren dann später im Krieg geblieben ... Aber es lohnte nicht, davon zu sprechen, die Großmutter ließ die Lider auf die Augen fallen. – Komm, Gyuri, sagte Magda ungeduldig, die Großmutter ist zu müde zum Feiern. – Wenn du meinst, sagte Gyuri gehorsam. Er küßte die Großmutter und ging zur Tür. Magda berührte die Hand, die welk auf der Bettdecke lag, nur mit den Fingerspitzen.

Was hältst du von Gyuri und Magda? fragte Angela die Großmutter am nächsten Tag. Sie wartete die Antwort nicht ab. Die bleiben auch nicht zusammen! prophezeite sie. – Meinst du? fragte die Großmutter. Es berührte sie nicht, schon in der Nacht hatte sie das Testament in viele Stücke gerissen. Jetzt ging sie daran, ihre Habseligkeiten zusammenzusuchen. – Du willst weg? fragte Angela verstört, als die alte Frau reisefertig vor sie trat. Wir haben doch noch nichts besprochen ... Nicht nötig, sagte die Alte ruhig. Macht alles so, wie ihr wollt, ich bin einverstanden. – Angela humpelte aufgeregt neben der Großmutter her bis zum Gartentor. – Aber die Vollmacht, sagte sie zuletzt hastig, wir werden von dir eine Vollmacht brauchen! – Sie hatte schon das Papier parat. So, sagte sie zufrieden, nachdem die Großmutter die paar Zeilen gekritzelt hatte. Dann schien sie sich zu besinnen. Wenn du das nächste Mal kommst, sagte sie tröstend, haben wir schon unser Auto, dann fahren wir dich überall herum. Béla ... Sie unterbrach sich. Du hättest auf ihn warten sollen, sagte sie, warum hast du es so eilig, er hätte dich doch an die Bahn gebracht ... Doch die Großmutter hatte den Koffer schon aufgehoben, sie schleifte ihn halb hinter sich her, als hätte sie es plötzlich eilig, von hier wegzukommen. – Na, Oma, rief der Schaffner, der sie in den Autobus hob, wieder mal reiselustig? – Er fuhr die Strecke seit Jahrzehnten, die Alte kam ihm bekannt vor. Wohin soll's denn gehen? Ins Ausland? scherzte er. – Die Großmutter hatte sich mit ihrem Koffer ganz nach vorn geschoben, sie setzte sich auf die Querbank, von hier konnte sie die alten Häuser von Kispest sehen. Eins nach dem anderen wurde wie bei einer Parade an ihr vorbeigetragen. Aber keins der Häuser war so, wie die Großmutter sie von ihrer Kindheit her in Erinnerung hatte: weißgekalkt und mit lustigen bunten Blumen in den Gärten davor. Die Häuser längs der Fahrstraße waren altersschwach, manche neigten sich zur Seite wie ein alter Mensch, der schon wieder der Erde entgegenwächst; hier und da hatte der Bagger eine Lücke gerissen, und man sah nur noch den stehengebliebenen Stumpf. – Da kommen Neubauten hin! sagte der Schaffner stolz. Ja, Budapest wächst und wächst! – Die Großmutter krümmte sich unwillkürlich zusammen. Ihr war, als ob der Bagger, der groß und drohend über der Straße hing, geradewegs, gleich einem Habicht, auf sie herunterschösse, um ihr Stück für Stück von ihrem Herzen aus dem Leibe zu reißen. – Wenn Sie zurückkommen, Oma, schwatzte der Schaffner weiter, werden Sie Kispest gar nicht mehr wiedererkennen. Dann macht es schon Budapest Konkurrenz. – Er lachte. Plötzlich faßte er den großen Koffer schärfer ins Auge: Oder wollen Sie für immer weg? fragte er. – Die Großmutter nickte. Ja, für immer, erwiderte sie aufatmend. – Sie wunderte sich selbst, wie leicht ihr die Antwort von den Lippen ging und wie froh sie war, daß sie für die Schmiede noch keinen Käufer hatte finden können, damals, als sie noch geglaubt hatte, sie würde ihr für ewige Zeiten den Rücken kehren.

Antonio Tabucchi

Die Züge nach Madras

Die Züge von Bombay nach Madras fahren von der Victoria Station ab. Mein Reiseführer versicherte, allein eine Abfahrt von der Victoria Station sei eine Reise nach Indien wert, und dies war vor allem der Grund, warum ich dem Zug gegenüber dem Flugzeug den Vorrang gab. Mein Reiseführer war ein etwas exzentrisches Büchlein, das völlig unangemessene Ratschläge gab, und ich befolgte es wortwörtlich. Aber auch meine Reise war in Wahrheit völlig unangemessen, und somit war das Buch wie für mich geschaffen. Es behandelte den Reisenden nicht als ein nach Klischees hungerndes Beutetier, dem man, wie in den großen, hastig durchlaufenen Museen, drei oder vier Pflichtrouten empfahl, sondern als ein vagabundierendes, unlogisches, dem Müßiggang und dem Irrtum gewogenes Wesen. Mit dem Flugzeug, hieß es da, reisen Sie schnell und bequem, aber es entgeht Ihnen das Indien der kleinen Dörfer und der unvergeßlichen Landschaften. Bei den Langstrekkenzügen riskieren Sie unvorhergesehene Aufenthalte, und vielleicht kommen Sie auch einen Tag später an als vorgesehen, aber Sie lernen das *wahre* Indien kennen. Haben Sie jedoch das Glück, mit dem richtigen Zug zu fahren, erreichen Sie Ihr Ziel pünktlichst und bequem, das Essen ist hervorragend und der Service perfekt, und ein Erste-Klasse-Ticket kostet Sie weniger als die Hälfte eines Flugtickets. Und Sie dürfen auch nicht vergessen, daß man in den indischen Zügen die unglaublichsten Bekanntschaften macht.

Diese abschließenden Erwägungen hatten mich endgültig überzeugt; und vielleicht hatte ich auch das Glück, mit dem richtigen Zug zu fahren. Ich hatte Landschaften von seltener Schönheit durchquert, die allein wegen der Menschen, die ich gesehen hatte, unvergeßlich waren, das Abteil war außerordentlich bequem, die klimatisierte Luft angenehm, der Service tadellos. Die Dämmerung brach an, und der Zug durchquerte eine Landschaft mit schroffen, roten Gebirgen. Der Kellner brachte einen Imbiß auf einem Tablett aus gelacktem Holz, reichte mir eine feuchte Serviette, goß den Tee ein und stellte unaufdringlich fest, daß wir uns im Herzen Indiens befänden. Während ich aß, richtete er meinen Liegeplatz her und erklärte, daß der Speisewagen bis Mitternacht geöffnet sei; wenn ich jedoch in meinem Abteil zu speisen wünschte, bräuchte ich nur zu läuten. Ich dankte ihm mit einem kleinen Trinkgeld und gab ihm das leere Tablett zurück. Dann lehnte ich mich rauchend zurück, und während ich durch das Fenster die fremde Landschaft betrachtete, dachte ich über meine seltsame Reise nach. Nach Madras zu fahren, um die Theosophische Gesellschaft zu besuchen, als Agnostiker, und noch dazu zwei Tage im Zug zu verbringen, war ein Unternehmen, das höchstwahrscheinlich den verschrobenen Autoren meines verschrobenen Reiseführers zugesagt hätte. Ich erwartete jedoch von einem Mitglied der Theosophischen Gesellschaft eine Information, die mir sehr viel bedeutete. Es war eine zarte Hoffnung, vielleicht eine Illusion, und ich wollte sie nicht im kurzen Zeitraum eines Fluges aufzehren, sondern sie in Ruhe hegen und genießen, wie man es mit teuren Hoffnungen zu tun pflegt, von denen man weiß, daß sie sich kaum verwirklichen werden.

Als der Zug bremste, fuhr ich benommen aus meinen Gedanken hoch. Möglicherweise war ich kurz eingenickt, und der Zug war bereits in einem Bahnhof eingefahren, dessen Namen ich nirgendwo sehen konnte. Ich hatte in meinem Führer gelesen, daß eine der Zwischenstationen Mangalore hieß, oder Bangalore, ich erinnerte mich nicht genau, aber jetzt hatte ich keine Lust, wieder den Führer aufzuschlagen und die Eisenbahnroute zu suchen. Auf dem Bahnsteig standen ein paar Reisende: auf westliche Art gekleidete, wohlhabend wirkende Inder, eine Gruppe von Frauen, ein paar geschäftig herumeilende Kofferträger. Es mußte eine bedeutende, industrialisierte Stadt sein. In der Ferne, jenseits der Geleise, sah man die Schlote einer Fabrik, hohe Gebäude und Alleen.

Der Mann betrat das Abteil, als der Zug schon wieder anfuhr. Er grüßte mich hastig, kontrollierte, ob die Nummer des freien Liegeplatzes mit der Nummer seines Tickets übereinstimmte, und als er festgestellt hatte, daß keine Mißverständnisse vorlagen, entschuldigte er sich für sein Eindringen. Er war Europäer, von pyknischer Statur, trug einen blauen Anzug, der in diesem Klima eher fehl am Platze war, und einen eleganten Hut. Sein Gepäck bestand nur aus einem Übernachtungsköfferchen aus schwarzem Leder. Er setzte sich auf seinen Platz, zog ein blütenweißes Tuch aus der Tasche und putzte, mit einem Lächeln auf den Lippen, sorgfältig seine Brille. Sein Blick war freundlich, wenn auch zurückhaltend, nahezu bedrückt. »Sie fahren auch nach Madras?« fragte er mich, und ohne meine Antwort abzuwarten: »Dieser Zug ist sehr pünktlich, wir kommen morgen früh um sieben an.«

Er sprach ein gutes Englisch mit deutschem Akzent, aber ich hielt ihn nicht für einen Deutschen. Ein Holländer, dachte ich ohne bestimmten Grund, oder vielleicht ein Schweizer. Er wirkte wie ein Geschäftsmann, auf den ersten Blick war er ungefähr sechzig Jahre alt, aber vielleicht war er auch älter. »Madras ist die Hauptstadt des drawidischen Indien«, fügte er hinzu, »wenn Sie noch nie dort waren, werden Sie Außergewöhnliches sehen.« Er sprach mit der etwas gleichgültigen Gelassenheit des Europäers, der Indien kennt, und ich bereitete mich auf eine von Banalitäten getragene Konversation vor. Ich teilte ihm wohlweislich mit, daß wir im Speisewagen essen konnten, da ich es vorzog, zwischen den zu erwartenden Banalitäten der unvermeidlichen Konversation die eine oder andere, im Rahmen eines kultivierten Mahles unumgängliche Sprechpause einzulegen.

Auf dem Gang stellte ich mich vor und entschuldigte mich, daß ich so zerstreut gewesen war und es nicht schon früher getan hatte. »Ach, das Vorstellen ist heute zu einer unnützen Formalität geworden«, sagte er mit seinem freundlichen Blick. Er deutete ein leichtes Nicken des Kopfes an. »Ich heiße Peter«, sagte er abschließend.

Bei Tisch erwies er sich als wertvoller Experte. Er riet mir von den vegetarischen Koteletts ab, die ich aus reiner Neugier bestellen wollte, »denn die pflanzlichen Bestandteile müssen vielfältig sein und gut verkocht«, sagte er, »und es ist unwahrscheinlich, daß dies in einem Zugrestaurant der Fall ist«. Schüchtern tippte ich auf andere Speisen, erregte aber stets sein Mißfallen. Schließlich nahm auch ich Lammtandoori, das er für sich bestellt hatte, denn »Lamm ist eine edle Opferspeise, und die Inder haben ein Gefühl für den rituellen Charakter der Speisen«.

Wir unterhielten uns lange über die drawidische Kultur, aber eigentlich sprach fast nur er, denn meine Beiträge beschränkten sich auf die typischen Fragen des Unwissenden, auf den einen oder anderen schüchternen Einwand, aber vor allem auf ungeteilte Zustimmung. Er beschrieb mir in allen Einzelheiten das Felsrelief von Mahabalipuram und die Anlage des Shore Temple; er erzählte mir von unbekannten, archaischen Kulten, die dem hinduistischen Pantheismus fremd sind, wie zum Beispiel den weißen Adlern von Mahabalipuram; von der Bedeutung der Farben, den Begräbnisriten, den Kasten. Ich teilte ihm ein wenig zögernd mein Wissen mit: Ich sprach vom Vordringen der Europäer an die Küste der Tamilen, der Legende vom Martyrium des heiligen Thomas in Madras, dem gescheiterten Versuch der Portugiesen, an dieser Küste ein zweites Goa zu gründen, ihrem Krieg mit den lokalen Königtümern, den Franzosen in Pondicherry. Er ergänzte meine Kenntnisse und korrigierte meine ungenauen Angaben über die Eingeborenendynastien, indem er Namen, Daten, Schauplätze und Begebenheiten nannte. Er sprach mit Sicherheit und Kompetenz, und seine Bildung deutete auf ein enormes Wissen hin, was mich vermuten ließ, er sei ein qualifizierter Experte, vielleicht ein Universitätsprofessor oder ein berühmter Wissenschaftler. Ich fragte ihn ohne Umschweife, mit einer gewissen Naivität, und rechnete mit einer positiven Antwort. Er lächelte nicht ohne gespielte Bescheidenheit und schüttelte den Kopf. »Nur ein einfacher Liebhaber«, sagte er, »eine Leidenschaft, die zu pflegen mir das Schicksal Gelegenheit bot.«

Mir war, als hörte ich in seiner Stimme einen gequälten Unterton, wie eine Trauer oder einen Schmerz. Seine Augen glänzten, und sein bartloses Gesicht war im Licht des Speisewagens noch blasser als sonst. Seine Hände waren zart und seine Bewegungen müde. In seiner Art lag etwas Unvollkommenes, Geteiltes, aber es war schwierig zu sagen, was genau es war: Ich dachte an etwas Ungesundes und Verborgenes, wie eine Schmach.

Wir gingen in unser Abteil zurück, ohne unser Gespräch zu unterbrechen, aber inzwischen hatte sich seine Begeisterung gelegt, und unser Gespräch war von langen Pausen unterbrochen. Während wir unsere Vorbereitungen für die Nacht trafen, fragte ich ihn ohne bestimmten Grund, bloß um etwas zu sagen, warum er im Zug reise und nicht mit dem Flugzeug. Ich meinte, für einen Menschen seines Alters müsse es angenehmer und bequemer sein, im Flugzeug zu reisen, anstatt sich einer derart langen Fahrt zu unterziehen, und wahrscheinlich rechnete ich damit, daß er mir seine Angst vor diesem Transportmittel gestehen würde, wie sie Menschen manchmal haben, die nicht von Jugend auf daran gewöhnt sind.

Herr Peter sah mich verwundert an, als sei ihm dieser Gedanke völlig neu. Dann hellte sich sein Gesicht plötzlich auf und er sagte: »Mit dem Flugzeug reist man schnell und bequem, aber es entgeht einem das wahre Indien. Gewiß riskiert man bei den Langstreckenzügen, einen Tag später anzukommen als vorgesehen, aber wenn man das Glück hat, mit dem richtigen Zug zu fahren, reist man sehr bequem und erreicht pünktlichst sein Ziel. Und im Zug bietet sich immer das Vergnügen eines Gesprächs, das im Flugzeug nicht möglich ist.«

Es war stärker als ich, und ich murmelte: »India, a travel survival kit.«

»Wie?« fragte er.

»Oh, nichts«, antwortete ich, »mir ist nur ein Buch eingefallen.« Und dann sagte ich mit Überzeugung: »Sie waren noch nie in Madras.« Herr Peter sah mich unschuldig an. »Um einen Ort zu kennen, ist es nicht immer notwendig, schon einmal dort gewesen zu sein«, stellte er fest. Er zog Jacke und Schuhe aus, schob sein Köfferchen unter das Kissen, zog den Vorhang vor und wünschte mir eine gute Nacht.

Ich hätte ihm gerne gesagt, daß auch er eine zarte Hoffnung hegte und daß er deshalb den Zug genommen hatte: weil er sie noch lange pflegen und genießen wollte, anstatt sie im kurzen Zeitraum eines Fluges aufzuzehren, dessen war ich mir sicher. Aber natürlich sagte ich nichts; ich löschte das große Licht und ließ die blaue Nachtlampe an, zog meinen Vorhang vor und wünschte ihm eine gute Nacht.

Wir wurden unsanft aus dem Schlaf gerissen, als plötzlich das Licht anging und eine Stimme etwas fragte. Vom Fenster aus sah man eine Holzbaracke in einem fahlen Licht, mit einem unverständlichen Schild. Der Kontrolleur war in Begleitung eines sehr finster und argwöhnisch dreinblickenden Polizisten. »Wir befinden uns an der Grenze zu Tamil Nadu«, sagte der Kontrolleur lächelnd, »es handelt sich um eine reine Formalität.« Der Polizist streckte die Hand aus und sagte: »Ausweise, bitte.« Er warf einen zerstreuten Blick in meinen Paß und schloß ihn sofort wieder. Dem Ausweis des Herrn Peter schenkte er größere Aufmerksamkeit. Während er ihn untersuchte, fiel mir auf, daß es ein israelischer Paß war. »Mister ... Shi... mail?« buchstabierte der Polizist unbeholfen.

»Schlemihl«, korrigierte mein Reisegefährte. »Peter Schlemihl.« Der Polizist gab uns die Ausweise zurück, löschte das Licht und verabschiedete sich schroff. Der Zug nahm wieder seine Fahrt durch die indische Nacht auf, das Licht der blauen Lampe schuf eine unwirkliche Atmosphäre, und nach einem langen Schweigen begann ich zu sprechen. »Es ist unmöglich, daß Sie diesen Namen haben«, sagte ich, »es gibt nur einen einzigen Peter Schlemihl, er ist eine Erfindung von Chamisso, das wissen Sie ganz genau. So etwas können Sie einem indischen Polizisten erzählen.«

Mein Reisegefährte gab keine Antwort. Dann fragte er mich: »Gefällt Ihnen Thomas Mann?«

»Nicht alles«, antwortete ich.

»Was?«

»Die Erzählungen, ein paar Kurzgeschichten, Tonio Kröger, Der Tod in Venedig.«

»Ich weiß nicht, ob Sie das Vorwort zu Peter Schlemihl kennen«, sagte er, »ein bewunderungswürdiger Text.«

Wir schwiegen aufs neue. Ich meinte schon, mein Gefährte sei eingeschlafen, aber gewiß war das unmöglich. Er wartete nur darauf, daß ich etwas sagte, und ich sagte:

»Warum fahren Sie nach Madras?«

Mein Reisegefährte antwortete nicht sofort. Er hüstelte. »Um eine Statue zu besichtigen«, flüsterte er.

»Eine lange Reise, bloß um eine Statue zu besichtigen.«

Mein Gefährte gab keine Antwort. Er putzte sich mehrmals die Nase. »Ich möchte Ihnen eine kleine Geschichte erzählen«, sagte er dann. »Ich habe Lust, Ihnen eine kleine Geschichte zu erzählen.« Er sprach mit verhaltener Stimme, die durch den Vorhang noch zusätzlich gedämpft wurde. »Vor vielen Jahren lernte ich in Deutschland einen Mann kennen. Er war Arzt und sollte mich untersuchen. Er saß hinter einem Schreibtisch, und ich stand nackt vor ihm. Hinter mir stand eine ganze Reihe nackter Männer, die er untersuchen sollte. Als man uns zu ihm brachte, sagte man uns, daß wir dem Fortschritt der deutschen Wissenschaft dienten. Außer dem Arzt waren da noch zwei bewaffnete Wärter und ein Krankenpfleger, der die Karteikarten ausfüllte. Er stellte uns genaue Fragen bezüglich unserer Manneskraft, der Krankenpfleger machte gewisse Untersuchungen an unserem Körper und dann schrieb er. Die Reihe rückte rasch voran, denn der Arzt hatte es eilig. Als ich bereits abgefertigt war, zögerte ich einen Augenblick, anstatt in das Zimmer weiterzugehen, in das man uns führte, denn mein Blick war auf eine kleine Statue gefallen, die auf dem Tisch des Arztes stand. Es war eine Reproduktion einer östlichen Gottheit, aber ich hatte sie noch nie gesehen. Sie stellte eine tanzende Gestalt dar, deren Arme und Beine wie die Speichen eines Rades einen

Kreis beschrieben. Dieser Kreis war fast vollständig, er hatte nur wenige Leerstellen, die darauf warteten, von der Phantasie des Betrachters ausgefüllt zu werden. Der Arzt bemerkte meine Begeisterung und lächelte. Sein Mund war schmal und höhnisch. Diese Statue stellt den Kreislauf des Lebens dar, sagte er, in den der Abschaum eintreten muß, um eine höhere Form des Lebens zu erreichen, die die Schönheit ist. Die Philosophie, der diese Statue entsprungen ist, sieht einen biologischen Kreislauf vor, und ich wünsche Ihnen, daß Sie in einem anderen Leben eine höhere Stufe erreichen als in diesem.«

Mein Reisegefährte schwieg. Trotz der Zuggeräusche hörte ich seine regelmäßigen, tiefen Atemzüge.

»Erzählen Sie bitte weiter«, sagte ich.

»Da gibt es nicht mehr viel zu erzählen«, sagte er. »Die Statue stellte den tanzenden Schiwa dar, aber das wußte ich damals nicht. Wie Sie sehen, bin ich noch nicht in den biologischen Kreislauf der Wiederaufbereitung eingegangen, und meine Interpretation der Figur ist eine andere. Ich habe Tag für Tag an sie gedacht, in all diesen Jahren habe ich an nichts anderes gedacht.«

»Wie lange ist das her?«

»Vierzig Jahre.«

»Kann man denn in vierzig Jahren immer an dasselbe denken?«

»Ich glaube schon, wenn man die Gemeinheit am eigenen Leib erfahren hat.«

»Und wie interpretieren Sie die Figur?«

»Ich glaube, sie stellt alles andere als den Kreislauf des Lebens dar. Sie stellt einfach den Tanz des Lebens dar.«

»Und worin besteht der Unterschied?« fragte ich.

»Ach, das ist ein großer Unterschied«, flüsterte Herr Peter.

»Das Leben ist ein Kreis. Eines Tages schließt sich der

Kreis, und wir wissen nicht, wann.« Er putzte sich wieder die Nase und sagte: »Und jetzt entschuldigen Sie mich, ich bin müde, ich möchte versuchen zu schlafen.«

Ich wachte in der Umgebung von Madras auf. Mein Reisegefährte war bereits rasiert und stand in seinem tadellosen blauen Anzug bereit. Er lächelte ausgeruht; er hatte bereits seinen Liegesitz zurückgeklappt und wies auf das Frühstückstablett, das auf dem Tischchen neben der Tür stand.

»Ich habe auf Sie gewartet, um mit Ihnen den Tee zu trinken«, sagte er. »Ich wollte Sie nicht stören, Sie schliefen so gut.« Ich ging in den Waschraum und machte hastig meine Morgentoilette, dann suchte ich meine Sachen zusammen, machte mein Gepäck fertig und setzte mich zum Frühstück. Wir durchquerten bewohntes Gebiet, eine Zone dichtbesiedelter Dörfer, die bereits die ersten Anzeichen der Stadt bargen.

»Wie Sie sehen, kommen wir auf die Minute genau an«, sagte mein Gefährte. »Es ist dreiviertel sieben.« Er faltete sorgfältig seine Serviette. »Es würde mich freuen, wenn auch Sie diese Statue besichtigten«, sagte er dann, »sie befindet sich im Museum von Madras. Ich würde gerne wissen, was Sie davon halten.« Er erhob sich und nahm seinen Koffer. Er hielt mir die Hand hin und verabschiedete sich auf das herzlichste. »Ich bin meinem Reiseführer dankbar, daß er mir dieses Transportmittel empfohlen hat«, sagte er, »in den indischen Zügen macht man wirklich die unglaublichsten Bekanntschaften; Ihre Gesellschaft war mir ein Vergnügen und ein Trost.«

»Ganz meinerseits«, antwortete ich, »ich bin es, der den Ratschlägen meines Reiseführers dankbar zu sein hat.«

Wir fuhren in den Bahnhof ein, auf einem Bahnsteig, der von Menschen wimmelte. Der Zug bremste und hielt sachte an. Ich ließ ihm den Vortritt, und er stieg als erster aus, mir noch einmal mit der Hand zuwinkend. Als er schon im Weggehen begriffen war, rief ich ihn, und er drehte sich um.

»Wenn es sich ergibt, wie soll ich Ihnen meine Meinung mitteilen?« rief ich, »ich kenne Ihre Adresse nicht.«

Er kehrte um, mit dem erstaunten Ausdruck auf dem Gesicht, den ich bereits an ihm kannte, und dachte einen Augenblick nach. »Hinterlassen Sie mir eine Nachricht im American Express«, sagte er, »ich werde sie mir holen.«

Dann verloren wir uns in der Menge.

Ich blieb nur drei Tage in Madras. Es waren intensive, beinahe fieberhafte Tage. Madras ist eine riesige Stadt, mit niedrigen Häusern und enormen, brachliegenden Feldern, in deren Straßen sich Fahrräder, klapprige Autobusse und Tiere drängen, und um sie von einem Ende zum anderen zu durchqueren, braucht man eine Ewigkeit. Nachdem ich meine Pflichten erfüllt hatte, blieb mir nur mehr ein freier Tag, und dem Museum zog ich einen Besuch der Felsreliefs von Mahabalipuram vor, die mehrere Kilometer von der Stadt entfernt sind. Mein Reiseführer erwies sich auch bei dieser Gelegenheit als wertvoller Gefährte.

Am Morgen des vierten Tages saß ich an einer Haltestelle, von der aus die Busse nach Kerala und Goa fahren. Es fehlte noch eine Stunde bis zur Abfahrt, es war drükkend heiß, und um der Hitze auf den Straßen zu entkommen, mußte man unter das Dach des riesigen Hangars flüchten. Um die Wartezeit zu verkürzen, kaufte ich die englischsprachige Zeitung von Madras. Es war eine Zeitung mit kaum vier Blättern, ähnlich einem Pfarrblatt: mit allerlei Anzeigen, Berichten über populäre Filme, lokaler Berichterstattung. Auf dem Titelblatt stand in dicken Lettern die Nachricht von einem am Vortag begangenen Mord. Das Opfer war ein argentinischer Staatsbürger, der seit 1958 in Madras lebte. Er wurde als ein menschenscheuer, bescheidener Herr beschrieben, der, siebzigjährig und ohne Freunde, in einer kleinen Villa im Wohnviertel Adyar lebte. Seine Frau war vor drei Jahren eines natürlichen Todes gestorben. Sie hatten keine Kinder.

Er war von einem Pistolenschuß ins Herz getötet worden. Eine offenbar unerklärliche Tat, denn er war keinem Raubmord zum Opfer gefallen. Das Haus war in perfekter Ordnung, nichts zeugte von Gewaltanwendung. In dem Artikel wurde das Haus als einfach und nüchtern beschrieben, mit ein paar erlesenen Kunstwerken und einem kleinen Garten. Das Opfer war offensichtlich ein Liebhaber drawidischer Kunst gewesen; die Zeitung berichtete, daß er dem ortsansässigen Museum einige gute Dienste bei der Katalogisierung erwiesen hatte, und brachte das Foto eines Unbekannten: das Gesicht eines kahlköpfigen Alten mit hellen Augen und schmalem Mund. Eine schlichte und unpersönliche Beschreibung. Das einzige interessante Detail war die Fotografie einer kleinen Statue, die man neben das Gesicht des Opfers gestellt hatte. Gewiß eine plausible Verbindung, denn das Opfer war ein Liebhaber drawidischer Kunst gewesen, und der tanzende Schiwa ist das bekannteste Stück im Museum von Madras, eine Art Symbol. Aber diese plausible Assoziation rief in mir eine andere Assoziation hervor. Es fehlten noch zwanzig Minuten bis zur Abfahrt, ich suchte ein Telefon und wählte die Nummer des American Express. Es antwortete ein höfliches Fräulein. »Ich möchte eine Nachricht für Herrn Schlemihl hinterlassen«, sagte ich. Das Fräulein bat mich, einen Augenblick zu warten, und dann sagte sie: »Im Augenblick haben wir niemanden mit diesem Namen in unserer Kartei, aber wenn Sie möchten, können Sie trotzdem eine Nachricht hinterlassen, wir werden sie dem Herrn übermitteln, sobald er vorbeikommt.«

»Hallo, hallo«, sagte die Telefonistin mehrmals, als sie meine Stimme nicht mehr hörte.

Was konnte ich sagen? Ich dachte an die Lächerlichkeit meiner Nachricht. Vielleicht, daß ich verstanden hatte? Und was? Daß sich für jemanden der Kreis geschlossen hatte?

»Es ist unwichtig«, sagte ich, »ich habe es mir anders überlegt.« Und legte auf.

Ich möchte nicht ausschließen, daß ich meine Phantasie über Gebühr beansprucht habe. Aber angenommen, ich hätte erraten, welchen Schatten Herr Schlemihl verloren hatte, und angenommen, er läse diese Erzählung, aufgrund desselben seltsamen Zufalls, der uns im Zug zusammenführte, dann möchte ich, daß ihn mein Gruß erreicht. Und meine Trauer.

Elisabeth Ambras

Das Treppenhaus

Ich hätte den Kerl am liebsten gleich beim ersten Mal die Treppe runtergeschmissen, als er mit seinem Siegerlächeln, das blödsinnige Mitbringsel in der Hand, vor meiner Tür stand. Ihnen kann ich es ja ruhig sagen. Sie haben keine Ahnung, wer ich bin, und außerdem, beweisen kann mir keiner was.

Das war typisch für Baierlein, am Sonntagvormittag um zehn einfach zu klingeln. Glauben Sie ja nicht, ich hätte ihn eingeladen, das wäre mir nie und nimmer eingefallen. Er hat nicht einmal vorher angerufen. Natürlich konnte ich ihn nicht einfach wegschicken. Ich kannte ihn schließlich von der Firma her, wenn auch nur flüchtig. Er hatte mit dem Einkauf zu tun. Einmal hat er mich zum Essen eingeladen, zum Italiener, in der Mittagspause, aber das war auch alles. Ich konnte ihn nie ausstehen. Sein flotter Ton, seine Art, sich anzuziehen, immer sportlich, als käme er gerade aus Kitzbühel, sein blonder Schnurrbart – alles an diesem Kerl ging mir auf die Nerven, sogar das Goldkettchen, das er um den Hals trug – er trug nämlich eigens das Hemd offen, damit ja niemand seine Wolle übersehen konnte –, mit einem Wort, er spielte den Draufgänger, den echten Macho. Während er seine Cannelloni aß, hat er mich mit seinen Provisionen gelangweilt.

Was blieb mir anderes übrig? Ich mußte ihn hereinbitten und ihm irgend etwas anbieten. Nach einer halben Stunde ist er endlich gegangen. Aber er ließ nicht locker. Einmal hatte er Karten für den chinesischen Zirkus übrig, ein anderes Mal wußte er eine neue Bar, und wenn ich ihm sagte, daß ich keine Zeit hätte, fragte er mich, ob er mich nach Hause bringen könne.

Ich habe ihm nie über den Weg getraut, aber schlau war er, das muß ich ihm lassen, und so dauerte es eine ganze Weile, bis ich begriff, daß er es auf meine Frau abgesehen hatte. Wir trafen ihn im Theater, und er bestand darauf, uns in der Pause zu einem Glas Campari einzuladen. Da hat er nicht aufgepaßt. Ich sah nämlich, wie er den Nacken meiner Frau anstarrte, ihre Schultern. Der Ausdruck in seinen Augen war der eines Hundes, dem Sie ein frisches Steak hinhalten.

Was hast du denn gegen ihn, fragte mich meine Frau auf dem Heimweg. Nichts, antwortete ich. Er ist doch ganz amüsant, fuhr sie fort. Ich ließ mir nichts anmerken, aber ich wußte Bescheid. Am nächsten Morgen traf ich ihn im Aufzug, und ich habe ihn sofort eingeladen. Am Samstag, so gegen sechs, wenn Sie nichts anderes vorhaben, sagte ich. Er war, glaube ich, ziemlich überrascht, aber er hat natürlich sofort zugesagt. Diesmal trug er ein wildledernes Jackett, eierschalenfarben. Was mich aber viel mehr interessierte, er hatte nicht, wie beim erstenmal, eine Flasche Krimsekt mitgebracht, sondern italienische Pralinen. Kommen Sie rein, sagte ich, ganz der Gastgeber. Meine Frau hatte sich eine japanische Bluse angezogen. Ich fragte ihn, was er trinken wollte, und stellte ärgerlich fest, daß uns der Sherry ausgegangen war. Überhaupt sah es schlecht mit unsern Getränken aus. Kein Wunder, denn ich trinke so gut wie keinen Alkohol. Aber ich bitte Sie, sagte Baierlein, das macht doch nichts. Willst du nicht schnell was besorgen, sagte meine Frau. Der Franzose an der U-Bahn, der mit dem Bistro, hat auch am Samstagnachmittag offen, bei dem kriegt man alles. Ja, sagte ich, ich weiß. Wenn Sie mich entschuldigen, ich bin in zwanzig Minuten wieder da. Ich nahm den Mantel aus der Garderobe und schlug die Haustür zu.

Aber natürlich habe ich sie von innen zugeschlagen. Ich hielt den Atem an und wartete. Den Mantel faltete ich zusammen und legte ihn auf den Fußboden. Ich hörte die Stimme meiner Frau, aber ich konnte nicht verstehen, was sie sagte. Ihr Ton kam mir irgendwie gezwungen vor. Dann entstand eine Pause. Ich hatte meine Tennisschuhe an. Die paar Meter bis zur Wohnzimmertür kamen mir länger als sonst vor. Ich hatte sie halb offenstehen lassen. Durch den Spalt zwischen Tür und Angel sah ich sie. Keiner von beiden sagte etwas, und ihr Gesichtsausdruck war der von Leuten, die horchen.

Aber dann trat er hinter sie, und ich sah, wie er sie an sich preßte. Ich sah auch seine Hand in ihrer Bluse, und dann sah ich ihre Hand, die langsam höher rutschte, bis sie an dem obersten Knopf angelangt war. Sie knöpfte sich in aller Ruhe die Bluse auf. Dann hat der Saukerl ihr die Brüste abgeschleckt, und im Handumdrehen lagen die beiden auf der Couch. Wenn Sie glauben, daß ich Ihnen jetzt erzähle, was er mit ihr angestellt hat, dann täuschen Sie sich. Erstens geht Sie das gar nichts an, und zweitens ist es auch ganz überflüssig. Sie hat jedenfalls mitgemacht, sie war sogar begeistert, sie konnte gar nicht genug kriegen. Ich habe sie nie so erlebt.

Das ist es ja. Deswegen war sie so außer Rand und Band, weil mit mir ... Mit mir ist das etwas anderes. Nicht daß Sie denken, ich wäre impotent. Aber das, was sie haben wollte, habe ich ihr wahrscheinlich nicht bieten können. Ich weiß auch gar nicht, ob so was normal ist. Natürlich war ich wütend, was denn sonst, aber ich konnte auch nicht wegschauen. Das war ja das Furchtbare. Ich stand da und sah zu, wie die beiden übereinander herfielen, und ich hörte auch, was sie machten, so ein nasses Klatschen und

Schmatzen, einfach widerlich. Ich bilde mir sogar ein, daß ich die beiden roch!

Einmal war ich in so einem Kino, aber das war etwas ganz anderes, es hat mich ziemlich kalt gelassen, ein paar Flecken auf einer Leinwand, das ist doch nichts. Dagegen hier, in meinem Wohnzimmer, meine Frau, und der Schweiß dieses Burschen. Also gut, ich gebe es zu, ich war wütend, aber ich war nicht nur wütend, ich war auch aufgeregt. Wie wenn man eine heiße Heizung anfaßt und die Hand dranläßt.

Ich weiß nicht genau, wann ich die Tür aufgerissen habe, ich stand in der Tür, sie hätten mich sehen müssen, wenn sie überhaupt noch etwas anderes wahrgenommen hätten als ihr eigenes Ficken. Selbst wenn ich ins Zimmer reingelaufen wäre, sie hätten sich nicht stören lassen, sie hätten es nicht einmal gemerkt. Als sie sich endlich ausgejammert hatte und mit offenem Mund dalag, bin ich gegangen.

Ich nahm den Mantel, öffnete vorsichtig die Tür und machte sie Millimeter für Millimeter zu. Ich mußte erst mal Luft holen. Dann ging ich auf den Zehenspitzen hinunter in den dritten Stock – wir haben nämlich keinen Lift im Haus – und zog meinen Mantel an. Dann bin ich in den Keller gegangen. Natürlich hatte ich die Getränke schon am Tag zuvor besorgt und unten abgestellt. Sicherheitshalber rauchte ich im Keller noch eine Zigarette. Dann ging ich kurz über die Straße, denn man merkt es einem an, ob man aus einem Innenraum kommt oder aus dem Freien, und nach ein paar Minuten stieg ich wieder die vier Treppen hoch, die zwei Tüten mit den Flaschen in der Hand, und sperrte die Tür auf.

Ich war ein bißchen außer Atem, als ich eintrat. Die beiden saßen auf der Couch und machten Konversation. Meine Frau war kühl wie eine Gurke, kein bißchen zerzaust, kein verwischter Lippenstift, nichts ... Ich habe sie bewundert. Ich glaube, ich hätte ihr nichts angemerkt, wenn ich sie nicht zehn Minuten vorher gesehen hätte, wie sie vor diesem Kerl kniete, der jetzt dasaß und ihr irgend etwas von einem Rennen erzählte, während er seine Pfeife stopfte.

Er hat seinen Sherry bekommen, und dann noch einen zweiten und einen dritten Sherry. Ich glaube, ich war ganz gut, ich machte sogar ein paar Witze, und am Schluß fragte ich ihn, ob er nicht zum Abendessen bleiben wolle. Nein, sagte er, er habe noch eine Verabredung, ach, schade, dann auf ein andermal, alles in diesem Ton, bis er endlich gegangen war.

Ich ließ das Abendessen über mich ergehen, obwohl mir nicht danach zumute war. Ich ließ meine Frau keinen Augenblick aus den Augen. Nicht daß sie müde war, im Gegenteil, ihr Gesicht war leicht gerötet und sie versuchte, sich ganz normal mit mir zu unterhalten, aber jedesmal, wenn sie nicht aufpaßte, nahmen ihre Augen einen Ausdruck an, den man, je nachdem, träumerisch oder blöde nennen könnte. Als wir gegessen hatten, fragte ich sie: Gehen wir ins Bett? Sie war völlig überrascht, aber sie wagte es nicht, nein zu sagen. Im Schlafzimmer hat sie noch gefragt: Was ist denn mit dir los? Aber ich sagte nichts, sondern zog sie so hastig, beinahe brutal aus, daß ein Knopf von ihrer Bluse absprang. Mit einer sonderbaren Mischung von Wut und Freude warf ich sie aufs Bett, ja, ich triumphierte, sie sah mich erstaunt an, aber sie protestierte nicht, und ich machte mit ihr genau das, was er mit ihr gemacht hatte, dieser Widerling, was der konnte, konnte ich auch. Ich sah ihn förmlich vor mir, wie er es ihr besorgte, und sie machte mit, genau so, wie sie mitgemacht hat, als er sie hernahm. Ich war nicht mehr wie sonst. Ich hatte mich in ihn verwandelt. Nur, daß ich etwas mehr wußte als er, und mehr als diese Frau unter oder über mir, die schon wieder außer sich war und wahrscheinlich gar nicht mehr wußte, mit wem sie es zu tun hatte. Sie hatte ja keine Ahnung! Erst als ich sie endlich losließ, und ihr Kopf hing über die Bettkante hinunter, und sie machte die Augen zu, wußte ich: Jetzt denkt sie an ihn. Aber wir dachten beide an ihn.

Natürlich stand er schon am Dienstag abend wieder vor der Tür. Ich entschuldigte mich, ich sei gerade auf dem Weg, um meine Frau abzuholen, von ihrem Abendkurs. Daran war natürlich kein wahres Wort. Sie lag im Bett und wartete auf mich. Wäre er fünf Minuten später gekommen, dann wäre ich nicht mehr zur Tür gegangen. Wir stiegen miteinander die Treppe hinunter. Ich habe gewartet, bis wir zwei Stockwerke tiefer waren. Dann habe ich ihn hinuntergeworfen. Es war ganz leicht. Ich gab ihm einen Schubs, das war alles. Er war ja völlig ahnungslos. Er hat nicht einmal geschrien. Nur der Aufprall machte einen Höllenlärm. Ich dachte, das ganze Haus würde zusammenlaufen, aber es rührte sich nichts. Ich habe nicht einmal nachgesehen, ob er sich das Genick gebrochen hat.

Ich hatte von Anfang an das Gefühl, daß mir gar nichts passieren kann. Hier im Haus kannte ihn ja niemand. Bei uns war er nur zweimal gewesen, nein, dreimal, und ich glaube kaum, daß ihn jemand gesehen hat. Und in der Firma hatte ich nichts mit ihm zu tun. Natürlich, im ›Tatort‹ gibt es immer einen Kommissar, der alles herausbringt. Es soll ja auch alle möglichen Tests geben. Aber wer kümmert sich schon um so einen Baierlein!

Ich ging einfach in unsere Wohnung zurück und legte mich zu meiner Frau ins Bett. Sie war schon ganz ungeduldig. Genau in dem Moment, wo ich wußte, gleich wird sie schreien – eigentlich ist es gar kein Schreien, sondern eine Art Hecheln, als ob sie heiser wäre –, hörte ich auf der Straße die Sirenen der Ambulanz.

Klaus Schuker

Das falsche Hundegebell

Norman, von seinen Freunden ob seiner übergenauen Lebensplanung nur Norm gerufen, packte die Fernbedienung und drückte erbost auf den Ausschaltknopf. Das Bild erlosch, Stille füllte den Raum. Die sämtliche elektrische Geräte in der Wohnung abdeckende Fernbedienung behielt er unentschlossen in der Hand.

Sekunden später trottete Bianca in das übergroße, hell und kalt eingerichtete Wohnzimmer ihrer Zweitausend-Mark-Wohnung. Sie lehnte sich mit ihrem Oberkörper gegen den weißen Wohnzimmerschrank – was wie immer ziemlich aufreizend wirkte – und schwieg; nur ein verstecktes Lächeln spielte um ihre roten Lippen. Sie sah hinreißend aus. Als sie ihn aus ihren grünen Augen liebe- und erwartungsvoll anschaute, wußte Norm, daß sie ihn nie verlassen würde.

Das war nicht immer so gewesen in den vergangenen acht Jahren, die sie nun beisammen waren. In der ersten Zeit war sie ihm mit ihren Marotten gehörig auf den Wekker gegangen. Daß sie seinen Hund Din anfänglich nicht mochte, hatte er noch einigermaßen hinnehmen können. Selbst ihre ausschweifende Lebensart, die sie so unvergleichlich fröhlich und spielerisch gestalten konnte, ohne Rücksicht auf seine Pläne und Wünsche zu nehmen, hatte ihn nicht besonders gestört.

Womit Norm sich jedoch nie hatte anfreunden können, war ihre Neigung zum Widerspruch. Es gab keine Situation, in der Bianca nicht eine Möglichkeit zur Widerrede erkannt und sie auch genutzt hätte. Er selbst fühlte sich in solchen Momenten wie ein gemaßregelter Schuljunge, ein Gefühl, das er überhaupt nicht ertragen konnte. Dabei hatte er oft genug den Eindruck, daß es ihr weniger um die Sache als solche ging, als einzig und allein um den Widerspruch an sich.

Da er diese hinreißend hübsche Frau damals noch stärker geliebt hatte als heute, hatte Norm sich über ihr merkwürdiges Verhalten natürlich seine Gedanken gemacht und war irgendwann zu der Erkenntnis gekommen, es könnte an ihm selbst und seiner manchmal übergenauen Lebensplanung liegen. Dabei beließ er es. Schließlich war er so, wie er war. Und schon allein seiner Arbeit wegen konnte er sich eine Änderung nicht erlauben. Als Leiter einer Forschungsgruppe, die sich mit den Auswirkungen von Strahlen auf die menschliche Gesundheit beschäftigte, gehörte es einfach zu seinen obersten Pflichten, übergenau zu sein. Und er hatte noch nie zu diesen bequemlichen Zeitgenossen gehört, die abends aus dem Geschäft kamen und alles vergessen konnten, sobald sie die Tür hinter sich zuzogen.

Geduldig wartete Bianca, immer noch an den Schrank gelehnt, offensichtlich darauf, daß er etwas sagte. Durch die offene Küchentür konnte Norm hören, wie der schlafende Din mehrmals hintereinander kurz aufjaulte. Norm genoß diese Momente. Sie waren eine einzige Entschädigung für die Zeit davor, als sie noch meinte, unbedingt alles in Frage stellen zu müssen. Freilich hatte es ihn auch außergewöhnlich viel Arbeit und Diskussionen mit Bianca gekostet, bis sie endlich eingesehen hatte, daß es so nicht weitergehen konnte. Vielleicht war es aber auch gar nicht richtig, den eigenen Partner derart umzuerziehen. Immerhin handelte es sich bei diesem um eine eigenständige Persönlichkeit. Und wenn er Bianca heute so anschaute, gestand sich Norm insgeheim ein, daß sie sich trotz aller gleichbleibend äußerer Merkmale doch ein wenig zu ihrem Nachteil verändert hatte: Irgendwie war sie langweilig geworden. Gerade in den letzten Tagen hatte Norm sich einige Male gefragt, ob es vielleicht eine Art Trotzverhalten ihrerseits war. Womöglich wollte sie durch ihre beinahe schon aufdringliche Gefügigkeit seinen berechtigten Wünschen gegenüber diese ad absurdum führen. Die liebevollen Blicke paßten einfach nicht zu den eintönig gefühllosen Jas und Neins, mit denen sie neuerdings auf seine Fragen antwortete. Auf diese Weise kam natürlich kein vernünftiges Gespräch zustande.

Bianca rührte sich immer noch nicht. Warum konnte sie nicht endlich wieder wie ein vernünftiger Mensch mit ihm sprechen?

Wartete sie auf ein Zeichen von ihm. War es ratsam, ihr einen Strauß Rosen zu schenken. Da er so etwas noch nie getan hatte, konnte er ihre momentane Sturheit unter Umständen damit erschüttern. Norms Blick fiel auf das Telefon neben ihm. Er könnte die Rosen telefonisch bestellen und hierherkommen lassen. Es würde Zeit und Mühe sparen und Bianca müßte eingestehen, daß sie sich in ihm getäuscht hatte. Norm lächelte. Er war überhaupt nicht so gefühllos, wie Bianca ihm schon oft vorgehalten hatte. Und damit sie sehen konnte, wie ernst er sie in Wahrheit nahm, würde er sie fragen, was sie von dem Vorschlag hielte und ob sie damit einverstanden wäre.

Mit einem Ruck richtete er sich aus seiner Lümmelstellung im Sofa auf.

»Soll ich dir einen Strauß Rosen schicken lassen?«

Doch noch bevor Bianca antworten konnte, kam Din plötzlich aus der Küche herausgefegt und stellte sich bellend vor ihm auf. In diesem Moment packte Norm ein

Wutanfall. Fluchend drückte er auf die Aus-Taste, um Dins Gebell abzustellen. Er mußte unbedingt sofort morgen die Tasten für Bianca und Din auf der Fernbedienung weiter auseinandersetzen. Sonst würde der Hund noch öfter losbellen, wenn Bianca eigentlich mit Ja antworten sollte.

Elke Heidenreich

Apocalypse Now

Es regnete seit dem frühen Morgen aus einem schwefelgelben Himmel, als wollte die Welt untergehen. Wir warteten auf Agnes. Der Regisseur, der auch zugleich Autor und Produzent des Films war und dem das Geld im wochenlangen Regen buchstäblich wegschwamm, saß mit der brettförmigen Regieassistentin, die auch genausogut ein Mann hätte sein können mit ihrem ausrasierten Nacken und ihrer tiefen Stimme, vor Pfefferminztee und sprach noch einmal die Szene durch, die man mit Agnes an diesem Abend drehen wollte. Ich lungerte am Tischende herum und aß das dritte Stück Apfelkuchen. Ich war Skriptgirl bei diesem Film, bei dem von allem Anfang an alles schiefging, und ich überlegte jeden Morgen beim Aufwachen in meinem klammen Bett in diesem billigen Provinzhotel, ob ich verzweifeln oder mich amüsieren sollte. Vier Wochen Dreharbeiten in Italien, und drei davon in strömendem Regen – wir hatten Außenszenen nach innen verlegen oder ganz streichen müssen, das halbe Team war erkältet, die Wege versanken im Matsch, und unsere Schuhe und Kleider wurden gar nicht mehr trocken. Seit dem dritten Drehtag sprachen Regisseur und Kameramann nur noch das Allernötigste miteinander, und ich hatte das Gefühl, daß der Kameramann – er hieß Torsten – verbissen versuchte, den Film zu ruinieren. Alle im Team duzten sich, wie das bei einer so zusammengewürfelten Schicksalsgemeinschaft für ein paar Wochen an irgendeinem Ort üblich ist, nur Torsten wollte gesiezt werden. Damit hatte es überhaupt angefangen, daß er der Regieassistentin, die Gisela hieß – wir nannten sie heimlich Krisela –, das Du verbot, nur ihr, weil er sie von einer anderen Produktion schon kannte und sie nicht mochte wegen ihres harschen Tons. Daraufhin hatte der Regisseur gesagt: Wenn *sie* dich siezen muß, dann siezen wir dich alle, und um ihn zusätzlich zu ärgern, nannten wir ihn Herr Torsten. Herr Torsten saß in einer Ecke des Restaurants und schrieb in ein kleines Buch. Wir alle glaubten, daß er Beschwerden und Klagen aufschrieb, um sie für die Ewigkeit festzuhalten oder bei späteren Produktionen gegen jeden von uns etwas in der Hand zu haben. Unsere italienischen Darsteller spielten lustlos Karten und tranken Rotwein, das heißt, die Männer. Die Frauen zeigten sich gegenseitig Fotos, blätterten in Modeheften oder strickten. Die Beleuchter und die Tontechniker waren in die nahegelegene Stadt gefahren, der Szenenbildner fuhr mit zweien seiner Helfer ins Nachbardorf, wo sie schöne Schreinerstöchter kennengelernt hatten, und der Aufnahmeleiter war nach Mailand gefahren, um Agnes abzuholen. Agnes, die außer dem Regisseur niemand von uns kannte, der aber der Ruf vorauseilte, heikel, schwierig, launisch, kurzum, eine Ziege zu sein. Aber, sagte der Regisseur, für die Rolle genau richtig, und es ist ja nur die eine Woche, da müssen wir durch, Kinder. Wir hatten alle keine Lust mehr, da durchzumüssen – wir mußten schon durch genug durch in diesen Wochen. Die Kostümbildnerin, Marja, setzte sich seufzend zu mir an den Tisch mit einem Korb voller Klamotten.

Was der immer hat, flüsterte sie, ich wasch und bügel alles, weil sich sonst die Schauspieler weigern, das dreckige Zeug anzuziehen, und er will – sie zeigte mit dem Kinn in Richtung Regisseur –, daß alles schmuddelig und schmierig aussieht. Was soll ich denn jetzt machen?

Laß es Salvatore anziehen, sagte ich, nur zehn Minuten, dann sieht es schmuddelig und schmierig aus.

Salvatore war der Wirt in dem Film, und der sollte nun gerade nicht schmutzig sein, sondern nur die Landarbeiter, die ihren Grappa bei ihm trinken kamen. Aber Salvatore konnte anziehen was er wollte und nur ganz still herumstehen – peng, hatte er schon irgendwo Rotweinflecken oder eine fettige Hose, und die Landarbeiter kamen nach zehn Stunden Feldarbeit in gebügelten Hemden und Hosen in die Kneipe. Der Regisseur und Marja lagen sich deswegen seit Tagen in den Haaren, und ich wußte nie, zu wem ich halten sollte, denn ich mochte Marja gern, aber in den Regisseur war ich heimlich ein bißchen verliebt.

Es war schon mein zweiter Film mit ihm, beim ersten war es noch chaotischer zugegangen. Das war ein Looser, dem ging alles schief – er hatte gute Ideen und eine nette Art, aber er war nicht energisch genug mit diesem Sauhaufen von einem Filmteam. Er brüllte sie nicht an, und solche Leute müssen angebrüllt werden, ob es einem nun paßt oder nicht – anders geht das nicht. Wenn du an den Drehort kommst und bist nett, hast du schon verloren. Einem Team erklären, was man mit dem Film ausdrücken will? Ach du lieber Gott. Das interessiert die doch gar nicht. Jeder macht seinen Job, und keiner hat einen Blick über seinen kleinen Kasten hinaus für das Ganze, im Gegenteil, wenn eine Szene versiebt wird, weil der Ton nicht stimmt, feixen die Beleuchter und sagen: an UNS liegt es nicht, und wenn der Regisseur dann bittet, alles noch mal zu drehen, ziehen sie die Kabel raus und sagen: Feierabend! oder: Das erlaubt die Gewerkschaft nicht, und du stehst mit deiner Nettigkeit im Regen. Dieser Regisseur war freundlich, liebenswürdig und hörte sich den ganzen persönlichen Kram an, mit dem sie ihn alle belästigten – Carla kam nicht vom Saufen weg, weil ihr Mann sie verlassen hatte, Irmin mußte alle drei Tage nach Hause fahren und in der Nacht zurück, er war ständig übermüdet und paßte nicht auf, aber seine Frau hatte Zwillinge bekommen und eines davon kränkelte, brüllt man da einen schläfrigen Aufnahmeleiter an? Krisela zog jede Menge Koks in ihre große Nase, und nächtelang versuchte der Regisseur, ihr das auszureden, und der Szenenbildner beschlief die Mädchen der Gegend und handelte sich Ärger mit deren Eltern ein, die zum Regisseur kamen, um sich über das Künstlerpack zu beschweren.

Bei unserm vorigen Film war es noch schlimmer gewesen. Es war die Geschichte einer Reisegruppe in Fernost. Einer aus der Gruppe sondert sich ab, verliebt sich in ein asiatisches Mädchen und bleibt für immer in Bangkok. Ich war auch bei diesem Film zunächst Skriptgirl gewesen, mußte aber am Ende als Statistin mit einspringen, weil das Geld ausgegangen war und an allen Ecken und Enden gespart wurde. In Thailand hatten wir nur gerade die Außenaufnahmen drehen können, und für die Szenen im First-class-Hotel mieteten wir nun in Deutschland die große Eingangshalle und das Kaffeestübchen eines vornehmen Altenstifts in einem Kurbad an. Mit ein paar Umbauten wurde ein exotisches Ambiente geschaffen – niedrige Sitzmöbel kamen in die Halle statt der tiefen Samtsessel, an der Rezeption standen mandeläugige Mädchen in taubenblauen Seidensarongs, und auf den Rattantischchen wurden die Strohblumen durch Orchideen ersetzt. Die Eingänge waren mit Mahagoni-Imitaten und Messingverzierungen verkleidet worden, und über dem »Kaffeestübchen« stand jetzt mit Bambusbuchstaben »Rattan Coffee Shop«.

Die Alten, die im Haus wohnten, waren durch einen Anschlag am Schwarzen Brett von der Heimleitung informiert worden, daß für fünf Tage Dreharbeiten in der Halle und im Kaffeestübchen stattfänden, und wer wolle, könne gern zuschauen. Manchmal waren zwei alte Damen, feingemacht mit ihren besten Blusen und alten Perlenketten, zaghaft am Rand stehengeblieben, um ein wenig zuzuschauen, aber der Aufnahmeleiter hatte sie jedesmal unwirsch verscheucht. Aufnahmeleiter sind die Pest bei Dreharbeiten. Man braucht sie, aber sie sind hassenswerte und unsensible Kreaturen, die immer Jeans mit hängenden Ärschen tragen und billige Pullover, die nach Schweiß riechen. Die alten Damen waren dann traurig in den kleinen Lesesalon neben der Halle gehuscht, den wir nicht okkupiert hatten und wo ständig drei uralte Männer, einer davon im Rollstuhl, unter dem düsteren, riesigen Ölgemälde, das eine Ruine zeigte, mißmutig Bridge spielten. Ich hatte mir mal die Bücher im Glasschrank angesehen, abgegriffene, zerfledderte Bände mit Titeln wie ›Eines Menschen Zeit‹, ›Ich habe gelebt‹, ›Warum ich Christ bin‹ oder ›Der Engel mit dem Schwert‹ von Pearl S. Buck und ›Der Gasmann‹ von Heinrich Spoerl. Mittendrin stand ein Buch falsch herum, mit dem Rücken nach hinten, und als ich es umdrehte, sah ich, daß es Nabokovs ›Lolita‹ war. Das hat mich sehr gerührt, und in den folgenden Tagen beobachtete ich die alten Männer, um herauszufinden, wer der Schlingel sein könnte, der es heimlich las. Ich tippte schließlich auf den alten General in dem blauen Blazer mit Goldwappen auf der Brusttasche. Er war ein großgewachsener, böse aussehender Mann mit einem schwarzen Krückstock mit silbernem Knauf. Herrisch ging er mitten durch die Halle, wenn wir gerade drehten, und der Aufnahmeleiter rang vergebens die Hände und versuchte, ihn zurückzuhalten. Ich habe, rief der General mit schneidender Stimme, mich in dieses Etablissement teuer genug eingekauft und zahle fünftausend Mark im Monat, da werde ich diese Halle durchqueren, wann, wie und wie oft ich will, junger Mann.

Und dann lief er mitten durch die Szene auf unsern

Hauptdarsteller zu, der – dem Film entsprechend – in Bermudashorts und Hawaiihemd an der Rezeption stand, schlug ihm mit dem Stock an die Beine und sagte: Ich verlange, daß Sie sich anständig kleiden und hier nicht in diesem Aufzug herumlaufen. Er verdarb uns eine Szene nach der andern, denn er ging oft ein und aus, und er begriff einfach nicht, daß es sich um einen Film handelte. Er und die beiden schüchternen Damen waren es auch, die sich auf der Tafel als Gäste eintrugen – Gäste für den »Ausflug in den Elefantenkraal«, den wir laut Drehbuch für unsere Filmtouristen ausgeschrieben hatten. Wir konnten ihnen mit Engelszungen erklären, daß es doch hier, in einem deutschen Kurbad, keinen Elefantenkraal gäbe – sie waren nicht davon abzubringen, Mittwoch um fünf Uhr aufzustehen und mit uns zum Elefantenkraal zu fahren. Unsere Dreharbeiten gingen zum Glück an einem Montagabend zu Ende, aber ich bin sicher, sie standen in weißem Leinen und Khaki perfekt gekleidet Mittwoch früh um fünf am Portal und wurden ein letztes Mal von uns enttäuscht. Einmal hatte der Regisseur für die beiden alten Damen Stühle an der Seite aufstellen lassen. Sie durften bei der Szene zuschauen, in der die Touristen im Hotel ankommen und von den Thaimädchen mit einem Cocktail begrüßt werden. Sie konnten sich nicht genug wundern, warum über Stunden und Stunden immer wieder angekommen wurde, immer wieder Koffer rein, Koffer raus, bis dann endlich die Szene doch im Kasten war und der Aufnahmeleiter nach einem erleichterten Kopfnicken des Regisseurs gerufen hatte: Gestorben! Da hatten sie erschrocken die Köpfe zusammengesteckt und gefragt: Gestorben? Wer ist gestorben?

Ich mußte eine stumme Touristin spielen, die in einem dünnen Kleidchen vor einem Tee saß und die Neuankommenden musterte. Der schwule Maskenbildner fummelte mir mit seinen feuchten Händen jeden Morgen eine Spießerfrisur auf den Kopf und malte mir Urlaubsbräune in mein erkältetes, blasses Gesicht, und dann fror ich mich in meinem Fähnchen halb zu Tode und durfte zusehen, wie der Produktionsleiter in einer Art Cape durch den Raum schwirrte und rief: Schneller, Kinder, schneller, das wird ja alles viel zu teuer, und ich hoffte immer, daß der Regisseur einmal aus der Haut fahren und schreien würde, aber er blieb nett, und so wurde der Film eben schlecht. Einmal war für den Nachmittag – wohl schon Monate vorher – eine Hausmusik für das Altenstift angesetzt worden, und als wir gerade Rückkehr vom Elefantenkraal drehten, begann ein quarkgesichtiger Pianist im kleinen Lesesalon Beethovensonaten zu spielen. Nicht mal da drehte der Regisseur durch und auch dann nicht, als der General absichtlich über ein Kabel stolperte, um sich anschließend lautstark zu beschweren. Ich hatte genau beobachtet, wie er mit seinem Stock in den am Boden liegenden Kabeln herumstocherte, dann aufblickte, ob ihn jemand sah – der Regisseur trug immer eine dunkle Brille, aber ich wußte, daß er in diesem Augenblick den General anschaute. Der ging zielstrebig los, mimte ein Stolpern, rief laut um Hilfe und ließ sich vom Aufnahmeleiter auffangen. So geht es nicht, schrie er, man bricht sich Hals und Bein, das muß alles hier weg! Nicht mal da war der Regisseur ausgerastet und hatte gerufen: Sie müssen hier weg! Er war freundlich geblieben und hatte dem Alten zum hundertstenmal erklärt, was ein Film ist.

Und jetzt sollte Agnes kommen, der dramatische frustrierte Schrecken aller Provinztheater, Agnes mit dem hennaroten Haar, den zahllosen Affären und den legendären Launen. Ich fror, kroch noch tiefer in meinen Apfelkuchen und schmierte Flecken auf Marjas frischgewaschene Arbeiterklamotten. Draußen wurde es immer dunkler, und Robert, der Requisiteur, sagte: Ich möchte mal wissen, wann wir die Szene mit den Fliegen denn nun endlich drehen können, der Marinelli macht das nicht mehr lange mit.

Wir brauchten für eine Szene im gleißenden Sonnenlicht Fliegen, die vor ein Fenster brummen sollten, aber es regnete und war viel zu kalt für die Jahreszeit, und nie waren Fliegen da. Der Requisiteur hatte in einer Nacht- und Nebelaktion eines Tages aus Leverkusen von der Firma Bayer drei Kartons Fliegenlarven geholt, die wurden im Keller des Dorfinstallateurs Alessandro Marinelli gelagert und durch kleine Löcher mit Zuckerlösung und Polentakrümeln gefüttert. Inzwischen waren die Fliegen ausgeschlüpft und donnerten gegen die Kartonwände. Frau Marinelli bekam bereits Angstzustände, wenn sie in den Keller hinunter mußte, um Wein vom Faß zu holen. Aber es gab keinen Sonnentag, an dem wir unsere gemästeten Brummer gegen ein lichtdurchflutetes Fenster hätten loslassen können ...

Überhaupt spielten Tiere eine seltsame Rolle in diesem Film. Da mußte zum Beispiel eine Giftschlange für eine Einstellung durch die Wiese huschen. Aus Como kam ein Spezialist mit einer Flasche, in der die Schlange war, und natürlich wurde in einem Kühlschrank auch das nötige Serum deponiert, falls jemand gebissen werden sollte. In dem engen Raum, in dem wir eine turbulente Szene drehen mußten, standen viele leere Weinflaschen auf dem Fußboden, und irgendwie war die Flasche mit der Giftschlange darunter geraten. Beim Rückwärtsgehen hatte der Kameraassistent von Herrn Torsten die Flasche umgestoßen, die Schlange war herausgekrochen und auf Nimmerwiedersehn verschwunden. Tagelang gingen wir alle nur mit gesenkten Blicken und in ganz stabilen Schuhen herum, der Experte schimpfte und verlangte Schadensersatz, aber die

Schlange blieb verschwunden, und schließlich reiste er wütend mitsamt seinem Serum wieder ab. Wir machten Witze darüber, was wohl giftiger sei: der Schlangenbiß oder der italienische Wein, denn es war das Jahr des großen Weinskandals, und im Produktionsbüro hing eine täglich länger werdende Liste mit den Namen der mit Methanol versetzten Weine, die man auf keinen Fall mehr trinken durfte.

Es regnete immer heftiger, und der Himmel war jetzt tiefdunkelgrau mit einem bösen Violett. Einer der Mitarbeiter des Szenenbildners, der nicht mit zum Jungfrauenjagen gefahren war, kam an den Tisch und fragte den Regisseur, ob man morgen bei dem Dreh an der Brücke »verbrannte Erde« machen dürfe. Verbrannte Erde hieß soviel wie die Gegend nachhaltig versauen. Manchmal räumten wir hinterher auf, manchmal machten wir verbrannte Erde und ließen tiefe Reifenspuren in den Wiesen zurück oder bauten eine Scheune, die einer unserer Lastwagen zusammengefahren hatte, einfach nicht mehr auf. Ich dachte dann an ›Apocalypse Now‹, und daran, wie wenig die Kunst noch Kunst ist, wenn man nah dran ist.

Der Regisseur sagte, daß ab sofort überhaupt nicht mehr verbrannte Erde gemacht würde. Er habe hier Freunde gewonnen und wolle noch mal an den Ort zurückkommen und mit erhobenem Kopf durchs Dorf gehen können.

Alessandro Marinelli kam rein auf einen Espresso und einen Sambuca. Er setzte sich zu uns an den Tisch und erzählte, daß immer noch Dorfleute zu ihm kämen und darum bitten würden, auch in dem Film mitspielen zu dürfen. Was machst du dann? fragte ich ihn. Er grinste mit seinem zahnlosen Mund. Wenn es Männer sind, sagte er, schick ich sie weg. Wenn es Frauen sind, messe ich die Oberweite und sage dann: das ist für diesen Film zuwenig, komm nächstes Jahr wieder, da drehen wir in Spanien, dann können wir dich brauchen! Wir lachten, und ich bestellte mir noch einen Apfelkuchen. Als die kartenspielenden Italiener am Nebentisch das sahen, bekamen sie auch Appetit und orderten gleich die ganze Apfeltorte. Der Produktionsleiter, der hinten in einer Ecke über Zahlenkolonnen brütete und das Drehverhältnis ausrechnete, rief mir zu: Sag ihnen, sie sollen nicht soviel fressen, sonst werden sie zu fett und die Anschlüsse stimmen nicht mehr!

Der Produktionsleiter sprach kein Italienisch, obwohl er versprochen hatte, es vor Drehbeginn zu lernen. Er war auch tatsächlich zu einem Sprachinstitut gegangen, hatte 500 Mark Vorkasse bezahlt und dafür vom Kursleiter zwei Kassetten bekommen, die sollte er sich zu Hause in Ruhe anhören, und dann würde das schon klappen. Nichts klappte, und ich mußte dauernd für ihn übersetzen, Regine, sag ihm, er muß sich den Bart färben lassen, auf dem Foto von der Agentur war der Bart schwarz, jetzt ist er grau, das sieht zu alt aus, Regine, was heißt leck mich am Arsch? Regine, bestell mir mal ein Omelett mit Pilzen, aber frische Pilze, nicht aus der Dose. Regine hier, Regine da, ich wurde den ganzen Tag rumgescheucht und wäre dabei so gern mal mit dem Regisseur allein gewesen, aber dazu hätte ich ein richtiges Problem haben müssen. Für Probleme hatte er immer Zeit, ich war einfach zu patent und fiel nicht unter seine besondere Aufmerksamkeit.

Alessandro Marinelli hatte den ›Corriere della Provincia‹ mitgebracht, in dem eine Geschichte über unsere Dreharbeiten stand. Ausgerechnet über die Sache mit dem Schnee hatten sie geschrieben, eine Geschichte, die mehr mit ihrer absurden Provinz als mit unseren absurden Dreharbeiten zu tun hatte. Es gab in dieser ungewöhnlich kalten Jahreszeit auf höherliegenden Hängen und Hausdächern immer noch Reste von Schnee, die man bei den Totalen leuchten sah. Daher mußte in den ersten Tagen der Dreharbeiten die örtliche Feuerwehr anrücken und die Dächer freispritzen. Mit einem 150 Meter langen Schlauch waren sie angefahren gekommen, hatten bombastisch aufgedreht, und heraus kam nichts als ein kleines Rinnsal, weil der Druck nicht stimmte. Auf dem Dorfplatz gibt es zwar zu diesem Zweck einen Hydranten, nur war das ein Schweizer Modell, und der Schlüssel dazu stammte aus Italien und paßte nicht. Natürlich, sagten die Kenner, italienische Stecker passen ja auch nicht in Schweizer Steckdosen, viva Europa! Der Mann, der den richtigen Schlüssel verwaltete, war zum Einkaufen gefahren, und es dauerte anderthalb Stunden, bis wir ihn aufgestöbert und hergekarrt hatten. Der Bürgermeister des Ortes tobte: Und wenn es nun gebrannt hätte, Gusto? Reg dich nicht auf, Nino, sagte Gusto, es hat ja nicht gebrannt, es war ja nur Schnee, und auch nur für den Film! Das alles stand im ›Corriere della Provincia‹, und ein Foto war auch dabei – die Feuerwehr mit den Schläuchen, aus denen nun tüchtig Wasser spritzte. Der Regisseur sah sich das Bild fast wehmütig an und sagte: Da hat es wenigstens noch nicht dauernd geregnet, und Krisela bellte: Sie hätten ruhig mal ein Bild von den Dreharbeiten bringen können, diese Provinzheinis.

In diesem Moment kam Agnes herein. Sie strahlte und wirbelte und stürmte auf den Regisseur zu, den sie umarmte und küßte, und hinter ihr schlich Irmin mit zwei Koffern und verdrehte die Augen zur Zimmerdecke. Madonna! murmelte Alessandro Marinelli und glättete seine Haare mit Spucke. Die Männer hörten mit dem Kartenspielen und die Frauen mit dem Stricken auf, und der Regen trommelte laut an die Scheiben. Da bin ich, rief Agnes, jetzt kann's losgehen! Das Gesicht von Krisela erstarrte zum Holzschnitt, und der Regisseur war aufgestanden und hatte Agnes einmal hochgehoben, im Kreis gedreht und vorsichtig wieder abgesetzt.

Wie fühlst du dich? fragte er, und sie lachte: Großartig!

Nachtdreh, sagte er, gleich heute, du kommst leider sehr spät.

Sie ließ sich auf einen Stuhl fallen, winkte mit der Hand einmal rundum allen zu und strich sich das Haar aus der Stirn.

Zuviel Arbeit, seufzte sie theatralisch, ich konnte einfach nicht früher weg, ihr Lieben.

Au weia, sagte Marja, wenn eine am Anfang so drauf ist, das geht nicht gut, was meinst du?

Ich wußte noch nicht, was ich meinte. Ich sah nur, wie Krisela fest die Lippen zusammenpreßte und spürte, daß sie jetzt nicht mehr die Nummer eins war, und Regieassistentinnen werden total hysterisch und flippen aus, wenn sie nicht Nummer eins im Herzen des Regisseurs sind, und dem Regisseur war ein feiner Schweißfilm auf die Stirn getreten. Irmin hatte die Koffer abgestellt und fragte Agnes:

Willst du was essen, soll ich dir was bestellen?

Sie wollte aber zuerst in ihr Zimmer, ein heißes Bad nehmen, und wo sei denn die Dispo?

Der Regisseur erklärte ihr, wann sie abgeholt würde und daß das heute abend nur ein kleiner Dreh sei, Ankunft vor dem Haus, ihre große Szene käme morgen dran.

Agnes schaute sich um, warf mir einen uninteressierten Blick zu und bohrte ihre grünen Augen in Marja.

Kostüm? fragte sie, und Marja nickte, stand auf und ging zu ihr. Sie gaben sich die Hand und Marja sagte:

Das besprechen wir nachher in der Maske, ich hab alles passend da.

Agnes nickte, stand wieder auf, und Irmin schnappte sich die Koffer. Alessandro Marinelli floß ein bißchen Spucke aus dem Mund, und der schöne Felice, der den arroganten Großgrundbesitzer spielte und aus Siena stammte, kniff die Augen zusammen und musterte Agnes so, daß es ihr auffiel und sie sich irritiert abwandte. Felice hatte schwarzes Haar und blaue Augen, er war ein Bilderbuchitaliener, ein netter Kerl und wirklich ein guter Schauspieler. Er flirtete ein bißchen mit Isolde, unserer Maskenbildnerin, aber sie blieb standhaft und wollte keine italienische Affäre, obwohl bei dem vielen Regen und dem ewigen engen Zusammensitzen die Verhältnisse allmählich aufweichten. Irmin tröstete sich über seine häuslichen Schwierigkeiten bereits mit Simonetta, die unsere Dolmetscherin war, Marja hatte meiner Meinung nach höchst heimlich etwas mit dem zweiten Beleuchter angefangen, und Krisela überredete den Regisseur immer öfter zu nächtlichen Diskussionen – ich weiß nicht, ob die in seinem oder ihrem Bett endeten, aber ich glaube es eigentlich nicht, denn sie war einfach zu häßlich und er galt als glücklich verheiratet, was immer das bei diesen Berufen bedeuten mag.

Agnes schwirrte ab, nach oben in ihr Zimmer, und wir blieben unten in dem muffigen Restaurant zurück. So, rief der Regisseur, da wäre sie, jetzt laßt uns das um Gottes willen gut durchziehen. Da Simonetta sofort nach Agnes' Abgang mit Rosanna zu tuscheln angefangen hatte, sagte er es auch noch mal auf italienisch. Jemand schaltete das Neonlicht an der Decke ein, und wir sahen alle aus wie alter ungesunder Käse. Felice stand am Fenster, rauchte und sah hinaus in den Regen.

Die Szene am Abend war relativ schnell im Kasten. Es goß in Strömen, wir drehten trotzdem draußen. Agnes mußte mit dem Auto vor ihrer Villa vorfahren, aussteigen und, ein Tuch über dem Kopf, zur Haustür hasten und aufschließen. Kurze Zeit später flammten überall im Haus die Lichter auf, sie kam noch einmal heraus und holte ihre Koffer. Wir machten das viermal, dann waren wir fertig und fuhren zurück ins Hotel.

Der Regisseur setzte sich mit Krisela und Agnes in eine Ecke, um die Szene für den nächsten Tag zu besprechen.

Wo ist Felice? fragte der Regisseur, und ich lief, um ihn zu holen. Ich fand ihn im Hof. Es hatte endlich aufgehört zu regnen, der Himmel war fast klar geworden, und Felice rauchte und starrte die Sterne an.

Sie suchen dich, sagte ich, aber er winkte ab. Erzähl mir, was du über Agnes weißt, sagte er. Ich erzählte ihm, was man so las und redete – daß sie ihre beste Zeit wohl hinter sich hatte, daß sie einen Selbstmordversuch gemacht haben sollte und seitdem noch schwieriger war als früher, daß in einer deutschen Boulevardzeitung neulich die Überschrift gestanden hatte: AGNES ANSELM BEI DREHARBEITEN ZUSAMMENGEBROCHEN, Untertitel: Schauspielerin fragte weinend nach dem Sinn des Lebens.

Felice sah mich verblüfft an, zog die Augenbrauen hoch und lachte ein wenig. Oha, sagte er und zog an seiner Zigarette. Am nächsten Tag war die Szene mit dem Hund dran. Agnes spielte in unserm Film eine Deutsche, die oberhalb des Dorfes ein Haus hat. Als sie dort mal wieder einige Zeit verbringt, sieht sie eines Tages, wie der Großgrundbesitzer einen Hund in die Schlucht zwischen Corrido und Carlazzo wirft. Sie stellt ihn heftig zur Rede, es gibt eine scharfe Auseinandersetzung, und ein paar Tage später wird Agnes mitten im Dorf erschossen. Ihre Leiche verschwindet – wahrscheinlich auch in der Schlucht –, und die Ermittlungen werden mehr als lasch geführt. Soweit das Drehbuch.

Alles, was vorher passierte und auch, wie sich das Dorf nach dem Mord hermetisch wieder zusammenschloß, hatten wir schon gedreht, es fehlten lediglich die Szenen mit Agnes; ihre Ankunft eben, die Szene mit dem Hund, eine Szene in ihrem Haus, wie sie herumtobt und telefoniert, ein resoluter Gang zum Bürgermeister, der Schuß, Tod, aus.

Den Hund hatten wir schon Tage vorher besorgt. Giancarlo, auf dessen Hof teilweise gedreht wurde, hatte angeboten, einen seiner Hunde zu diesem Zweck zu erschießen, er hatte eine Meute unglücklicher Jagdhunde, die in einem engen Zwinger auf Beton herumlungerten und darauf warteten, daß er vier-, fünfmal im Jahr mit ihnen zur Jagd in die Berge ging. Immer wieder starben welche oder wurden aggressiv und bissen Giancarlos Frau, dann wurden sie sowieso erschossen und anschließend in die Schlucht geworfen. Die Schlucht war schmal, sehr tief, mehr als achtzig Meter, schätzten wir, und wurde von einer kleinen Brücke überspannt, die die Orte Corrido und Carlazzo hoch oben am Berg verband. Alles, was man nicht brauchte, landete in dieser Schlucht – alte Autoreifen, Kühlschränke, Matratzen, tote Tiere, manchmal auch eine zugebundene Plastiktüte mit lebenden Katzen, und von Giuseppina, die vor Jahren verschwunden und nie wieder aufgetaucht war, munkelte man auch, sie läge gewiß dort unten in der Schlucht. Wir fuhren alle immer etwas schneller über diese unheimliche, knarrende Brücke, die an den Seiten ein paar kaffeetassengroße Löcher hatte, durch die das Regenwasser abfließen und durch die man in die Tiefe sehen konnte. Heute nun mußte ausgerechnet auf dieser Brücke die Szene mit Agnes, Felice und dem Hund gedreht werden. Der Regisseur hatte es Giancarlo ausgeredet, einen seiner Hunde für den Film zu erschießen. Statt dessen hatte der Requisiteur im veterinärmedizinischen Institut der nächsten Stadt nachgefragt und einen Schäferhund bekommen, der gerade hatte eingeschläfert werden müssen. Ein präparierter Hund kam für uns nicht in Frage, der wäre zu steif gewesen, und es sollte aussehen, als würde das Tier noch lebend in die Schlucht geworfen. Also ließen wir den eingeschläferten Hund tiefgefrieren, legten ihn in eine Kühltruhe und schoben die in die Garage von Andrea, der auch unsere Autos wartete. Eines Tages hatte Andreas kleine Tochter den Deckel der Truhe geöffnet und den gefrorenen Hund darin gesehen, sie hatte geschrien und sich stundenlang nicht beruhigen können. Zum Drehen mußte der Hund leicht angetaut werden, damit er sich ein bißchen bewegte, wenn er in die Schlucht runterflog, aber nicht zu sehr, damit er nicht stank. Als Agnes nun da war, begann der Requisiteur in der Nacht auf Andreas Hof mit dem Auftauvorgang und erschien am Drehort rechtzeitig mit dem steifgefrorenen Kadaver, an dem die Beine sich schon wieder leicht bewegen ließen. Keiner mochte in die Nähe gehen, und die Bühnenarbeiter spannten unter das Brückengeländer ein Netz, mit dem der Hund aufgefangen werden konnte, weil man ja die Szene gewiß mehrmals drehen mußte.

Felice erschien am Drehort mit einem Pritschenwagen, auf dem der Hund später mit zusammengebundenem Maul liegen sollte, und Felice hatte ein sauber gebügeltes Hemd und blitzsaubere Arbeitshosen an. Der Regisseur fluchte, und Marja mußte mit roter Farbe Blutflecken auf Hemd und Hose malen und alles ein bißchen naß machen und zerknittern. Agnes kam in einem geblümten Seidenkleid mit Strohhut und sah wunderbar, aber nervös aus. Sie hatte Angst, die Brücke zu betreten, und traute sich nicht in die Nähe des Geländers, von wo aus man in die dunkle, grüngraue Tiefe blickte. Sie gab Felice zurückhaltend die Hand und wartete mit zusammengepreßten Lippen, bis es losging. Während er auf der Brücke hielt, den Hund hinten runternahm und ihn in die Schlucht warf, sollte sie mit ihrem Auto auf die Brücke fahren, bremsen und Felice zur Rede stellen. Irmin sperrte die Straße ab, damit uns keine anderen Autos durch die Szene fahren konnten, und dann ging es los. Es war nach Wochen der erste Tag, an dem die Sonne schien, und sie schien kräftig, schon am frühen Mittag. Wir probten zuerst mit Felice, den Hund so zu werfen, daß er im Netz landete und wieder hochgezogen werden konnte. Der Hund fing an, streng zu riechen, und keiner mochte ihn mehr anfassen. Es war ein großer, schöner Hund mit gepflegtem Fell, aber durch das Einfrieren und Auftauen sah er struppig und etwas unförmig aus, und wir grausten uns alle vor ihm. Felice wollte Handschuhe haben, um ihn nicht anfassen zu müssen, aber der Regisseur sagte, daß italienische Bauern keine Handschuhe tragen würden, und bald wäre ja alles vorbei. Ich dachte an andere Regisseure, die in einem solchen Fall gesagt hätten: Sonst noch was! oder: Du bist Schauspieler und machst das gefälligst und basta. Aber so konnte er nicht sein, er ließ über alles mit sich diskutieren.

Jetzt waren wir soweit, daß Agnes kommen konnte. Felice stoppte, lud den Hund ab, Krisela gab Agnes ein Zeichen, sie fuhr los, bremste neben Felice, stieg aus. Die ersten beiden Male standen die Autos für Herrn Torstens Kamera nicht richtig nebeneinander. Beim drittenmal war Agnes nicht rechtzeitig losgefahren, und der Hund lag schon im Netz, als sie endlich kam. Dann machte Felice einen Fehler, und der Hund fiel ihm vom Auto, so daß jeder sah, daß er schon tot war. Dann kam ein Bus mit Schulkindern und mußte durchgelassen werden. Wir wurden alle nervös, Agnes schwitzte und die Maskenbildnerin puderte ihr wieder und wieder Stirn, Hals und Nase. Dann hatte technisch alles geklappt, aber Agnes stand vor Felice und starrte ihn nur aus weitaufgerissenen Augen an, ohne etwas zu sagen, sie hatte ihren Text vergessen oder er war ihr im Hals steckengeblieben. Felice fluchte, wischte sich den Schweiß ab und verlangte eine Pause. Der Requisiteur packte den Hund in eine große Kühltasche mit Eis, Felice legte sich in die Wiese, Herr Torsten rauchte und lehnte sich dabei weit übers Geländer. Irgendwie hätten wir alle

Lust gehabt, ihm einen kleinen Schubs zu geben. Der Regisseur flüsterte mit Agnes, die in Tränen ausgebrochen war, und Krisela wandte sich ab und schniefte eine Portion. Ich wollte mein Frühstückshörnchen aufessen, aber ich kriegte keinen Bissen runter, und inzwischen dampfte es aus der Schlucht hoch, als hätte sich die Hölle aufgetan. Nach den wochenlangen Regenfällen erwärmte sich die nasse Erde und schickte das viele Wasser, das sie hatte schlucken müssen, in die Luft zurück. Es sah gespenstisch aus und war schwül und schwer zu atmen.

Felice kaute an einem Grashalm und sah aus schmal zusammengekniffenen Augen zu Agnes hinüber. In seinem Blick waren Haß und Leidenschaft, er verachtete sie und wollte sie haben, und sie, die Männererfahrene, an der Schwelle zum »nicht mehr jung und nicht mehr schön sein«, beruflich bereits an zweitklassigen Theatern und in drittklassigen Fernsehserien gelandet, sie spürte all das und wehrte sich und verzweifelte zwischen Angst und Bosheit. Am liebsten wäre ich zum Regisseur gelaufen und hätte gesagt, hör mal, ändere um Himmels willen diese Szene, laß sie nur vorbeifahren und sehen, wie er den Hund in die Schlucht wirft, aber laß sie nicht aussteigen, nicht zu ihm gehen, das geht nicht gut. Aber ich tat es nicht, weil ich nur das Skriptgirl war, weil ich mich nicht wichtig machen wollte, weil ich mich nicht in die Nähe von Agnes traute, ach, warum tut man etwas nicht, von dem man spürt, es wäre das Richtige – vielleicht, weil der Augenblick, in dem man es spürt, zu kurz ist. Herr Torsten drehte sich um und sang »Leavin' Memphis with a guitar in his hand and a one-way-ticket to the promised land ...«, und als alle ihn entsetzt ansahen, weil er jetzt singen konnte, hörte er auf damit, pfiff und ging hinter seine Kamera zurück. Marja glättete Felices Garderobe, und der Regisseur rief: Laß das, Marja, jetzt ist es endlich gut so! Agnes setzte ihren Strohhut auf und ging zu ihrem Auto zurück. Irmin sperrte die Straße, das Ganze ging von vorn los. Felice fuhr an die Stelle, die auf der Brücke mit Lassoband gekennzeichnet war, stoppte, nahm den Hund und warf ihn in die Tiefe, beziehungsweise natürlich ins Netz. Agnes fuhr los, stoppte, stieg aus und lief auf Felice zu. In ihrem Gesicht war soviel Haß und Angst und Wut, sie schlug Felice mit den Fäusten auf die Brust, was nicht im Drehbuch stand, und er starrte sie an mit seinen blauen Augen und packte sie plötzlich unter den Armen, hob sie hoch und hielt sie weit übers Geländer – sie hing über der Schlucht, einen Moment, eine Ewigkeit, ich weiß es nicht, ich schloß die Augen. Es war totenstill bis auf das Grollen des Wassers von tief da unten – kein Schrei, niemand lief hin, Felice stand einfach da und hielt Agnes übers Geländer, und als ich wieder hinschaute, sahen sie sich an. Beiden lief der Schweiß übers Gesicht, Agnes war unter ihrer Schminke leichenblaß geworden, und er zitterte am ganzen Körper. Ich hatte Todesangst, daß er sie nicht mehr würde halten können. Im Zeitlupentempo bewegte sich jetzt der Regisseur auf die beiden zu, streckte den Arm aus, kein Ton kam über seine Lippen, Herr Torsten stand neben seiner noch laufenden Kamera und rührte sich nicht. Marja hatte beide Hände vor den Mund geschlagen und die Augen weit aufgerissen, und dann endlich, unendlich langsam, schwenkte Felice mit Agnes in den Händen zurück über das Brückengeländer und setzte sie sanft und ganz vorsichtig auf der Brücke ab. Er atmete schwer, ließ die Arme hängen, und Agnes stand da und lehnte ihren Kopf an seine Brust. Der Regisseur blieb stehen, und wir wußten alle nicht, was jetzt geschehen würde – Tränen, Geschrei, Zusammenbrüche, eine Schlägerei, es war alles möglich, doch statt dessen ging Agnes zu ihrem Auto, ohne ein Wort zu sprechen, fuhr zurück an den Ausgangspunkt und wartete mit laufendem Motor. Felice zog den Hund aus dem Netz, warf ihn hinten auf den Pritschenwagen und fuhr ebenfalls an seinen Ausgangspunkt, auf der anderen Seite der Brücke. Der Regisseur stand ratlos da, gab dann dem Kameramann ein Zeichen, und gespenstisch begann die Szene noch einmal von vorn. Felice fuhr vor, bremste, stieg aus und nahm den Hund. Von der anderen Seite kam Agnes, hielt scharf neben ihm, stieg aus, rannte auf ihn zu, und Felice schleuderte mit einem riesigen Schwung den widerlichen Hundekadaver, halb gefroren, halb aufgetaut, weit über das Tal, wie ein großer Vogel flog er ein Stück und fiel dann senkrecht herunter, während Agnes schrie und tobte und auf Felice einschlug und kreischte und brüllte und weinte und ihm das Hemd in Fetzen riß. Felice schleuderte sie von sich weg, zündete sich eine Zigarette an, stieg ein und fuhr davon. Agnes blieb auf der Brücke liegen.

Die Szene war großartig, und sie war im Kasten, und niemand sagte ein Wort. Der kleine Bus fuhr die Schauspieler ins Hotel zurück, die Crew baute Netz, Kabel, Lampen und Straßensperrung ab. Ich saß mit Irmin, Krisela und dem Regisseur im Auto, niemand sprach. Irmin fuhr wie auf Glatteis, vorsichtig, als hätte er eben erst einen schweren Unfall überlebt. Im Restaurant saßen die, die an diesem Tag drehfrei hatten, spielten Karten und wollten uns entgegenjohlen, aber sie schluckten es herunter, denn wir müssen eigenartige Gesichter gemacht haben. Jeder ging sofort auf sein Zimmer, und ich glaube nicht, daß jemand in dieser Nacht gut schlief. Unten wurde noch lange geredet und getrunken, die Bühnenarbeiter und Requisiteure schmückten die Geschichte wohl in immer neuen Varianten aus, und gegen drei Uhr früh hörte ich den Szenenbildner mit seinen Mitarbeitern durch den Flur torkeln, und er rezitierte laut und betrunken Shakespeare:

Was ist das Leben? Eine Mär, erzählt von einem Idioten, ohne Sinn und nichts bedeutend. Jawoll. Am nächsten Tag war Felice abgefahren, seine Drehzeit war zu Ende, er verabschiedete sich von niemandem. Wir drehten in einer seltsam dumpfen, aber hochkonzentrierten Stimmung unsern Film fertig. Agnes war still, präzise, gar nicht zickig, sie sprach kaum und verschwand nach den Dreharbeiten sofort auf ihrem Zimmer. Der Regisseur fing in den letzten Tagen noch das Saufen an, und eines Abends saßen wir beide ganz allein in dem fast dunklen Restaurant, sogar Krisela war schon zu Bett gegangen. Wir drehten uns jeder einen Joint und rauchten schweigend, bis er plötzlich sagte: Weißt du, was ich mal irgendwo gelesen habe? Es war im Zusammenhang mit Haschisch rauchen, daß man es nicht vor Kriegen tun soll, weil es sanft macht. Da habe ich gelesen: Der Dolch trifft dann nicht, da das Herz zu Zärtlichkeiten neigt. An den Satz muß ich immer denken.

Ich zog an meinem Joint und dachte an Felice, der mit einer so wilden Liebe Agnes über den Abgrund gehalten hatte. Gar nichts hätte passieren können, und gar nichts war passiert. Und unten verweste unser gefrorener Hund.

Daniel Goleman

Erkenne dich selbst

Ein kämpferischer Samurai, so heißt es in einer alten japanischen Legende, forderte einst einen Zenpriester auf, ihm Himmel und Hölle zu erklären. Doch der Priester erwiderte verächtlich: »Du bist nichts als ein Flegel, mit deinesgleichen vergeude ich nicht meine Zeit!«

In seiner Ehre getroffen, wurde der Samurai rasend vor Wut, zog sein Schwert aus der Scheide und schrie: »Für deine Frechheit sollst du mir sterben!«

»Das ist«, gab ihm der Priester gelassen zurück, »die Hölle.«

Verblüfft von der Erkenntnis der Wahrheit dessen, was der Priester über die Wut gesagt hatte, die sich seiner bemächtigt hatte, beruhigte sich der Samurai, steckte das Schwert in die Scheide und dankte dem Priester mit einer Verbeugung für die Einsicht.

»Und das«, sagte der Priester, »ist der Himmel.«

Die plötzliche Einsicht des Samurai in seinen eigenen Erregungszustand macht den entscheidenden Unterschied deutlich, ob man in seinem Gefühl befangen ist oder ob man erkennt, daß man von ihm fortgerissen wird. Sokrates' Ermahnung »Erkenne dich selbst« spricht diesen Grundpfeiler der emotionalen Intelligenz an, sich der eigenen Gefühle in dem Augenblick, da sie auftreten, bewußt zu werden.

Auf den ersten Blick scheinen unsere Gefühle etwas Offenkundiges zu sein, aber wenn wir es uns genauer überlegen, fällt uns ein, daß wir bisweilen gar nicht bemerkt haben, was wir wirklich empfanden, oder daß wir diese

Gefühle erst nachträglich wahrnehmen. Psychologen benutzen den schwerfälligen Begriff »Metakognition« für das Wahrnehmen des Denkprozesses und »Metastimmung« für das Wahrnehmen der eigenen Emotionen. Ich benutze lieber den Begriff »mindfulness« (»Achtsamkeit«), der in einer bestimmten Bedeutung die fortwährende Wahrnehmung der eigenen inneren Zustände bezeichnet. In asiatischen Traditionen ist diese Bedeutung seit über zweitausend Jahren geläufig. »Achtsamkeit« bezeichnet ein selbstreflexives Wahrnehmen, dessen Gegenstand, die Erfahrung selbst einschließlich der Emotionen, vom Geist beobachtet und erforscht wird; in diesem Sinne benutze ich den Ausdruck hier.

Jon Kabat-Zinn, der an der Medical School der Universität von Massachusetts mit dieser Methode Patienten behandelt, definiert es so: »Achtsamkeit bedeutet, auf eine bestimmte Weise aufmerksam zu sein: absichtlich, im gegenwärtigen Moment und nicht urteilend.« Achtsamkeit ist verwandt mit jener Bewußtseinsqualität, die Freud als »neutral schwebende Aufmerksamkeit« bezeichnete und die er denen empfahl, die Psychoanalyse betreiben wollten. Eine solche Aufmerksamkeit verzeichnet alles, was die Wahrnehmung durchläuft, mit Unvoreingenommenheit, als ein interessierter, aber unbeteiligter Zeuge. Manche Psychoanalytiker sprechen vom »beobachtenden Ich« als jener Fähigkeit der Selbstwahrnehmung, die dem Analytiker erlaubt, seine eigenen Reaktionen auf das, was der Patient sagt, zu überwachen, und die den Prozeß der freien Assoziation beim Patienten fördert.

Achtsamkeit scheint eine Aktivierung des Neokortex zu erfordern, besonders der Sprachzentren, um die auftretenden Emotionen zu erkennen und zu benennen. Achtsamkeit ist ein Bewußtsein, das sich nicht von Emotionen fortreißen läßt, das auf Wahrgenommenes nicht überreagiert und es nicht noch verstärkt. Sie ist vielmehr eine neutrale Einstellung, die auch in turbulenten Situationen die Selbstreflexion bewahrt. William Styron scheint in etwa diese geistige Fähigkeit zu beschreiben, wenn er von seiner tiefen Depression und einem Gefühl schreibt, »von einem zweiten Selbst begleitet zu sein – einem geisterhaften Beobachter, der, da er an dem Wahn seines Doppelgängers nicht teilhat, mit kühler Neugier beobachten kann, wie sein Gefährte ringt ...«

Im besten Fall ermöglicht Achtsamkeit gerade ein solches gleichmütiges Wahrnehmen leidenschaftlicher oder stürmischer Gefühle. Mindestens äußert sie sich in einem gewissen Heraustreten aus dem Erleben, einem parallelen Bewußtseinsstrom, der »meta« ist – also über oder neben dem Hauptstrom schwebt – und das Geschehen wahrnimmt, statt darin eingetaucht und verloren zu sein. Der Unterschied ist der, ob man beispielsweise ungeheuer wütend auf jemanden ist oder ob man den selbstreflexiven Gedanken hat »Es ist Wut, was ich empfinde«, während man wütend ist. Diese geringfügige Verschiebung der mentalen Aktivität beruht wahrscheinlich darauf, daß neokortikale Schaltungen aktiv die Emotion beobachten – ein erster Schritt zur Erlangung einer gewissen Kontrolle. Achtsamkeit im Hinblick auf die Emotionen ist die grundlegende emotionale Kompetenz, auf der andere wie etwa die emotionale Selbstkontrolle aufbauen.

Kurz, Achtsamkeit bedeutet, »uns unserer Stimmung als auch unserer Gedanken über diese Stimmung bewußt zu sein«; so definiert es John Mayer, ein Psychologe an der Universität von New Hampshire, der zusammen mit Peter Salovey von der Yale-Universität die Theorie der emotionalen Intelligenz formuliert hat. In der herkömmlichen Formulierung ist Achtsamkeit ein unbeteiligtes, nicht urteilendes Wahrnehmen innerer Zustände. Mayer findet jedoch, daß das moderne Empfinden weniger gleichmütig ist; bei emotionaler Selbstwahrnehmung tauchen meist Gedanken auf wie »Ich sollte dies nicht empfinden«, »Ich denke jetzt an etwas Schönes, um besser gelaunt zu werden« und, bei etwas eingeschränkter Selbstwahrnehmung, als Reaktion auf etwas sehr Aufregendes der flüchtige Gedanke »Bloß nicht daran denken«.

Zwischen dem Wahrnehmen von Gefühlen und ihrer aktiven Änderung besteht zwar ein logischer Unterschied, doch findet Mayer, daß beides praktisch Hand in Hand geht: Eine miese Stimmung erkennen heißt, sie loswerden wollen. Diese Erkenntnis ist jedoch etwas anderes als die Anstrengungen, die wir unternehmen, um nicht einem emotionalen Impuls zu folgen. Wenn wir einem Kind, das sich im Zorn dazu hinreißen ließ, einen Spielkameraden zu schlagen, »Laß das!« zurufen, hört es vielleicht auf zu schlagen, aber der Zorn kocht weiter. Die Gedanken des Kindes bleiben auf den Auslöser des Zorns fixiert – »Er hat mir doch mein Spielzeug geklaut!« –, und der Zorn hält ungemildert an. Achtsamkeit hat eine stärkere Wirkung auf heftige negative Gefühle: Die Einsicht »Es ist Zorn, was ich empfinde« bietet ein größeres Maß an Freiheit – nicht bloß die Option, auf den Zorn einzuwirken, sondern die zusätzliche Option, daß man versucht, ihn loszuwerden.

Nach Mayers Feststellungen gibt es unter den Menschen charakteristische Stile des Umgangs mit den eigenen Emotionen:

Achtsam. Menschen dieses Typs nehmen ihre eigenen Stimmungen wahr und zeigen verständlicherweise eine gewisse Kultiviertheit im Umgang mit ihrem Gefühlsleben. Die Klarheit über ihre Emotionen kann andere Persönlichkeitsmerkmale stützen: Sie sind autonom und ihrer eigenen Grenzen bewußt, seelisch gesund und haben meistens eine positive Lebenseinstellung. Wenn sie in schlechte Stimmung geraten, grübeln und quälen sie sich nicht damit, und sie kommen schneller davon los. Kurz, ihre Achtsamkeit hilft ihnen, mit ihren Emotionen fertigzuwerden.

Überwältigt. Menschen dieses Typs fühlen sich oft von ihren Emotionen überflutet, fühlen sich ihnen hilflos ausgeliefert, so als seien sie Sklaven ihrer Stimmungen. Sie sind anfällig für sprunghafte, heftige Stimmungswechsel, und da sie nicht sonderlich auf ihre Gefühle achtgeben, verlieren sie sich in ihnen, statt eine gewisse Übersicht zu behalten. Sie tun daher kaum etwas, um eine schlechte Stimmung loszuwerden, weil sie denken, auf ihr Gefühlsleben keinen Einfluß zu haben. Oft fühlen sie sich überwältigt und nicht mehr Herr ihrer Emotionen.

Hinnehmend. Menschen dieses Typs sind sich über ihre Gefühle meistens im klaren, neigen aber auch dazu, ihre Stimmungen hinzunehmen, und versuchen sie daher nicht zu ändern. Der hinnehmende Typ kommt in zwei Varianten vor: Die einen sind meistens in guter Stimmung und haben daher wenig Anlaß, sie zu ändern; die anderen sind, trotz der Klarheit über ihre Stimmungen, anfällig für schlechte Stimmungen, nehmen sie aber mit einer Laissez-faire-Haltung hin und tun nichts, um sie zu ändern, obwohl sie darunter leiden – ein Muster, das man etwa bei depressiven Menschen findet, die sich resigniert mit ihrer Verzweiflung abgefunden haben.

Der Leidenschaftliche und der Gleichgültige

Stellen Sie sich vor, Sie fliegen von New York nach San Francisco. Bisher verlief der Flug problemlos, aber beim Anflug auf die Rocky Mountains meldet sich der Flugkapitän: »Meine Damen und Herren, wir fliegen in eine Turbulenz hinein. Begeben Sie sich bitte zu Ihren Sitzen und schnallen Sie sich an.« Die Turbulenz, in die das Flugzeug dann gerät, ist heftiger, als Sie je eine erlebt haben; die Maschine wird hochgeschleudert und niedergedrückt, nach links und rechts geworfen, wie ein Wasserball auf den Wellen.

Was tun Sie in diesem Fall? Gehören Sie zu denen, die sich in ihr Buch oder ihre Zeitschrift vergraben, die sich weiterhin den Film ansehen und die Turbulenz ignorieren? Oder holen Sie die Notfallanweisungen hervor und studieren die Vorsichtsmaßregeln, beobachten Sie die Stewardessen, ob sie Anzeichen von Panik zeigen, und spitzen Sie die Ohren, ob Sie an den Triebwerken irgend etwas Beunruhigendes bemerken?

Unsere bevorzugte Aufmerksamkeitshaltung unter Druck erkennen wir daran, zu welcher dieser Reaktionen wir eher neigen. Das Flugzeug-Szenarium ist ein Item eines psychologischen Tests, den Suzanne Miller, eine Psychologin von der Temple-Universität, entwickelt hat, um herauszufinden, ob der Proband dazu neigt, wachsam zu sein und sorgfältig auf jedes Detail einer beunruhigenden Situation zu achten, oder ob er mit solchen bedrängenden Momenten eher in der Weise umgeht, daß er sich abzulenken sucht. Diese beiden Aufmerksamkeitshaltungen angesichts einer Notsituation wirken sich ganz unterschiedlich darauf aus, wie Menschen ihre eigenen Gefühlsreaktionen erleben. Diejenigen, die sich auf die Notlage konzentrieren, können gerade durch ihre gespannte Aufmerksamkeit ungewollt ihre eigenen Reaktionen verstärken, besonders wenn sie sich ohne Achtsamkeit darauf einstellen. Ihre Emotionen scheinen dadurch um so heftiger zu sein. Diejenigen, die abschalten, die sich ablenken, bemerken weniger von ihren eigenen Reaktionen und minimieren dadurch das Erleben ihrer eigenen Reaktionen, wenn nicht gar die Stärke der Reaktion selbst.

In den Extremfällen heißt das, daß die emotionale Selbstwahrnehmung für einige überwältigend ist, während sie für andere kaum existiert. Nehmen wir den Fall des Studenten, der eines Abends in seinem Wohnheim ein Feuer bemerkt, den Feuerlöscher holt und das Feuer löscht. Nichts Ungewöhnliches, außer daß er den Weg zum Feuerlöscher und zurück zum Brandherd nicht rennend, sondern ruhig zurücklegt. Warum? Er hat nicht das Gefühl, daß es dringend ist.

Diese Begebenheit erzählte mir Edward Diener, ein Psychologe an der Universität von Illinois, der die *Intensität* untersucht hat, mit der Menschen ihre Emotionen erleben. In seiner Sammlung von Fallbeispielen ragt der Student als einer der am wenigsten intensiven heraus, denen Diener begegnet ist. Er war praktisch ein Mensch ohne Leidenschaften, einer, der durchs Leben geht und dabei kaum etwas oder gar nichts empfindet, nicht einmal bei einem Notfall wie einem Brand.

Am anderen Ende von Dieners Spektrum steht eine Frau, die tagelang außer sich war, weil sie ihren Lieblingsfüller verloren hatte. Ein anderes Mal wurde sie von einer Anzeige für einen Ausverkauf in einem teuren Schuhgeschäft dermaßen in Erregung versetzt, daß sie alles stehen und liegen ließ, ins Auto sprang und drei Stunden Fahrt zu dem Geschäft in Chicago auf sich nahm.

Nach Dieners Feststellungen empfinden Frauen insgesamt positive wie negative Emotionen stärker als Männer. Und abgesehen von geschlechtlichen Unterschieden haben diejenigen, die mehr bemerken, ein reicheres Gefühlsleben. Die gesteigerte emotionale Empfänglichkeit bedeutet, daß die geringste Provokation bei diesen Menschen Gefühlsstürme auslöst, während diejenigen am anderen Extrem selbst unter den gräßlichsten Umständen kaum etwas empfinden.

Der Mann ohne Gefühle

Gary machte seine Verlobte Ellen wütend, weil er, obwohl intelligent, aufmerksam zu ihr und als Chirurg erfolgreich, gefühlsstumpf war und auf Gefühle, die sie zeigte, überhaupt nicht reagierte. Über Wissenschaft und Kunst konnte Gary glänzend plaudern, aber wenn es um seine Gefühle – auch die gegenüber Ellen – ging, verstummte er. Sie versuchte alles, um ihm eine Leidenschaft zu entlocken, doch Gary blieb ungerührt, teilnahmslos. »Normalerweise äußere ich meine Gefühle nicht«, erklärte er dem Therapeuten, den er auf Ellens Drängen hin aufsuchte. Als die Sprache auf sein Gefühlsleben kam, bemerkte er: »Ich weiß nicht, wovon ich reden sollte; ich habe keine starken Gefühle, weder positive noch negative.«

Ellen war nicht die einzige, die von Garys Reserviertheit frustriert war; wie er seinem Therapeuten anvertraute, hatte er noch nie mit jemandem offen über seine Gefühle sprechen können. Der Grund: Er wußte gar nicht, was er empfand; Zorn, Trauer und Freude kannte er anscheinend nicht.

Diese emotinale Leere läßt Gary und andere, die ihm ähneln, nach den Feststellungen seines Therapeuten farblos und fad erscheinen: »Sie langweilen jeden. Deshalb schikken ihre Frauen sie zur Behandlung.« Garys emotionale Stumpfheit ist ein Beispiel für das, was die Psychiater »Alexithymie« nennen – aus dem Griechischen »a« für »Mangel«, »lexis« für »Wort« und »thymos« für Gefühl. Solchen Menschen fehlen die Worte für ihre Gefühle. Ihnen scheinen sogar die Gefühle selbst zu fehlen, doch kann dieser Eindruck auf dem Unvermögen beruhen, ihre Emotionen auszudrücken, statt auf dem gänzlichen Fehlen von Emotionen. Psychoanalytiker wurden als erste auf solche Menschen aufmerksam, da ihnen gewisse Patienten zu schaffen machten, die mit ihrer Methode nicht zu heilen waren, weil sie von keinerlei Gefühlen und Phantasien und nur von langweiligen Träumen berichteten, also kein inneres Gefühlsleben erkennen ließen, über das man hätte sprechen können. Zu den klinischen Merkmalen der Alexithymiker gehören Schwierigkeiten mit der Beschreibung von – eigenen oder fremden – Gefühlen und ein stark eingeschränktes Gefühlsvokabular. Außerdem fällt es ihnen schwer, zwischen den einzelnen Emotionen sowie zwischen Emotionen und körperlichen Empfindungen zu unterscheiden; es kann vorkommen, daß sie von einem flauen Gefühl im Magen, von Herzklopfen, Schwitzen und Benommenheit berichten, aber nicht wissen, daß sie Angst empfinden.

»Sie vermitteln den Eindruck, andersartige, fremde Wesen zu sein, die aus einer ganz anderen Welt kommen und in einer Gesellschaft leben, die von Gefühlen beherrscht ist«, schreibt Peter Sifneos, der Harvard-Psychiater, der 1972 den Begriff »Alexithymie« prägte. Alexithymiker weinen zum Beispiel selten, aber wenn, dann fließen die Tränen reichlich. Sie sind aber verwirrt, wenn man sie fragt, weshalb sie weinen. Eine Patientin mit Alexithymie war nach einem Film, in dem eine Frau mit acht Kindern an Krebs starb, dermaßen aufgewühlt, daß sie sich in den Schlaf weinte. Als ihr Therapeut andeutete, daß sie möglicherweise erregt war, weil der Film sie an ihre eigene Mutter erinnerte, die tatsächlich mit einem Krebsleiden im Sterben lag, saß die Frau reglos da, verwirrt und stumm. Als der Therapeut sie daraufhin fragte, was sie in diesem Augenblick empfinde, sagte sie, sie fühle sich »schrecklich«, konnte aber darüber hinaus ihre Gefühle nicht näher schildern. Dann und wann, fügte sie hinzu, ertappe sie sich beim Weinen, wisse aber nie genau, weshalb sie weine.

Und das ist der springende Punkt. Nicht, daß Alexithymiker nichts empfinden, sie sind nur außerstande, ihre Gefühle genau zu erkennen und vor allem, sie in Worte zu fassen. Was ihnen völlig fehlt, ist die grundlegende Fähigkeit der emotionalen Intelligenz, die Selbstwahrnehmung – zu wissen, was man empfindet, wenn Emotionen einen aufwühlen. Alexithymiker widerlegen die landläufige Ansicht, daß es vollkommen klar sei, was wir empfinden; sie haben keinen Schimmer. Wenn etwas oder, was wahrscheinlicher ist, jemand sie doch dazu bringt, etwas zu empfinden, dann ist das für sie eine verwirrende und überwältigende Erfahrung, die sie um jeden Preis zu vermeiden suchen. Gefühle kommen ihnen, wenn sie überhaupt vorkommen, als eine riesige verwirrende Qual vor; sie fühlen sich, wie es die Patientin ausdrückte, die nach dem Film weinte, »schrecklich«, können aber nicht genau sagen, welcher *Art* der Schreck ist, den sie empfinden.

Diese elementare Unklarheit hinsichtlich der Gefühle bringt sie anscheinend öfter dazu, über unklare gesundheitliche Beschwerden zu klagen, während sie in Wirklichkeit emotionale Not leiden – ein Phänomen, das die Psychiater als »Somatisieren« kennen, als Verwechslung eines emotionalen Schmerzes mit einem körperlichen (dies ist etwas anderes als ein »psychosomatisches« Leiden, bei dem emotionale Probleme echte Gesundheitsprobleme verursachen können). Psychiater befassen sich mit Alexithymikern vielfach mit dem Ziel, sie aus der Schar derer herauszufiltern, die bei den Ärzten Hilfe suchen, denn diese neigen dazu, sich hartnäckig – und vergeblich – um eine ärztliche Diagnose und die Behandlung eines in Wirklichkeit emotionalen Problems zu bemühen.

Über die Ursache der Alexithymie kann bislang niemand etwas Genaues sagen, doch denkt Sifneos, daß die Verbindung zwischen dem limbischen System und dem Neokortex unterbrochen sein könnte; das paßt gut mit dem zusammen, was wir nach und nach über das emotionale Gehirn in Erfahrung bringen. Patienten mit schweren

Anfällen, bei denen zur Linderung der Symptome diese Verbindung chirurgisch gekappt wurde, wurden nach Sifneos' Beobachtungen gefühlsstumpf wie Patienten mit Alexithymie, waren nicht fähig, ihre Gefühle in Worte zu fassen, und hatten auf einmal keine Phantasien mehr. Kurz, die Schaltungen des emotionalen Gehirns mögen zwar mit Gefühlen reagieren, doch kann der Neokortex die Gefühle nicht einordnen und ihnen die Nuancen der Sprache hinzufügen. Über diese Fähigkeit der Sprache bemerkt Henry Roth in seinem Roman ›Call It Sleep‹: »Wenn du dem, was du fühltest, Worte geben konntest, war es deines.« Daraus ergibt sich zwanglos das Dilemma des Alexithymikers: Daß er keine Worte für die Gefühle hat, bedeutet, daß er sie nicht zu seinen eigenen machen kann.

Lob des Gefühls aus dem Bauch

Elliot hatte direkt hinter der Stirn einen Tumor von der Größe einer kleinen Orange, der operativ vollständig entfernt wurde. Die Operation galt als gelungen, doch wer ihn gut gekannt hatte, sagte hinterher: »Elliot war nicht mehr derselbe« – er hatte eine einschneidende Persönlichkeitsveränderung erlitten. Elliot, zuvor ein erfolgreicher Rechtsberater in einer Firma, konnte sich in keiner Stellung mehr halten. Seine Frau verließ ihn. Nachdem er seine Ersparnisse mit fruchtlosen Investitionen vergeudet hatte, fristete er sein Dasein im Gästezimmer seines Bruders.

Elliots Problem hatte etwas Rätselhaftes: Intellektuell war er genauso auf der Höhe wie vorher, aber er konnte seine Zeit überhaupt nicht einteilen und verlor sich in unbedeutenden Einzelheiten; offenbar war ihm jedes Gefühl für das, was wichtig war, abhanden gekommen. Auch Rügen seiner Vorgesetzten bewirkten nichts; in verschiedenen Firmen wurde er als Rechtsberater gefeuert. Ausführliche Tests zeigten zwar keine Defizite, was Elliots geistige Fähigkeiten anging, doch suchte er einen Neurologen auf, weil er hoffte, die Feststellung eines neurologischen Problems werde ihm die Erwerbsunfähigkeitsrente verschaffen, auf die er einen Anspruch zu haben glaubte. Andernfalls mußte man ja annehmen, er sei ein Simulant.

Antonio Damasio, dem von Elliot konsultierten Neurologen, fiel auf, daß in Elliots mentalem Repertoire etwas fehlte: Das logische Denken, das Gedächtnis, die Aufmerksamkeit und alle sonstigen kognitiven Fähigkeiten waren einwandfrei, nur hatte Elliot praktisch kein Gefühl für das, was mit ihm geschah. Am auffälligsten war, daß Elliot völlig leidenschaftslos von den tragischen Ereignissen seines Lebens erzählen konnte, als hätte er die Verluste und Fehlschläge seiner Vergangenheit wie ein Zuschauer erlebt – ohne einen Hauch von Bedauern oder Traurigkeit, Ärger oder Zorn über die Ungerechtigkeit des Lebens. Seine eigene Tragödie machte ihm keinen Kummer; Damasio regte sich über Elliots Geschichte mehr auf als dieser selbst.

Damasio führte diese Gefühlsblindheit darauf zurück, daß mit dem Hirntumor ein Teil von Elliots Präfrontallappen entfernt worden war. Bei der Operation waren tatsächlich Verbindungen zwischen tieferen Hirnzentren, speziell dem Mandelkern und angrenzenden Schaltungen, und den Denkfähigkeiten des Neokortex durchtrennt worden. Elliot begann wie ein Computer zu denken, konnte in einem Entscheidungskalkül jeden einzelnen Schritt vollziehen, war aber außerstande, den differierenden Möglichkeiten *Werte* zuzuweisen. Jede Option bedeutete ihm gleich viel. Und in diesem übertrieben leidenschaftslosen Denken bestand Elliots Problem: Seine logischen Überlegungen wurden falsch, weil er zu wenig beachtete, was die Dinge für ihn selbst bedeuteten.

Selbst bei trivialen Entscheidungen zeigte sich dieses Handikap. Wenn Damasio Tag und Stunde für den nächsten Termin mit Elliot ausmachen wollte, kam es zu einem unschlüssigen Gewurstel: Bei jedem Tag und jeder Stunde, die Damasio vorschlug, fand Elliot Argumente dafür und dagegen, aber er konnte sich nicht zwischen ihnen entscheiden. Rational gab es durchaus »gute Gründe«, praktisch jeden vorgeschlagenen Termin abzulehnen oder zu akzeptieren. Elliot hatte aber überhaupt kein Gespür dafür, was er von den genannten Terminen halten sollte. Da er seine eigenen Gefühle nicht erkannte, hatte er überhaupt keine Präferenzen.

Aus Elliots Unschlüssigkeit können wir etwas lernen: Um uns in dem endlosen Strom der persönlichen Entscheidungen, die wir immer wieder treffen müssen, zurechtzufinden, kommt es entscheidend auf das Gefühl an. Starke Gefühle können sich zwar verheerend auf das logische Denken auswirken, doch die fehlende Wahrnehmung der eigenen Gefühle kann nicht minder ruinös sein, speziell bei der Abwägung der Entscheidungen, von denen unser Lebensweg in hohem Maße abhängt: welchen Beruf wir wählen, mit wem wir gehen und wen wir heiraten, wo wir leben, welche Wohnung wir mieten oder welches Haus wir kaufen und dergleichen mehr das ganze Leben hindurch. Mit bloßer Rationalität kann man solche Entscheidungen nicht richtig treffen; dazu braucht man Instinkt – das Gefühl im Bauch – und die Gefühlsklugheit, die man mit der Lebenserfahrung erwirbt. Wenn es darum geht, wen wir heiraten, wem wir vertrauen oder auch nur, welche Stelle wir annehmen sollen, kommt man allein mit formaler Logik nicht aus; dies sind Bereiche, in denen die Vernunft ohne Gefühl blind ist.

Die intuitiven Signale, die uns in diesen Situationen leiten, sind limbische Impulse aus dem Bauch – Damasio spricht von einem »somatischen Warnzeichen«, buchstäblich dem Gefühl im Bauch. Das somatische Warnzeichen ist so etwas wie ein automatischer Alarm, der unsere Aufmerksamkeit in der Regel auf eine Gefahr lenkt, die mit einer bestimmten Handlungsweise verbunden ist. Diese Warnzeichen halten uns meistens von einer Entscheidung ab, die wir nach aller Erfahrung meiden sollten, doch können sie uns auch auf eine einmalige Gelegenheit aufmerksam machen. Im jeweiligen Moment ist uns gewöhnlich nicht klar, auf welche Erfahrungen dieses negative Gefühl sich im einzelnen stützt; alles, was wir brauchen, ist das Signal, daß eine mögliche Handlungsweise verheerend sein könnte. Meldet sich ein solches instinktives Gefühl, können wir die erwogene Handlungsweise sofort mit größerer Sicherheit entweder aufgeben oder weiterverfolgen und so das Spektrum unserer Wahlmöglichkeiten auf eine leichter handhabbare Entscheidungsmatrix einengen. Der Schlüssel zu vernünftigeren persönlichen Entscheidungen ist, kurz gesagt, auf unsere Gefühle zu achten.

Ausloten des Unbewußten

Elliots emotionale Leere läßt vermuten, daß die Fähigkeit, die eigenen Emotionen wahrzunehmen, eine gewisse Bandbreite aufweist. Nach der Logik der Neurowissenschaft folgt aus der Tatsache, daß das Fehlen einer neuralen Schaltung zum Ausfall einer Fähigkeit führt, daß bei unversehrtem Gehirn die relative Stärke oder Schwäche dieser Schaltung mit einer entsprechenden Kompetenz in dieser Fähigkeit einhergeht. Daraus folgt, weil die präfrontalen Schaltungen an der Einstellung auf die Emotionen beteiligt sind, daß manche von uns aus neurologischen Gründen eine Regung von Freude oder Furcht leichter erkennen als andere, also eine gesteigerte emotionale Selbstwahrnehmung haben.

Die Gabe der psychologischen Introspektion hängt möglicherweise auch von dieser Schaltung ab. Manche sind von Natur aus stärker auf die spezifischen symbolischen Formen des emotionalen Geistes eingestellt: Metapher und Gleichnis, Dichtung, Lied und Fabel, sie alle sind in der Sprache des Herzens verfaßt. Dies gilt auch für Träume und Mythen, deren Erzählfluß, der Logik des emotionalen Geistes gehorchend, von losen Assoziationen bestimmt ist. Wer von Natur aus auf die Stimme seines Herzens – die Sprache der Emotion – eingestellt ist, wird seine Botschaften mit größerem Geschick artikulieren, sei es als Romanautor, als Songdichter oder als Psychotherapeut. Diese innere Einstimmung geht vermutlich mit einer stärkeren Begabung einher, der »Weisheit des Unbewußten« Ausdruck zu geben: den erspürten Bedeutungen unserer Träume und Phantasien, den Symbolen, die unsere tiefsten Wünsche verkörpern.

Selbstwahrnehmung ist grundlegend für die psychologische Einsicht, und oft ist es das Ziel der Psychotherapie, diese Fähigkeit zu stärken. Howard Gardners Vorbild der intrapsychischen Einsicht ist denn auch Sigmund Freud, der große Erforscher der geheimen Dynamik der Seele. Ein Großteil des Gefühlslebens ist, wie Freud deutlich gemacht hat, unbewußt; nicht alle Gefühle, die sich in uns regen, überschreiten die Schwelle zum Bewußtsein. Empirisch wird dieses psychologische Axiom etwa durch Experimente über unbewußte Emotionen belegt, darunter die bemerkenswerte Feststellung, daß Menschen eindeutige Vorlieben für Dinge entwickeln, von denen sie nicht einmal wissen, ob sie sie jemals vorher gesehen haben. Jede Emotion kann unbewußt sein – und oft ist sie es auch.

Die physiologischen Anfänge einer Emotion treten in

der Regel auf, ehe der Mensch das Gefühl selbst bewußt wahrnimmt. Zeigt man Probanden, die sich vor Schlangen fürchten, Bilder von Schlangen, so registrieren auf der Haut angebrachte Sensoren einen Schweißausbruch, der auf die Angst schließen läßt, obwohl sie sagen, sie empfänden keine Angst. Man stellt bei ihnen Schweiß auch dann fest, wenn das Bild einer Schlange so kurz gezeigt wird, daß sie davon keinen bewußten Eindruck erhalten. Gibt man fortgesetzt solche vorbewußten emotionalen Anstöße, werden sie schließlich so stark, daß sie ins Bewußtsein dringen. Es gibt also zwei Ebenen der Emotion, eine bewußte und eine unbewußte. In dem Moment, da eine Emotion ins Bewußtsein dringt, wird sie im frontalen Kortex registriert.

Emotionen, die unterhalb der Bewußtseinsschwelle gären, können unsere Wahrnehmungen und Reaktionen mächtig beeinflussen, auch wenn wir von ihrem Wirken nichts ahnen. Jemand hat beispielsweise am Morgen einen heftigen Zusammenstoß erlebt und ist danach stundenlang gereizter Stimmung, nimmt Dinge, die gar nicht so gemeint waren, krumm und schnauzt grundlos die Leute an. Es kann durchaus sein, daß er von seiner anhaltenden Gereiztheit nichts weiß und überrascht ist, wenn man ihn darauf aufmerksam macht, obwohl sie dicht unterhalb seiner Wahrnehmungsschwelle am Brodeln ist und seine schroffen Reaktionen diktiert. Ist diese Reaktion ihm aber bewußt geworden, ist sie erst einmal im Kortex registriert, so kann er die Dinge einer neuen Bewertung unterziehen, sich entschließen, über die vom Morgen zurückgebliebenen Gefühle achselzuckend hinwegzugehen und seine Einstellung und Stimmung zu ändern. Emotionale Selbstwahrnehmung ist in diesem Sinne der Baustein für das nächste Grundelement der emotionalen Intelligenz, die Fähigkeit, eine schlechte Stimmung abzuschütteln.

Eveline Hasler

Inseltage

»Warst du wieder auf deiner Insel?« fragt mich eine meiner Freundinnen mit leichtem Spott. Und wie ich bejahe: »Seltsam, du hast doch genug Phantasie, um deine Ferienziele zu variieren, für deine Recherchen reist du doch auch in alle Richtungen.« – »Das ist es ja«, sagte ich, »Abwechslung habe ich das Jahr über genug. Um richtig auszuspannen, fahre ich eben auf meine Insel.« – »Und wie wäre es denn mit einer anderen? Hydra, Kreta, Rhodos?« Ich schüttle den Kopf und sage nach einer Nachdenkpause: »Ist es mit Reisezielen nicht wie mit Menschen? Es macht zwar Spaß, neue kennenzulernen, doch man erholt sich am besten bei seinen alten Freunden.« – »Ägina, Ithaka, Malta, Madeira ...«, höre ich meine Freundin wie selbstvergessen murmeln, und die Litanei der Namen suggeriert Bläue und Ferienglück. Hat nicht der Duc de Berry in seinem Stundenbuch das Paradies als runde, im Weltenmeer treibende Insel dargestellt? Wurden nicht reale und imaginäre Inseln schon immer mit Menschheitsträumen besetzt? Kos, Sansibar, Sylt, Lanzarote, Formentera ... Inseln sind isoliert, abgesondert vom Festland, vom Alltäglichen. Auf eine Insel fahren ist meist unbequem, immer ist da eine Leerzone, die überschifft werden muß. Früher, als die Schiffe am Hafen von Piombino noch kleiner waren, auf dem offenen Meer jedem Wellengang ausgesetzt, spürte man Besorgnis unter den Wartenden: In der Wetterprognose war »Mare mosso« gemeldet worden. Noch heute ist das Wasser vielen Inselbewohnern ein unheimliches Element, das

Schwimmen überläßt man den Fremden. So bleiben auf den großen, eleganten Fähren die alten Rituale erhalten: das hastige Futtern an der Bar – »Un panino con prosciutto crudo, Pierina?« (denn schon die Nonna hat gesagt, ein leerer Magen reist nicht gern) –, Kinder zanken um Sitzplätze, eine alte Frau legt sich der Länge nach auf eine der Kunstlederbänke, der Mann mit der Schirmmütze stellt sich schlafend; so überlistet man die Leerzone, bringt sie ohne Schaden hinter sich. Himmelblau, wassergrau, es gibt vor den mit salzigen Spritzern beschlagenen Fenstern kein Oben und kein Unten mehr. Das Schiff schlingert leicht, das Kind, das man eben noch angehalten hat, Fleischbrote zu verdrücken, wird hastig in Richtung Waschraum gezerrt. Habe ich recht getan, vom sichern Ufer abzustoßen? frage ich mich. Auch im Sommer kann es wie aus Kübeln regnen, die Wege sind aufgeweicht, man ist für Tage in der kleinen Inselwohnung eingesperrt. Drüben über der Insel sind die Bedenken verflogen: blaue Löcher am Himmel. Auf der Fahrt über Land fallen mir kleine Veränderungen auf: ein neues Hotel im Rohbau, ein frisch geteerter Feldweg.

Die Vernarrtheit des Wiedererkennens. Dieser Reiz des »immer und immer wieder«.

Trotzdem sind die ersten Tage in der Abgeschiedenheit nicht leicht. Kein Telefon schrillt, nicht einmal ein Fernsehapparat im Inselhäuschen, die einzige Verbindung mit der Welt der Postino, der auf einem Motorrad Post in die Wildnis bringt. Va bene, Signora? Ich nicke, suche nach Schokolade für seine Kinder. Wie könnte er verstehen, daß ich sie kaum ertrage, diese ersten Inseltage? Daß ich die Flut der Bilder vermisse, den Lärm und die vielfältigen Störungen, daß mich das Vis-à-vis mit der Natur beklommen macht? Ich lese bei Pessoa im ›Buch der Unruhe‹: »Die ländliche Friedsamkeit schmerzt und lastet. Eine gestaltlose Langeweile erstickt mich.« Was soll also diese Entziehungskur vom alltäglichen Streß? Habe ich mich selbst verbannt? Ich halte es in der Einsamkeit nicht mehr aus, gehe den Macchiaweg hinauf ins Dorf. Auf der Piazza die übliche Sommermischung: Einheimische und Touristen, da und dort grüßen Bekannte. Tanggeruch aus dem Fischladen, Knoblauchschwaden aus dem Ristorante dei Poeti, es ist, als wäre ich nie von hier fortgegangen. Im Laden der Mirtilla kaufe ich Wein, Brot, Oliven und Schafskäse. Seit einem Vierteljahrhundert steht die Mirtilla in ihrem Laden, der dunkel und feucht ist wie das Innere einer Miesmuschel, steht bewegungslos in all den Gerüchen am Ladentisch, nie hat man etwas anderes von ihr als ihren Oberkörper, ihr wächsernes, schönes Gesicht gesehen. Fünf Tage nach meiner Ankunft höre ich auf, mich zu sperren, die Insel erobert mich zurück. Ich bade im Meer und steige durch den Pinienhain hinauf, meine Bewegungen werden harmonischer, ich bin nichts als ein heller Fleck, der sich zwischen der rhythmischen Schraffur der Stämme bewegt. Die Tage verlieren ihr Gewicht, ich bin wacher, nehme die Farben intensiver wahr, das Ohr ist geschärft für Zwischentöne: Die Insel, Ort des Rückzuges, füllt sich an mit Leben. Ibiza, Papua, Barbados, Jersey, Elba ... Nun, nach drei Wochen zurück auf dem Festland, nehme ich mir vor, mir im Alltag Inseln zu erhalten, Momente des Rückzugs und der Stille.

T. Coraghessan Boyle

Greasy Lake

It's about a mile down on the dark side of Route 88.

Bruce Springsteen

Es gab eine Zeit, da Höflichkeit und eine gewinnende Art aus der Mode kamen, da es gut war, böse zu sein, da man seine Dekadenz wie einen Geschmack kultivierte. Damals waren wir alle gefährliche Burschen. Wir trugen zerrissene Lederjacken, lungerten mit Zahnstochern im Mund herum, schnüffelten Klebstoff und Äther und etwas, wovon jemand behauptete, es sei Kokain. Wenn wir die jaulenden Kombis unserer Eltern auf die Straße jagten, hinterließen wir einen Streifen Gummi von der Länge eines halben Häuserblocks. Wir tranken Gin und Traubensaft, Tango, Thunderbird und Bali Hai. Wir waren neunzehn. Wir waren böse. Wir lasen André Gide und nahmen ausgeklügelte Posen ein, um zu zeigen, daß wir auf alles schissen. Abends fuhren wir meistens zum Greasy Lake rauf.

Durch die Ortsmitte, den Strip rauf, an den Wohnsiedlungen und Einkaufszentren vorbei, bis die Straßenlaternen dem dünnen fließenden Licht der Scheinwerfer wichen und Bäume sich in einer schwarzen ununterbrochenen Mauer an den Asphalt drängten: Das war der Weg zum Greasy Lake. Die Indianer hatten ihn Wakan genannt, in Anspielung auf die Klarheit seines Wassers. Jetzt war er stinkig und trüb, seine schlammigen Ufer funkelten von Glasscherben und waren mit Bierdosen und den verkohlten Überresten von Lagerfeuern übersät. Knapp hundert Meter vom Ufer gab es eine einzelne, verwüstete Insel, so vollkommen kahl, als hätte sie die Airforce bombardiert. Wir fuhren zum See, weil alle da hinfuhren, weil wir den schweren Duft von Möglichkeit in der Brise schnuppern wollten, einem Mädchen zuschauen, wie es sich auszog und in die faulige Brühe sprang, Bier trinken, Pot rauchen, die Sterne anheulen, das absurde, kehlige Gebrüll des Rock and Roll zum urzeitlichen Geraune von Fröschen und Grillen genießen. Das war Natur.

Einmal war ich dort spät nachts in Gesellschaft zweier gefährlicher Burschen. Digby trug einen goldenen Stern im rechten Ohr und erlaubte seinem Vater, ihm die Studiengebühren für Cornell zu bezahlen. Jeff trug sich mit dem Gedanken, das College zu schmeißen und Maler/Musiker/Besitzer-eines-Ladens-für-Kifferbedarf zu werden. Sie waren beide hervorragende Kenner der gesellschaftlichen Umgangsformen, schnell bei der Hand mit einem verächtlichen Grinsen, imstande, einen Ford mit ausgeleierten Stoßdämpfern und rissigem, welligem Asphalt unter den Rädern bei hundertvierzig Sachen auf der Straße zu halten und dabei einen Joint, so kompakt wie eine Schokoladenzigarette, zu drehen. Lässig gegen eine Wand von donnernden Boxen gelehnt, konnten sie wie die Weltmeister »Ey, Mann« sagen oder über die Tanzbahn rocken, als hätten sie Kugellager in den Gelenken. Sie waren aalglatt und flott, und sie trugen ihre Spiegelbrille beim Frühstück und Abendessen, unter der Dusche, in Hinterzimmern und Höhlen. Mit einem Wort, sie waren böse.

Ich fuhr. Digby bearbeitete das Armaturenbrett und grölte mit Toots & the Maytals mit, während Jeff den Kopf aus dem Fenster hängen ließ und die Flanke des Bel Air meiner Mutter mit Schlieren von Erbrochenem dekorierte. Es war Anfang Juni, die Luft so weich wie eine

Hand auf der Wange, die dritte Nacht der Sommerferien. Die ersten zwei Nächte waren wir bis zum Morgengrauen unterwegs gewesen, auf der Suche nach etwas, was wir nicht gefunden hatten. In dieser, der dritten Nacht waren wir den Strip siebenundsechzigmal rauf- und runtergefahren, hatten jede Bar und jeden Klub abgeklappert, die uns im Umkreis von 30 Kilometern eingefallen waren, hatten zweimal für Fried Chicken und Vierzig-Cents-Hamburger angehalten, die Frage erörtert, ob wir auf eine Fete im Haus eines Mädchens, das Jeffs Schwester kannte, gehen sollten, und zwei Dutzend rohe Eier auf Briefkästen und Tramper geschmissen. Es war zwei Uhr; die Bars machten allmählich dicht. Es blieb nichts mehr zu tun übrig, als mit einer Flasche Gin mit Zitronengeschmack zum Greasy Lake raufzufahren.

Als wir schwungvoll auf den ungepflasterten Parkplatz mit seinen Büscheln von Unkraut und waschbrettartigen Bodenwellen einbogen, blinkten uns die Rücklichter eines einzigen Autos entgegen; '57er Chevy, pfefferminz-blaumetallic. Am anderen Ende des Parkplatzes lehnte, wie der Chitinpanzer eines ausgemergelten Chrom-Insekts, ein Chopper auf seinem Ständer. Und damit hatten sich die Attraktionen: irgend so ein fixender hirnamputierter Rokker und ein Autofreak, der seine Freundin knallte. Was immer es sein mochte, wonach wir suchten, am Greasy Lake sollten wir es anscheinend nicht finden. Nicht diese Nacht.

Aber dann waren plötzlich Digbys Hände da und versuchten mich vom Steuer zu verdrängen. »He, das ist Tony Lovetts Auto! He!« brüllte er, während ich auf die Bremse stieg und der Bel Air die Nase an die blanke Stoßstange des parkenden Chevy setzte. Digby legte sich lachend auf die Hupe und befahl mir, das Fernlicht einzuschalten. Ich blendete auf. Das war urkomisch. Ein Scherz. Tony würde einen vorzeitigen Interruptus erleiden und sich von grimmig dreinschauenden Staatspolizisten mit Stablampen gestellt wähnen. Wir hupten, blendeten auf und ab und sprangen dann aus dem Wagen, um unsere geistreichen Gesichter an Tonys Fenster zu drücken; wer weiß, vielleicht daß wir sogar die Titten irgendeiner Braut kurz zu sehen bekamen, und dann konnten wir Tony-mit-rotem-Kopf auf den Rücken klopfen, ein bißchen Zoff machen und uns zu neuen Höhepunkten des Abenteuers aufmachen.

Der erste Fehler, derjenige, der den ganzen Schlamassel ins Rollen brachte, war der, daß ich die Schlüssel verlor. Als ich mit dem Gin in der einen Hand und einem brennenden Joint in der anderen aus dem Auto sprang, ließ ich sie in der Aufregung ins Gras fallen – ins dunkle, geil wuchernde, geheimnisvolle Nachtgras am Greasy Lake. Das war ein taktischer Fehler, in seiner Art ebenso schwerwiegend und nicht wiedergutzumachen wie Westmorelands Entscheidung, sich in Khe Sanh einzugraben. Ich spürte es wie eine blitzkurze Ahnung, und ich blieb da vor der offenen Tür stehen und stierte unbestimmt in die Nacht, die um meine Füße schwamm.

Der zweite Fehler – und dieser hing unentwirrbar mit dem ersten zusammen – war der, daß wir den Chevy für den von Tony Lovett hielten. Noch bevor der äußerst üble Bursche in schmierigen Jeans und Bauarbeiterstiefeln aus der Fahrertür hervorschoß, wurde mir bewußt, daß dieses Chromblau viel heller war als das matte Türkis von Tonys Auto und daß der auch keine Boxen auf der Hutablage montiert hatte. Ihrem Gesichtsausdruck nach zu urteilen, tasteten sich auch Digby und Jeff gerade jeder für sich auf dieselbe unausweichliche und beunruhigende Erkenntnis zu wie ich selbst.

Jedenfalls erwies sich dieser üble schmierige Typ als

unzugänglich für logische Argumente – er war ganz eindeutig ein Mann der Tat. Der erste kernige Kick seines Stahlkappenstiefels erwischte mich am Kinn, schlug mir eine Ecke von meinem Lieblingszahn weg und legte mich flach in den Dreck. Wie ein Idiot hatte ich mich halb hingekniet, um das derbe zertrampelte Gras nach den Schlüsseln zu durchkämmen, während mein Verstand auf die langwierigste, schildkrötigste Weise Gedanken aneinanderreihte, und ich wußte, daß alles schiefgelaufen war, daß ich ernsthafte Probleme hatte und daß der verlorene Zündschlüssel mein Gral und meine Rettung war. Die drei oder vier folgenden Tritte wurden vornehmlich von meiner rechten Gesäßbacke und dem harten Stück Knochen am unteren Ende meiner Wirbelsäule absorbiert.

In der Zwischenzeit flankte Digby über die vereinten Stoßstangen und versetzte dem schmierigen Typen einen brutalen Kung-Fu-Schlag gegen das Schlüsselbein. Digby hatte gerade für den Sportschein, den er brauchte, einen Kurs in fernöstlichen Kampfkünsten absolviert und den größeren Teil der letzten zwei Nächte damit zugebracht, uns apokryphe Geschichten über Bruce Lee und die elementare Kraft zu erzählen, die in blitzschnelle Hiebe aus angewinkelten Handgelenken, Knöcheln und Ellbogen gelegt werden mußte. Der schmierige Typ blieb unbeeindruckt. Mit einem Gesicht wie eine Toltekenmaske trat er lediglich einen Schritt zurück und erledigte Digby mit einem einzigen zischenden Schwinger ... aber mittlerweile hatte sich auch Jeff eingeschaltet, und ich fing allmählich an, mich aus dem Dreck aufzurappeln, während ein metallischer Knebel aus Schock, Wut und Ohnmacht mir die Kehle verstopfte.

Jeff hing auf dem Rücken des Burschen und biß ihn ins Ohr. Digby war am Boden und fluchte. Ich griff mir das Montiereisen, das ich unter dem Fahrersitz aufbewahrte.

Ich bewahrte es dort auf, weil üble Typen immer Montiereisen unter dem Fahrersitz aufbewahren, und zwar genau für solche Gelegenheiten. Mochte ich auch zum letztenmal in der sechsten Klasse in eine Schlägerei verwickelt gewesen sein, als ein Junge mit schläfrigem Blick und zwei aus der Nase hängenden Rotzglocken mir einen Baseballschläger gegen das Knie knallte; mochte ich das Montiereisen bisher auch nur zweimal in der Hand gehabt haben, um Reifen zu wechseln: Es war da. Und jetzt griff ich es mir.

Ich hatte fürchterliche Angst. Das Blut hämmerte mir in den Ohren, meine Hände zitterten, mein Herz überschlug sich wie ein Motorrad im falschen Gang. Mein Kontrahent hatte kein Hemd an, und ein einziger durchgehender Muskelstrang schoß quer über seine Brust, als er sich vorbeugte, um sich Jeff wie einen nassen Mantel vom Rücken zu ziehen. »Arschficker«, stieß Jeff immer wieder hervor, und in dem Moment wurde mir bewußt, daß wir alle vier – Digby, Jeff und mich eingeschlossen – »Arschficker, Arschficker« brüllten, als sei es ein Schlachtruf. (Was geschah dann? fragte der Detektiv unter der heruntergezogenen Krempe seines Bogart-Hutes hervor den Mörder. Ich weiß nicht, sagt der Mörder, irgendwas ist über mich gekommen. Ganz genau.)

Digby stieß dem üblen Typen die flache Hand ins Gesicht, und ich stürzte mich auf ihn wie ein Kamikaze, besinnungslos, rasend, qualvoll gedemütigt – die ganze Sache hatte, vom auslösenden Stiefel am Kinn bis zu diesem mörderischen Ur-Augenblick, nicht mehr als sechzig hyperventilierende, hormonausschüttende Sekunden gedauert –, ich stürzte mich auf ihn und ließ das Montiereisen gegen sein Ohr krachen. Das Ergebnis trat mit verblüffender Unmittelbarkeit ein. Er war ein Stuntman, und das hier war Hollywood, er war ein großer zähnefletschender Ballon, und ich war der Mann mit der Stecknadel. Er brach zusammen. Machte sich in die Hose. Erschlaffte in seinen Stiefeln.

Eine einzelne Sekunde, groß wie ein Zeppelin, schwebte an uns vorbei. Wir standen im Kreis über ihm, zähneknirschend, Hälse ruckend, an Gliedmaßen, Händen und Füßen unter den Adrenalinstößen zuckend. Keiner sagte ein Wort. Wir starrten nur auf den Kerl hinunter, den Autofreak, den Liebhaber, den flachgelegten üblen schmierigen Burschen. Digby sah mich an; desgleichen Jeff. Ich hielt noch immer das Montiereisen fest, an dessen Krümmung ein Haarbüschel klebte, wie Löwenzahnflaum, wie eine Daune. Völlig erledigt, ließ ich es auf den Boden fallen und malte mir schon die Schlagzeilen aus, die pockennarbigen Gesichter der Untersuchungsbeamten, das Funkeln der Handschellen, das Gerassel der Gittertür, die ungeschlachten schwarzen Schatten, die aus den Tiefen der Zelle aufstiegen ... als plötzlich ein rauher, zerrissener Schrei mich wie der kollektive Saft sämtlicher elektrischen Stühle des Landes durchfuhr.

Es war die Braut. Sie war klein, barfüßig, in Höschen und Männerhemd gekleidet. »Bestien!« kreischte sie, indem sie mit geballten Fäusten, die Strähnen ihrer Fönfrisur im Gesicht, auf uns zustürmte. Sie hatte ein Silberkettchen an einem Fußknöchel, und ihre Zehennägel blitzten im grellen Licht der Scheinwerfer. Ich glaube, die Zehennägel gaben den Ausschlag. Klar, der Gin und der Cannabis und vielleicht sogar das Kentucky Fried können auch ihre Hand im Spiel gehabt haben, aber es war der Anblick dieser flammenden Zehen, der uns explodieren ließ – die aus dem Brotlaib kriechende Kröte in der ›Jungfrauenquelle‹, Lippenstift, auf dem Gesicht eines Kindes: Sie war bereits befleckt. Wir fielen über sie her wie Bergmans geistesgestörte Brüder – nichts Böses sehen, hören, sagen –, keuchend, röchelnd, an ihrer Kleidung reißend, nach Fleisch grapschend. Wir waren üble Burschen, und wir waren erschrocken und scharf und drei Schritte jenseits der Grenze – es hätte alles passieren können.

Das tat es nicht.

Bevor wir, mit vor Lust und Gier und der reinsten elementaren Schlechtigkeit verschleierten Augen, sie auf die Motorhaube drücken konnten, bog ein Scheinwerferpaar auf den Parkplatz ein. Da standen wir, verdreckt, blutig, schuldig, der Menschheit und Zivilisation entfremdet, das erste Ur-Verbrechen hinter uns, das zweite in der Mache. Mit Fetzen von Nylonhöschen und Spandex-BH an den Fingern, mit offenen Hosenschlitzen und geleckten Lippen standen wir da, gefangen im Scheinwerferlicht. Festgenagelt.

Wir hauten ab. Erst zum Auto und dann, als uns klar wurde, daß wir keinerlei Möglichkeit hatten, es anzulassen, in Richtung Wald. Ich dachte an nichts. Ich dachte an Flucht. Die Scheinwerfer nahmen mich aufs Korn wie anklagende Zeigefinger. Ich war weg.

Ram-bam-bam, über den Parkplatz, an dem Chopper vorbei und hinein in das stinkende Gesträuch, das den See säumte, auffliegende Insekten im Gesicht, unkrautgepeitscht, Frösche und Schlangen und rotäugige Schildkröten, die in die Nacht davonplatschten: Ich war schon knöcheltief in Dreck und lauwarmem Wasser und noch immer in Bestform. Hinter mir nahmen die Schreie des Mädchens an Intensität zu, untröstlich, verdammend, die Schreie der Sabinerinnen, der christlichen Märtyrerinnen, der Anne Frank, die aus der Dachkammer geschleift wird. Ich ging immer weiter, von diesen Schreien und von Visionen von Bullen und Bluthunden verfolgt. Das Wasser reichte mir schon bis zum Knie, als mir klar wurde, was ich da tat: Ich würde ihnen wegzuschwimmen versuchen. Quer durch den Greasy Lake schwimmen und mich im Dickicht am anderen Ufer verstecken. Dort würden sie mich niemals finden.

Ich atmete schluchzend, keuchend. Das Wasser schwappte mir gegen den Bauch, als ich mich umschaute, über die mondpolierten Kräuselwellchen und die Algenmatten hinweg, die wie Schorf an der Wasseroberfläche hafteten. Jeff und Digby waren verschwunden. Ich hielt inne. Lauschte. Das Mädchen wurde ruhiger, die Schreie verdünnten sich zu Schluchzern, aber jetzt waren Männerstimmen zu hören, wütende, erregte, und das sirrende Standgeräusch ihres Wagens. Ich watete tiefer hinein, verstohlen, gehetzt, und der Schlick saugte sich an meinen Turnschuhen fest. Als ich gerade losschwimmen wollte – exakt in dem Augenblick, als ich die Schulter zum ersten kraftvollen Zug senkte –, stieß ich mit etwas zusammen. Etwas Unaussprechlichem, Obszönem, etwas Weichem, Nassem, Moosbewachsenem. Ein Klumpen Kraut? Ein Baumstamm? Als ich die Hand ausstreckte, um es zu betasten, gab es nach wie eine Gummi-Ente, wie Fleisch.

Aus einer dieser widerwärtigen kleinen Eingebungen heraus, auf die wir von Kindesbeinen an durch Film und Fernsehen und Kurzaufenthalte in Bestattungsinstituten zwecks nachdenklicher Betrachtung der bemalten Überreste unserer toten Großeltern konditioniert werden, begriff ich, was es war, was da so unzulässigerweise in der Dunkelheit schaukelte. Begriff und stolperte voll Grauen und Ekel zurück, wobei mein Verstand in sechs verschiedene Richtungen gleichzeitig gerissen wurde (ich war neunzehn, ein Kind noch, ein Säugling, und hatte im Zeitraum von fünf Minuten einen schmierigen üblen Burschen niedergeschlagen und war mit dem aufgeweichten Kadaver eines zweiten zusammengestoßen) und dachte: Die Schlüssel, die Schlüssel, warum mußte ich nur die Schlüssel verlieren? Ich stolperte zurück, aber der Schlick hielt meine

Füße fest – ein Turnschuh blieb stecken, ich kippte um –, und plötzlich sauste ich mit dem Gesicht zuerst auf die schwimmende schwarze Masse herunter, stieß verzweifelt meine Hände nach vorn und beschwor simultan die Vision stinkender Frösche und Bisamratten herauf, die sich im Schlick ihrer eigenen Säfte zersetzten. AAAAArrrgh! Ich schoß aus dem Wasser wie ein Torpedo, wobei der Tote sich um seine Längsachse drehte und einen moosigen Bart und mondkalte Augen nach oben kehrte. Ich muß laut aufgeschrien haben, während ich im Unkraut um mich strampelte, denn die Stimmen hinter mir klangen plötzlich erregt.

»Was war das?«

»Das sind sie, das sind sie: Die haben versucht, mich, mich ... zu *vergewaltigen!*« Schluchzer.

Eine Männerstimme, platter Midwest-Akzent. »Ihr Hurensöhne, wir legen euch um!«

Frösche, Grillen.

Dann eine andere Stimme, mißtönend, Lower East Side: »Aaschficka!« Ich erkannte die virtuose Ausdrucksweise des üblen schmierigen Typen mit den Bauarbeiterstiefeln wieder. Zahn gesplittert, Schuhe futsch, von oben bis unten mit Schlamm und Schleim und Schlimmerem bedeckt, mit angehaltenem Atem im Unkraut kauernd, darauf wartend, meinen Arsch gründlich und endgültig eingetreten zu kriegen, und gerade der grauenhaften stinkenden Umarmung einer seit drei Tagen toten Leiche entronnen, verspürte ich mit einemmal ein Aufwallen von Freude und Erleichterung: Der Hurensohn war am Leben! Genauso schnell erstarrten meine Eingeweide zu Eis. »Kommt da raus, ihr schwulen Arschficker!« kreischte der üble schmierige Typ. Er brüllte Flüche, bis ihm die Luft ausging.

Die Grillen setzten wieder ein, dann die Frösche. Ich hielt den Atem an. Ganz plötzlich ertönte ein Geräusch im

Schilf, ein Zischen, ein Platschen: Wsss-plumpf. Sie warfen mit Steinen. Die Frösche verstummten. Ich verbarg den Kopf in den Armen. Wsss, wsss, plumpf. Ein Klumpen Feldspat von der Größe einer Billardkugel prallte von meinem Knie ab. Ich biß mir in den Finger.

Da wandten sie sich dem Auto zu. Ich hörte eine Tür knallen, einen Fluch und dann das Geräusch zersplitternder Scheinwerfer – beinah ein gutmütiges Geräusch, festlich, wie von knallenden Sektkorken. Dem folgte das stumpfe Dröhnen der Stoßstangen, Metall auf Metall, und dann das frostige Bersten der Windschutzscheibe. Ich robbte mich zentimeterweise vor, Ellbogen und Knie, den Bauch in den Dreck gepreßt, und dachte an Guerrillas und Kommandos, und ›Die Nackten und die Toten‹. Ich drückte das Unkraut zur Seite und lugte hinüber zum anderen Ende des Parkplatzes.

Der Motor des zweiten Wagens – es war ein Trans-Am – lief noch immer, und seine hoch angesetzten Scheinwerfer tauchten die Szene in ein grelles theatralisches Licht. Mit wirbelndem Montiereisen ging der schmierige üble Bursche gerade wie ein Rachedämon auf die Flanke des Bel Air meiner Mutter los, während sein Schatten die Baumstämme hinauffuhr. Wumm. Wumm. Wumm-wumm. Die zwei anderen Kerle – blonde Typen mit Verbindungsjacken – halfen ihm mit Ästen und kopfgroßen Felsbrocken. Einer der beiden sammelte Flaschen, Steine, Dreck, Schokoladenpapier, gebrauchte Kondome, Kronkorken und sonstigen Müll zusammen und kippte alles durchs Fenster auf der Fahrerseite. Ich konnte die Braut sehen, eine weiße Knolle hinter der Windschutzscheibe des '57er Chevy. »Bobby«, quengelte sie in das Geschepper hinein, »jetzt *komm* schon.« Der schmierige Bursche hielt einen Moment inne, versetzte dem linken Rücklicht einen ordentlichen Schlag und schleuderte das Montiereisen in die Mitte des Sees. Dann ließ er den '57er an und war weg.

Blondschopf nickte Blondschopf zu. Einer sagte was zum anderen, aber so leise, daß ich nichts mitbekam. Sie überlegten sich zweifellos, daß ihre Mitwirkung an der Vernichtung des Autos meiner Mutter eine etwas vorschnelle Handlung gewesen war, und überlegten sich gleichfalls, daß drei mit eben diesem Auto in Beziehung stehende üble Typen sie vom Wald aus beobachteten. Vielleicht gingen ihnen auch weitere Möglichkeiten durch den Kopf – Polizei, Gefängniszellen, Friedensrichter, Schadensersatzforderungen, Anwälte, erzürnte Eltern, verbindungsbrüderlicher Tadel. Was immer sie sich auch gedacht haben mögen, jedenfalls ließen sie plötzlich Äste, Flaschen und Steine fallen und spurteten synchron, als hätten sie es einstudiert, zu ihrem Wagen. Fünf Sekunden. Länger brauchten sie nicht. Der Motor heulte auf, die Reifen quietschten, eine Staubwolke erhob sich über dem zerfurchten Parkplatz und senkte sich dann wieder auf das Dunkel.

Ich weiß nicht, wie lange ich so dalag: der Gestank der Verwesung, der mich überall umgab, meine Jacke so schwer wie Blei, der Urschleim, der sich unmerklich bewegte, um eine Hohlform für meine Oberschenkel und Hoden zu bilden. Mein Kiefer schmerzte, mein Knie pochte, mein Steißbein brannte wie Feuer. Ich zog Selbstmord in Betracht, fragte mich, ob ich eine Brücke benötigen würde, durchharkte mein Gehirn nach so was wie einer Ausrede für meine Eltern – ein Baum war aufs Auto gestürzt, ein Brotlaster hatte mich hinterrücks gerammt und Fahrerflucht begangen. Vandalen hatten es sich vorgenommen, während wir bei Digby Schach spielten. Dann fiel mir der Tote ein. Er war wahrscheinlich der einzige Mensch auf der Welt, der schlechter dran war als ich. Ich dachte an ihn, Nebel über dem See, gespenstisch zirpende Insekten, und spürte, wie die Angst an mir zog, spürte, wie sich die Finsternis in mir auftat wie ein klaffendes Maul. Wer war er, fragte ich mich, dieses Opfer der Zeit und der Umstände, der traurig im See hinter mir schaukelte? Zweifellos der Eigentümer des Choppers, ein älterer übler Bursche, den es erwischt hatte. Erschossen im Verlauf eines finsteren Drogengeschäfts, ertrunken während alkoholisierter Lustbarkeiten im See. Noch eine Schlagzeile. Mein Auto war ramponiert; er war tot.

Als die östliche Hälfte des Himmels von Schwarz zu Kobalt überging und die Bäume begannen, sich von den Schatten zu lösen, stemmte ich mich aus dem Schlamm hoch und ging an Land. Mittlerweile hatten die Vögel die Grillen abgelöst, und Tau lag schlüpfrig auf den Blättern. Es schwebte ein Geruch in der Luft, herb und süß zugleich, der Geruch der Sonne, die Knospen entzündete und Blüten öffnete. Ich betrachtete den Wagen. Er lag da wie ein Wrack irgendwo am Rand des Highways, wie eine Stahlskulptur, Zeugnis einer längst untergegangenen Kultur. Alles war still. Das war Natur.

Ich ging gerade, so verdreckt und benommen wie der einzige Überlebende eines Bombenangriffs, um das Auto herum, als Digby und Jeff zwischen den Bäumen hinter mir auftauchten. Digbys Gesicht war mit verschmierter Erde schraffiert; Jeff hatte keine Jacke mehr, und sein Hemd war an der Schulter zerrissen. Sie latschten sichtlich verlegen über den Parkplatz und stellten sich schweigend neben mich, um das massakrierte Auto anzugaffen. Keiner sprach ein Wort. Nach einer Weile öffnete Jeff die Fahrertür und fing an, die Glasscherben und den Müll vom Sitz zu schaufeln. Ich sah Digby an. Er zuckte die Schultern. »Wenigstens haben sie die Reifen nicht aufgeschlitzt«, sagte er.

Das stimmte: Die Reifen waren intakt. Die Windschutzscheibe war verschwunden, die Scheinwerfer eingeschlagen, und die Karosserie sah aus, als sei sie auf einer Dorfkirmes für einen Vierteldollar pro Hieb mit dem Vorschlaghammer bearbeitet worden, aber die Reifen hatten den vorgeschriebenen Druck. Das Auto war fahrbereit. Schweigend bückten wir uns alle drei und machten uns daran, den Schlamm und die Glassplitter aus dem Innenraum zu scharren. Ich sagte nichts von dem Rocker. Als wir fertig waren, griff ich in die Tasche nach den Schlüsseln, wurde von einer bösen Erinnerung überfallen, verfluchte mich selbst und machte kehrt, um das Gras abzusuchen. Ich entdeckte sie fast im nächsten Augenblick, nicht weiter als anderthalb Meter von der offenen Tür entfernt, wo sie wie Edelsteine im ersten, sich verjüngenden Sonnenstrahl funkelten. Es gab keine Veranlassung, diesbezüglich philosophische Betrachtungen anzustellen: Ich ließ mich behutsam auf dem Fahrersitz nieder und startete den Motor.

Exakt in dem Augenblick rumpelte der silberfarbene Mustang mit den aufgeklebten Flammenverzierungen auf den Parkplatz. Wir erstarrten alle drei; dann glitten Digby und Jeff ins Auto und knallten die Tür zu. Wir schauten zu, wie der Mustang über die Furchen holperte und wippte und schließlich mit einem Ruck neben dem verwaisten Chopper am anderen Ende des Grundstücks stehenblieb. »Laß uns verschwinden«, sagte Digby. Ich zögerte, während der Bel Air unter mir röchelte.

Zwei Mädchen entstiegen dem Mustang. Enge Jeans, Bleistiftabsätze, Haar wie gefrorener Pelz. Sie beugten sich über das Motorrad, stöckelten ziellos auf und ab, sahen ein-, zweimal zu uns rüber und schlenderten dann auf das hoch aufgeschossene Schilf zu, das einen grünen Zaun um den See bildete. Eine von beiden legte sich die Hände trichterförmig um den Mund. »Al«, rief sie. »He, Al!«

»Komm schon«, zischte Digby. »Laß uns hier verschwinden.«

Aber es war zu spät. Das zweite Mädchen stelzte vorsichtig, auf wackeligen Absätzen über den Parkplatz, sah zu uns herüber und dann wieder weg. Sie war älter – fünf- oder sechsundzwanzig –, und als sie näher herankam, konnten wir sehen, daß mit ihr irgendwas nicht stimmte: Sie war zu oder betrunken, taumelte jetzt und breitete die Arme aus, um das Gleichgewicht zu halten. Ich umklammerte das Lenkrad, als sei es der Hebel des Schleudersitzes in einem brennenden Düsenjäger, und Digby stieß zweimal meinen Namen aus, kurz und ungeduldig.

»Hi«, sagte das Mädchen.

Wir schauten sie an wie Zombies, wie Kriegsveteranen, wie taubstumme Bleistifthausierer.

Sie lächelte mit rissigen, trockenen Lippen. »Hört ma«, sagte sie und beugte den Oberkörper herunter, um durchs Fenster zu schauen, »habt ihr Jungs Al gesehen?« Ihre Pupillen waren Nadelspitzen, ihre Augen Glas. Sie ruckte mit dem Kopf. »Das da drüben is sein Ofen – Al seiner. Habt ihr'n gesehen?«

Al. Ich wußte nicht, was ich sagen sollte. Ich wollte raus aus dem Auto und würgen, wollte heim zu meinen Eltern und ins Bett kriechen. Digby stieß mich in die Rippen. »Wir haben niemand gesehen«, sagte ich.

Das Mädchen schien sich das durch den Kopf gehen zu lassen, während sie einen schlanken geäderten Arm ausstreckte, um sich am Auto abzustützen. »Egal«, nuschelte sie, »wird schon noch aufkreuzen.« Und dann, als hätte sie sich eben erst ein Bild von der ganzen Szenerie gemacht – dem ramponierten Auto und unseren lädierten Gesichtern, der Trostlosigkeit des Ortes –, sagte sie: »He, ihr Jungs scheint ja 'n paa echt üble Burschen zu sein – Schlägerei gehabt, wie?« Wir starrten stur geradeaus, steif wie Katatoniker. Sie wühlte in der Hosentasche und murmelte irgendwas. Endlich hielt sie uns eine Handvoll in Folie eingeschweißter Tabletten hin: »He, wollt ihr ein'n draufmachen, wollt ihr mit Sarah und mir 'n paa von einschmeißen?«

Ich sah sie nur an. Ich dachte, ich müßte gleich weinen. Digby brach das Schweigen. »Nein danke«, sagte er, indem er sich über mich lehnte. »Ein andermal.«

Ich legte den Gang ein, und das Auto setzte sich stöhnend in Bewegung, Glasschrot abschüttelnd wie ein alter Hund, der triefend aus dem Wasser steigt, und kroch, auf seinen ausgeleierten Federn über die Schlaglöcher schaukelnd, auf den Highway zu. Sonne glänzte auf dem See. Ich schaute zurück. Das Mädchen stand noch immer da und sah uns nach, mit hängenden Schultern und ausgestreckter Hand.

Egyd Gstättner

Die gleichschenkelige Ungarin

Das Ungarntum ist mir, obwohl ich unlängst aus lauter Langeweile die ›Geschichte Ungarns‹ gelesen habe, im großen und ganzen ein Rätsel; das einzige, was ich mit Sicherheit sagen kann, ist, daß meine neue Nachbarin, eine ungarische Schriftstellerin mit einem für unsereins wahrhaft unaussprechbaren Namen, seit langem an ihrem großen ungarischen Heimatroman mit dem einigermaßen kryptischen Titel ›Die gleichschenkelige Ungarin‹ schreibt. Diskret und distinguiert, wie ich bin, habe ich sie, obwohl sie mir gegenüber nahezu täglich den Titel ›Die gleichschenkelige Ungarin‹ erwähnt, nie gefragt, warum sie ihren Roman ausgerechnet ›Die gleichschenkelige Ungarin‹ nennt, das heißt, ob eine *gleichschenkelige Ungarin* in Ungarn etwas Besonderes, also etwas Außergewöhnliches, also eine Minderheit ist, ob in Ungarn die nichtgleichschenkeligen Ungarinnen das Sagen hätten oder ob die *Gleichschenkeligkeit* der *Ungarin* als Metapher und wenn ja, wie und wofür zu verstehen ist. Schriftsteller haben solche Fragen nicht so gern, und ich gehe davon aus, daß diese Abneigung auch auf ungarische Schriftstellerinnen zutrifft, obwohl mir im übrigen – abgesehen von der großen Magda Szabo natürlich, an der man nicht vorbeikommt – die ungarische Damenliteratur völlig unbekannt ist. Meine ungarische Damenliteratur betreffende Unkenntnis ist schade, sagt meine Nachbarin, aber doch pardonierbar, wenn man bedenkt, daß selbst die Ungarinnen und Ungarn nicht die geringste Ahnung von ungarischer Damenliteratur haben. Mit der ungarischen Herrenliteratur ist es nicht ganz so: Keiner mag sie, aber sie ist allgegenwärtig als Zement der Seele. Aber in Ungarn ungarische Heimatdichterin zu werden, ist das Absurdeste, was eine Ungarin machen kann, sagt sie.

Zu meiner großen Überraschung hat sich die ungarische Schriftstellerin unmittelbar neben meinem Ziergarten (seit Goethe ein beliebtes Motiv in der Literatur) eine Burg gebaut (seit dem Nibelungenlied ein beliebtes Motiv in der Literatur) und rund um ihre Burg einen tiefen Wassergraben gezogen, was an sich eindrucksvoll für die von mir aus der ›Geschichte Ungarns‹ erlesene Verschlossenheit des Ungarn sprechen würde. Gegen diese obligate Misanthropie und *völlige Zurückgezogenheit* des Ungarn (und der Ungarin) spricht allerdings, daß sie aus mir nicht nachvollziehbaren Gründen mehr oder weniger den ganzen Tag lang in ihrem Wassergraben rund um die Burg schwimmt; vielleicht kommt sie mit der ›Gleichschenkeligen Ungarin‹ nicht so recht weiter, vielleicht ist es ein spezifisches Konzentrationsprinzip der ungarischen Schriftstellerin, den ganzen Tag lang in einem Wassergraben rund um eine Burg zu schwimmen, um dann nächtens in aller Ruhe und in sich gekehrt an ihrem Roman weiterzuschreiben, vielleicht kommen der ungarischen Schriftstellerin im Unterschied zu sämtlichen anderen mir bekannten Schriftstellern der Weltliteratur ausschließlich beim Dauerschwimmen im Wassergraben rund um eine Burg die entscheidenden Einfälle und die entscheidenden Sätze für ihre ›Gleichschenkelige Ungarin‹, wer weiß, das Wesen der Ungarn und ihrer Literatur ist mir, wie gesagt, ein Mysterium. Vielleicht ist der Titel ›Die gleichschenkelige Ungarin‹ durch seine drastische Betonung des Offensichtlichen und Selbstverständlichen ein raffinierter Kunstgriff, auf das Seltsame und Geheimnisumwitterte hinzuweisen, das den Ungarinnen und Ungarn unter der Oberfläche ihrer Selbstverständlichkeit und Offensichtlichkeit in unaussprechlicher Weise innewohnt. Davon abgesehen wäre es auch interessant zu erfahren, wie es ihr noch dazu als Ungarin gelungen ist, bei all den unsereins wohlbekannten baupolizeilichen Schikanen, Ortsbildverträglichkeitsverordnungen und Verschleppungsundverzögerungstechniken der Behörde mir nichts, dir nichts eine solche Burg samt Wassergraben in meiner unmittelbaren Nachbarschaft zu errichten (mir selbst zum Beispiel ist das nachweislich nicht gelungen), weiters wie eine ungarische Schriftstellerin von der ungarischen Literatur nicht nur leben, sondern sich im nichtungarischsprechenden Ausland eine derartig exzentrische und allem Anschein nach kostenintensive Existenz leisten könne, aber Diskretion und Distinguiertheit verbieten mir eine diesbezügliche Neugier. Außerdem haben Schriftsteller solche Fragen nicht so gern. In die ungarische Gegenwartsliteratur ist ein neuer privater Ton gekommen, hat mir die Ungarin einmal beiläufig gesagt, es ist eine Abwendung vom sozialistischen Realismus festzustellen, aber das ist eigentlich auch keine richtige Erklärung.

Jedesmal, wenn die Ungarin eine Runde im Wassergraben rund um die Burg fertiggeschwommen hat und an die Stelle kommt, die an mein, wenn auch bescheidenes Grundstück grenzt, winkt sie zu mir herüber, während ich im Garten sitze und mir überlege, womit ich mir nach der ›Geschichte Ungarns‹ als nächstes das Geistesleben vergällen könnte. Es ist offensichtlich, daß die Ungarin mit mir ins Gespräch kommen möchte, in ein schriftstellerwürdiges Gespräch wahrscheinlich, nicht in ein ordinäres Gartenzaungeplapper über die ungeheuerliche Kraftanstrengung des ganztägigen Durchdenwassergrabenschwimmens und die dadurch bedingten, möglicherweise in nicht wiedergutzumachendes Unheil mündenden Erschöpfungszustände, das also eher nicht. Tatsächlich ist die Situation infolge des

Zufalls der Geschichte Ungarns günstig, ich warte, bis die Ungarin wieder hinter ihrer Burg hervorschwimmt, und anstatt ihr unverbindlich zuzuwinken, frage ich sie rundheraus: Was ist mit den Ungarn los? Sie meinen die ungarische Selbstmordrate, die die höchste der Welt und nach wie vor im Steigen begriffen ist, fragt die ungarische Schriftstellerin. Natürlich meine ich die ungarische Selbstmordrate, die die höchste der Welt und nach wie vor im Steigen begriffen ist, sag ich, was denn sonst; die unverwechselbare Kreativität der ungarischen Künstler und Wissenschaftler, die trotz unsäglichen Elends in den Vorstädten und auf dem Land aus dem ungarischen Völkergemisch entstanden ist, habe ich nicht gemeint, die ungeheure Kompliziertheit und Vielfalt der politischen und sozialen Tendenzen im Ungarn von heute und die Versuche der Intellektuellenschicht, die Kräfte der Gegenwart in eine größere geschichtliche Perspektive zu stellen, habe ich nicht gemeint, daß Ungarn seit jeher ein Land der verblüffenden Widersprüche ist, auch nicht. Gut, sagt meine Nachbarin, lassen Sie mich nachdenken. Sie schwimmt eine Runde um die Burg, kommt zurück und sagt, warum ein Ungar sich umbringt, ist schwer zu sagen. Sicher ist bloß, daß der Ungar mit dem Selbstmord schnell bei der Hand ist. Die Selbstmordfreudigkeit der Ungarn liegt womöglich in ihrem Nationalcharakter begründet. Der seinerzeitige Ministerpräsident Graf Teleki beispielsweise hat Selbstmord aus Empörung begangen, sagt sie, weil die Ungarn den Jugoslawen knapp nach der Unterzeichnung eines ewigen Freundschaftsvertrages zwischen Ungarn und Jugoslawien in den Rücken gefallen sind. Ein Einzelfall gewiß und nicht beliebig auf alle ungarischen Selbstmörderinnen und Selbstmörder übertragbar. Aber es kann kein Zufall sein, daß der ungarische Dichter Mihály Babits vom »ungarischen Nihilismus« gesprochen hat. Man darf nicht vergessen, daß Ungarn, seit es Ungarn gibt, noch nie etwas gewonnen hat, weder einen Krieg noch sonst was Internationales. Im Lauf der Geschichte ist Ungarn Oberungarn abhanden gekommen, Unterungarn, Westungarn und Ostungarn, so daß Ungarn heute praktisch nur noch aus Zentralungarn besteht. Die Ungarin schwimmt wieder eine Runde, das weiß ich, sag ich, das habe ich alles gelesen, aber ich kann mir nicht vorstellen, daß sich irgendein Ungar jemals umgebracht hat, weil Ungarn Oberungarn verloren hat. Sie haben eben nur die ›Geschichte Ungarns‹ gelesen, sagt die Ungarin, wenn Sie ›Die gleichschenkelige Ungarin‹ gelesen haben werden, werden Ihnen zwischen den Zeilen die Augen aufgehen.

Die Ungarin schwimmt eine Runde, vielleicht ist es auch die ungarische Einsamkeit, die ungarische Sprache, die Einsamkeit der ungarischen Sprache. Man darf nicht vergessen, daß Ungarn früher westlich des Urals war, gleich neben den Finnen. Finnisch und Ungarisch sind die schwierigsten und die kompliziertesten und unverständlichsten und zurückgezogensten Sprachen in ganz Europa, niemand in ganz Europa versteht die Finnen, niemand in ganz Europa versteht die Ungarn, außerdem haben selbst zu Zeiten der unmittelbaren Nachbarschaft die Finnen die Ungarn und die Ungarn die Finnen nicht verstanden, dadurch sind die Finnen und die Ungarn immer einsamer und infolge Gesamteinsamkeit wohl auch immer eigentümlicher geworden, sagt die Ungarin und schwimmt eine Runde durch den Wassergraben. Die eine Tatsache, daß die Finnen Finnisch sprechen, wird durch die andere Tatsache abgemildert, daß die Finnen so gut wie gar nicht sprechen, so daß man gerade Finnen gegenüber vom Finnisch der Finnen nicht viel bemerkt, das ist so ähnlich wie bei Peter Handke oder weil Wittgenstein immerhin bis nach Norwegen vorgedrungen ist, dies als Zugeständnis an Ihr Land, das heute in Ungarn die mit Abstand populärste Nation ist, nicht nur wegen der

Zahnbehandlungen in Ödenburg und Steinamanger, sagt die Ungarin, Handke und Wittgenstein kennt man, aber niemand auf der ganzen Welt könnte beispielsweise auf Anhieb einen finnischen Dichter nennen. Kennen Sie auf Anhieb einen finnischen Dichter? fragt die Ungarin und schwimmt weg. Selbstverständlich kenne ich finnische Dichter auf Anhieb, sag ich, ich nenne nur Elias Lönnrot, den Ahnherrn der finnischen Literatur, der dank des Kalevala den Namen hat, den der Dichter des Nibelungenlieds hat, ich könnte aber auch Alexis Kivi sagen, Märta Tikkanen, Esa Sariola. So bringt man Ungarinnen aus dem Konzept. Die Ungarin schwimmt eine Runde, das zählt nicht, sagt sie. Sie sind nicht die Masse, Märta Tikkanen gehört außerdem der schwedischsprachigen Minderheit an. Die finnische Literatur ist eine im großen und ganzen weltweit übersehene, wie die ungarische Literatur im großen und ganzen eine weltweit übersehene ist. Aber während die Finnen, weil sie finnisch sprechen, schweigen, haben die Ungarn, obwohl sie ungarisch sprechen, in einem fort das unglückselige Bedürfnis zu sprechen und sich auszudrücken und sich verständlich zu machen. Den Ungarn ist also gar nichts anderes übriggeblieben, als Urungarn nach Ungarn zu transportieren, sagt die ungarische Schriftstellerin und schwimmt weg.

Noch bevor die Ungarin wieder auftaucht, frage ich mich am Wassergraben, was um alles in der Welt die Ungarin eigentlich von mir will, warum sie sich hier in so spektakulärer architektonischer Weise neben mir ansiedelt, warum sie mich in ein Gespräch lockt, warum sie das Ungarntum vor mir ausschüttet. Wahrscheinlich hat die ungarische Schriftstellerin herausgefunden, daß ich ein Verewiger bin, wahrscheinlich will sich die Ungarin von mir verewigen lassen, alle Ungarn wollen Ewigkeit. Aber die wenigsten schaffen es tatsächlich, aus Ungarn kommend hier Burg und Wassergraben zu installieren und Bericht zu erstatten von der völligen Zurückgezogenheit, sagt sie. Wieder hinter der Burg hervorgeschwommen, sagt die Ungarin, man muß als ungarische Schriftstellerin aus Ungarn weggehen, um über Ungarn reden und denken und schreiben zu können, erst in Außerungarn und durch Außerungarn wird dem Ungarn Ungarn klar. Der entscheidende Fehler aller ungarischen Schriftsteller war, daß sie Ungarn von Ungarn aus sehen und erklären und verständlich machen wollten, in Ungarn wäre es aber völlig unmöglich, den ungarischen Heimatroman ›Die gleichschenkelige Ungarin‹ zu schreiben, solche Sätze sagen Schriftsteller gern. Das Leiden am Vergleich, sagt sie. Sie meint nicht die Elektrogeschäfte in Mattersburg oder Oberpullendorf. Sie meint den Alkoholismus. Der alkoholkranke Ungar fängt in der Früh an, aber er gießt sich in den an sich untrinkbaren bulgaroiden Kaffee nicht automatisch nihilistisch seinen Schnaps, sondern weil er infolge der lendenlahmen ungarischen Kühe ganz profan um die Frühstücksmilchmöglichkeit gebracht ist. Solche Übel metastasieren natürlich. Eine wesentliche Rolle spielt das Fernsehen, die Volksverbindung, sagt die ungarische Schriftstellerin zurückgeschwommen. Hier im Fernsehen Außerungarns ist, wenn sonst nichts los ist, immer wieder mal und in allen möglichen Zusammenhängen von einer doppelten Zufriedenheitsgarantie die Rede. Das kann man glauben oder nicht, aber man hört es immer. Die Ungarinnen und Ungarn hingegen sind von etwaigen doppelten Zufriedenheitsgarantien meilenweit entfernt. Besuchen Sie in Budapest zum Beispiel die Margaretheninsel, wo die Steindenkmäler der ungarischen Klassiker stehen und so, wie die lebenden ungarischen Schriftsteller, ich nenne nur László Garaczi oder Imre Kertéz, *völlig zurückgezogen* leben, *völlig zurückgezogen* tot sind. Janus Panonius etwa, der Elias Lönnrot der Pußta, Sándor Petőfi, Endre Ady, der todessüchtige Mihály Vörösmarty, der mit fünfundfünfzig an Melancholie gestorben ist, Attila József, der bitterlustig über die trübe Donau geschrieben und mit zweiunddreißig Jahren Selbstmord gemacht hat, indem er in Balatonszárszó vor einen Güterzug gesprungen ist. Noch heute verehren in Balatonszárszó jedes Jahr eine neue Handvoll Ungarn Attila József, indem sie in memoriam ebenfalls vor einen Güterzug springen und Selbstmord begehen. Die Statuen auf der Margaretheninsel sind so angeordnet, daß sie einander gewissermaßen anschauen und ins Gesicht schweigen, ansonsten aber nirgendwo auch nur ein Hauch von doppelter Zufriedenheitsgarantie, sagt die Ungarin und schwimmt weg, jetzt zunehmend dramatisch. Ich sage das, sagt sie, weil das innerungarische Fernsehen anstelle doppelter Zufriedenheitsgarantien massenhaft ungarische Durchschnittslyrik und Poesie ausstrahlt, illustriert von der erschütternd langweiligen ungarischen Flachlandschaft, und jedesmal, wenn das ungarische Fernsehen in der skizzierten optischen Begleitung ein ungarisches Gedicht sendet, bringt sich irgendwo in Ungarn ein Ungar um. Nur selten handeln die ungarischen Gedichte vom Verlust Oberungarns oder Unterungarns. Der wildeste der *völlig zurückgezogen* lebenden ungarischen Schriftsteller heißt Dezsö Tandori, der die ungarischen Literaturwissenschaftler seit Jahren vor ein Rätsel stellt, vor das die ungarischen Literaturwissenschaftler eigentlich gar nicht gestellt werden wollen, aber der ungarische Literaturwissenschaftler kann sich nun einmal das Rätsel, vor das er gestellt wird, nicht aussuchen. Anstatt die Vergangenheit seines Landes oder seine eigene mit der Vergangenheit seines Landes verwobene Vergangenheit aufzuarbeiten oder die Soziologie zu exemplifizieren und zu biographisieren, beobachtet Tandori zum Entsetzen der Ungarinnen und Ungarn seit Jahren mit ganzer Vehemenz Spatzen und beschreibt detailgetreu und mit der typisch ungarischen Eindringlichkeit jede Faser des Wesens des Spatzen. Seit Jahren handelt das tandorische Œuvre ausschließlich von seiner Trauer um seinen vor Jahren verstorbenen Lieblingsspatzen, dem er allerdings, um Larmoyanz vorzubeugen, einen wahrhaft unaussprechlichen Namen gegeben hat, und der irgendwo in der Budapester Burg begraben liegt. Jedesmal, wenn das ungarische Fernsehen ein Gedicht von Dezsö Tandori bringt, legt wieder eine Handvoll Ungarn Hand an sich. Außerdem geht die Geburtenrate ständig zurück. Über kurz oder lang wird die ungarische Lyrik Ungarn ausrotten und der außerungarischen Nachwelt ein leergefegtes Ungarn hinterlassen. Diejenigen, die die ungarischen Gedichte im ungarischen Fernsehen überleben, geben an, daß bezüglich der Lebensbedingungen und des Allgemeinbefindens der Bevölkerung, was immer das auch sein mag, siebzehn Prozent »verbittert« und vierundfünfzig Prozent »empört« sind. (Das sind sechs Prozent mehr als noch vor zehn Jahren.) Fünfzehn Prozent der Ungarn nehmen Beruhigungsmittel, fünfzig Prozent klagen über Schlaflosigkeit. Alles, was den Ungarn an prinzipieller Hoffnung geblieben ist, ist die außerhalb Ungarns gewissermaßen *jenseits von Ungarn* unter sagenumwobenen Umständen im Entstehen begriffene ›*Gleichschenkelige Ungarin*‹. Das muß einmal gesagt werden, sagt die ungarische Schriftstellerin, das muß in die Welt hinaus, und damit war es mir endgültig klargeworden, daß ausgerechnet *ich* es sagen und die Sage umweben soll, daß es also die ungarische Schriftstellerin darauf angelegt hatte, daß ich sie verewige. Aber noch bevor ich meine ungarische Nachbarin bei allem Respekt vor der ›Gleichschenkeligen Ungarin‹ vor den verderblichen Schwachstellen der Ewigkeit warnen könnte, die ich ihr herstellen könnte, schwimmt die Ungarin wie so oft vielsagend weg und verschwindet geheimnisumwittert hinter ihrer geheimnisumwitterten Burg.

Angelika Schrobsdorff

Libbys Selbstverwirklichung

Die Hendersons lebten in Baypoint, einem Villenviertel von Panama City, einem Reservat für begüterte Pensionäre, die dort ihren ruhigen, gesicherten Lebensabend verdämmern. Für ihre Sicherheit und Ruhe bürgten eine sehr hohe Mauer aus Beton und bewaffnete Wächter, die am Einfahrtstor Namen und Autokennzeichen der Besucher notierten.

Von außen machte Baypoint den Eindruck eines scharf bewachten Gefängnisses, von innen aber war es der Garten Eden: graziöse Bungalows und türkisgrüne Swimmingpools diskret in den Schatten herrlicher alter Bäume, in den Schutz üppiger Sträucher gerückt; samtene, leicht gewellte Rasenflächen, fleischige tropische Blumen in leuchtenden Farben, ein hüpfender Bach, ein verträumter seerosengeschmückter Teich; Alleen im grünen Zwielicht dichten Laubes – alles atmete Frieden, Ruhe, ästhetische Schönheit, harmonische Ordnung, alles gipfelte in einem Stoßseufzer tödlicher Langeweile.

Ich war Arthur Henderson und seiner Frau Nancy, einem gutaussehenden, intelligenten Paar, das einige Jahre in Europa gelebt hatte, bei einer gemeinsamen Bekannten in Paris begegnet, hatte einen Abend mit ihnen verbracht, beim Abschied die Adressen ausgetauscht und versprochen, Baypoint bei meiner nächsten Amerikareise nicht zu übergehen. Damit war die Geschichte für mich erledigt gewesen, denn weder stand eine Amerikareise in Aussicht, noch übten die Hendersons oder Panama City einen unwiderstehlichen Reiz auf mich aus. Es war einer Kette von Zufällen zu verdanken, daß ich ein knappes Jahr später in die Vereinigten Staaten flog, unter anderem nach Panama City am Golf von Mexiko verschlagen wurde und dort, in einem tristen Hotel, zur Ermunterung das Fernsehen einschaltete. Mit dem ersten Ton kam die Warnung, daß ein Tornado namens Mimi Kurs auf Panama City hielte. Ich hatte noch keinen Tornado erlebt, jedoch oft genug gehört, daß er schreckliche Folgen haben könne. Er konnte riesige Bäume ausreißen und solide Häuser wegfegen. Mit einem Hotel wie dem meinen, das Pappmachéwände zu haben schien, würde er ein leichtes Spiel haben. Warum, fragte ich mich, muß mir der Tod ausgerechnet hier, in dieser gottverlassenen Stadt, in Form eines Tornados mit dem lächerlichen Namen Mimi auflauern? Es war diese Frage, die mir die Hendersons in Erinnerung rief. Wenn schon Tornado, dann wenigstens in kompetenter, tornadokundiger Gesellschaft. Also rief ich sie an, wurde mit Freuden begrüßt und prompt zu einem kleinen Abendessen eingeladen. Kaum hatte ich eingehängt, teilte das Fernsehen mit, Mimi habe die Reiseroute geändert und der Tornadoalarm für Panama City sei somit aufgehoben.

Zu spät! Das Abendessen würde ohne Tornado stattfinden, aber vielleicht, tröstete ich mich, hatten die Hendersons irgendeine andere Belustigung zu bieten.

Zuerst sah es nicht danach aus. Arthur mixte Martinis, und Nancy erkundigte sich nach meinen Reiseerlebnissen und Eindrücken. Ich hatte das Gefühl, nun bald in einen Dornröschenschlaf zu fallen. Der Friede Baypoints lastete schwer auf mir.

»Leben Sie gerne hier?« fragte ich die Hendersons.

»Nein«, erklärte er mit Bestimmtheit.

»Aber wir leben auch nicht ungern hier«, sagte sie, »es

ist schön, es ist ruhig, es ist bequem. In unserem Alter braucht man nicht mehr sehr viel, aber das braucht man.«

»In Ihrem Alter?« Ich schaute von Nancy zu Arthur und hatte keineswegs den Eindruck, daß die beiden am Ende ihres Lebens angelangt wären. Sie sahen frisch und strapazierfähig aus.

»Ich fürchte, wir haben uns verkalkuliert«, sagte Arthur mit einem Lachen, das grimmig klang, »wir haben uns frühzeitig auf einem Luxusfriedhof abgesetzt, und da geistern wir nun herum unter lauter Geistern ohne Geist.«

»Du übertreibst«, sagte Nancy, mußte aber lachen.

»Wieso übertreibe ich? Willst du vielleicht behaupten, daß wir in Baypoint oder Panama City – oder sagen wir lieber gleich Florida – auch nur die Spur einer geistigen Anregung hätten? Die amerikanische Provinz ist daran so arm wie die Wüste an Oasen.«

»Wir haben Bücher«, sagte Nancy, »eine große Plattensammlung ...«

»Ja, Sweetheart«, fiel er ihr ins Wort, »und Schönheit, Ruhe und Bequemlichkeit. Und rundherum haben wir eine Festungsmauer und Wächter, damit die häßliche, unruhige, unbequeme Außenwelt nicht bei uns eindringt und unseren Friedhof schändet.«

Er trank seinen Martini aus und goß sich einen neuen ein. Sie seufzte, stand auf und erklärte, in der Küche nach dem Rechten sehen zu müssen.

»Sind die Mauer und die Wächter eigentlich wirklich nötig?« fragte ich.

»Leider ja«, sagte Nancy schon an der Tür.

»Verfolgungswahn«, sagte Henderson, »Amerika ist ein hysterisches Land, ein Land der Massenpsychosen. Einer fängt an verrückt zu spielen und im Handumdrehen sind es Millionen. Wie jetzt, zum Beispiel, die Angstpsychose, in die wir uns so hineinmanövriert haben, daß wir uns vor unserem eigenen Schatten fürchten. Hinter jeder Ecke lauern konkrete oder eventuelle oder eingebildete Gefahren: Kriminelle, Süchtige, Wahnsinnige, Linke, Schwarze, Alkoholiker, politische und religiöse Fanatiker und so weiter und so fort. In der Tat, es passiert viel, aber dadurch, daß wir uns verbarrikadieren und unter unseresgleichen in Luxusghettos leben, wird das Problem nicht gelöst, sondern höchstens verschärft.«

Er trank seinen zweiten Martini aus, schaute auf die Uhr und brummte: »Wo stecken eigentlich diese Frauen? Haben den ganzen lieben langen Tag nichts zu tun und können dann noch nicht mal pünktlich sein.«

»Erwarten Sie noch andere Gäste?« fragte ich wenig begeistert.

»Ja«, sagte Nancy, die gerade ins Zimmer zurückkehrte, »es kommen noch zwei Baypointer Damen. Ich wollte Ihnen doch etwas bieten.«

»Umgekehrt, Nancy, du wolltest den Baypointer Damen was bieten. Weder Libby noch Rose haben jemals in ihrem Leben eine Europäerin gesehen, noch dazu eine, die in Paris lebt.«

»Ach, Arthur«, lachte Nancy, »laß sie in Ruhe, sie sind so liebe, nette Mädchen.«

Ihr Mann nickte mit verdächtigem Ernst: »Mädchen«, sagte er, »ist genau das richtige Wort, besonders was Rose betrifft. Sie ist ... na, seien wir milde, siebzig.«

»Gib zu, daß sie dafür fabelhaft aussieht.«

»Bei einem Höchstmaß an Schönheitspflege und einem Minimum an Hirn hält man sich eben erstaunlich lange. Rose ist ein Phänomen, ein mumifiziertes Mädchen, nie aus dem Backfischalter herausgewachsen. Während Libby gerade dabei ist, wieder ins Backfischalter hineinzuwachsen.«

»Jetzt sei endlich still«, sagte Nancy, und dann zu mir: »Rose ist eine echte Südstaatlerin und als solche hat sie alle ihre Pflichten erfüllt: Sie war hübsch wie eine Puppe, fügsam wie ein Schoßhündchen und träge wie eine Pflanze. Sie hat immer im richtigen Moment das richtige Klischee gesagt, das richtige Kleid angezogen, die richtigen Parties und Clubs besucht, den richtigen Mann geheiratet und in richtigen Abständen die richtige Anzahl von Kindern bekommen, zwei Jungen und zwei Mädchen.«

Mr. Henderson hob beide Hände. »Genug, Nancy, genug! Das Bild ist perfekt.«

»Jetzt ist sie Witwe«, fuhr seine Frau unbeirrt fort, »sechsfache Großmutter und Präsidentin des Bridgeclubs.«

»Ein erfülltes Leben«, sagte ich, »und wie steht's mit Libby?«

»Libby ist ein viel komplizierterer Fall«, erklärte Nancy, »sie ist ... Moment, ich glaube, ich höre sie kommen. Ja.«

Sie stand schnell auf und ging zur Tür.

Arthur beugte sich in seinem Sessel vor und flüsterte: »Wollen Sie wissen, was den Fall Libby so kompliziert macht?«

Ich nickte.

»Libby hält sich nicht für eine Puppe, nicht für ein Schoßhündchen, nicht für eine Pflanze, sondern für eine Frau.«

Er sah mich einen Moment eindringlich an, kniff dann ein Auge zusammen und goß uns beiden einen Martini ein.

Die beiden Damen betraten das Zimmer, entblößten die Zähne in einem strahlenden Lächeln, weiteten die Augen in freudigster Überraschung und spannten die Körper, so daß man den Eindruck hatte, sie würden bei der geringsten Berührung ein hohes, durchdringendes Summen von sich geben. Unmotiviertes Lachen sprudelte aus ihnen hervor, Ausrufe des Entzückens, Entschuldigungen: »Oh, Darling«, zirpte die eine, »was für ein wundervolles Blumenarrangement!«

»Arthur, you big, beautiful Macho!« rief die andere. »Verzeih uns, verzeih uns noch ein einziges Mal, daß wir ...«

»Schon gut, schon gut, schon gut«, unterbrach sie Henderson. Er stellte uns vor. Roses Hand entglitt mir, kaum daß ich sie gefaßt hatte, Libbys dagegen blieb fest und herzhaft in der meinen: »Ich freue mich, Sie kennenzulernen«, sagte sie, »je suis ravie ...« Sie lachte mit starren Augen und steifem Hals, wandte sich nach den anderen um, zog eine schelmische Grimasse: »Wie spreche ich französisch? Je suis ravie ... oh, Pariii ... I love Paris in the springtime ...« Sie trällerte.

»Setzt euch«, sagte Henderson sichtlich nervös, »hier, Libby, hier, setz dich neben Madame, damit du weiter französisch sprechen kannst ... und Rose, du da in den Sessel. So, Gott sei Dank! Und wie wär's jetzt mit einem Martini?«

»Einen ganz kleinen, Honey«, girrte Rose, »wir haben schon einen großen getrunken.«

Ich betrachtete sie verstohlen und versuchte unter all dem geblümten Stoff und dem kunstvoll aufgetragenen Make-up ein Zeichen ihres Alters zu entdecken. Aber da war kein Zeichen, nur ein makabrer Allgemeineindruck, daß irgend etwas nicht stimmte. Sie war genauso, wie Arthur sie beschrieben hatte: ein mumifiziertes Mädchen, deren hübsches kleines Gesicht unter der mehrfach gestrafften Haut, deren Pin-up-Figur unter dem engen, langen, geschickt drapierten Kleid in einem grotesken Widerspruch zu ihren siebzig Jahren stand.

»A votre santé«, sagte Libby und hob mir ihr Glas entgegen.

Sie war eine große Frau, die in ihrer Jugend anziehend und gut proportioniert gewesen sein mußte. Jetzt – ich schätzte sie auf Anfang Fünfzig – waren Gesicht und Körper in die Breite gegangen und schlaff geworden. Die flächigen Wangen und das kräftige Kinn hatten die Kontur verloren, um den Hals hatten sich Altersringe gelegt, unter dem langen, enganliegenden Rock zeichnete sich der Bauch wie ein weiches Polster ab. Doch trotz dieser unvertuschten Spuren des Verfalls wirkte sie jugendlich, beinahe kindlich, und ich fragte mich, woran das lag: an dem naiven Blick ihrer klaren, runden Augen? An dem starken, rötlich-braunen Haar, das ihr offen auf die Schultern fiel? An der Intensität, mit der sie einen ansah, mit der sie zuhörte, sprach und lachte? Es war, als erwarte sie jeden Augenblick eine Offenbarung, die sie und ihr Leben von Grund auf ändern würde. Nach einer Weile wurde es mir peinlich, ihr nicht einmal eine kleine Überraschung bieten zu können.

Wir gingen ins Speisezimmer und nahmen an einem ovalen Tisch Platz, der im alten europäischen Stil gedeckt war. Die Damen bewunderten ihn mit gebührender Achtung.

»Diese antiken Gegenstände strahlen so viel Wärme und Tradition aus«, sagte Libby zu den Hendersons, »wenn ich bei euch bin, habe ich immer das Gefühl, in einer anderen, schöneren Welt zu sein.«

Sie blickte versonnen in die Kerzenflammen und dann abrupt zu mir herüber: »Nancy hat mir erzählt, daß Sie Schriftstellerin sind«, sagte sie.

Die Assoziation zwischen der anderen, schöneren Welt und der Schriftstellerei war offensichtlich, und ich versuchte die romantische Vorstellung, die sie sich von diesem Beruf zu machen schien, zu dämpfen.

»Ja«, sagte ich trocken, »ich schreibe.«

»Und was schreiben Sie, wenn ich das fragen darf?«

Es lag mir auf der Zunge zu sagen: Nein, das dürfen Sie nicht. Aber da sie mich so gespannt ansah, ließ ich mich zu der Auskunft hinreißen: »Was mir gerade so einfällt.«

»Interessant«, rief Libby mit aufgerissenen, erstaunten

Augen, »mir fällt so viel ein, aber glauben Sie, ich wäre fähig, meine Gedanken in Worte zu fassen und ein Buch daraus zu machen?«

»Nein«, sagte Henderson, »das glaubt kein Mensch.«

Libby begann über die schroffe Bemerkung herzlich zu lachen, woraufhin Nancy, Rose und ich uns entschlossen, dasselbe zu tun. Nur Henderson blieb ernst, schaute irritiert in die Runde und schien bei unserem Anblick sein Schicksal zu beklagen, das ihn jeglicher geistiger Anregung beraubte.

Ein schwarzes Mädchen in weißem Schürzchen brachte die Vorspeise, die sehr bunt und hübsch aussah, aber nicht erkennen ließ, woraus sie bestand.

»Ich habe Ihnen ein Menü zusammengestellt, wie man es in den Südstaaten ißt«, erklärte Nancy, »hoffentlich schmeckt es Ihnen.«

Es schmeckte nicht schlecht, nur undefinierbar: salzig, süß, säuerlich, rosa, gelb, grün, Fisch, Obst, Salat – jeder Bissen eine neue Überraschung.

»Köstlich«, sagte Rose.

Sie saß mir gegenüber, sehr aufrecht, den Kopf geneigt, ein Lächeln um die Lippen. Und während die linke Hand nach besten amerikanischen Tischmanieren im Schoß ruhte, hob und senkte sich die rechte langsam und regelmäßig wie die einer aufgezogenen Puppe. Ich überlegte gerade, ob sie das permanente Lächeln ihrer Erziehung oder einem zu rigorosen Lifting verdankte, als sie sich meines nachdenklichen Blickes bewußt wurde, zierlich mit der Serviette den Mund abtupfte und mir die originelle Frage stellte: »Und wie gefällt Ihnen Amerika?«

»Fabelhaft«, antwortete ich etwas zu laut und zu hart.

Libby, die an meiner linken Seite saß, kicherte und sagte: »Ich glaube, es gefällt Ihnen nicht.«

»Amerika ist etwas zu groß und komplex, als daß man darüber ein Pauschalurteil abgeben könnte«, sagte ich,

»vieles gefällt mir, vieles nicht. New York, zum Beispiel, liebe ich, San Francisco finde ich hübsch, Los Angeles halte ich für einen Alptraum. Die Landschaft, durch die ich gefahren bin, ist größtenteils herrlich, die Provinzstädte sind größtenteils eine Katastrophe.«

Arthur nickte zustimmend, Libby sah mich an wie ein Orakel, das ein Geheimnis enthüllt, ich biß auf etwas sehr Hartes, das ein Stein sein konnte, aber auch ein abgebrochener Zahn. Libby ließ mir keine Zeit, es herauszufinden. Sie wollte wissen, warum ich die Provinzstädte für eine Katastrophe hielte.

»Weil sie kein Herz haben«, sagte ich, und als ich merkte, daß sie nicht verstand, »kein Zentrum, keinen Kern ...«

Kern, aha! Ich schob das Harte entschlossen auf die Zungenspitze und entfernte es. Es war ein Kirschkern.

»Alles hat doch einen Kern«, fuhr ich über den Fund erleichtert fort, »einen Mittelpunkt, an dem sich das sogenannte Leben abspielt, wo sich die Leute treffen, um ins Café zu gehen, ins Kino oder einkaufen. Und hier zieht sich eine Stadt über Kilometer und Kilometer am Highway entlang, und wenn man denkt, jetzt muß doch endlich mal die Stadt kommen, hat man sie schon hinter sich.«

Nancy lächelte und nickte: »Amerikas Herz sind die Highways«, sagte sie, »und eins der vielen Übel amerikanischen Lebens sind die Entfernungen. Die Amerikaner verbringen die eine Hälfte ihres Lebens in einem Blechkasten auf den Straßen und die andere an ihrem Arbeitsplatz oder schlafend im Bett.«

»Nicht die Amerikaner«, rief Libby atemlos, »sondern der Amerikaner! Die Amerikanerin verbringt es, mit kurzen Unterbrechungen, in denen sie die Kinder irgendwo hinbringt oder zum Supermarkt fährt, isoliert in einem Vororthaus, und wenn die Kinder selbständig sind, auf der Couch des Psychiaters.«

»Wenn sie das Geld dazu hat«, warf Henderson ein, »mit anderen Worten, wenn sie zur oberen Mittelschicht gehört.«

»Und wenn sie nicht dazugehört, kommt sie auf direktem Weg in die Klapsmühle«, rief Libby.

»Ist deine Unsachlichkeit und Übertreibung eigentlich auf den Weißwein zurückzuführen?« fragte Henderson gelassen.

Sie überhörte ihn und wandte sich an mich: »Was meinen Sie dazu?«

»Ich meine«, sagte ich und versuchte mit Rücksicht auf ihre heftige innere Erregung ernst zu bleiben, »daß das sehr bedauerliche Zustände sind.«

»Das sind kriminelle Zustände«, korrigierte sie mich, »und der Tag, an dem wir Amerikanerinnen uns geschlossen gegen den Mann verbünden, ist nicht mehr weit.«

Henderson zwinkerte mir zu und rief triumphierend: »Also was habe ich Ihnen vorhin gesagt! Amerika ist ein Land der Hysterie und Massenpsychosen. Einer fängt an verrückt zu spielen und im Handumdrehen sind es Millionen. Na, das hat Amerika gerade noch gefehlt.«

»Arthur!« warnte seine Frau.

Glücklicherweise kam in diesem Moment das Mädchen mit einer silbernen Platte, auf der eine gemüseumkränzte mächtige Keule thronte und Beachtung forderte.

»Köstlich«, sagte Rose, die sich durch die vorangegangene Diskussion stumm hindurchgelächelt hatte, »ich nehme an, es ist ein Schinken.«

Es war ein Schinken mit einer braunen Glasur, die mich beim ersten Bissen ein wenig erschreckte, denn sie schmeckte nicht nach der erwarteten röschen Kruste, sondern nach Karamel. Auch die Soße und die Kartoffeln waren süß.

Libby, die ihren Standpunkt ein für allemal klargemacht

hatte, aß mit bestem Appetit. Wahrscheinlich war sie eine von den Frauen, die, wenn sie Kummer oder Ärger haben, Unmengen in sich hineinschlingen.

Um mich von meiner menschenfreundlichsten Seite zu zeigen, wandte ich mich an Rose: »Leben Sie schon lange in Baypoint?« erkundigte ich mich. Die Frage, so simpel sie auch war, kostete sie umständliche Vorbereitungen: Erst legte sie das Messer und die Gabel säuberlich auf den Rand des Tellers, dann tupfte sie sich mit der Serviette den Mund ab, dann zog sie die schmalen Brauen in die Höhe und brachte eine wehmütige Note in ihr Lächeln: »Ich lebe hier, seit mein lieber Mann nicht mehr ist«, sagte sie in dem gedehnten, singenden Tonfall der Südstaatler, »zwei Jahre … oder sind es vielleicht schon vier? Ach, die Zeit fliegt.«

Ich war gespannt zu erfahren, wie die Zeit in Baypoint flöge, und darauf gab sie mir willig Auskunft: »Es gibt ja eine Menge Clubs in Panama City: den Bridgeclub, den Gärtnerclub, den Bienenzüchterclub, den parapsychologischen Club, den French-cuisine-Club …«

»Den Liebe-deinen-Nächsten-Club«, half Libby nach.

»O ja … und den Sing-and-dance-along-Club, den Golfclub und den Panama-City-Frauenclub.«

»Du lieber Himmel«, sagte ich ehrlich konsterniert, »warum gibt es denn so viele Clubs in Panama City?«

»Die gibt es überall in Amerika«, erklärte Nancy, »und daß es sie gibt, ist für viele Frauen ein Segen. Gäbe es sie nicht, sie würden das Sprechen verlernen und sich zu Tode langweilen.«

Sie sah mein ungläubiges Gesicht, lachte und beteuerte: »Ja, wirklich.«

»Entschuldigen Sie, aber man braucht doch nicht unbedingt einen ganzen Club, um sich mit etwas zu beschäftigen.«

»Es ist nicht allein die Beschäftigung, es ist vor allen Dingen der menschliche Kontakt. Ein Mensch, der in Europa lebt, wo ein Haus am anderen klebt, und der nur ein paar Schritte zu gehen braucht, um mit dem Nachbarn oder dem Bäcker an der Ecke ein bißchen zu reden, der kann das nicht verstehen. Hier leben die meisten Menschen meilenweit voneinander entfernt in ihren Einfamilienhäusern, und Libby hat schon recht, hauptsächlich trifft es die Frauen. Die Männer haben wenigstens tagsüber an ihren Arbeitsplätzen Kontaktmöglichkeiten, die Kinder in der Schule. Aber die Frauen können höchstens das Fernsehen einschalten, um eine Stimme zu hören, oder ins Telefon quatschen. Wenn man lange genug so lebt, wird man eben kontaktarm, verliert die Fähigkeit, Beziehungen herzustellen, und da ist ein Club eine Brükke. Man spielt zusammen Karten oder pflanzt Blumen oder kocht, kommt darüber ins Gespräch, hat ein gemeinsames Thema und daraus kann sich dann eine Beziehung entwickeln.«

»Und das liegt alles nur an den Entfernungen?« fragte ich.

»Aber was«, sagte Henderson barsch, »in der Hauptsache liegt es an den Menschen, an ihrer Oberflächlichkeit, Trägheit, emotionellen und geistigen Armut. Wer nicht denken kann, kann nicht sprechen, wer nicht sprechen kann, kann keine Beziehungen herstellen. Da hilft auch keine französische Zwiebelsuppe und kein Poltergeist. Da hilft nur eins: lernen, hören, sehen, lesen, aufnehmen, DENKEN!«

Er schlug mit der flachen Hand auf den Tisch, daß das Porzellan klirrte, Rose das Lächeln wegrutschte und Libby mit dem Ausruf: »Seht euch den wilden Mann an!« in gellendes Gelächter ausbrach.

»Arthur, dear«, sagte Nancy sanft, »ich fürchte, du hast

den Wein unterschätzt, ganz zu schweigen von den Martinis.«

»So ist es«, nickte Henderson, »kaum sagt man die Wahrheit, wird man verdächtigt, betrunken zu sein.«

Mit der Nachspeise – warmer Apfelkuchen mit Vanilleeis und eindeutig zu süß – wurde ich nach meinen weiteren Plänen gefragt. Ich sagte, daß ich am nächsten Tag nach Chicago fliegen würde. Libby ließ ein enttäuschtes »Schon« hören, und auch die Hendersons meinten, ich solle doch noch einen Tag bleiben. Ich sah gar nicht ein, warum ich das sollte. Das Hotel war ein trübsinniges Etablissement, das Meer in dieser Jahreszeit zu kalt zum Baden, der Vergnügungspark geschlossen. Die einzige Unterhaltung, die Panama City jetzt noch zu bieten hatte, waren Tornados, doch selbst die machten einen Bogen um die Stadt. Ich erklärte also mit höflicher Übertreibung, daß ich das Wichtigste in dieser Gegend, nämlich die Hendersons, gesehen hätte und weitermüsse.

»Haben Sie denn schon Atlanta gesehen?« fragte Libby.

»Nein«, sagte ich, und beim Klang dieses Namens wurde ich unschlüssig.

»Es ist wirklich eine hübsche Stadt«, sagte Nancy, »sogar ein Zentrum hat sie und wunderschöne Villen und Gärten in den Vororten.«

Es war nicht das Zentrum Atlantas, das mich lockte, auch nicht die Villen und Gärten. Es war die Erinnerung. Atlanta, das war für mich ›Vom Winde verweht‹, ein Buch, das ich mit sechzehn Jahren nicht einmal, sondern dreimal, nicht gelesen, sondern gelebt hatte.

»Aber ich habe bereits den Flug gebucht«, zögerte ich noch.

»Nichts leichter, als den Flug abzusagen«, rief Libby, der offenbar sehr viel daran lag, daß ich Atlanta sähe,

»wenn Sie wollen, tue ich es für Sie und fahre Sie hin.«

»Wie viele Stunden sind es denn bis Atlanta?«

»Nur vier bis fünf, eine Kleinigkeit.«

»Sie werden doch nicht meinetwegen ...«

»Aber nein«, unterbrach sie mich, »ich wollte sowieso nach Atlanta. Ich wohne ja dort.«

»Ich dachte, Sie wohnen in Baypoint.«

»Auch ...« Plötzlich herrschte Schweigen am Tisch und Libbys Eifer, mit dem sie mich zu einer gemeinsamen Fahrt nach Atlanta gedrängt hatte, schlug in Niedergeschlagenheit um. Sie senkte Kopf und Stimme und sagte: »Ich lebe in Scheidung.«

Es klang, als hätte sie mir ein entsetzliches Geheimnis anvertraut, und das verschlug mir die frivole Bemerkung, die ich für solche Fälle parat hatte. Ich blickte vorsichtig zu Nancy hinüber, und die nickte mir schwer und bedeutsam zu. Kein Zweifel, ich war auf die Stelle gestoßen, die Libby zu einem komplizierten Fall machte.

»Also fahren wir nach Atlanta«, sagte ich.

Libby erschien pünktlich um zehn Uhr im Hotel, sagte: »Hi, Honey! Alles klar?«, ergriff den größeren meiner beiden Koffer und ging mit weitausholenden Schritten zur Tür. Ich folgte mit dem kleineren.

Ihr Auto war kolossal, dottergelb mit schwarzen Polstern. Libby trug einen schwarzen Hosenanzug mit gelber Bluse. Sie sahen aus wie ein Zwillingspaar.

Sie öffnete den Kofferraum, und bevor ich noch zugreifen konnte, hatte sie mit leichtem Schwung mein Gepäck hineinbefördert. Sie tat heute alles energisch und kompetent, lachte nicht unmotiviert, hatte auch nicht den Blick atemloser Erwartung. Die Hysterie, die am vergangenen Abend ständig in ihr getickt und mir das unangenehme

Gefühl vermittelt hatte, neben einer Zeitbombe zu sitzen, war mit dem kühlen, blauen Tag, dem gelben Wagen und der Aussicht auf eine lange Fahrt verschwunden. Vermutlich brauchte sie eine wie auch immer geartete Aufgabe, um zu einer natürlichen und aktiven Frau zu werden.

»Hop in«, sagte sie.

Sie gab dem Wagen einen Klaps auf die Kühlerhaube, nahm hinter dem Steuer Platz, setzte eine gelb umrandete Sonnenbrille auf und warf das Haar zurück. Jetzt, im Profil, mit der großen Brille, dem langen Haar und dem sehr hellen, feingewebten Teint der Rothaarigen, sah sie gut, ja geradezu verwegen aus. Als sie den Motor anließ und die automatische Kupplung auf »Drive« schob, schien sie ein Gefühl der Macht zu durchfluten. Sie sagte: »Ready for take-off« und lächelte mir beruhigend zu.

Keine Angst, sagte das Lächeln, bei mir bist du in guten, fachkundigen Händen.

Der Verkehr war mäßig, die Fahrzeuge bewegten sich in gesittetem, equilibriertem Tempo, die Straßen, gleichbleibend breit und gerade, schienen in die Unendlichkeit zu führen. Libby, eine ausgezeichnete Fahrerin, beherrschte den Wagen mit den Fingerspitzen ihrer linken Hand, während sie mit der rechten am Radioknopf drehte. Als sie die richtige Musik gefunden hatte, wiegte sie sich leicht im Takt der Melodie: »Ich mag die Musik sweet and slow«, sagte sie, »ach, ich würde gerne einmal wieder richtig tanzen, so Wange an Wange, so ganz verliebt ... Sie wissen schon, was ich meine.«

»Ich weiß, was Sie meinen.«

Sie schwieg eine Weile, griff dann ins Handschuhfach, holte ein Päckchen Kaugummi heraus, schob sich ein Scheibchen in den Mund und kaute nachdenklich.

Wir hatten Panama City noch nicht hinter uns. Immer

wenn ich dachte »jetzt sind wir, Gott sei Dank, draußen«, tauchten neue Häuser auf und ich versuchte zu erraten, welchem Zweck sie dienten. Waren es Wohn- oder Lagerhäuser, Tankstellen oder Restaurants, Motels oder Supermärkte? Ich wartete ungeduldig auf die schöne Landschaft, die mich mit dem amerikanischen Städtebau halbwegs wieder aussöhnte.

»Wenn ich ein Buch über mein Leben schriebe«, sagte Libby, die mit ihren Gedanken offenbar zu einer Schlußfolgerung gekommen war, »glauben Sie mir, es würde ein Bestseller.«

Ich hatte diesen Satz schon so oft von diversen Leuten gehört, daß ich mechanisch antwortete: »Schreiben Sie, schreiben Sie.«

»Aber ich kann doch nicht schreiben«, rief sie, »und selbst wenn ich es könnte ... so eine Geschichte darf man nicht erzählen. Ich habe sie noch keinem Menschen erzählt, außer natürlich meinem Psychoanalytiker. Aber bei dem hatte ich immer das Gefühl, er schläft da hinter mir auf seinem Stuhl oder denkt an ganz andere Sachen und hört mir gar nicht richtig zu.«

»Dann liest er vielleicht auch keine Bestseller«, sagte ich, fand mich unangenehm und fügte hinzu: »Haben Sie denn keine Freunde, mit denen Sie sprechen können?«

»Ich habe eine gute Freundin, aber selbst der kann ich nicht alles erzählen. Sie hat doch ein ganz bestimmtes Image von mir, und wenn ich ihr alles erzählen würde, wäre ich doch nicht mehr die heile, starke Frau, für die sie mich jahrelang gehalten und gemocht hat. Und ich fürchte, das würde unsere Freundschaft nicht aushalten.«

»Ist man hier mit Menschen oder mit Images befreundet?«

Sie kaute jetzt sehr schnell und schien zu überlegen. Schließlich sagte sie: »Das Image spielt in Amerika eine sehr große Rolle. Es ist wie eine zweite Haut, und wenn man die fallen läßt, sind die Menschen so schockiert, als liefe man nackt herum. Darum denke ich mir, ich könnte überhaupt nur als Fremde zu einer Fremden sprechen, zu einem Menschen, der keine Vorstellung von mir hat und der aus einer ganz anderen Welt kommt und ganz andere Maßstäbe hat als wir hier, verstehen Sie?«

Ich verstand. Darum also ihr dringendes Bedürfnis, mich nach Atlanta zu fahren! Ich war die Fremde, die sie sich auserkoren hatte, ihre Geschichte zu hören, ich war die Schriftstellerin, der nichts Menschliches fremd war, ich war die Frau, die aus dem dekadenten, andere Maßstäbe ansetzenden Europa kam. Gut, wenn es schon sein mußte, würde ich es mir wenigstens bequem machen. Ich zündete mir eine Zigarette an, zog die Schuhe aus und die Beine hoch. Es gab so viel Platz auf diesem schwarzen, zu weich gepolsterten Sitz, daß ich mich auch hätte hinlegen können. Aber dann wäre Libby, so wie bei ihrem Analytiker, der Verdacht gekommen, ich schliefe oder sei mit meinen Gedanken ganz woanders. Also wandte ich mich ihr voll zu, rauchte und wartete.

Im Radio sang eine rauhe Frauenstimme ›Loverman where can you be ...‹ und Libby fuhr stumm, im gleichmäßigen Fünfzig-Meilen-Tempo und blickte vor sich auf die Straße. Doch plötzlich, mit einem Gedanken, der ihren Puls zu beschleunigen schien, erhöhte sie auch die Geschwindigkeit, straffte Kinn- und Halsmuskeln und rief im Ton der Ekstase: »Wir sind auf dem Highway! Schauen Sie, die schöne Landschaft ... die grüne Wiese, der Wald dort hinten! Ich werde mich von allem befreien! Ich werde neu anfangen! Ich bin noch nicht zu alt dazu! Ich habe genug gelitten, alle Frauen meiner Generation haben gelitten. Wir haben unser Leben damit vergeudet, EINEM Mann gefallen zu wollen, uns nach ihm zu richten, es ihm schönzumachen und in seinem Schatten zu verkümmern. Schluß damit! Es ist höchste Zeit, daß wir zu uns selber finden, daß wir entdecken, wer wir sind und was in uns vorgeht, daß wir uns begreifen als Frau und als Mensch. Es ist die Stunde der Wahrheit!«

Und während ich sie noch gebannt anstarrte, erscholl im Auto ein unerklärlicher Lärm, ein Knattern, Rauschen und Pfeifen, und ich rief erschrocken: »Du lieber Gott, was ist denn das? Das Auto muß kaputtgegangen sein!«

»Aber nein«, rief sie zurück, »ich habe eben das CB angestellt.«

»Das was?«

»Das CB!«

Sie deutete auf einen kleinen schwarzen Apparat, der unterhalb des Armaturenbretts angebracht, tatsächlich die Quelle dieses schrecklichen Radaus war.

»Das ist ja ein fürchterliches Ding«, sagte ich, »braucht man das unbedingt? Oder können Sie's auch wieder ausmachen?«

Sie lächelte nachsichtig und fragte: »Wissen Sie denn nicht, wozu man ein CB braucht?«

»Keine Ahnung.«

Sie nahm ein rundes Mundstück, das durch eine elektrische Schnur mit dem Apparat verbunden war, hielt es sich dicht an die Lippen, stellte den Lärm ab und sprach hinein: »Here Yellowbird, southbound on route 507, can you hear me?«

Aus dem Mundstück quoll jetzt ein Getöse, das nach einer Saalschlacht klang, dann aus weitester Ferne eine verzerrte Männerstimme, die irgend etwas Unverständliches brüllte. Vielleicht schrie der Mann um Hilfe.

Libby lauschte angestrengt, schüttelte den Kopf, stellte den Ton wieder ab und rief: »Hallo, can you hear me? It's Yellowbird on route 507 ... try to get through, will you?«

Aber keiner kam durch. Es erscholl nur derselbe Krach, der selbst Libby zuviel zu werden schien. Sie sagte: »Verdammt!«, legte das Mundstück auf den Apparat zurück und stellte den Ton ab.

»Wir sind wohl noch nicht weit genug von Panama City entfernt«, meinte sie.

»Ich weiß immer noch nicht, wozu das BC gut ist«, sagte ich.

»CB«, verbesserte sie, »Citizen Band! Eine ganz tolle Sache! Privatpersonen dürfen es eigentlich gar nicht haben, nur Lastwagenfahrer. Aber mit ein paar Tricks kann man es sich beschaffen. Man kann damit Kontakt zu anderen Fahrern aufnehmen, mit ihnen quatschen, wenn einem langweilig ist, und sich gegenseitig vor den Streifenwagen der Polizei warnen. Bei dem Leben, das ich jetzt führe, kein richtiges Zuhause mehr und dauernd unterwegs, braucht man so was.«

»Zur Kontaktaufnahme«, nickte ich.

Die Anspielung entging ihr. Sie begann, jetzt da das Kontaktgerät schwieg, wieder am Knopf des Radios zu drehen, fand keinen Sender mit sweet, slow music und begnügte sich darum mit Beat.

»Niemals«, sagte sie, »hätte ich gedacht, daß ich eines Tages eine alleinstehende, unabhängige Frau sein würde.«

Sie sah mich an und in ihrem Gesicht kämpfte stolze Entschlossenheit mit ängstlichem Zweifel. Ich lächelte ermutigend: »Nur keine Angst, Sie werden sich daran gewöhnen und feststellen, daß allein leben seine Vorteile hat.«

»O ja, davon bin ich überzeugt.« Die stolze Entschlossenheit hatte gesiegt. »Ich bin jetzt dreiundfünfzig Jahre und habe ein gutes halbes Jahrhundert immer nur unter dem Kommando meiner Mutter, dann unter dem meines Mannes, Harold, gelebt. Ich habe nie einen selbständigen

Schritt gemacht, nie einen eigenen Entschluß gefaßt, nie mit der Faust auf den Tisch geschlagen. Ich habe getan, was man von mir erwartet und verlangt hat. Warum, frage ich Sie, warum habe ich das getan?«

»Vielleicht weil es leichter war.«

»Leichter? Na, hören Sie mal! Nein, ich werde Ihnen sagen warum: weil ich gar keine andere Wahl hatte, weil man mir nie eine Chance gegeben hat, ein Selbstbewußtsein zu entwickeln. Meine Mutter war eine schrecklich autoritäre Frau. Vater ist früh gestorben und sie saß da mit vier Töchtern und einer kleinen Farm in Texas. Wir mußten gehorchen, sonst gab's Hiebe oder einen Tag lang nichts zu essen. Wenn ihr meine Worte nicht versteht, hat sie gesagt, dann versteht ihr bestimmt meine Hand und euren Magen. Als wir in die Pubertät kamen, wurde es noch schlimmer. Da wurden wir eingesperrt, wenn wir am Samstagabend nach dem Kino mal fünf Minuten zu spät nach Hause kamen. Mutter hatte vor überhaupt nichts Angst, aber davor, daß eine von uns schwanger werden könnte, hat sie gezittert. Ich glaube, sie hätte uns lieber tot als schwanger gesehen, und dabei war sie ein guter Mensch und hat uns auf ihre Art auch liebgehabt. Aber so war es eben damals. Ein Mädchen mit einem unehelichen Kind war eine Hure und brachte Unglück und Schande über die ganze Familie. Nie waren die Männer schuld, immer die Frauen! So, ich denke, jetzt sind wir weit genug ... ich werde mal das CB anstellen.«

»Nein«, sagte ich schnell, »entweder Sie sprechen oder Sie machen das Ding an. Beides zusammen geht nicht.«

Mein Ton schien sie an den ihrer autoritären Mutter zu erinnern, denn sie zog die schon ausgestreckte Hand wieder zurück und erzählte weiter: »Mit sechzehn habe ich dann einen Schweinezüchter kennengelernt. Er hatte mindestens so viele Schweine wie ich Haare auf dem Kopf und war ganz verrückt nach mir. Am Samstagabend bin ich immer mit ihm ausgegangen.«

»Hat Ihre Mutter denn nicht gefürchtet, daß Sie von dem Schweinezüchter schwanger werden könnten?«

»Nein, sie hat es nicht gefürchtet, sie hat es vielleicht sogar gehofft.«

»Verstehe ich nicht.«

»Der Mann war doch reich.«

»Ach so! Wenn ein Mann reich war, durfte er ein Mädchen schwängern.«

»Weil er sie anschließend heiraten mußte, ob er wollte oder nicht. Bei einem reichen Mann gab es immer Wege und Mittel, ihn dazu zu zwingen. Außerdem bestand nicht die geringste Gefahr, von dem schwanger zu werden! Er hat mich abgestoßen, so primitiv wie er war. Er konnte noch nicht mal richtig küssen. Er hat geküßt wie er seinen Ferkeln eins hinten drauf geklatscht hat. Wahrscheinlich war eine Frau so eine Art Ferkel für ihn. Und dann hat er immer nach Schwein gerochen. Ich bin nur mit ihm ausgegangen, um am Samstagabend aus dem Haus zu kommen.«

»Das ist ja eine trostlose Geschichte«, sagte ich.

»Ja, stellen Sie sich vor, hätte ich damals nicht Harold kennengelernt, dann hätte ich den Schweinezüchter vielleicht doch noch geheiratet. Einer Frau aus meinen Verhältnissen blieb doch gar nichts anderes übrig, als zu heiraten. Wir waren ja von Geburt an auf nichts anderes programmiert. Lernen und Beruf, das war den Männern vorbehalten. Das Beste, was uns Frauen passieren konnte, war, einen reichen Mann wie den Schweinezüchter zu heiraten oder einen mit Bildung wie Harold. Harold war Medizinstudent, und das war für ein Mädchen wie mich das Höchste. Außerdem sah er aus wie der Schauspieler Anthony Perkins, ganz fein und sensibel, mit langen Beinen und schmalen Händen. In ganz Texas gab es keinen zweiten Harold, und alle waren verrückt mit ihm, selbst meine Mutter. Ich dachte, so einer wirft keinen Blick auf ein ungehobeltes, dummes Mädchen vom Lande, wie ich es damals war. Bis heute habe ich nicht begriffen, was ihn an mir angezogen hat.«

»Sie waren bestimmt ein schönes Mädchen.«

Sie warf den Kopf zurück und lachte das erste laute, gezwungene Lachen an diesem Morgen: »Das war zweifellos nicht der Grund. Na ja, vielleicht war es das Mütterliche in mir. Gott, ist mir heiß!«

Sie wurde unversehens von einem hektischen Betätigungstrieb ergriffen, schüttelte erst den einen, dann den anderen Arm aus der Jacke, öffnete das Fenster, spuckte mit einem »excuse me« den Kaugummi auf die Straße, steckte sich gleich darauf einen neuen in den Mund, kaute schnell und starr wie ein Kaninchen, griff schließlich nach dem Kontaktgerät, riß das Mundstück an die Lippen und rief, als ginge es um ihr Leben: »Here Yellowbird, here Yellowbird, southbound on route 507 ... can somebody tell me whether it's clear and green over my shoulder?«

Zu meiner Überraschung erklang jetzt wirklich eine männliche Stimme, die tief, hohl und schleppend geradewegs aus der Unterwelt zu kommen schien: »Hi Yellowbird, hi baby, so you are southbound again.«

»Superman«, kreischte Libby, »what are you doing at this hour on the roads?«

»I'm looking for you, baby ...« Ein fettes Lachen, das Libby glucksend und gurrend erwiderte: »So give me the news, Super.«

»Go ahead, Yellowbird, it's clear and green all the way through. No smokyheads around.«

»Thanks, Super, hear you later!«

Sie warf den Kopf zu mir herum und fragte mit immer

noch erregter Stimme: »Sehen Sie jetzt, wie praktisch das CB ist?«

»Ja, ja ich sehe. Aber worum es da eigentlich geht, habe ich immer noch nicht verstanden.«

»Weil wir in einer verschlüsselten Sprache sprechen«, erklärte Libby stolz. »Jeder von uns hat einen Highway-Namen. Ich heiße Yellowbird, der Lastwagenfahrer, mit dem ich eben gesprochen habe, heißt Superman, ein anderer Eagle-eye, eine Bekannte von mir Baby-doll, na ja, und so weiter. Die Polizisten werden Smokyheads oder County-bounties genannt, und wenn man sagt, daß es ›clear and green‹ hinter der Schulter ist, bedeutet das, daß keine Polizei in der Nähe ist.«

»Und wenn man mit einem Lastwagenfahrer ein Date haben will, was sagt man dann?«

»Sie sind mir eine ganz Schlaue«, lachte Libby.

»Dazu gehört ein Minimum an Schlauheit.«

»Honey«, sagte Libby und drückte in Pose und Stimme kühle Lässigkeit aus, »hätte ich schon mal was mit einem Lastwagenfahrer gehabt, ich würde mich nicht genieren, es Ihnen zu sagen. Warum sollen wir Frauen nicht dieselben Abenteuer haben wie die Männer, jetzt wo wir die Pille nehmen und endlich wissen, daß Sex Spaß machen kann und wir nicht nur Gebrauchsobjekte für unsere Ehemänner sind. Ich lese immer ›Cosmopolitan‹ – eine gute Frauenzeitschrift mit psychologischen Artikeln und Interviews und allem möglichen ... Also da habe ich gelesen, daß eine Frau auf keine Sexerfahrung verzichten soll.«

»Ich würde mich da lieber mehr nach mir selber als nach dem ›Cosmopolitan‹ richten«, sagte ich.

»Honey« – jetzt war ihr Ton belehrend – »glauben Sie wirklich, wir hätten gewagt, aus uns selber heraus zu handeln? Was haben wir denn überhaupt gewußt? Jahrtausende haben wir uns von den Männern unser Recht auf befriedigenden Sex nehmen lassen, hatten ja nicht mal eine Ahnung, wie wir da unten aussehen, wo unsere erogenen Stellen sind, und was ein Orgasmus und eine Klitoris ist. Wir haben uns auf Sexbomben zurechtgemacht und uns ungeschickt befummeln lassen, und dann im Bett haben wir uns gefragt: ist das alles? und getan, als ob uns vor Lust sehen und hören vergeht. Und wenn wir nicht so getan haben, hat man uns gesagt, wir seien frigide.«

Im gleichen Maße wie ihre Empörung war auch unsere Fahrgeschwindigkeit gestiegen, und ich sagte: »Libby, Sie sind bereits auf hundert Meilen, passen Sie bloß auf die Smokyheads auf!«

»No smokyheads around«, sagte sie und dann: »Ist es Ihnen nicht auch so gegangen, Honey?«

»Ach wissen Sie«, sagte ich unlustig, »ich lese nicht ›Cosmopolitan‹ und habe mich mit diesem speziellen Thema nicht so intensiv befaßt. Aber wenn die Frauen jetzt Sex über eine emotionale Beziehung stellen und glauben, herumficken macht frei und der Orgasmus ist DIE Bereicherung ihres Lebens, dann haben sie sich in den Finger geschnitten.«

»Vielleicht ist es in Europa anders«, sagte Libby, die sich von dem fortschrittlichen Thema nicht so leicht abbringen ließ, »aber in Amerika hat man, laut Umfrage, festgestellt, daß in den fünfziger Jahren ...«, sie hob einen mahnenden Zeigefinger, »neunundachtzig Prozent der Frauen, NEUNUNDACHTZIG!, zu keinem Orgasmus gekommen sind.«

»Damals gab es eben noch kein CB«, sagte ich.

Libby schob die Sonnenbrille auf die Stirn und sah mich vorwurfsvoll an: »Fühlen Sie sich denn gar nicht solidarisch mit den Frauen?« fragte sie.

»Wenn's ums Wesentliche geht, ja, wenn's ums Bett geht, nein. Das sollte jedermanns private Angelegenheit sein.« Ich stellte entschlossen das Radio, das von dröhnendem

Beat auf quäkende Hillbilly-Songs übergegangen war, ab: »Gegen Geschichten, wie Sie sie hier verzapfen, bin ich allergisch.«

»Aber wieso denn?«

»Weil mir die erogenen Zonen, der Orgasmus und die Klitoris der Frauen zum Hals raushängen, weil mich das Thema ankotzt.«

Sie sah mich mit dem starren Blick des Entsetzens an. Alles hätte sie von mir, einer europäischen, dekadenten, mit allen Wassern gewaschenen Schriftstellerin erwartet, alles, nur nicht das.

»Sie mögen Frauen nicht«, stellte sie schließlich erschüttert fest.

»So wie Sie sie darstellen, mag ich sie gewiß nicht.«

»Hätten Sie es lieber gehabt, wenn die Frauen weiter Marktware geblieben wären und ihr Sexleben von den Männern hätten manipulieren lassen?«

»Ha!« rief ich nun wirklich aufgebracht. »Und was sind sie heute? Keine Marktware mehr? Und die zentnerweise nackten Brüste und Hintern, die die Illustriertenblätter und Fernsehschirme füllen, was ist das? Und die Pornohefte und -filme? Und glauben Sie, diese Sintflut an pseudopsychologischen oder obszönen Artikeln, Sexberichten, Talk-Shows, Büchern und was sonst noch alles, die den Frauen einhämmern, wie sie sich in Zukunft mit Leib und Seele zu verhalten haben, sind ein Segen für sie?«

»Man mußte sie doch endlich mal aufklären«, protestierte Libby, »und der schnellste und beste Weg war der durch die Massenmedien.«

»Aufklären nennen Sie das! Ich nenne es einen schwungvollen, lukrativen Handel mit der Intimsphäre. Ich nenne es einen Skandal und fasse mich an den Kopf, wenn ich sehe, wie die Frauen massenweise darauf reinfallen und ohne Rücksicht auf Verluste ›modern‹ sein wollen, ganz gleich ob es ihrer Natur, ihrem Temperament und ihrem Charakter entspricht. Was für ein Wahnsinn! Als ob die Frauen früher nicht geliebt hätten! Als ob es keine Leidenschaft gegeben hätte! Mehr als jetzt, darauf können Sie Gift nehmen, denn der Reiz liegt im Geheimnis und die Liebe und Lust in Herz, Bauch, Kopf, aber bestimmt nicht in der Klitoris.«

»Regen Sie sich nicht auf, Honey«, beschwichtigte Libby, »wir haben unseren Weg noch nicht gefunden, wir sind doch erst im Aufbruch. Als die schwarzen Sklaven befreit wurden, wußten sie auch nicht gleich, was sie tun sollten. Manche schlugen über die Stränge, manche haben sich sogar nach der Abhängigkeit zurückgesehnt. Genauso geht es uns.«

Ich fragte mich, wo sie das nun wieder gelesen hatte, und fand den Vergleich zu absurd, um darauf einzugehen. Was mich viel mehr interessierte, war Harold, ihr sensibler Mann, der wie Anthony Perkins aussah und offenbar irgendeinen Haken hatte.

»Haben Sie Kinder?« tastete ich mich an das Thema heran.

Sie war mit ihren Gedanken wohl noch bei den schwarzen Sklaven, mit denen sie sich identifizierte, oder beim Kontaktgerät, das einen dumpfen Dialog zwischen zwei Unterweltlern aussandte.

»Kinder?« wiederholte sie zerstreut. »Ja ... zwei, einen Sohn und eine Tochter.«

»Und wo sind die?«

»Meine Tochter habe ich abgenabelt«, sagte sie und war jetzt wieder ganz bei der Sache. »Sie war sehr an mich gebunden, und ich mußte ihr einen kleinen Schubs geben, damit sie sich von mir löste. Sie lebt zur Zeit in Los Angeles, lernt Heilgymnastik und hat einen Boyfriend nach dem anderen. Wir sind die besten Freundinnen. Sie erzählt mir alles, die intimsten Dinge. Mein Gott, wenn ich da an meine Mutter denke! Vor der durften wir Mädchen nicht mal nackt herumlaufen. Ein Glück, daß jetzt Schluß ist mit der autoritären Erziehung und die Kinder ein so wundervoll lockeres Verhältnis zu ihren Eltern haben.«

»Manchmal will mir scheinen, sie haben eine wundervoll lockere Verachtung für ihre Eltern«, sagte ich, aber meine Bemerkung ging in einem durchdringenden Pfeifen unter.

»Und Ihr Sohn?« schrie ich.

»Mein Sohn ...«, sie brachte das Kontaktgerät zum Schweigen, »mein Sohn lebt noch bei seinem Vater, und ich habe ständig Angst um ihn.«

»Warum das?«

»Weil er bei dem Leben, das sein Vater führt, auch auf die schiefe Ebene geraten kann.«

»So wie Sie Harold beschrieben haben, kann ich mir die schiefe ...«

»Mein Mann ist homosexuell«, sagte sie sehr schnell und ohne mich anzusehen. Dann preßte sie die Lippen hart aufeinander.

»Aha«, sagte ich überrascht, »hm. Interessant. Und trotzdem haben Sie ihn geheiratet.«

»Als ob ich es damals gewußt hätte!« schrie sie auf. »Ich, ein junges, unerfahrenes Ding aus einem gottverlassenen Nest in Texas! Wie sollte ich denn gewußt haben, daß Harold homosexuell ist? Ich hab ja noch nicht mal gewußt, was das ist. Ich dachte, er sei der perfekte Gentleman, der mich nicht wie ein Schweinezüchter hinten und vorne betatscht und versucht, mich rumzukriegen. Er hielt meine Hand, und wenn er mich küßte, war das, als wenn ein Bruder seine kleine Schwester küßt. Manchmal war ich etwas enttäuscht, so verliebt wie ich in ihn war, aber dann habe ich mir gesagt: So benimmt sich eben ein Gentleman, der ein Mädchen liebt und achtet.«

»Gut, ich verstehe. Aber warum hat Harold Sie geheiratet?«

»Was weiß ich! Vielleicht brauchte er mich als Alibi, um sich und den anderen zu beweisen, daß er ganz normal ist. Und auf seine Art, irgendwie, hat er mich ja auch liebgehabt. Auf jeden Fall beschlossen wir, sobald er mit dem Studium fertig war, zu heiraten. Er studierte in Dallas, und wir sahen uns während dieser Zeit nur jede zweite Woche am Samstagabend. Dann, zwei Tage vor der Hochzeit, wurde er krank wie ein Hund, den man vergiftet hat. Er kam achtundvierzig Stunden nicht mehr vom Klo runter und ist von da direkt in die Kirche gerannt. Als Arzt muß er ja gewußt haben, was mit ihm los ist, aber er hat wohl einfach nicht den Mut gehabt, die Sache in letzter Minute abzublasen.«

Sie schwieg, und ihr Profil, eben noch verwegen, sah jetzt verhärmt aus. Ich schaute an ihr vorbei durchs Fenster in eine weite, stille, herbstliche Landschaft, die einen zu Träumen von einem friedlichen, naturverbundenen Leben verführen konnte.

»Ich habe Harold sehr geliebt«, sagte Libby plötzlich mit schwerer, feierlicher Stimme, »selbst wenn ich gewußt hätte, daß er gay ist, hätte ich ihn wahrscheinlich geheiratet. Am Anfang glaubt man ja immer, man könne einen Menschen ändern, wenn man genug Verständnis und Liebe für ihn hat, und es dauert Jahre und Jahre, bis man begreift, daß alles vergeblich ist, und die Hoffnung aufgibt. Bei mir hat es dreißig Jahre gedauert, und heute weiß ich, daß ich mein Leben vergeudet habe.«

»Das stimmt nicht, wenn Sie ihn wirklich geliebt haben.«

Sie zwang sich ein Lachen ab: »Honey, Sie wissen offensichtlich nicht, was es bedeutet, einen Mann zu lieben und zu begehren und selber nicht begehrt zu werden und nicht zu verstehen, was eigentlich los ist, und schließlich zu glauben, daß man abstoßend ist, schlecht riecht oder irgendeinen nie wiedergutzumachenden Fehler begangen hat. Hätte ich wenigstens jemand fragen können, aber das habe ich mich natürlich nicht getraut. Einmal hab ich versucht, mit Harold zu sprechen, da hat er die Fassung verloren und einen Heulkrampf bekommen. Manchmal funktionierte er ja auch, und dann hatte ich wieder etwas Hoffnung. Aber die hielt nie lange vor, denn am nächsten Tag hatte er immer schreckliche Depressionen und Durchfall. Es war die Hölle und hätte so schön sein können. Er war ein wunderbarer Arzt und nach einem Jahr hatte er schon seine eigene Praxis und zahllose Patienten. Wir wohnten in einem schönen Haus, in einem Luxusvorort von Atlanta. Alle liebten Harold und beneideten mich und dachten, ich hätte das große Los gezogen. Mir blieb gar nichts anderes übrig, als gute Miene zum bösen Spiel zu machen, denn damals, in den fünfziger Jahren, in einer Provinzstadt wie Atlanta, hätte er einpacken können, wenn jemandem der Verdacht gekommen wäre, er sei gay. Erst als wir schon drei Jahre verheiratet waren, hab ich den Mut gefunden, ihm die Pistole auf die Brust zu setzen und eine Erklärung zu fordern. Damals, ich erinnere mich noch genau, fiel zum ersten Mal das Wort ›homosexuell‹. Ich hab's nicht verstanden und er hat es mir dann erklärt. Er hätte mir auch erklären können, er sei Frankenstein oder der Mann im Mond, so unfaßbar war die Sache für mich. Ich hab so geschrien und geheult, daß er mir eine Beruhigungsspritze geben mußte, und am nächsten Tag hat er gesagt, es sei alles gar nicht so schlimm, er würde sich behandeln lassen. Damals hat man ja noch geglaubt, die Homosexualität sei eine Krankheit, heute sieht man das alles ganz anders. Ich habe da vor einiger Zeit eine Fernsehsendung über Schwule gesehen, und da hat ein Psychologe erklärt, daß jeder normale Mann schwul werden kann, aber kein Schwuler normal.«

»Ach so! Dann war Harold also kein Schwuler, sondern ein ganz normaler Mann, der aus Versehen schwul geworden ist.«

»Nicht aus Versehen. Es ist eine Frage der Programmierung. Jeder Mann ist von Natur aus schwul, aber so wie er sich programmiert, so wird er.«

Ich sagte: »Und diesen Quatsch glauben Sie wirklich?«

»Ja, natürlich! Wir sind von einem Arzt zum anderen gefahren, Hunderte von Meilen, denn in Atlanta haben wir uns zu keinem getraut. Viele haben gesagt, es bestehe eine gute Chance auf Heilung, denn Harold sei nur bisexuell. Als ich schwanger wurde, dachte ich, jetzt haben wir's doch noch geschafft, jetzt wird er Vater und normal. Genau das Gegenteil war der Fall. Er hat sich vor meinem Bauch richtig geekelt und ist aus unserem gemeinsamen Schlafzimmer ausgezogen – aus Rücksicht auf meinen Zustand, hat er gesagt.«

Sie wandte mir ihr Gesicht zu, das in dem schonungslosen Licht einen ramponierten Eindruck machte. Ihr Mund, von dem der Lippenstift abgegangen war, erinnerte mich in Farbe und Konsistenz an eine Auster, die zu vollen Wangen hatten einen schlaffen Zug nach unten, die Stirn und der gerade, starke Rücken ihrer Nase glänzten. Ich suchte ihre Augen hinter den großen, dunklen Gläsern ihrer Brille, sah aber nur die vorbeifliegende Landschaft, suchte nach einem teilnehmenden Wort, fand aber nur einen Seufzer.

»Als Susan, meine Tochter, dann da war«, fuhr sie fort, »hatte er seine erste Affäre mit einem Mann. Ich hab es erst gar nicht gemerkt, wie kann man merken, was man für unmöglich hält! Aber eines Tages habe ich die beiden auf der Straße gesehen, Harold und diesen jungen, hübschen

Lümmel, und da konnte ich mir endlich nichts mehr vormachen. Am selben Abend noch habe ich Harold zur Rede gestellt. Er hat sofort alles zugegeben und erklärt, wenn ich wolle, könne ich mich jederzeit von ihm scheiden lassen.«

»Und warum haben Sie es nicht getan?«

»Weil ich Idiot ihn immer noch geliebt habe und weil mit einer Scheidung ja auch alles aufgeflogen wäre. Wäre die Geschichte zwei Jahrzehnte später passiert, und ich hätte das Selbstbewußtsein gehabt, das ich heute habe, glauben Sie mir, ich wäre gegangen und hätte ihn sitzenlassen. Aber so wie ich damals war, bin ich geblieben und habe versucht, mich über Wasser zu halten: Beruhigungstabletten, Aufputschtabletten, Schlaftabletten, Alkohol, Psychoanalyse, weiß der Teufel was!«

»Und Harold?«

»Der brauchte keine Tabletten, der hatte ja seine Pin-up-Burschen. In die Analyse ist er allerdings auch gegangen, und so haben wir jahrelang getrennt auf der Couch anstatt zusammen im Bett gelegen.«

»Und was ist dabei herausgekommen?«

»Unser Sohn. Den hat er gerade noch geschafft, aber danach war's vollkommen aus ... gehen wir was trinken? Ich kenne ein hübsches Roadside Inn hier ganz in der Nähe.«

»Gut«, sagte ich, und wir fuhren langsam und schweigend weiter. Ich hielt die Geschichte, nun da sich Harold hundertprozentig auf gay programmiert hatte und Libby im Zuge der Selbstverwirklichung war, für beendet. Im Grunde ein Happy-End, da ja jeder gefunden hatte, was er zu seinem Glück brauchte. Um so mehr überraschte es mich, als Libby, die in eine Einfahrt abgeschwenkt war und auf einen riesigen Parkplatz zusteuerte, plötzlich ausrief: »Und was, Ihrer Meinung nach, soll ich jetzt tun?«

Im ersten Moment wußte ich gar nicht, worauf sich ihre Ratlosigkeit bezog: Ein Tornado war nicht angesagt worden, ein County-bounty war nicht auf unserer Spur, und auch das Roadside Inn sah absolut harmlos aus. Ich fragte also: »Worum geht es, Libby?«

»Um mich«, stöhnte sie und raste im Sechzig-Meilen-Tempo über den Parkplatz: »Um meine Zukunft, mein Leben!«

Sie stampfte auf die Bremse und ich hing, in der Taille zusammengeknickt, über ihrem umsichtig ausgestreckten Arm.

»Entschuldige, Honey«, sagte sie, »aber manchmal habe ich noch Momente der Panik.«

»Ich auch ... jetzt eben, zum Beispiel.«

Sie schob mich sanft auf den Sitz zurück: »Sie sind mir nicht böse, nicht wahr? Sie verstehen mich doch! Sie sind doch auch eine Frau, und wir Frauen sitzen alle im selben Boot. Wir sind nicht dazu bestimmt, allein zu leben. Das ist doch gegen die Natur! Wir wollen doch für jemanden da sein und von jemandem gebraucht werden. Das Leben ist so leer, wenn man allein ist, so öde ...«

Im Roadside Inn war es so dunkel, daß ich einen Moment stehenbleiben mußte, um mich zu orientieren. Man hatte wirklich das Bestmögliche getan, um alles, was schön war – Landschaft, Himmel, Sonne –, auszusperren und das herrliche, blau-gold gesprenkelte Licht eines Herbsttages durch schummrige Beleuchtungseffekte zu ersetzen. Es gehörte zu den Absonderlichkeiten Amerikas, Menschen, die etwas essen und trinken wollen, ins Dunkle zu setzen. Ob man damit eine gewisse intime Atmosphäre oder kontaktfördernde Gemütlichkeit erzielen, Appetit und Durst der Gäste anregen oder ihnen und den Speisen ein bekömmlicheres Aussehen verleihen wollte, weiß ich nicht. Aber zweifellos hatte man statistisch festgestellt, daß es eine Art Götterdämmerung war, was die Menschen zur Nahrungsaufnahme bevorzugten.

»Setzen wir uns da ans Fenster«, sagte Libby, in der ein, wenn auch nicht mehr bewußtes, so doch instinktives Luft- und Lichtbedürfnis aufzukommen schien.

Wir setzten uns an ein grüngetöntes, von einem pilzförmig überhängenden Dach halb verdecktes Fenster und schauten uns über eine pilzförmige, grünbeschirmte Tischlampe an. In diesem seltsamen Licht hatte Libby die Farbe einer Leiche und auch deren straffe, ausgebügelte Züge. Ich konnte mir plötzlich vorstellen, wie sie als junge Frau ausgesehen haben mußte, und bedauerte, daß sie ihre physischen Reize nicht besser ausgenutzt hatte. Aus diesen Gedanken heraus erkundigte ich mich, ob sie in den dreißig Jahren ihrer sexlosen Ehe Liebhaber gehabt hätte.

Sie zögerte eine Sekunde, glich diesen Augenblick dann aber durch besonderen Nachdruck aus: »Nein«, sagte sie, »selbstverständlich nicht. Als Frau eines angesehenen Arztes und liebevollen Ehemanns und Vaters, von dem kein Mensch wußte, und immer noch nicht weiß, daß er junge Burschen vernascht, konnte ich mir das nicht leisten. Außerdem war mir die Lust auf so was vergangen.«

Eine Kellnerin, ein sehr hübsches, junges Mädchen, trat an unseren Tisch, zeigte zwei Grübchen und zwei Reihen makelloser Zähne und sagte: »Hi folks, what shall it be?«

Da ich Hunger hatte und es bereits halb eins war, beschloß ich etwas zu essen, und da ich in Amerika war, entschied ich mich für einen Cheeseburger.

»Black coffee for me«, sagte Libby, »I'm getting fat.«

Die Kellnerin, die erstklassig abgerundet war, erzählte, daß auch sie die Kalorien zählen müsse und abends, zum Beispiel, nur einen gemischten Salat mit Thunfisch und hartem Ei äße. Ich sah, wie Libby bei der Beschreibung des Salates das Wasser im Mund zusammenlief, und sagte: »Genau das richtige für Sie, Libby, Grünzeug kann nie schaden. Außerdem sind Sie gar nicht dick.«

»Nein?« Sie stand auf und klatschte sich auf Bauch, Hüfte und Hinterteil: »Und was ist das? Pures Fett!«

»Dann vielleicht ein Salat ohne Thunfisch«, schlug die hübsche Kellnerin, die Zweifel bekommen hatte, vor.

»O. K., Honey, du übernimmst die Verantwortung.«

»Tu ich«, sagte das Mädchen fröhlich, und Libby sah ihr nach, als sei es die eigene Jugend, die sich da entfernte.

»Wenn Sie wüßten, was ich für eine Figur hatte«, seufzte sie, »alles am richtigen Fleck und in der richtigen Größe. Die Männer haben sich auf der Straße nach mir umgedreht, und hätte ich so gemacht ...«, sie schnalzte mit den Fingern, »sie wären mir gefolgt wie die Hunde. Aber es ist noch nicht zu spät! Wenn ich erst die Kilos runter habe und meinen Kummer los bin und ein freies Leben führe, wird alles anders.«

Ihre Zuversicht war von kurzer Dauer. Sie blickte an sich hinab und dann verstört zu mir auf: »Glauben Sie, daß ich in meinem Leben noch mal eine richtige Romanze haben werde?«

»Eine? Viele!«

»Ach, das sagen Sie doch nur, um mich zu trösten. Die Männer, die für mich in Frage kämen, sind seit dreißig Jahren verheiratet, und wenn sie geschieden sind, dann suchen sie sich was Junges.«

»Dann suchen Sie sich doch auch was Junges.«

Sie kicherte, beugte sich mit dem Oberkörper über den Tisch und sagte leise: »Stellen Sie sich vor, ein Freund von meinem Sohn hat mir den Hof gemacht.«

»Na, bitte«, sagte ich und versuchte vorsichtig eine Gabel unter ihrem Busen hervorzuziehen.

»Zuerst hab ich gedacht, das kann ja gar nicht sein, eine Frau in meinem Alter, ich rede mir das nur ein oder so. Aber dann hat er immer offener mit mir geflirtet und eines Tages ist er gekommen, als mein Sohn nicht zu Hause war und ...« Sie starrte fassungslos über meinen Kopf hinweg ins Leere.

»Sind Sie mit ihm ins Bett gegangen?«

»Wären Sie?«

»Wenn er mir gefallen und ich Lust gehabt hätte, warum nicht?«

»Ich bin nicht mit ihm ins Bett gegangen«, sagte sie mit einem gepeinigten Gesichtsausdruck, von dem ich nicht wußte, ob er ihrem Verzicht oder meiner Frivolität galt, »aber er hat mich geküßt.« Sie schlug die Hände vors Gesicht und murmelte: »Es war der aufregendste Kuß meines Lebens ... Jesus, hat dieser Junge mich geküßt! Dreiundfünfzig Jahre mußte ich werden, um bei einem zweiundzwanzigjährigen Jungen zu erfahren, was küssen heißt. Unglaublich, nicht wahr?«

Die Kellnerin brachte unser Essen. Sie begann schon von weitem zu lächeln und blieb dabei, während sie die Teller und zwei Glas Wasser vor uns absetzte, die Ketchupflasche in meine, Salz- und Pfefferstreuer in Libbys Richtung schob und einen unsichtbaren Krümel vom Tisch fegte.

»Laßt's euch schmecken«, sagte sie, als alles getan war, »und pfeift auf eure Linie. Ob dick oder dünn, wir sind schön, so wie wir sind.«

»Richtig«, schmetterte Libby, und die beiden tauschten einen verständnisinnigen Blick.

Ich versuchte von dem kolossalen Cheeseburger abzubeißen, aber wie immer ich ihn auch drehte und wendete, er ging nicht in meinen Mund hinein.

»Jeden Morgen«, berichtete Libby, »stelle ich mich vor

den Spiegel und sage mir: ›Frauen sind wunderbar, ich bin wunderbar, ich bin schön, ich bin phantastisch!‹«

»Und wozu ist das gut?«

»Man muß positiv denken. Man muß seinen Glauben an sich selber täglich wiederaufbauen. Es gab nämlich eine Periode in meinem Leben, da war ich alkohol- und tablettensüchtig.«

Sie schob ein Salatblatt in den Mund und trank einen Schluck Kaffee.

»Schrecklich«, sagte ich und meinte die Kombination aus Salat und Kaffee.

»Ja«, nickte sie, »es war schrecklich, aber ich wollte meine Ehe retten.«

»Mit Alkohol- und Tablettensucht?«

»Es ging nicht anders. In nüchternem Zustand hätte ich nicht tun können, was ich getan habe, verstehen Sie das?«

»Dazu müßten Sie mir schon sagen, was Sie getan haben.«

»Das kann ich nicht so in einem Satz. Kein Mensch würde das verstehen, selbst Sie nicht. Ich muß erklären, wie es dazu kam.«

»Na dann erklären Sie mal«, sagte ich und aß Fäden ziehend weiter.

»Harold hat angefangen, die Kerle mit ins Haus zu bringen. Er hat sie mir vorgestellt, als seien es gute Kumpel von ihm, mit denen er Karten spielt oder kegelt. Ich kann nicht mal sagen, daß sie unsympathisch waren. Manche waren sogar sehr nett und viel höflicher als normale junge Männer. Aber immer wenn ich im Garten war oder in irgendeinem abgelegenen Zimmer, wo ich zu tun hatte, dachte ich: ›Jetzt treiben sie's wahrscheinlich miteinander‹, und dabei wußte ich noch nicht mal richtig, was sie trieben.«

Jetzt trank sie das Glas Wasser aus, seufzte und fragte: »Wissen Sie, was Schwule miteinander machen?«

»Libby, ich bitte Sie! Sie können sich doch in Ihren diversen Zeitschriften darüber informieren, und wenn die noch nicht auf diesem modernen Stand sind, dann gibt es auch homosexuelle Blätter und Pornos. Da erfahren Sie alles von A bis Z.«

Sie schien diese Aufklärungsmethode auch schon erwogen zu haben, denn sie sagte: »In Atlanta gibt es die nicht.«

»Das ist Pech, aber mit mir können Sie leider nicht rechnen.«

»Na schön«, gab sie auf, »sollen sie doch machen, was sie wollen ... wo war ich stehengeblieben?«

»Bei den jungen höflichen Männern, die Harold mit nach Hause brachte.«

»Ja, Tom, Dick und Harry und wie sie alle hießen, und ich ließ es zu. Es war eine so verkehrte Welt, daß ich nicht mal richtig eifersüchtig sein konnte. Wird man mit einer Frau betrogen, kann man sich das doch alles vorstellen, aber auf diese Burschen war ich einfach nicht programmiert. Meine Phantasie produzierte keine Bilder ... ich weiß nicht, wie ich es erklären soll.«

Sie legte beide Hände flach auf den Tisch, zog die Schultern hoch und senkte den Kopf. Es sah aus, als erwarte sie den Pfiff zum Spurt. Aber anstatt sich abzustoßen, sackte sie plötzlich in sich zusammen und sagte mit dünner Stimme: »Ich habe meine Identität als Frau verloren. Ich hab mir die Haare ganz kurz schneiden lassen und nur noch Hosen getragen. Ich war ja damals so schlank und fest wie diese Jungen.«

Jetzt wurde die Geschichte spannend. Vielleicht hatte sich Libby in einen Transvestiten umprogrammiert.

»Ja und dann?« fragte ich.

»Einmal, als ich so in Shorts und T-Shirt auf der Terrasse saß, kam Harold zu mir heraus, sah mich an und sagte: ›So geht das nicht mehr weiter, Libby! Eine schöne, junge Frau wie du hat ein Recht auf Sex. Du könntest an jedem Finger zehn Männer haben.‹ Ich sagte: ›Aber ich liebe dich, Harold, und darum kommt kein anderer Mann für mich in Frage.‹«

»Das war ein Fehler«, sagte ich kopfschüttelnd.

»So war ich eben. Ich wollte mit keinem anderen Mann schlafen und ich hätte auch mit keinem anderen Mann geschlafen, wenn Harold es nicht arrangiert hätte. Und ich dachte, vielleicht ist das eine Lösung, vielleicht bringt es uns wieder zusammen. Ich war bereit, alles zu tun, um meine Ehe zu retten, alles!«

»Sie wollen sagen, Sie haben dann schließlich doch mit einem Mann geschlafen?«

»Nicht mit einem, mit mehreren.«

»Ach«, sagte ich verwirrt und blickte in ihr Gesicht, das so naiv und seelenvoll war wie das einer schlechtgemalten Madonna.

»Es war Gruppensex«, erklärte sie, »die Parties fanden bei einem Junggesellen, einem Bekannten meines Mannes statt, so zweimal im Monat, am Samstagabend. Er war bisexuell, glaube ich, und hatte sehr viel Geld und sehr viel Geschmack. Sein Haus war phantastisch, innen alles schwarz und weiß, die Möbel, die Teppiche, die Wände, sogar die zwei Diener.«

»Eine Hälfte schwarz, die andere weiß oder wie?«

»Es waren Schwarze in weißen, kurzen Tuniken, wie die Griechen sie trugen. Die Leute, die zu den Parties kamen, waren aus der besten Gesellschaft, jedenfalls die Ehepaare. Wer die anderen waren, weiß ich nicht, die jungen Männer sahen nach Playboys aus und die Mädchen nach Callgirls, aber von der teuersten Sorte.«

Trotz der teuersten Sorte kniff sie plötzlich die Augen zusammen und schüttelte sich: »Es war pervers«, sagte sie, »einfach pervers! Ich habe mich vor mir selber geekelt ... vorher und nachher.«

»Und während?«

»Da war ich zu betrunken, und wenn ich betrunken war ... Na ja, wissen Sie, irgendwie war es auch aufregend, so begehrt zu werden und Harold zu zeigen, daß die Männer verrückt nach mir sind. Ich dachte, es würde ihn auch verrückt nach mir machen ... ich war ja so dumm damals, lieber Gott, war ich dumm! Ich habe mich erniedrigt und behandeln lassen wie eine Hure, und er hat dagesessen wie in einer Theaterloge, ganz angezogen und ganz Herr und hat zugeschaut. Ich habe ihn so kaltgelassen wie ein toter Fisch. Das einzige, was ihn gereizt hat, waren diese jungen Playboys, und mit einem oder mehreren ist er dann immer irgendwann verschwunden. Stellen Sie sich vor, ich hab überhaupt nicht kapiert, was da passierte, und es hat Wochen gedauert, bis mir ein Licht aufgegangen ist. Aber da habe ich Schluß gemacht. Schluß! Mit den Sexparties, mit der Hoffnung und mit Harold!«

Sie riß die Augen auf wie immer, wenn sie ein starkes Gefühl zum Ausdruck bringen wollte, ganz gleich ob es sich dabei um Liebe, Haß, Bestürzung oder Entzücken handelte.

Plötzlich ging sie mir entsetzlich auf die Nerven. Nie wußte man, wo ihre Naivität in Verlogenheit und ihre Verworrenheit in Verschlagenheit überging, wann sie eine Phrase aus Fernsehen oder Zeitschrift zum besten gab oder einen Gedanken, ein Gefühl produzierte, das auf ihrem eigenen Mist gewachsen und ernst zu nehmen war. Sie war durch die Vervielfältigungsmaschine der amerikanischen »upper middle class« gegangen und als plattgewalztes, entpersonifiziertes Exemplar wieder ausgespuckt worden. Allein die Tatsache, daß sie in die Ehe mit einem Homosexuellen geraten war, spann ein paar buntere Fäden in das genau vorgezeichnete Muster ihres Lebens, doch selbst die konnten das Gesamtbild nicht dem Klischee entreißen.

»Wissen Sie, Libby«, sagte ich ohne rechte Lust und Überzeugung, »Sie sollten vielleicht mal das Klima, die Gesellschaft, das Land wechseln und sich aus nächster Nähe ansehen, wie man in anderen Ländern lebt, leidet, unterdrückt und ausgebeutet wird, egal ob man Frau, Mann oder Kind ist, weiß, schwarz oder gelb. Wie man ohne den ganzen Klimbim, den man im Westen für unbedingt notwendig hält, existieren kann und sich an Dingen freut, die hier in den Mülleimer geschmissen werden. Fahren Sie doch mal los, irgendwohin, die Auswahl an sogenannten unterentwickelten Ländern ist ja groß, und die Konfrontation mit echter Not und spontaner Freude könnte Ihnen vielleicht mehr helfen als das CB.«

»Ich verstehe, was Sie meinen«, sagte Libby mit einem feierlichen Kopfnicken, »aber ich kann Not nicht ertragen. Harold wollte mal so gerne in die arabischen Länder, das hab ich ihm aber wieder ausgeredet. Selbst in den besten Hotels, hat man uns gesagt, sei der Service unmöglich – kein warmes Wasser zum Baden, kein sauberes zum Trinken, Ungeziefer und womöglich auch noch die Cholera! Nein, das ist nichts für mich. Aber wenn ich erst geschieden bin, fahre ich mit meiner Freundin nach Europa, in meine Ursprungsländer. Meine Vorfahren väterlicherseits kamen nämlich aus Irland, mütterlicherseits aus Holland, und da habe ich mir gedacht, man kann sein Identitätsproblem nur lösen, wenn man mit eigenen Augen sieht, wo man herkommt, wo man seine Wurzeln hat. Viele Amerikaner sind jetzt auf der Suche nach ihren Wurzeln, und das halte ich für sehr wichtig. Nur wenn man seine Wurzeln findet, kann man sich selber finden, nicht wahr?«

»Wurzel, Purzel«, murmelte ich und unterdrückte ein Gähnen.

»Ja, und anschließend kann ich dann noch ein bißchen herumreisen – Paris muß man ja mal gesehen haben und

Rom und London auch. Ich hab neulich ein Buch gekauft: ›Reisen für Singles‹ – das sollte sich jede geschiedene Frau anschaffen. Die Tips, die man da bekommt, sind gar nicht schlecht ...« Sie zwinkerte mir zu: »Stimmt es, daß die europäischen Männer romantisch, leidenschaftlich und sexuell erfahren sind?«

»Natürlich stimmt das«, sagte ich ernst, »Sie werden Ihr blaues Wunder erleben!«

Bis Atlanta waren es noch zwei Stunden und ich bot Libby an, die letzte Strecke zu fahren. Sie wollte davon nichts wissen. Mit dem Steuer in der Hand und dem Fuß auf Gas- oder Bremspedal fühlte sie sich am sichersten. Das gelbschwarze Ungeheuer, das ihr auf den leisesten Druck der Finger- und Fußspitzen gehorchte, war ein Ersatz für all das, was sie in ihrem Leben nicht hatte lenken, stoppen und beherrschen können. Das CB lief auf vollen Touren und von Zeit zu Zeit nahm Libby Kontakt zu einem der Lastwagenfahrer auf, um sich in burschikosen Scherzen, koketten Fragen und verschlüsselten Meldungen auszutoben. Ich schaute aus dem Fenster, auf üppige Laubwälder, spiegelklare Seen und weite, seidige Wiesen, auf zweistöckige, weiß überzuckerte Villen und viele bescheidene Holzkirchen, die jeder Ortschaft fern, unmittelbar am Straßenrand standen, daneben kurzgeschorene, baumlose Rasenflächen, die in gleichmäßigen Abständen mit künstlichen Blumenbüscheln gesprenkelt waren.

Ich fragte Libby nach dem tieferen Sinn dieser naturfeindlichen Dekorationen. Sie erklärte mir, daß es sich hier nicht um Dekorationen, sondern um Friedhöfe handele und die ausgesprochen praktisch wären. Man brauche nur ein paar Schritte, um vom Auto dorthin zu laufen, und müsse nicht dauernd frische Blumen pflanzen.

»Ja, sehr praktisch«, sagte ich, »und so scheußlich, daß sich nicht mal die Würmer hintrauen.«

Entweder sie hatte meine Worte nicht verstanden oder mit Entsetzen überhört. Auf jeden Fall drehte sie plötzlich mit einem schnellen Griff den Spiegel über der Windschutzscheibe zu sich herum und schaute hinein. Sie hatte sich im Waschraum des Roadside Inn's frisch zurechtgemacht, und ihr matt gepudertes Gesicht mit den kirschroten Lippen und den grünschimmernden Lidern erweckte einen Sturm an Hoffnungen und Plänen in ihr.

»So wie ich bin«, sagte sie, »gesund, gutaussehend und vermögend, finde ich im Handumdrehen einen neuen Partner. Außerdem habe ich eine gute Freundin, die mir so nahesteht wie eine Schwester. Mit der gehe ich manchmal in Single-Bars. Da kann man sich jemanden aufgabeln, wenn man Lust dazu hat, aber es kann auch ganz harmlos sein. Man tanzt, man trinkt was, man ist wie eine große Familie ... ganz relaxed.« Sie redete jetzt wie aufgezogen und auf Hals und Wangen erblühten hektische rote Flekken. »Das wichtigste ist im Moment der Inhalt. Ich muß einen Inhalt finden, mich mit etwas beschäftigen, Kurse besuchen und so. Kunst interessiert mich sehr, Theater und Malerei und Keramik. Ich glaube, ich werde in einen Keramikkurs gehen, ja, das ist es wohl, was mir am meisten liegt. Und dann will ich vielleicht auch noch Französisch lernen, eine so schöne Sprache, und wenn ich nach Paris fahre, kann ich dort mit den Menschen sprechen.«

Ich schwieg und nickte zu jedem neuen Einfall.

»Harold wird sich wundern«, sprach sie schon ganz atemlos weiter, »er hat nie geglaubt, daß ich mich scheiden lassen würde, glaubt es bis heute nicht. Ich fürchte, er wird verzweifelt sein.«

Sie sah mich Bestätigung suchend an und ich nickte wieder.

»Er muß dann ja auch tüchtig blechen. Man hält sich nicht umsonst ungestraft dreißig Jahre eine Wirtschafterin, der man nichts zahlt. Jetzt muß er dafür Unterhalt zahlen, das ist nur gerecht. Mir geht es bestimmt nicht ums Geld, mir geht es um die Gerechtigkeit.«

»Na, Sie haben ja auch ganz hübsch von seinem Geld gelebt, oder?«

»Das ist doch selbstverständlich! Aber hätte ich, anstatt mich um Haus und Kinder zu kümmern, etwas gelernt, könnte ich mich jetzt selber ernähren.«

»Was hätten Sie denn gerne gelernt?«

Sie dachte ein Weilchen nach, dann sagte sie: »Tanzen. Ich bin sehr beweglich und musikalisch und hatte die perfekten Maße eines Revuegirls. Und was habe ich jetzt? Fettringe um die Hüften, keinen Beruf, eine kaputte Ehe, ein kleines Haus in Baypoint – das große in Atlanta habe ich ihm gelassen – und ein Stück Land. Ein ziemlich großes Stück Land ... dreitausend Morgen.«

»Immerhin!«

»Wären Harold und ich zusammengeblieben, hätten wir uns auf dem Land ein Haus gebaut. Es ist sehr gutes Land, und er hatte vor, sich mit sechzig Jahren zurückzuziehen und ein Gentleman-Farmer zu werden. Jetzt wird er wohl in Atlanta bleiben und ein böses Ende nehmen.«

»Hoffen oder fürchten Sie das?«

»Halten Sie mich für ein Monster?« rief sie, nahm beide Hände vom Steuer und schlug sie zusammen. »Ich fürchte es! Er ist in einem sehr schlechten Zustand. Seine Beine sind bis zu den Knien geschwollen und ganz blau. Bestimmt sind das die Folgen seines unnatürlichen Sexuallebens.« Genugtuung war in ihrer Stimme.

»Libby«, fragte ich, »ist es noch weit bis Atlanta?«

»Eine halbe Stunde.«

Den Blick vor sich auf die Straße geheftet, die linke

Hand am Steuer, zog sie mit der rechten ihre Handtasche zu sich heran, öffnete sie und kramte eine Brieftasche hervor.

»Hier«, sagte sie und hielt sie mir hin, »öffnen Sie sie mal, es ist ein Foto von Harold und mir drin.«

Das Foto nahm die ganze Länge und Breite der Brieftasche ein und zeigte ein junges, typisch amerikanisches Musterpaar: groß und schön gewachsen, die Gesichter mit den regelmäßigen Zügen von nichts anderem geprägt als einem strahlenden Lachen, mit dem sie dem Leben die Zähne zeigten, ohne jemals gewagt zu haben, sich ein Stück davon herauszubeißen. Da standen sie, die Arme umeinander, die Wangen aneinandergelegt am Strand, hinter sich ein leicht bewegtes Meer und vor sich die glatte Zukunft.

Ich betrachtete das Bild lange und aufmerksam und spürte eine flüchtige Trauer um diese jungen Menschen, die, wie Millionen anderer, nicht die Kraft und den Mut gehabt hatten, sich gegen die Zwänge einer puritanischen Gesellschaft durchzusetzen, und den glücklichen, positiven »american way of life« bis zum bitteren Ende gegangen waren.

»Sieht er nicht fabelhaft aus?« fragte mich Libby mit einem unsicheren Lachen.

»Ja ... und wann ist das Foto gemacht worden?«

»Anfang der fünziger Jahre. Wir waren frisch verheiratet und sehr glücklich.«

Ich seufzte und sah sie an. Ließ selbst sie sich von dem strahlenden Foto so weit verführen, daß sie ihm mehr glaubte als der Wirklichkeit?

Sie spürte meinen prüfenden Blick, wandte mir langsam und einen unsichtbaren Widerstand überwindend das Gesicht zu und sagte mit weitgeöffneten Babyaugen: »Damals haben wir uns doch trotz allem geliebt und hatten ja auch noch Hoffnung. Erst später dann ...« Ihre Augen füllten sich mit Tränen, und sie warf schnell den Kopf herum.

»Libby«, sagte ich, »haben Sie eigentlich mal daran gedacht, daß Ihr Mann als Homosexueller genauso, wenn nicht mehr, diskriminiert war wie Sie als Frau?«

»Für die Gesellschaft war er ein normaler Mann«, sagte sie bitter, »und als solcher hatte er alle Rechte.«

»Außer dem entscheidenden: so zu leben und zu lieben, wie er es gewollt hätte.«

»Verlangen Sie vielleicht, daß ich auch dafür noch Verständnis aufbringe?«

»Nein, das wäre in Ihrem Fall bestimmt zuviel verlangt.«

Ich steckte die Brieftasche in ihre Tasche zurück.

»Sie haben mich doch eben auf dem Foto gesehen«, rief sie außer sich, »jung, schön und gesund! Und dann ein Leben ohne Sex!«

»Aber hören Sie, Harold hat Ihnen doch mehrmals die Freiheit angeboten, zu tun und zu lassen, was Sie wollen.«

»Ja, er hätte mir die Freiheit gegeben, aber ich hätte sie nicht gehabt. Wir Frauen damals hatten keine innere Freiheit.«

»Sprechen Sie doch nicht immer von ›wir Frauen damals‹! Sagen Sie ICH oder die Amerikanerinnen oder die Frauen, die ich kenne, oder was auch immer! Es hat Jahrhunderte vor Ihrem ›Damals‹ mehr als genug Frauen gegeben, die eine größere und echtere innere Freiheit besessen haben als die meisten Frauen heutzutage. Und das, stellen Sie sich vor, ohne Massenmedienaufklärung.«

»Das waren ein paar Ausnahmen, heute sind es Millionen.«

»Und wieder nur ein paar Ausnahmen.«

Sie schüttelte den Kopf, daß die Haare flogen, schaltete

das Radio ein und forderte mich auf: »Such was, Honey, something sweet and slow.«

Ich begann am Knopf zu drehen und fand nach einer Weile ›Stormy weather‹.

»Ist das o. k.?« fragte ich.

»Mein Lied«, sagte sie und summte es mit.

Ich legte den Kopf auf die Rückenlehne zurück und schaute aus dem Fenster in den Himmel, der mir in seiner wolkenlosen Bläue leer und kalt vorkam.

Plötzlich sagte Libby in dumpfem Ton: »Harold hat vor ein paar Wochen zwei junge Männer getötet.«

Im Bann des leeren, kalten Himmels hob ich nicht einmal den Kopf.

»Du lieber Gott«, sagte ich nur, »gleich zwei?«

»Es war nicht seine Schuld. Er wurde nachts aus dem Bett geholt, weil irgend jemand krank geworden war. Er fuhr mit seinem Cadillac ziemlich schnell auf dem Highway und hat den kleinen Volkswagen, der ohne Licht mitten auf der Straße stand, zu spät gesehen. Der eine junge Mann war auf der Stelle tot, der andere starb auf dem Weg ins Krankenhaus. Harold hat keinen Kratzer abbekommen, aber der Cadillac ist ja auch ein großer, schwerer Wagen. Die Polizei hat Harold auf Alkohol und Drogen untersucht. Er hat beides im Blut gehabt, aber das ist leicht zu erklären: Bevor er schlafen geht, trinkt er immer einen großen Kognak, und da er schlecht schläft und außerdem an Arthritis leidet, nimmt er verschiedene Tabletten.«

»Hat Harold die beiden jungen Männer gekannt?«

»Nein. Ich glaube nicht. Wieso? Wie kommen Sie darauf?«

Sie sah mich an, aber ich wich ihrem Blick aus.

»Es war nur so ein Gedanke … man fragt sich doch …«

»Ja, mir ist der Gedanke auch gekommen.«

»Welcher?«

»Daß es vielleicht ein Eifersuchtsdrama unter Schwulen war. Aber das kann es nicht gewesen sein. Ich kenne Harold in- und auswendig und weiß, wozu er fähig ist und wozu nicht. Er kann keiner Fliege was zuleide tun! Es war ein Unfall, und ich begreife nicht, wie diese zwei jungen Männer in einem kleinen Volkswagen ohne Licht mitten auf dem Highway stehen konnten!«

»Ja«, sagte ich, »unbegreiflich.«

»Aber das ist noch nicht alles.«

Ich zündete mir eine Zigarette an und fragte mich, ob diese Fahrt, diese Geschichte nie mehr ein Ende nehmen würde.

»Harold war für eine Million versichert«, fuhr Libby fort, »aber die Versicherung hat erklärt, daß sie für so einen Fall nicht zuständig sei, und sich geweigert zu zahlen. Daraufhin hat Harold die Versicherung verklagt und den Prozeß verloren.« Sie seufzte: »Verstehen Sie das?«

»Nicht ganz« sagte ich, »aber vielleicht fehlt da noch einiges in Ihrem Bericht.«

»Mag sein«, sagte sie und steckte sich einen Kaugummi in den Mund, »in meinem und in seinem. Auf jeden Fall steht er jetzt vor dem Nichts, und selbst wenn ich nicht die Absicht hätte, mich scheiden zu lassen, müßte ich es jetzt aus finanziellen Gründen tun. Das hat mir Harold selber geschrieben. An das, war mir gehört, das Haus in Baypoint, das Stück Land, das Geld, kann dann ja niemand ran. Ich habe den Brief einer Psychologin gezeigt und die hat gesagt, seine Schrift hätte selbstmörderische Tendenzen. Ist das nicht alles furchtbar?«

»Ja«, sagte ich, »der Mann tut mir aufrichtig leid.«

»Und ich nicht?«

Ich überlegte. Tat mir diese Frau mit ihren ›Cosmopolitan‹-Weisheiten, ihren dreihundert Morgen Land, ihrer Selbstverwirklichungs-Akrobatik leid?

Eine sonore Stimme aus der Unterwelt nahm mir die

Entscheidung ab: »Hi Beautiful«, dröhnte sie, »welcome to Atlanta. You've made it!« Libby hatte es geschafft. Sie warf das Haar zurück, befeuchtete die Kirschenlippen und klatschte mir aufs Knie. »Atlanta, Honey!«

»Vom Winde verweht«, sagte ich erschöpft.

»Hast du das Buch gelesen oder den Film gesehen?« fragte sie freudig überrascht.

»Beides!«

»Ich hab mir den Film dreimal angesehen und jedesmal das Herz aus der Brust geweint. Erinnerst du dich an die Geschichte?«

»Und ob.«

»An den Anfang, als Scarlett O'Hara auf der Terrasse von Tara sitzt, im apfelgrünen Kleid, das zu ihren grünen Augen paßt, und alle Männer sind in sie verliebt, und sie ist siebzehn und schön und voller Kraft und Leben und glaubt, alles auf dieser Welt könne sie haben und halten ...«

»Ja, und erinnerst du dich an das Ende, als Scarlett O'Hara auf der Treppe ihres Hauses sitzt, und sie ist dreißig, und Tara ist zerstört, und Rhett Butler hat sie verlassen, und ihr Lieblingskind ist tot, und nichts auf dieser Welt hat sie halten können.«

»Nichts«, wiederholte Libby mit brechender Stimme, »und trotzdem gibt sie nicht auf. Erinnerst du dich, wie sie sich plötzlich wieder aufrichtet und zu sich selber sagt: ›Morgen ist ein neuer Tag, morgen werde ich über alles nachdenken und einen neuen Weg finden. Das Leben ist noch nicht zu Ende.‹«

Sie sah mich an. Die Augen, weit aufgerissen, schwammen in Tränen. Doch hinter den Tränen sprang jäh der Funke der Erwartung an. Nichts konnte ihn löschen.

»Ja«, sagte ich, »das Leben ist noch nicht zu Ende, Libby, es ist nur vom Winde verweht.«

Sky Nonhoff

Hinter der grünen Tür

Die Dämmerung war flaschengrün und tauchte die Felder in ein unwirkliches Licht; es war, als würde man Hardys Traktorschuppen und die verkrüppelten Pinien durch eine Glasscherbe betrachten, als könnten Wünsche wahr werden, an die man nie gedacht hatte. Es war immer noch warm, nur ein leiser Windhauch ließ die Blätter sanft erzittern. Wir hatten den halben Sommer hier oben verbracht, einen dieser Sommer, die sich wie eine unendliche Welle vor uns auftürmten, träge, dunkelblau, unausweichlich, und wir ließen uns in der Gischt der Nachmittage treiben. Davey und ich teilten uns gerade eine Zigarette, als wir unten Zweige knacken, ein Rad zu Boden fallen und dann die Stimme hörten, auf die wir schon geraume Zeit gewartet hatten.

»He, Trench, Dave. Laßt mal die Leiter runter.«

Es war keine Leiter, sondern ein Turnseil, das Duane in der College Station High School organisiert hatte, aber dann war er auch schon oben, braungebrannt, luchsäugig, ganz Muskeln und Sehnen und Grinsen. Mit einer beiläufigen Geste strich er sich durch das blonde Stoppelhaar und sah uns an. »Hi, Boys.«

Duane Carver war nur drei Monate und sechs Tage älter als ich, aber gut einen halben Kopf größer, ein harter Knochen, der sich nichts gefallen ließ und einen ebenso ausgeprägten wie seltsamen Gerechtigkeitssinn besaß. Terry Dolan, der zwei Klassen über uns war, hatte das kurz vor Ferienbeginn herausgefunden, als er Wilbur Barnes nach

Schulschluß eine Abreibung verpassen wollte. Wilbur Barnes war alles andere als Duanes Kumpel, aber wenn Duane eines nicht leiden konnte, dann jemanden, der einen Schwächeren abbürsten wollte. Danach war Duane zu Wilbur gegangen, hatte ihm tief in die wäßrigen Augen hinter der zu großen Hornbrille geblickt und gesagt: »Er macht's nicht noch mal. Aber vielleicht seh ich nächstes Mal einfach zu.«

Mann, cool, so war Duane, klar einer der Besten, einer, bei dem man nie so recht wußte, woran man war, wenn man ihn nicht kannte. Davey und ich kannten ihn am besten von allen. Jetzt legte Davey seinen zerfledderten Spillane beiseite, sah ihn mit hochgezogenen Augenbrauen an und sagte: »Wo, zum Teufel, hast du gesteckt, Alter?«

»Scheiße, Mann, es ging nicht eher. Mußte noch den Rasen für meinen alten Herrn mähen. Aber dafür habe ich was auf dem Dachboden gefunden. Na, was haltet ihr davon?«

Es baumelte an einem Lederriemen um seinen Hals, ein Fernglas aus stumpf gewordenem Metall, dessen abgegriffenes Grau zwischen Duanes schlanken braunen Fingern irgendwie abgestorben wirkte. Ein begehrlicher Schimmer trat in Daveys Augen, als er nach dem Fernglas griff, das Duane ihm mit einem bereitwilligen Grinsen überließ. Er setzte es an seine Brille, was ihm für einen Moment das Aussehen eines erbosten Froschs verlieh, und spähte dann über den Rand der engen Plattform, die zusammen mit den drei zeitungspapierverkleideten Wänden und dem Dach aus Teerpapperesten unser Versteck – ich sollte erst Jahre später erfahren, daß unsere Eltern immer von dem Baumhaus gewußt hatten – bildete, hinaus über die leicht schwankenden Ähren von Potters Weizenfeld und in die langsam heraufziehende Abenddämmerung.

»Wow, zieht's euch rein, ich seh Flowers' Farm – die

muß doch mindestens eine Meile entfernt sein.« Er hielt einen Moment inne, bevor er weitersprach. »Betty Sue Flowers ist gerade mit ihrem Köter unterwegs.«

Betty Sue saß in der Klasse zwei Reihen vor Davey und mir, ein dünnes Ding mit großen, erschreckten Augen und merkwürdig staksigen Bewegungen, was auf eine Knochenoperation an ihrem linken Bein zurückzuführen war. Nicht, daß wir ihr sonst große Beachtung geschenkt hätten. Aber der Gedanke, Betty Sue jetzt aus der Entfernung nahe zu sein, ohne daß sie etwas davon wußte, hatte den eigentümlichen, überwältigenden Reiz des Verbotenen. Ich knuffte Davey in die Seite und schnappte mir das Fernglas.

Ich sah Flowers' Scheune, den Mähdrescher, die Stallungen und die Staubstraße, und dann sah ich sie. Im Profil, während sie nach Steinen trat, der Hund, ein großer schwarzgrauer Mischlingsrüde mit geknickten Ohren, etwa zwanzig Meter vor ihr. Ihr Gesichtsausdruck spiegelte einen Gemütszustand zwischen Versonnenheit und Langeweile wider, und die tiefstehende Sonne überzog die Umgebung mit einer drückenden Schwärze.

In dem Moment knickte ihr linkes Bein weg. Sie verlor das Gleichgewicht und stürzte in den Staub. Sie stützte sich mit einer Hand auf und verharrte für einen Moment in dieser Position, und auf einmal war mir, als würde sie sich gleich umdrehen und direkt in meine Augen sehen, mit einem anderen Gesicht, verzerrten Zügen wie bei einer halbseitigen Lähmung, wie sie mein Großvater nach seinem zweiten Schlaganfall gehabt hatte, einem blutroten Mund mit aufgeworfenen, klaffenden Lippen und einem lidlos starrenden Blick. Vielleicht hatte das etwas mit dem vagen Gefühl zu tun, daß ich auf eine nicht näher bestimmbare Weise schuld an ihrem Sturz war. Aber dann, nach diesem Augenblick, der sich quälend ins Endlose verlängerte, rappelte sie sich auf, viel leichter, als man es ihr zugetraut hätte, klopfte sich den Staub von ihrem Kleid und ging langsam dem Hund entgegen, der den Weidezaun entlang auf sie zugetrottet kam.

»He, sieht nach Gewitter aus.« Duane deutete auf den Horizont, und ich gab ihm das Fernglas zurück. Wir kletterten zu unseren Rädern herunter, und Davey fragte Duane, was er machen würde, wenn seine Eltern tot wären, und Duane gab zurück, erst mal würde er Dads Bill-Monroe-Platten wegwerfen und dann wegziehen, nach Lubbock oder Dallas, Nashville klang auch nicht schlecht. Wir trennten uns an der Boyett Creek Road, und ich trat in die Pedale, um dem bevorstehenden Platzregen zu entkommen.

Weit vor mir färbte sich der Himmel kobaltblau, und es hätte mich kein bißchen überrascht, schemenhafte Reiter zu sehen, Männer mit prallen Satteltaschen und undurchdringlichen Blicken, auf geisterhaften Pferden mit flatternden Mähnen und schnaubenden Nüstern, die im Zeitlupentempo die Hügel hinabstoben, geschmeidig rauhe Hände, die eingefettete Zügel hielten, Staubmäntel, die sich im Gegenwind bauschten, Sporen und Sattelbeschläge, die matt im aufgehenden Mondlicht blinkten, längst vergangen, aber doch für immer da. Und irgendwie sah ich sie auch.

Die Tage glichen sich. Mein Vater nahm seinen Urlaub immer erst im Oktober, und ich hatte das Glück, daß meine Mutter mit meiner kleinen Schwester beschäftigt war; LouAnne konnte wie am Spieß brüllen, wenn sie ihren Schnuller verloren hatte, was etwa alle sieben Minuten vorkam. Ich radelte die Larrabee Street hinunter, nahm die Abkürzung durch den Park und bog auf die Church Road ab. Der alte Canning, damals schon weit über achtzig, lud mit ein paar Lehrlingen Holz von einem verbeulten Pickup. Earl und Lyle – weit und breit als die Front Porch Boys bekannt – saßen mit Gitarre und Banjo gegenüber der Presbyterianerkirche auf ihrer Veranda und beobachteten das Geschehen mit amüsierter Langeweile, ohne dabei auch nur einen Finger zu rühren. Dewey Laine hievte ein paar Obstkisten in seinen Laden, und Danny McKees Mutter stand oben im ersten Stock im Fenster und schüttelte die Bettdecken aus. Danny war im Ferienlager, und ich winkte ihr im Vorüberfahren zu, bevor ich in die Height Road und die Auffahrt der Millers einbog. Davey war hinten im Garten, fütterte seine Stallhasen und sah noch reichlich müde aus der Wäsche, aber ein paar Minuten später starteten wir durch. Über den Kanal und in die Wälder.

Duane war bereits da, hielt irgend etwas im Auge und zischte leise, als könnte uns außer ihm sonst noch jemand hören. Auf seinen Wangen befanden sich zwei braune, waagerechte Striche, Dekorationen aus einem unbekannten Krieg. »Ich seh den alten Stanton. Na ja, sein Pickup. Schätze, der ist zu den Flowers' unterwegs.«

»Na und?« sagte Davey.

Kein Grund für Duane, das Fernglas auch nur für eine Sekunde abzusetzen. »Ich bin auf Posten, Dave«, sagte er mit betont ruhiger Stimme. »Man weiß nie, wer so alles auftaucht. Besser, wenn wir vorbereitet sind.«

Das war so einfach wie einleuchtend. Während die Schatten kürzer und kürzer wurden, wechselten wir uns ab, beobachteten die Gegend, ließen den Feldstecher über die Wipfel schweifen, ertappten Baumhörnchen, die alle paar Augenblicke innehielten und den Kopf reckten, behielten vorüberfahrende Wagen im Auge und teilten uns wortlos eine Zigarette. Die Farm der Gannetts. Das Windrad am Larrabee Creek. Das Sägewerk an der Straße nach Hillsboro. Betty Sues Vater mit zwei gesattelten Braunen.

Die stillgelegten, löwenzahnüberwucherten Gleise hinter dem Friedhof. Der Bus nach Gainesville. Dann nahm Davey das Glas von den Augen und sah uns an.

»Das Haus an der Edgeware«, sagte er nur.

Wir wußten, was er meinte. Das Haus an der Edgeware Road war ein einstöckiges, schindelgedecktes Gebäude mit einer überdachten Veranda, an dem wir nur selten vorbeikamen, weil es am anderen Ortsende von College Station lag, eigentlich schon im Niemandsland zwischen Cokliss' Tankstelle und der Gannett-Farm. Vor den Fenstern befanden sich dunkelrote Vorhänge, und niemand von uns wußte, wer dort, hinter der mattgrün gestrichenen Eingangstür, von der die Farbe abblätterte, wohnte. Früher einmal hatte das Haus Lorraine Williams gehört, eine Zeit, von der das Schild über dem Eingang kündete, aber nie hatte einer von uns die Buchstaben *Lorraine's* erleuchtet gesehen.

Vor ein paar Monaten, als wir nach Gainesville zu Moms Schwester Allie – *Tante* Allie, aber ich konnte nie Tante sagen, weil sie dreizehn Jahre jünger als Mom und nicht verheiratet war – gefahren waren, hatte ich meinen Dad gefragt, ob das Haus leerstehen würde, doch er hatte nach einem Seitenblick auf Mom nur die Stirn gerunzelt und mit den Schultern gezuckt, als wüßte er das selbst nicht genau, aber mir war instinktiv klar gewesen, daß das nicht stimmte, weil ich Moms Tu-doch-bloß-nicht-so-Blick kannte, wenn sie sauer auf Dad war, doch wenn sie mehr wußte, hatte sie jedenfalls kein Sterbenswörtchen darüber verloren, sondern mit Dad darüber gestritten, warum er immer die Kurven so schneiden mußte. Dann war das Haus mit der grünen Tür hinter der nächsten Biegung verschwunden, während Dad am Senderknopf des Radios herumfummelte, bis er nach Äonen endlich eine Station gefunden hatte, und schließlich hatte sich auch Mom wieder beruhigt und ihre Hand wie gewöhnlich auf Dads Schulter gelegt.

»Weißt du, was mein Dad sagt?« Duane holte sein Taschenmesser heraus und nagelte es zwischen uns auf den Boden. »Da gehen Männer hin, wenn sie's brauchen.«

»Wenn sie was brauchen?« Davey sah nicht so aus, als hätte er die Pointe verstanden.

»Hat er nicht gesagt.« Ich konnte Duane ansehen, daß er jetzt gern das As aus dem Ärmel geholt hätte, aber er machte nur eine wegwerfende Handbewegung. Als er seinen Blick auf Davey richtete, sah er entschlossener denn je aus. »Aber wir werden's herausfinden.«

Wir hatten unser Zielobjekt, und Duane legte sich eine imaginäre Bazooka über die Schulter und feuerte. Der Dschungelkrieg war eröffnet. Wir hielten abwechselnd Wache, ließen die grüne Tür nicht aus den Augen, den ganzen Nachmittag nicht, Stunde um Stunde, während Duane Heckenschützen aus den Bäumen holte, Davey Slalom durch das mit Bouncing Bettys gespickte Minenfeld lief und ich ein halbes Platoon Angreifer erledigte, die unsere Stellung stürmen wollten. Es passierte nichts. Das Haus mit der grünen Tür lag still da, als hätte es seit Jahrzehnten niemand betreten. Niemand kam, niemand ging, kein Vorhang bewegte sich, und nur ein halbes Dutzend Autos fuhr vorbei, bis Davey schließlich, wenn auch ziemlich lahm, verlauten ließ, daß er seine Hasen füttern müßte. Worauf Duane kurz die Hand hob und sagte: »Da wirst du was verpassen, Dave. Da ist nämlich gerade ein Buick vorgefahren.«

»He, laß sehen!« Davey wand ihm das Fernglas aus der Hand und hielt es sich vor die Brille. Vor Überraschung und Erstaunen blieb ihm der Mund offenstehen. »Mann, das ist ja der Wagen von Brock Gannett.«

»Und es sieht nicht so aus, als wollte er tanken.« Duane

war wieder obenauf, hatte das Spiel gewonnen. »Was macht er?«

»Setzt seinen Wagen in den Hof, hinter die Mauer.« Davey machte eine Pause. »Jetzt seh ich ihn wieder. Er geht gerade die Treppe hoch. Jetzt klopft er. Passiert aber nichts. Doch, jetzt. Die Tür geht auf. Ich kann aber niemanden sonst erkennen. He, jetzt ist er drin.« Er starrte weiter angestrengt durch die Okulare, ohne Weiteres verlauten zu lassen. Dann reichte er das Fernglas an mich weiter.

Es war, als hätten sich die beiden eine Geschichte für mich ausgedacht, als hätten sie sich abgesprochen, um mir irgendeine geheime Lektion zu erteilen. Klar, daß ich Gannetts Buick nicht sehen konnte, wenn er hinter der Mauer stand. Das Haus mit der grünen Tür lag still da. Für einen Moment schien alles rundherum den Atem anzuhalten. Nichts bewegte sich hinter den Fenstern, nichts ließ darauf schließen, daß in der Zwischenzeit irgend etwas passiert war. Doch als ich in Daveys Gesicht blickte, wußte ich, daß sich etwas verändert hatte. Dort, vielleicht anderthalb Meilen entfernt. Hinter der grünen Tür.

Dieser Sommer hatte ein Geheimnis, und wir waren drauf und dran, es herauszufinden. Brock Gannett war der erste gewesen, und wir wollten wissen, was es mit seinem Besuch im Haus an der Edgeware Road auf sich hatte. Wir erzählten niemandem davon; ich wußte sowieso, daß ich von Dad keine Antwort bekommen würde. Aber wir stellten unsere eigenen Theorien auf. Es war eine Verschwörung, die dort vor sich ging, und wir konnten uns genau vorstellen, wie Brock Gannett – breitbeinig, vierschrötig, einsilbig – unten in der Halle verharrte, die in unserer Vorstellung größer war als das Haus selbst, seinen Hut wie in der Kirche vor sich in den Pranken hielt und zu jemandem hinaufstarrte, der oben auf der Galerie regungslos hinter einem Mahagonigeländer stand. Es war kalt in der Halle, eine Kälte, die beim Einatmen direkt ins Blut ging, und dann begann die Gestalt auf der Galerie zu sprechen, preßte trockene, keuchende Laute aus der Kehle hervor, Anweisungen, die von den kahlen Wänden widerhallten, während Gannett mit zusammengekniffenen Lippen lauschte und sich genau einprägte, was er zu tun hatte.

Aber das konnte nicht sein, denn Duane hatte Gannett zwei Tage später in Ike Dyers Laden gesehen, wo er sich mit Büchsenfleisch, filterlosen Pall Malls und Dosenbier versorgte. Er hatte ausgesehen wie immer und Ike von seiner in Waco lebenden Schwester erzählt, die für zwei Wochen mit ihrer kleinen Tochter zu Besuch kommen würde; nicht das kleinste Anzeichen hatte darauf hingewiesen, daß ihn sein Abstecher hinter die grüne Tür in irgendeiner Weise verändert hatte. Verdammt noch eins, er hätte überhaupt nichts Verschwörerisches an sich gehabt, meinte Duane, unbeholfen hätte er gewirkt, klobig wie ein Mistgabelstiel, und niemand würde jemanden wie Brock Gannett in ein Komplott mit einbeziehen, wo dieser nicht mal in der Lage sei, in etwas anderes als seinen Hemdsärmel zu rotzen.

»Oder vielleicht gerade deswegen«, meinte Davey.

Ich sagte gar nichts, sondern konzentrierte mich auf die grüne Tür. Wir hielten jetzt seit fast einer Woche die Stellung, und inzwischen war klar, daß Brock Gannett ganz und gar nicht allein war, egal, was hinter der grünen Tür vor sich ging. Russ Hill, der Bestattungsunternehmer, an dessen Geschäft Davey nicht mehr vorbeigehen wollte, seit seine Grandma gestorben war, gehörte mit dazu. Jim Guralnick, der seiner Frau mal ein blaues Auge geschlagen hatte, als sie ihn aus »Rick's Diner« holen wollte, aber trotzdem als Sheriff wiedergewählt worden war, war ebenfalls mit von der Partie. Harv Cokliss, der Pächter der Tankstelle, hatte es nicht weit, und Delbert Haines, der drüben in Gainesville als Nachtportier arbeitete, war offensichtlich schon am frühen Abend heillos betrunken gewesen. Das waren schon fünf, und wir wußten nicht, wer nach Einbruch der Dunkelheit kam.

»Vielleicht machen die so was wie 'nen Elternabend«, argwöhnte Davey. »Die sitzen zusammen und beraten, wer nächste Woche Hausarrest kriegt oder so.«

»Elternabend?« Duane konnte es nicht fassen. »Und weißt du auch, worüber die reden? Die reden über dich. Weil du *zurückgeblieben* bist!«

Wie auch immer, langsam kristallisierte sich ein bestimmtes Raster heraus. Es waren ausschließlich Männer, die hinter der grünen Tür verschwanden, und sie kamen alle allein. Keiner von ihnen blieb länger als drei Stunden, und sie kamen alle mit dem Wagen. Sie waren alle mittleren Alters, außer Del Haines allesamt lange verheiratet, und alle kamen sie nach der Arbeit, keiner jedenfalls vor dem frühen Abend, wenn die Schatten fahler wurden und ein leichter Wind über die Felder strich.

Es war ein Freitag, einer dieser drückenden Tage, an denen selbst Potters Schäferhund nicht mehr zum Bellen zu bewegen war, und wir hielten Ausschau, zogen Möglichkeiten in Betracht und verwarfen sie wieder. Klar, daß alles einfacher gewesen wäre, wenn es einer von uns geschafft hätte, einen Blick hinter die roten Vorhänge zu werfen, aber Davey war alles andere als ein Draufgänger, und Duane und ich waren von Harv Cokliss erwischt worden, als wir zwei Tage zuvor auf der Edgeware herumgelungert hatten, unschlüssig, was wir unternehmen sollten. Cokliss hatte uns von seinem Pickup aus gesehen und angehalten. Er war ein kantiger Kerl mit einer Zapfsäulenfigur und tonnenweise Dreck unter den Fingernägeln, und seine Miene war nur unwesentlich freundlicher als die eines beim Fressen gestörten Schwarzbären gewesen, als er uns mit seinem besten Kammerjägerblick festgenagelt hatte. »Verpißt euch«, hatte er mit einer kaum wahrnehmbaren Kopfbewegung in Richtung der grünen Tür gesagt. »Ich will euch hier nicht noch mal sehen, verstanden.«

Das war eine unmißverständliche Warnung, und Davey ging der Arsch auf Grundeis, als wir ihm von unserer Begegnung mit Cokliss erzählten. »Die wissen bestimmt alles«, sagte er. »Auch, daß wir sie beobachten.«

»Na klar, und in einer Viertelstunde kommen sie und holen uns.« Duane hatte eigentlich nicht vor, Davey Angst einzujagen, aber der Blick hinter den dicken Gläsern sprach Bände. »Mann, Dave, mach dir nicht ins Hemd«, fuhr Duane fort. »Wir haben die Sache im Griff. Wir sind nah dran. Außerdem kriegen die dich auch, wenn du den Rest des Sommers in deinem Zimmer verbringst.«

»Na ja ...« Davey schien sich da nicht so sicher.

»Eins können wir doch schon mal festhalten.« Duane kniff leicht die Augen zusammen, während er auf das Fernglas deutete, als sei es eine Art Gedankenstütze. »Cokliss wohnt am nächsten dran, und er paßt auf, daß ihnen keiner in die Quere kommt. Und wißt ihr, was ich langsam glaube? Egal, was es ist, sie hängen alle mit drin. Alle Männer des Ortes. Weil es etwas ist, was nur mit Männern zu tun hat. Frauen haben dort keinen Zutritt.«

»Kann nicht sein«, sagte Davey im Brustton der Überzeugung. »Dad geht abends nie weg. Er kommt nach Hause, zieht sich um, schaut sich Mr. Ed an, und dann macht Mom Abendessen, und ...«

»Möglich, Dave, aber dann ist er vielleicht der einzige«, sagte Duane. »Trotzdem, sie sind alle dabei, und der Sheriff deckt sie, weil er selbst dazugehört.«

»Aber was haben sie vor?« sagte ich.

»Ich weiß es nicht«, sagte Duane, »nicht genau jedenfalls. Sie gehen dahin, wenn sie es brauchen. Und das *wenn,* das ist es, worauf es ankommt. Daveys Mom braucht es nicht, deine nicht, und meine auch nicht. Und von uns braucht es auch keiner. Es muß mit ihrem Alter zusammenhängen. Du wirst anders, wenn du älter wirst. Verdammt, ihr kennt das doch auch, Dads Bruder oder sonst wer kommt zu Besuch, und als erstes heißt es, Junge, hast du dich verändert, bist ja kaum wiederzuerkennen, Mann. Und es stimmt, die Zeit hat sie verändert. Sie sehen anders aus, sie bewegen sich anders, sie reden anders. Aber hast du je bemerkt, daß sich hier jemals etwas ändert? Mom, Dad, die Häuser, die Straßen, alles ist genauso wie voriges Jahr auch. Sie holen sich, was sie brauchen, damit alles so bleibt, wie es ist.«

»Moment mal«, sagte Davey, »das ist doch bloß so, weil wir sie jeden Tag sehen.«

Ich griff nach dem Fernglas, ließ meinen Blick über die Felder schweifen. Potters Scheune. Das Windrad am Larrabee Creek drehte sich langsam und unregelmäßig, als würde eine unsichtbare Hand damit spielen. Drüben bei den Flowers' verluden Harry Flowers und Dewey Laine Kälber auf einen Laster. Ich sah ihre aufgerissenen Mäuler, hörte ihre stummen Klagerufe. Das Gatter zu Gannetts Farm. Ein Wagen, der über die Hillsboro Road kam und eine graugelbe Staubspur hinter sich aufwirbelte.

»Das sagst du!« hörte ich Duane. »Scheiße auch, sie bleiben immer gleich. Genau deshalb schaut sich dein Alter auch jeden Abend Mr. Ed an. Das ist es, was er braucht. Sein gottverdammtes sprechendes Pferd, bis in alle Ewigkeit.«

»He«, protestierte Davey zaghaft, »ist doch nichts dabei, wenn Dad auf Mr. Ed steht. Ich ...«

Der Wagen bog von der Hillsboro Road auf die Edgeware ab. Ich folgte ihm, während ich bereits zu wissen glaubte, wohin er wollte. Es war ein mattgrün lackierter Mercury, Baujahr '56 oder '57, wenn ich mich nicht täuschte. Die Windschutzscheibe reflektierte die nur noch schwach einfallenden, verbleichenden Sonnenstrahlen.

»Scheiß drauf«, sagte Duane. »Ich sag dir eins, auch wenn du's nicht kapierst, Dave. Ich weiß nicht, ob es etwas mit dem verdammten Haus zu tun hat, aber eines ist mir jetzt ganz klar. Ab einem bestimmten Alter bleiben sie, wie sie waren. Sie werden immer nur älter, aber sie verändern sich nicht mehr.«

Der Wagen hielt neben dem Haus. Die Beifahrertür öffnete sich, und ein Mann in einem anthrazitgrauen Anzug stieg aus. Seine Hosenbeine hatten messerscharfe Bügelfalten, und seine Haare waren sorgfältig gescheitelt, das war selbst aus dieser Entfernung zu erkennen. Er polierte seine Schuhe an der Hinterseite seiner Hosenbeine und warf die Beifahrertür zu. Es war Duanes Dad. Auf der anderen Seite stieg ein Mann aus, den ich noch nie gesehen hatte. Vielleicht ist es jemand aus Gainesville, dachte ich. Er trug einen Fedora und ein weißes Hemd unter seiner offenen Anzugjacke. Während er ein paar Worte an Duanes Dad richtete, warf er einen Blick über das Wagendach. Seine Augen schweiften nur scheinbar ziellos über die Landschaft, weil ich wußte, wo er hinsehen würde. Der Fremde starrte mir direkt in die Pupillen, und ich konnte meinen Blick nicht mehr abwenden, so sehr ich es auch wollte; er lähmte meinen Willen, indem er mich zwang, mich über Hunderte von Metern in seiner Iris zu spiegeln, während Duanes Worte in meinen Ohren widerhallten und sich mit den Silben vermischten, die der Unbekannte mit seinen blassen Lippen formte. *Da gehen Männer hin, wenn sie es brauchen,* toste es in mir, ein Brausen dunkler Worte, das in meinen Ohren rauschte. *Und irgendwann brauchst du es auch.*

»Du hast heute wohl überhaupt nichts zu sagen, Trench!« hörte ich Duane hinter mir. »Was gibt's denn da so Wichtiges zu sehen?«

»Nichts«, murmelte ich, aber da war er auch schon bei mir und griff nach dem Fernglas. Er zog an dem Halteriemen um meinen Hals, wollte ihn mir über den Kopf ziehen, während ich ihn halbherzig abwehrte und zur Seite zu schieben versuchte. Ich wußte, daß er, egal, was passieren würde, nicht durch das Fernglas sehen durfte, nicht um alles in der Welt, und ich war derjenige, der das verhindern mußte. Duane war mein bester Freund, neben Davey der einzige, den ich hatte, und ich zerrte an dem Riemen, bis das brüchige Leder riß und ich das Fernglas wieder in den Händen hielt. Duane und ich standen uns gegenüber, umgeben von Teerpappe und Bäumen, und unmittelbar unter uns gähnte der Canyon mit den Krokodilen.

»Gib's her«, sagte Duane und fixierte mich mit wildem Blick. »Du weißt, du hast immer noch eine Chance.«

Das mußte er aus irgendeinem Sonntagnachmittagswestern haben. »Vergiß es«, sagte ich. »Kapierst du's denn nicht, Duane. Das Spiel ist vorbei. Der Saft ist raus.«

Ich hatte mich schon entschieden. Ich holte weit aus und warf den Feldstecher in hohem Bogen in das wuchernde Astwerk zu meiner Linken. Irgend etwas splitterte, gefolgt von einem dumpfen Poltern, als das Fernglas auf den Boden auftraf.

Duane mußte nichts sagen. In seinen Augen stand all das, was er nicht über die Lippen brachte, um vieles deutlicher, als man es mit Worten sagen konnte. Ich bin fertig mit dir, hieß der Satz. Für immer.

Am Ende wird man von seinem eigenen Leben oder dem Gesetz eingeholt, sagt man. Und nach mehr als zwanzig Jahren bin ich wieder hier, in College Station, Texas. Gehe die Church Road hinunter und wünsche mir, es wäre Memphis gewesen. Oder irgendeine andere Stadt.

Duanes Vater war der einzige, der nicht zurückkam. Er blieb hinter der grünen Tür, und nur einer wußte, wo er geblieben war. Aber niemand hat Johnny Trench je gefragt, und überhaupt, was hätte das schon für einen Sinn gemacht. Was blieb, war Schweigen. Billy Potter meinte, Duanes Dad in Austin gesehen zu haben, aber ganz sicher konnte er sich schon damals nicht sein, nach all den Jahren. Duanes Mutter glaubte schließlich, daß er mit einer anderen Frau in einen anderen Staat gezogen wäre.

Duane ist Anwalt geworden. Ich bin gerade an seinem Büro vorbeigegangen. Davey Miller war der einzige von uns, der wirklich in den Krieg zog. Er war MP und ist in Saigon von einem rauschgiftsüchtigen Marine erstochen worden. Brock Gannett ist Großvater geworden. Earl und Lyle haben es tatsächlich nach Nashville geschafft. Und Betty Sue wurde das schönste Mädchen von College Station. Sie ist weggezogen, als sie achtzehn war.

Das Haus mit der grünen Tür gibt es immer noch. Nach mehr als zwanzig Jahren habe ich es endlich betreten. Es heißt heute »Wilbur's Paradise Bar & Grill«. Es gibt Miller's vom Faß, Patsy Cline aus den Boxen, eine Menge Gerede und einen Haufen Leute, die Clinton ihre Stimme gegeben haben und das jetzt bereuen. Beim Hinausgehen fiel mir dieses Schild über dem Türbogen auf. Du kommst wieder, Freund. Das muß niemand beschwören. Wir kommen alle zurück. Schließlich wollen wir wissen, was hinter den grünen Türen liegt.

Die Autoren

ELISABETH AMBRAS (Pseudonym) wurde kurz vor dem Zweiten Weltkrieg in der Schweiz geboren und in England erzogen.
Von Elisabeth Ambras ist im Deutschen Taschenbuch Verlag erschienen: ›Heiß & kalt‹ (12065).

(Abdruck mit freundlicher Genehmigung des Vito von Eichborn GmbH & Co. Verlags KG, Frankfurt am Main. Aus: E. A., Fernsteuerung. Bettgeschichten. Frankfurt am Main 1992. Auch in dem Auswahlband unter dem Titel ›Heiß & kalt‹ enthalten.)

JEFFREY ARCHER studierte in Oxford, war in seiner Jugend als Leichtathlet Mitglied der englischen Nationalmannschaft und mit 29 Jahren jüngster Unterhausabgeordneter. Schon sein erster Roman wurde ein Erfolg. Inzwischen in den Adelsstand erhoben, lebt Lord Archer in London und Cambridge.

(Abdruck mit freundlicher Genehmigung des Paul Zsolnay Verlags Gesellschaft m. b. H., Wien. Aus: J. A., Die chinesische Statue und andere Überraschungen. Wien und Hamburg 1984. Deutsch von Alexandra Auer.)

T. CORAGHESSAN BOYLE, geboren 1949 in Peekskill/New York im Hudson Valley, unterrichtet an der University of Southern California in Los Angeles.
Von T. C. Boyle sind im Deutschen Taschenbuch Verlag erschienen: ›World's End‹ (11666), ›Greasy Lake und andere Geschichten‹ (11771), ›Grün ist die Hoffnung‹ (11826), ›Wenn der Fluß voll Whisky wär‹ (11903), ›Willkommen in Wellville‹ (11998), ›Der Samurai von Savannah‹ (12009), ›Tod durch Ertrinken‹ (12329), ›América‹ (12519).

›Greasy Lake‹ 283
(Abdruck mit freundlicher Genehmigung des Carl Hanser Verlags, München. Aus: T. C. B., Greasy Lake und andere Geschichten. München und Wien 1993. Deutsch von Giovanni Bandini und Ditte König.)

Ilse Gräfin von Bredow, geboren 1922 in Teichenau (Schlesien), wuchs auf einem Waldgut in der märkischen Heide auf und lebt seit Anfang der fünfziger Jahre als Journalistin in Hamburg. Von Ilse Gräfin von Bredow sind im Deutschen Taschenbuch Verlag erschienen: ›Kartoffeln mit Stippe‹ (11537 und 25081), ›Deine Keile kriegste doch‹ (11589).
›Die blaue Grotte‹ 87
(Abdruck mit freundlicher Genehmigung des Scherz Verlags AG, Bern. Aus: I. G. v. B., Ein Fräulein von und zu. Geschichten aus ganz normalen Kreisen. Bern/München/Wien 1987.)

Elfriede Brüning, geboren 1910 als Tochter eines Tischlers in Berlin, arbeitete als Kontoristin und Sekretärin, bevor sie zu schreiben begann. 1930 Eintritt in die KPD, 1935 Verhaftung wegen illegaler Arbeit im »Bund proletarisch-revolutionärer Schriftsteller«, dem auch Anna Seghers und Bertolt Brecht angehörten. Nach 1945 Journalistin, seit 1950 freie Schriftstellerin in Berlin. Von Elfriede Brüning ist im Deutschen Taschenbuch Verlag erschienen: ›Und außerdem war es mein Leben‹ (12532).
›Besuch in Kispest‹ (1977) 208
(Abdruck mit freundlicher Genehmigung der Autorin. Rechte beim Deutschen Taschenbuch Verlag GmbH & Co. KG, München.)

Catherine Clément, geboren 1939 in Paris, studierte Philosophie, arbeitete als Lehrerin, als wissenschaftliche Assistentin an der Sorbonne und als Kulturredakteurin für die Pariser Tageszeitung ›Le Matin‹. Heute ist sie freie Schriftstellerin, wurde mit mehreren Literaturpreisen ausgezeichnet und lebt als Frau eines Botschafters in Dakar im Senegal.
›Sieben Hügel, ein Stein‹ 107

(Abdruck mit freundlicher Genehmigung des Carl Hanser Verlags, München. Auszug aus: C. C., Theos Reise. Roman über die Religionen der Welt. München und Wien 1998. Deutsch von Uli Aumüller und Tobias Scheffel.)

Bianca Döring, geboren 1957 in Schlitz, studierte Germanistik, Musik, Polytechnik und Erziehungswissenschaften in Trossingen, Marburg und Kassel. Arbeit in der Altenpflege, im Kindergarten, Krankenhaus, in Musikschulen und Fabriken. Künstlerische Arbeiten in den Bereichen Theater, Performance, Musik und Malerei. Lebt heute als freie Schriftstellerin in Berlin.
Von Bianca Döring ist im Deutschen Taschenbuch Verlag erschienen: ›Hallo Mr. Zebra‹ (24154).

(Erstveröffentlichung. Abdruck mit freundlicher Genehmigung der Autorin.)

Umberto Eco, geboren 1932 in Alessandria/Piemont, ist Ordinarius für Semiotik an der Universität Bologna und Verfasser zahlreicher Schriften zur Theorie und Praxis der Zeichen, der Literatur und der Kunst sowie der Ästhetik des Mittelalters.
Von Umberto Eco sind im Deutschen Taschenbuch Verlag erschienen: ›Der Name der Rose‹ (10551), ›Nachschrift zum ‚Namen der Rose'‹ (10552), ›Über Gott und die Welt‹ (10825), ›Über Spiegel und andere Phänomene‹ (11319), ›Das Foucaultsche Pendel‹ (11581), ›Platon im Striptease-Lokal‹ (11759), ›Wie man mit einem Lachs verreist‹ (12039), ›Im Wald der Fiktionen‹ (12287), ›Die Insel des vorigen Tages‹ (12335), ›Gesammelte Streichholzbriefe‹ (25139); ›Die Grenzen der Interpretation‹ (4644), ›Zwischen Autor und Text‹ (4682), ›Kunst und Schönheit im Mittelalter‹ (30128), ›Lector in fabula‹ (30141), ›Die Suche nach der vollkommenen Sprache‹ (30629).

(Abdruck mit freundlicher Genehmigung des Carl Hanser Verlags, München. Aus: U. E., Wie man mit einem Lachs verreist und andere nützliche Ratschläge. München und Wien 1993. Deutsch von Burkhart Kroeber.)

Jostein Gaarder, Jahrgang 1952, studierte Philosophie, Theologie und Literaturwissenschaft in Oslo und unterrichtete zehn Jahre lang Philosophie an Schulen und in der Erwachsenenbildung. Internationale Berühmtheit erlangte er mit seinem Roman ›Sofies Welt‹, der mittlerweile in über vierzig Sprachen übersetzt wurde. Von Jostein Gaarder sind im Deutschen Taschenbuch Verlag erschienen: ›Das Kartengeheimnis‹ (12500), ›Sofies Welt‹ (12555), ›Der seltene Vogel‹ (24111).

›Der Katalog‹ 50

(Abdruck mit freundlicher Genehmigung des Carl Hanser Verlags, München. Aus: J. G., Der seltene Vogel. Erzählungen. München 1997. Deutsch von Gabriele Haefs.)

Daniel Goleman, 1946 in Stockton, Kalifornien, geboren, hat als klinischer Psychologe an der Harvard University gelehrt und war Herausgeber der Zeitschrift ›Psychology Today‹. Gegenwärtig ist er verantwortlicher Redakteur für Psychologie und Neurowissenschaften bei der ›New York Times‹.
Von Daniel Goleman sind im Deutschen Taschenbuch Verlag erschienen: ›Die heilende Kraft der Gefühle‹ (Hrsg.; 24120), ›Emotionale Intelligenz‹ (36020), ›Kreativität entdecken‹ (u. a.; 36136).

›Erkenne dich selbst‹ 264

(Abdruck mit freundlicher Genehmigung des Carl Hanser Verlags, München. Auszug aus: D. G., Emotionale Intelligenz. München und Wien 1995. Deutsch von Friedrich Griese.)

Egyd Gstättner, geboren 1962 in Klagenfurt, studierte Philosophie, Psychologie, Pädagogik und Germanistik. Seit 1989 veröffentlicht er Essays u. a. in der ›Presse‹, der ›Süddeutschen Zeitung‹ und der ›Zeit‹. Er lebt heute als freischaffender Schriftsteller in Klagenfurt.

›Die gleichschenkelige Ungarin‹ 299

(Abdruck mit freundlicher Genehmigung des Verlags Amalthea in der F. A. Herbig Verlagsbuchhandlung GmbH, München. Aus: E. G., Alles Irre unterwegs. Unmögliche Geschichten von Reisenden und Daheimbleibern. Wien und München 1997.)

EVELINE HASLER wurde in Glarus/Schweiz geboren. Sie studierte Psychologie und Geschichte in Fribourg und Paris. Bekannt wurde sie zunächst mit ihren Kinderbüchern, die in zahlreiche Sprachen übersetzt sind. Mittlerweile hat die im Tessin lebende Autorin Romane wie ›Anna Göldin. Letzte Hexe‹ (1982) und ›Die Wachsflügelfrau‹ (1991) veröffentlicht und u. a. den Meersburger Droste-Preis (1994) erhalten.
Von Eveline Hasler sind neben zahlreichen Kinderbüchern im Deutschen Taschenbuch Verlag erschienen: ›Anna Göldin. Letzte Hexe‹ (10457), ›Ibicaba. Das Paradies in den Köpfen‹ (10891), ›Der Riese im Baum‹ (11555), ›Die Wachsflügelfrau‹ (12087), ›Der Zeitreisende. Die Visionen des Henry Dunant‹ (12556), ›Der Jubiläums-Apfel und andere Notizen vom Tage‹ (12557), ›Novemberinsel‹ (25138).
›Inseltage‹ 280
(Aus: E. H., Der Jubiläums-Apfel und andere Notizen vom Tage. Deutscher Taschenbuch Verlag GmbH & Co. KG, München 1998.)

ELKE HEIDENREICH, geboren 1943 in Korbach/Waldeck, verbrachte ihre Jugend im Ruhrgebiet, studierte Germanistik, Theaterwissenschaft und Publizistik in München, Hamburg und Berlin. Arbeitet seit 1970 als freie Autorin und Moderatorin für Funk, Fernsehen und verschiedene Zeitungen.
›Apocalypse Now‹ 243
(Abdruck mit freundlicher Genehmigung des Rowohlt Verlags GmbH, Reinbek. Aus: E. H., Kolonien der Liebe. Erzählungen. Reinbek bei Hamburg 1992.)

TAMA JANOWITZ, geboren 1958 in San Francisco, besuchte verschiedene Schulen in Massachusetts und Israel. Sie studierte in Princeton und am Hollins College und lebt heute in New York.
›Sonnenstich‹ 10
(Abdruck mit freundlicher Genehmigung von Levine Thall Plotkin & Menin, LLP, New York, im Namen der Autorin, und des Übersetzers. Aus: T. J., Sonnenstich. Erzählungen. München 1989. Deutsch von Lutz-W. Wolff. Die Originalaus-

gabe erschien unter dem Titel ›Slaves of New York‹. © 1986 Tama Janowitz.)

Binnie Kirshenbaum lebt in New York und gibt Kurse für Kreatives Schreiben.
Von Binnie Kirshenbaum sind im Deutschen Taschenbuch Verlag erschienen: ›Ich liebe dich nicht und andere wahre Abenteuer‹ (11888), ›Kurzer Abriß meiner Karriere als Ehebrecherin‹ (12135), ›Ich, meine Freundin und all diese Männer‹ (24101), ›Keinen Penny für nichts‹ (24128).
›Geschichte persönlich betrachtet‹ 37
(Aus: B. K., Keinen Penny für nichts. Erzählungen. Deutscher Taschenbuch Verlag GmbH & Co. KG, München 1998. Deutsch von Patricia Reimann.)

Michael Kleeberg, geboren 1959 in Stuttgart, aufgewachsen in Böblingen und Hamburg. Studium der Politologie und Visuellen Kommunikation. Längere Aufenthalte in Rom, Berlin, Amsterdam und Paris. Lebt und arbeitet als freier Autor und Übersetzer in Frankreich.
Von Michael Kleeberg ist im Deutschen Taschenbuch Verlag erschienen: ›Barfuß‹ (12357).
›Der junge König‹ 145
(Abdruck mit freundlicher Genehmigung des Kiepenheuer & Witsch Verlags, Köln. Aus: M. K., Der Kommunist vom Montmartre und andere Geschichten. Köln 1997.)

Savyon Liebrecht wurde 1948 in München geboren und kam 1950 nach Israel. Sie studierte Philosophie und Literatur und begann während ihres Militärdienstes zu schreiben. Sie hat einige Erzählungsbände und einen Roman veröffentlicht und mehrere literarische Preise erhalten.
›Auf der Linie des Kreises‹ 130
(Abdruck mit freundlicher Genehmigung des persona verlags Lisette Buchholz, Mannheim. Aus: S. L., Äpfel aus der Wüste. Erzählungen. Mannheim 1992. Deutsch von Stefan Siebers.)

Javier Marías, 1951 in Madrid geboren, gilt als einer der bedeutendsten Schriftsteller des heutigen Spanien. Er wurde mit zahlreichen literarischen Preisen geehrt. Sein umfangreiches Werk wurde bereits in dreiundzwanzig Sprachen übersetzt.
Von Javier Marías sind im Deutschen Taschenbuch Verlag erschienen: ›Mein Herz so weiß‹ (12507), ›Alle Seelen‹ (12575), ›Morgen in der Schlacht denk an mich‹ (12637).

(Abdruck mit freundlicher Genehmigung der J. G. Cotta'schen Buchhandlung Nachfolger GmbH, gegr. 1659, Stuttgart. Aus: J. M., Als ich sterblich war. Erzählungen. Stuttgart 1999. Deutsch von Elke Wehr. Die Originalausgabe erschien unter dem Titel ›Cuando fui mortal‹ im Verlag Alfaguara, Madrid. © 1996 Javier Marías.)

Margriet de Moor, geboren 1941, studierte in Den Haag Gesang und Klavier. Nach einer Karriere als Sängerin studierte sie in Amsterdam Kunstgeschichte und Architektur. Sie lebt heute in der Nähe von Amsterdam.
Von Margriet de Moor sind im Deutschen Taschenbuch Verlag erschienen: ›Rückenansicht‹ (11743), ›Doppelporträt‹ (11922), ›Erst grau dann weiß dann blau‹ (12073), ›Der Virtuose‹ (12330), ›Ich träume also‹ (12576).

(Abdruck mit freundlicher Genehmigung des Carl Hanser Verlags, München. Aus: M. d. M., Ich träume also. Erzählungen. München und Wien 1996. Deutsch von Helga van Beuningen.)

Guntrun Müller-Ensslin, 1958 in Stuttgart geboren, ist in Sinsheim bei Heidelberg aufgewachsen. Sie studierte Evangelische Theologie in Tübingen und Zürich und ist von Beruf Pfarrerin, seit 1998 in Asperg bei Ludwigsburg. Sie ist verheiratet, hat einen Sohn und schreibt nebenbei seit 1992 Kurzgeschichten, Erzählungen und Romane.

(Erstveröffentlichung. Abdruck mit freundlicher Genehmigung

der Autorin. Rechte beim Deutschen Taschenbuch Verlag GmbH & Co. KG, München.)

SKY NONHOFF, geboren 1962, war von 1983 bis 1987 Gitarrist und Frontman von The Evil Postbox und den Failures. Er ist Journalist – u. a. für ›Chelsea Hotel‹, ›Spex‹ und die ›Süddeutsche Zeitung‹ –, Lektor, Herausgeber und Autor.

(Abdruck mit freundlicher Genehmigung der Rogner & Bernhard GmbH & Co. Verlags-KG, Hamburg. Aus: S. N., Boy meets Girl. Sieben Erzählungen und eine Novelle. Hamburg 1998.)

HERBERT ROSENDORFER, geboren 1934 in Bozen, kam 1939 nach München. Er studierte zunächst an der Akademie der Bildenden Künste und später Jura. Er war Gerichtsassessor in Bayreuth, dann Staatsanwalt und ab 1967 Richter in München, von 1993 bis 1997 in Naumburg/Saale.
Von Herbert Rosendorfer sind im Deutschen Taschenbuch Verlag erschienen: ›Das Zwergenschloß‹ (10310), ›Vorstadt-Miniaturen‹ (10354), ›Briefe in die chinesische Vergangenheit‹ (10541 und 25044), ›Stephanie und das vorige Leben‹ (10895), ›Königlich bayerisches Sportbrevier‹ (10954), ›Die Frau seines Lebens und andere Geschichten‹ (10987), ›Ball bei Thod‹ (11077), ›Vier Jahreszeiten im Yrwental‹ (11145), ›Eichkatzelried. Geschichten aus Kindheit und Jugend‹ (11247), ›Das Messingherz oder Die kurzen Beine der Wahrheit‹ (11292), ›Bayreuth für Anfänger‹ (11386), ›Der Ruinenbaumeister‹ (11391), ›Der Prinz von Homburg‹ (11448), ›Ballmanns Leiden oder Lehrbuch für Konkursrecht‹ (11486), ›Die Nacht der Amazonen‹ (11544), ›Herkulesbad/Skaumo‹ (11616), ›Über das Küssen der Erde‹ (11649), ›Mitteilungen aus dem poetischen Chaos‹ (11689), ›Die Erfindung des SommerWinters‹ (11782), ›... ich geh zu Fuß nach Bozen‹ (11800), ›Die Goldenen Heiligen oder Columbus entdeckt Europa‹ (11967), ›Der Traum des Intendanten‹ (12055), ›Ein Liebhaber ungerader Zahlen‹ (12307 und 25152), ›Don Ottavio erinnert sich‹ (12362).

(Aus: H. R., Die Erfindung des SommerWinters. Neue Erzählungen, Gedichte, Glossen und Aufsätze. Deutscher Taschenbuch Verlag GmbH & Co. KG, München 1993.)

Asta Scheib, geboren 1939 in Bergneustadt/Rheinland, arbeitete als Redakteurin bei verschiedenen Zeitschriften. Ihre literarische Tätigkeit begann sie mit Kurzgeschichten. 1981 publizierte sie ihren ersten Roman, ›Langsame Tage‹. Sie lebt als freie Schriftstellerin in München.
Von Asta Scheib sind im Deutschen Taschenbuch Verlag erschienen: ›Kinder des Ungehorsams‹ (12231), ›Schwere Reiter‹ (25125).

(Abdruck mit freundlicher Genehmigung der Autorin. Rechte beim Deutschen Taschenbuch Verlag GmbH & Co. KG, München.)

Lothar Schöne, geboren 1949 in Herrnhut/Sachsen, war nach Studium und Promotion Collegelehrer, dann Feuilletonredakteur in Mainz. Sein Werk umfaßt Romane, Erzählungen, Theaterstükke, Essays und Filmdrehbücher. Er erhielt verschiedene Preise und Auszeichnungen, zuletzt den Offenbacher Literaturpreis 1997. Schöne lebt in der Nähe von Wiesbaden.
Von Lothar Schöne ist im Deutschen Taschenbuch Verlag erschienen: ›Das jüdische Begräbnis‹ (12660).

(Abdruck mit freundlicher Genehmigung des Gollenstein Verlags GmbH, Blieskastel. Aus: L. S., Friedmann kommt immer und andere erregende Geschichten. Blieskastel 1998.)

Angelika Schrobsdorff, geboren 1927 in Freiburg im Breisgau, veröffentlichte 1961 ihren ersten Roman, ›Die Herren‹. Sie lebt heute als freie Schriftstellerin in Israel.
Von Angelika Schrobsdorff sind im Deutschen Taschenbuch Verlag erschienen: ›Die Reise nach Sofia‹ (10539), ›Die Herren‹ (10894), ›Jerusalem war immer eine schwere Adresse‹ (11442), ›Der Geliebte‹ (11546), ›Der schöne Mann und andere Erzählungen‹ (11637), ›Die kurze Stunde zwischen Tag und Nacht‹

(11697), ›Du bist nicht so wie andre Mütter‹ (11916), ›Spuren‹ (11951), ›Jericho‹ (12317 und 25156), ›Grandhotel Bulgaria‹ (24115), ›Von der Erinnerung geweckt‹ (24153).

›Libbys Selbstverwirklichung‹ (1976) 308

(Aus: A. S., Von der Erinnerung geweckt. Deutscher Taschenbuch Verlag GmbH & Co. KG, München 1999.)

KLAUS SCHUKER, geboren 1959 in Ravensburg, war zwölf Jahre Polizeibeamter und lebt seit 1989 als freier Schriftsteller in der Nähe von Ravensburg.

›Das falsche Hundegebell‹ (1993) 239

(Abdruck mit freundlicher Genehmigung des Autors und der Verlags- und Autoren-Agentur Corry Theegarten-Schlotterer.)

INGO SCHULZE, 1962 in Dresden geboren, studierte von 1983 bis 1988 Klassische Philologie in Jena. Anschließend war er bis 1990 als Dramaturg am Landestheater Altenburg, dann in einer Zeitungsredaktion tätig. Diese Arbeit führte ihn 1993 für ein halbes Jahr nach Sankt Petersburg. Seither lebt er als freier Autor in Berlin.

Von Ingo Schulze ist im Deutschen Taschenbuch Verlag erschienen: ›33 Augenblicke des Glücks‹ (12354).

›Schulden‹ 20

(Abdruck mit freundlicher Genehmigung des Autors und des Berlin Verlags. Aus: I. S., Simple Storys. Ein Roman aus der ostdeutschen Provinz. Berlin 1998.)

BURKHARD SPINNEN, geboren 1956 in Mönchengladbach, Studium der Literaturwissenschaft in Münster, dort wissenschaftlicher Assistent am Germanistischen Institut.

Von Burkhard Spinnen ist im Deutschen Taschenbuch Verlag erschienen: ›Kleine Philosophie der Passionen. Modelleisenbahn‹ (20217).

›Der Deichgraf‹ 158

(Abdruck mit freundlicher Genehmigung der Schöffling & Co. Verlagsbuchhandlung GmbH, Frankfurt am Main. Aus: B. S., Kalte Ente. Geschichten. Frankfurt am Main 1994.)

Antonio Tabucchi, geboren 1943 in Vecchiano bei Pisa, lehrt als Professor portugiesische Sprache und Literatur und lebt in Genua und Vecchiano.
Von Antonio Tabucchi sind im Deutschen Taschenbuch Verlag erschienen: ›Indisches Nachtstück und ein Briefwechsel‹ (11952), ›Der Rand des Horizonts‹ (12302), ›Erklärt Pereira‹ (12424), ›Kleine Mißverständnisse ohne Bedeutung‹ (12502), ›Lissabonner Requiem‹ (12614).

(Abdruck mit freundlicher Genehmigung des Carl Hanser Verlags, München. Aus: A. T., Kleine Mißverständnisse ohne Bedeutung. Erzählungen. München und Wien 1986. Deutsch von Karin Fleischanderl.)